舊日風雲　四集

舊日風雲

四集

許禮平

OXFORD
UNIVERSITY PRESS

啟思出版社
啟思為牛津大學出版社（中國）有限公司之註冊商標

OXFORD
UNIVERSITY PRESS

牛津大學出版社隸屬牛津大學，以環球出版為志業，
弘揚大學卓於研究、博於學術、篤於教育的優良傳統
Oxford 為牛津大學出版社於英國及特定國家的註冊商標

牛津大學出版社（中國）有限公司出版
香港九龍灣宏遠街 1 號一號九龍 39 樓

舊日風雲　四集

許禮平

第一版 2024

ISBN: 978-988-245-457-6

1 3 5 7 9 10 8 6 4 2

封面題字綴集顧炎武書扇面
封面紋採自宋徽宗草書千字文所用描金雲龍箋

目錄

書札與收藏雜說

蒐藏「書札」的廣狹義

「書札」，也作「書箚」，或作「手札」、「書啟」、「尺牘」，其實就是書信，是異名同實。但諸種名稱之中，算「尺牘」一詞最為普及。因為解放前，中小學在「國文」之外，另設「尺牘」科目，所以上一輩人，都多曾讀過樂毅《報燕王書》、司馬遷《報任少卿書》、李陵《答蘇武書》，丘遲《與陳伯之書》、史可法《答多爾袞書》等等，也有讀《秋水軒尺牘》、《雪鴻軒尺牘》等。這足見舊時通訊落後，但對人際溝通的「尺牘」則是十分重視。

從「收藏」角度而言，「書札」固然是「尺牘」之義，卻是指廣義的，內中是包括了一些筆記、題辭、手稿、札記、公牘、訃告、收條、請帖、名刺、壁報等等種種紛繁的「雜多」形式。換言之，「書札」是紛繁的蒐藏項目的一種概括。

舉個例，往日鄭逸梅在《藝林散葉》就說過「周南陔藏孫中山請柬，錢化佛藏黃克強訃告，湯國梨藏黎元洪書贈章太炎『東南樸學』四字橫幅，均

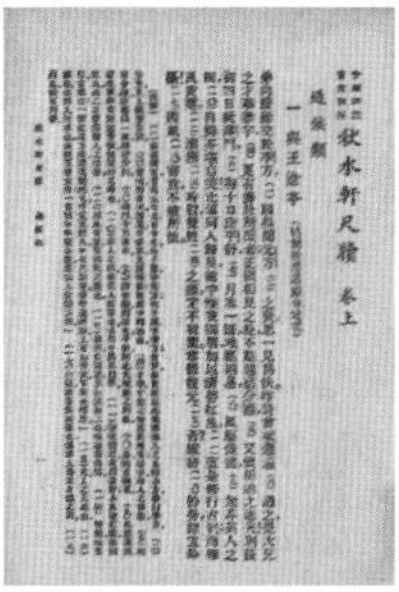

《秋水軒尺牘》

為辛亥時代革命文獻」。像上述這「請柬」、「訃告」都是很難作為蒐藏的立項，只有歸屬於「書札」。今日討論之前，特先作解釋和「正名」。

尺牘的蒐藏是史料

如上所述，「書札」的狹義就是指「尺牘」，而尺牘多是真情所流露、心聲所寄。其中會觸幽動隱，是歷史宏觀視角所不及見的。所以讀史者，往往愛從尺牘微言，用之作歷史的補充和解釋。舉最近的一個例，關於王國維自沉，說是親家羅振玉迫債所致。九十多年，這些悠悠眾口，習非成是，即使碩學鴻儒，如郭沫若、傅斯年亦在所不免。當中亦夾雜著罵遺老以搶佔道德高地為心。誰知八十年代羅振玉嫡孫羅繼祖在北京《讀書》雜誌（一九八二年第八期）發表《跋〈觀堂書札〉》一文，刊出王國維寫於一九二六年十月廿四、廿五和卅一日致羅振玉信三通，內容是述及王國維將長子王潛明逝世之海關恤金寄羅，羅不肯收，將款退回，王再寄，羅復退，後來才勉強收下。據此，足證「迫債」事的不可信了。要不是這三封信的曝光，則白璧青蠅，誰能湔雪？

尺牘蒐藏的鑑賞開始和價值開始

至於因仰慕其人品，玩賞其書法，那又是書札蒐藏的另一種角度了。

羅繼祖（右）
羅振玉（左）

《漢書》記載有位陳遵，說他（陳遵）：「贍於文辭。性善書，與人尺牘，主皆藏弆以為榮。」（卷九十二《游俠傳》）大概這位陳遵擅文辭，書法出色，他的書札就為人所珍藏。他該是書札被收藏而姓名可考的第一人。但可惜的是，陳遵的書法畢竟沒有流傳下來。

有收藏，自然會有人去居奇和出賣。晉代王羲之書《黃庭經》換鵝，宋代蘇東坡信札被人換羊肉。這兩例又都是「書札」有經濟價值的先聲。

在宋人趙令畤的《侯鯖錄》卷一中有說到：

「魯直戲東坡曰：『昔王右軍字為換鵝書。韓宗儒性饕餮，每得公一帖，於殿帥姚麟許換羊肉十數斤，可名二丈書為換羊書矣。』坡大笑。一日，公在翰苑，以聖節製撰紛冗，宗儒日作數簡，以圖報書，使人立庭下督索甚急。公笑謂曰：『傳語本官，今日斷屠。』」

這「斷屠」是唐代武則天的典故，就是禁殺牲。蘇軾知韓宗儒以他的書札換羊肉，他就對其等回信的僕人說：今天「斷屠」了。要是當時有拍賣行，又何至於用「斷屠」一詞。

近世最大宗的書札買賣

有收藏，自然有買賣。書札之買賣，最大宗是發生在近代。

先前說過，書札蒐藏的定義是很廣，任何傳遞性的文字，當中又具受件人和付件人的形式，這都合「書札」之義。而近世最大的「書札」買賣，數量據說是八千麻袋，是明清檔案，這事詳見於羅福頤先生一九四八年發表的《清內閣大庫明清檔案之歷史及其整理》一文中，近年也有王若撰《羅振玉與『八千麻袋』事件》刊於《中華讀書報》二〇一一年七月廿日第十五版，兩人都說得很全面，諸君可自行參閱，我在此不虛耗大家時間了。

羅福頤

近世最慘痛的書札蒐藏

而最慘痛的書札蒐藏也是在近代，那是舒蕪所藏的胡風手札。

先說舒蕪之留意書札似乎早已有之，未必限於胡風一人。舒蕪在口述自傳中，就說過一件有關書牘的事：

「大約一九四三年九月間，胡風轉來了陳家康給我的一封信，信的格式很古氣，開頭就是『家康白：管君足下』末尾又是一個『家康白』。信中談了他對《釋無久》的意見，也略談了一下他的工作和研究的矛盾：『餘杭章君曰：「學術和事功不兩至」余未敢必其兩至也。』這是我平生第一次收到一個素不相識的人給我的來信。他是周恩來的秘書，又那麼有學問，所以印象極為深刻。」

引文中，舒蕪所說的「家康白」，絕不是舒蕪在揶揄，反而該是心焉嚮往的。舒蕪在後文更說過：「中共西南局這邊有幾個人，一直比較接近；主要是陳家康、喬冠華和胡繩他們三個，陳是周恩來秘書，喬是《群眾》雜誌主編，胡是《新華日報》的。……據說有些人就把他們叫做『才子集團』。」（見《舒蕪口述自傳》一二五頁）

但舒蕪的關心書啟，誰料到這習慣會換來慘痛？一九五五年舒蕪交出那私人收藏的百多封胡風的來信，換來一場全國性的災難。舒蕪事後多次講到：「真沒想到會搞得那麼厲害！」這該是書札蒐藏史上的最血淚的一筆。但雷霆霜雪的過後，要是這批書信能保存下來，那該是一項天價的拍品。

只是「書札」的蒐藏，向來是無所忌諱的。附說一下：「蒐藏」是一項強調「知性」的行為，所以「血沁」、「屍蓆紋」、「遺囑」、「訃告」都百無禁忌成為把玩清賞之物。前文說到錢化佛收藏黃興的訃告即是一例。名人訃告若出現在拍賣場，許多藏家是要爭奪的。要是甚麼絕命詩、絕筆書，則更顯珍貴。我的藏品中有王時敏的遺囑，有王國維的訃

胡風（右）
舒蕪（左）

告，從來不忌諱。前幾年北京泰和嘉成拍賣一件丘逢甲的訃告，我出價不低，但也鎩羽而返。

另外，書札收藏不必有所謂立場，不管所收的書札是岳飛還是秦檜、是姓蔣的還是姓汪的，越是反面人物就越是難得。

存世最早的「書札」

要論存世最早的「書札」實物，那是西晉陸機（陸士衡）的《平復帖》（唐宋以前的名人書札，後人尊為法書而稱之為「帖」）。董其昌跋此帖云：「右軍（王羲之）以前，元常（鍾繇）以後，惟存此數行為希代寶。」這是留存下來的最早的書札。而且有著重要的收藏故事。

書者陸機（二六一－三〇三）是吳郡華亭人，即今天上海松江人。這是陸機以禿筆中鋒的草隸，在麻紙上寫的信牘。內容說及陸機三個朋友賀彥先（循）、吳子楊、夏伯榮等的近況。雖然只有九行八十四個字，但文辭古奧，不易誦讀。啟功先生是首位釋讀全文者，並撰有《「平復帖」說並釋文》。

在抗戰爆發那年，張伯駒是通過傅增湘用四萬元向舊王孫溥心畬買回來的，該件歷經戰亂和避過日本人覬覦，能倖存下來，實在很不容易。一九五六年張伯駒將此帖和其他稀世的書畫一併捐贈故宮。此事王世襄先

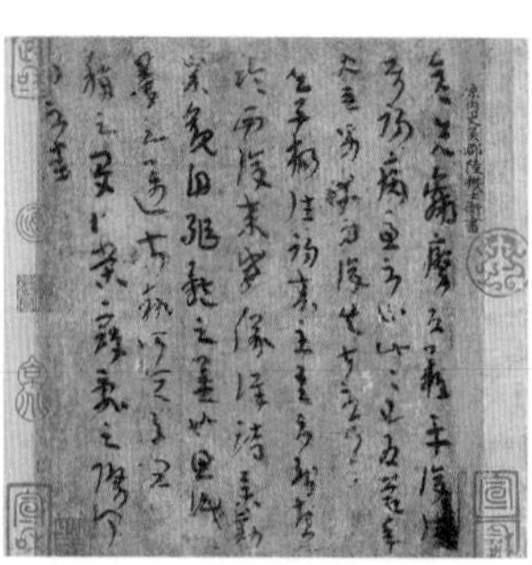

陸機《平復帖》

生有專文詳述。

為甚麼談「書札」的收藏卻會談到《平復帖》？因為帖也是在「書啟」範圍中，更主要是該帖是真蹟實物，而不同於王羲之父子的《快雪時晴帖》、《中秋帖》那樣是唐人據原信的雙鈎廓填。

《平復帖》是無法估價的，但說到收藏，總要論其價值，在此我只能說個例子，就作為一個比擬。

現今的書札市道

宋代的《功甫帖》

前年（二〇一三年九月）紐約蘇富比拍賣蘇東坡寫給郭功甫的信（《功甫帖》），美元八百二十二萬九千（合人民幣五千零三十七萬元）

蘇東坡《功甫帖》

成交。全信只有九個字，幾乎是每字美元百萬。雖然拍賣前後對此帖都有不同意見，但八百二十二萬九千美元成交則是事實。更早幾年，一片曾鞏的信，雖然專家意見不一，也以億元落搥（二〇〇九年十一月廿三日北京保利秋拍夜場「尤倫斯夫婦藏重要中國書畫」專場，曾鞏《局事帖》以一億零八百萬成交）。如果據此而論，那《平復帖》又該值多少呢？諸君聽了，自行比擬吧！

再說一個例：一九九六年紐約佳士得搞了個「上海張氏涵廬舊藏——宋元翰牘明清書畫精品」專場拍賣，這個拍賣宋人信札就有十餘通。曾鞏《局事帖》首次在這拍賣場現身，還有蘇東坡、朱熹、曾紓、張即之、朱敦儒、倪瓚、張雨等等，哄動藏界。當時曾鞏《局事帖》成交價約五十五萬美元（合港幣四百二十九萬元）。

再又說一個例：二〇一〇年秋上海道明也搞了個《聽帆樓後人藏宋元明尺牘》，十五件拍品中宋人四件，元至明初有九件，其中北宋《唐坰致胡宗愈伸慰帖頁》（北宋熙寧間唐坰從趙君錫處得知胡宗愈的兒子夭殤，寫信安慰）以人民幣九千多萬元成交。

明人書札是新貴

宋元手札，大都歸了故宮、上海博物館這些大博物館了。以此之故，

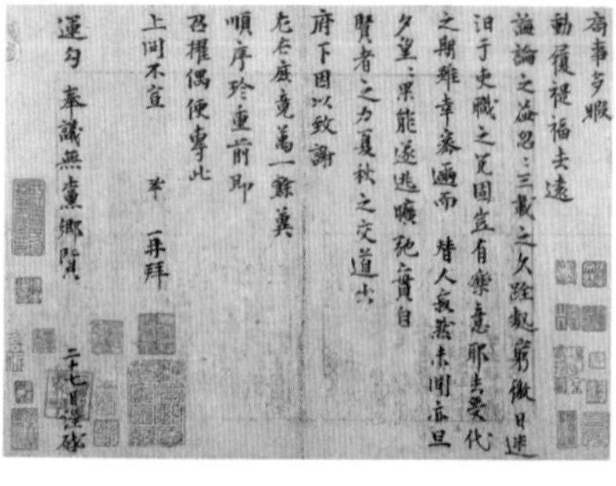
曾鞏《局事帖》

明人書札遂成為新貴。現在，明人手札，名頭大的，隨便一件釋出，藏家都不會輕易放過。

二〇〇二年秋天，北京嘉德舉辦的拍賣中有《錢鏡塘藏明代名人尺牘》，收有明一代四百多名人，共六百餘開信札，裱裝成冊頁共廿本。這套信札包括了明代的王侯將相、名臣仕宦、騷人墨客、忠烈奸佞，包羅頗廣。這部明代名人尺牘最後以九百九十萬元成交，是上海圖書館投得。現在看來這不足千萬元，似乎不怎麼昂貴，但在二〇〇二年，這個數字已是世界紀錄了。

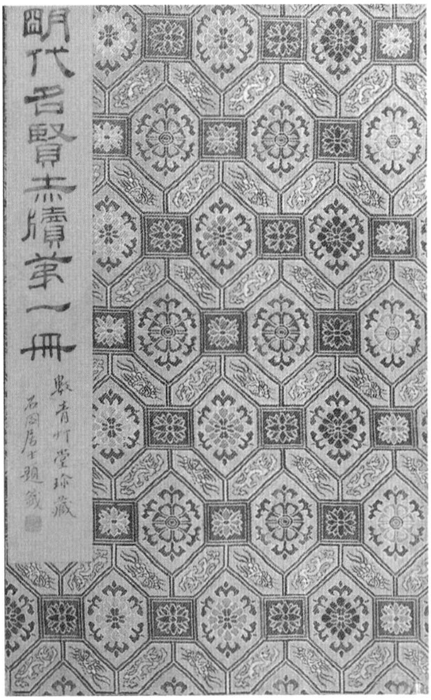
《錢鏡塘藏明代名人尺牘》，中國嘉德2002年秋拍

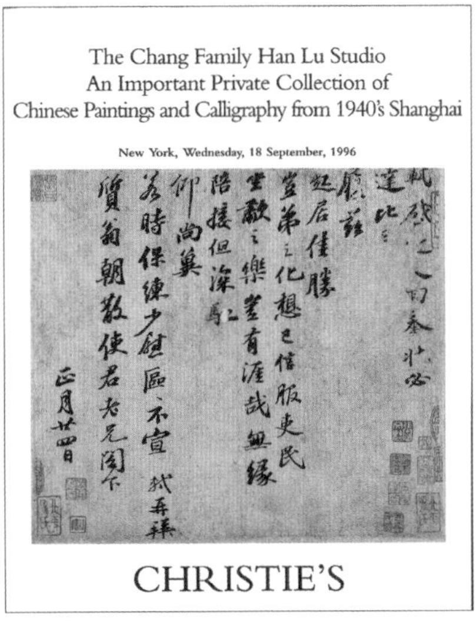

「上海張氏涵廬舊藏——宋元翰牘明清書畫精品」，1996年紐約佳士得

今年（二〇一五年）五月十七日北京嘉德春拍大觀夜場凌晨十二時正拍至末二件，八一三號吳門名士手柬（吳寬、祝允明、唐寅、蔡羽等）卷，就要三千二百五十萬元下槌。比較一下剛才講到十多年前拍賣的錢鏡塘藏明清信札廿厚冊，也只不過是拍了九百萬元而已。可見升值之高且快。

臺灣藏家何國慶先生，收藏晚明法書甚富，他收藏的明人手札也十分有名。去年何先生送我一套他的藏品圖錄《明代名賢尺牘》，這一套印刷精美而又相當沉重的圖冊，收錄了何先生所藏有明一代二百一十六位名家尺牘二百五十二通，分為學者、名臣、東林、復社、文人、書畫家、方外等七大類，包羅頗廣，不乏稀珍之品。何先生這套《明代名賢尺牘》全彩色印刷，大部分原色原寸刊印。這代表廿一世紀的印刷水平。何先生收這些明人尺牘入手很早，目前要收得這麼整齊，著實不容易。

《明代名賢尺牘》

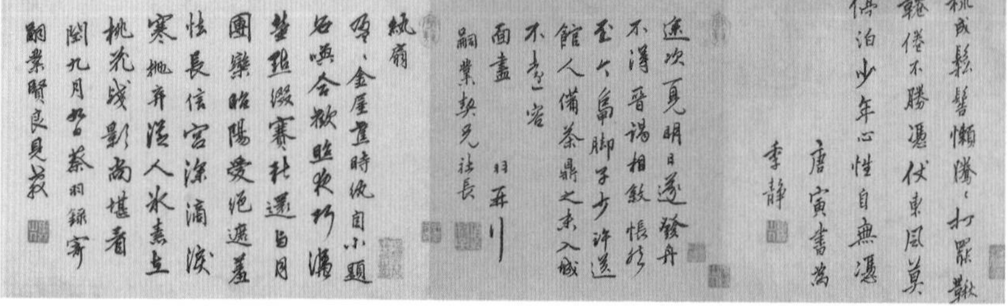
吳門名士手柬

民國書札也有價

明人手札不多了，又輪到清代和民國的書札成為藏家追逐對象。

古人的信有價，近現代人的信也有價。近人信札，只要享盛名，有內容的，如政界若袁世凱、孫中山、宋教仁、陳其美、蔡鍔、蔣介石，共黨如南陳北李、毛周朱，文士學人如魯迅、徐志摩、胡適之、陳寅恪，畫界如三石二鴻（虹）大千心畬之類，都是不可多得的珍品，別小看這些爛紙，往往「佳」書抵萬金，是黃金萬兩還是萬斤就要看是那一位了。

陳垣先生往來書札

舉一個例，九十年代末，在北京中國書店看到陳列出一整批陳援庵往來書札，是臺灣中研院新成立的文哲所剛出版的《陳垣先生往來書札》數百通信札的原件，往來書信的五十八位名人有：馬相伯、蔡元培、李石曾、葉恭綽、英歛之、王國維、胡適之、孟森、高步瀛、傅斯年、陳寅恪、顧頡剛等等，都是民國俊彥，越看越令人心動。當時聽書店的人說，索價要人民幣百萬。同去參觀的朋友岑英權，是我表哥陳幼南博士在普林斯頓大學的同學。岑剛賣掉其上市公司，雄於資。岑先生剛開始收藏書法，我力勸他買下這批信札。但岑有點猶豫。而轉瞬這批書札已被人買走。隔了兩年，友人趙君邀我去其郊區大宅，參觀其珍藏書畫，赫然發現

陳垣

援庵的書信在此。重睹這批手札十年之後，如今又在北京嘉德拍場展覽廳出現，假如分散拍賣，真是有些可惜。幸好嘉德也明白，這批書札不分散拍賣，而是整批「私洽」，聽說索價是人民幣五千萬大元。我略為盤算，結論是：合理。

郭沫若致文求堂書簡

近年拍賣公司都很積極的尋覓名人書札來拍賣，尤其是那些一整批的，如二〇一一年杭州西泠拍賣公司的秋拍，有郭沫若《致文求堂書簡二百三十函》，爭奪的人多，當時就以人民幣二千四百多萬元高價成交。所謂高價，是當時大家的感覺而言。但如果比較一下今年（二〇一五年）六月十八日夜間廣東崇正「九藤書屋（谷牧）專場拍賣，郭沫若「建設」兩個大字大中堂（有康生加題章草數行），落槌價是人民幣一千四百萬元，那麼西泠拍賣的這批郭老的手札，又不算貴了。

南長街五十四號藏梁氏重要檔案

翌年，二〇一二年北京匡時秋拍，搞了個「南長街五十四號藏梁氏重要檔案」專題拍賣，這個專拍以信札為主，總共有二百八十七通，包括梁啟超胞弟梁啟勛所藏的梁啟超手札二百四十餘通、康有為手札二十三

《郭沫若致文求堂書簡二百三十函》，西泠2011年秋拍

通、湯覺頓致梁啟勛手札十七通等。內容涉及民初許多政界名公巨卿如袁世凱、馮國璋、孫傳芳等等。康有為的手札涉及保皇會的秘史（如在美國芝加哥瓊彩樓案和廣西振華案等），有些手札也反映出康有為擅於貨殖經營，是股票、地產炒家先驅。整批拍品估價人民幣五千萬元，以六千七百多萬元成交，成績算很不錯了。該專場上康、梁的手札，都要幾十萬元一通，豈是我輩寒士所能問津。但匡時為這批書札的宣傳費了大氣力，也曾把展品搬到這兒（上海圖書館）展覽，讓許多有興趣此道的朋友一飽眼福。匡時在北京國際飯店拍賣預展時，我們可以到現場細賞這些書札實物，匡時編印的這批信札的圖錄甚為精美，隨時可以翻閱，誦讀上個世紀康、梁的手札，是精神領域很好的享受。

錢大鈞舊藏「蔣介石密令手諭」

今年六月，北京保利拍賣錢大鈞舊藏「蔣介石密令手諭」（六五〇號）一組百餘通（一百四十紙），分裝二厚冊，估價人民幣八百萬至一千萬元，結果成交價為人民幣一千七百多萬元，錢大鈞是侍從室主任，他保存的這些手諭，涉及兩廣事變、西安事變、七七事變、武漢會戰等近代中國的重大事件，是研究一九三六年至一九四五年這段歷史的重要文獻。保利拍賣圖錄將全部手諭刊出，功德無量。買家只能是一位（是東北哈爾濱

「南長街54號藏梁氏重要檔案」，2012年秋北京匡時專題拍賣

的高氏所得），但圖錄載有全部手諭，將惠及無數研究者。行文至此，謹向該圖錄的編輯先生致敬。

胡鄂公上款書札

上個星期（二〇一五年七月五日），西泠印社春拍有一個專場：「抗日民族統一戰線重要文物——胡鄂公上款書札專場」。

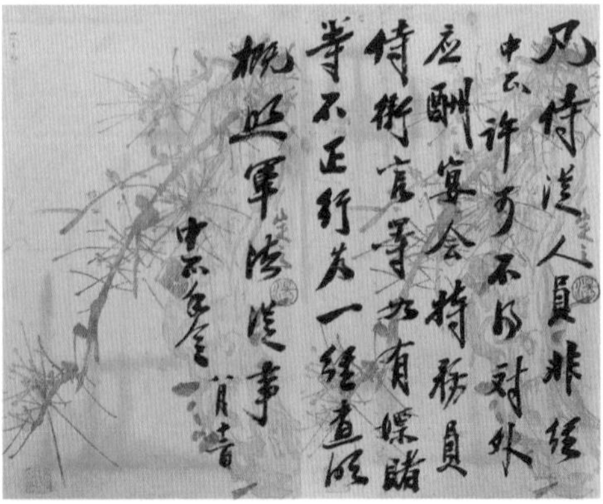

蔣介石密令手諭——嚴格規管侍從人員行為，1936年8月12日

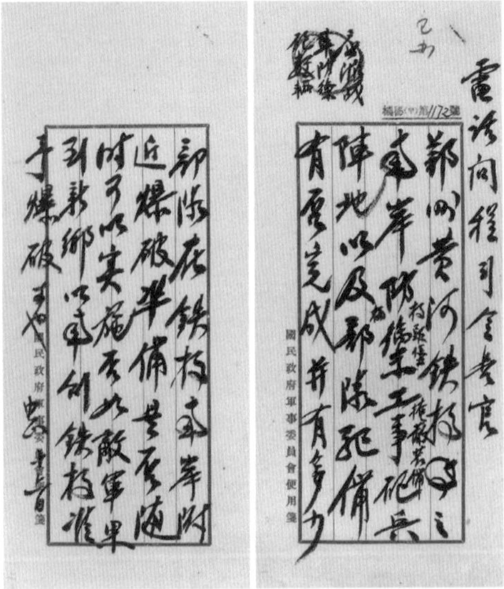

蔣介石密令手諭——批准爆破鄭州黃河大鐵橋，1938年2月16日

胡鄂公上款書札，內容特殊，有不少鮮為人知的訊息，反映了中共在抗日民族統一戰線的努力，這批材料從未公布，前幾個月曾在復旦大學展覽，引起研究者關注，也特別受藏家青睞。所以競投者眾，全場百分百成交，總成交額達八百多萬元。

這批信札最受注目的是一九四〇號「周恩來有關指示胡鄂公促成抗日民族統一戰線的重要通信」，此信是西安事變前幾個月（一九三六年九月廿三日），周恩來寫給胡鄂公的長信，小小的一頁紙，密密麻麻的蠅頭行楷，體現了周恩來擬整合全國各方力量，建立抗日民族統一戰線的方針政策。

周恩來此信估價不便宜，是人民幣八十萬至一百五十萬元，但爭奪者眾，競拍激烈，一頁信就拍了十多分鐘，最後由場內買家投得，落槌價人民幣三百一十萬元。

另一通一九二一號「李濟深有關建立抗日民族統一戰線致毛澤東、朱德、周恩來的重要信札」，只有一頁，寫於一九三六年十二月卅日，「西安事變」和平解決之後第四日，顯示此一時期李濟深擬聯共抗日的政策。此信估價八萬至十二萬元，最終落槌價為五十八萬元，創李濟深手札成交最高紀錄。

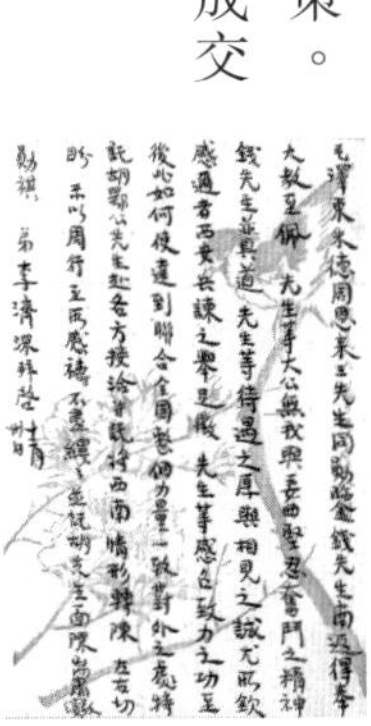

李濟深致毛澤東、朱德、周恩來手札，委托胡鄂公面洽有關建立抗日民族統一戰線事宜

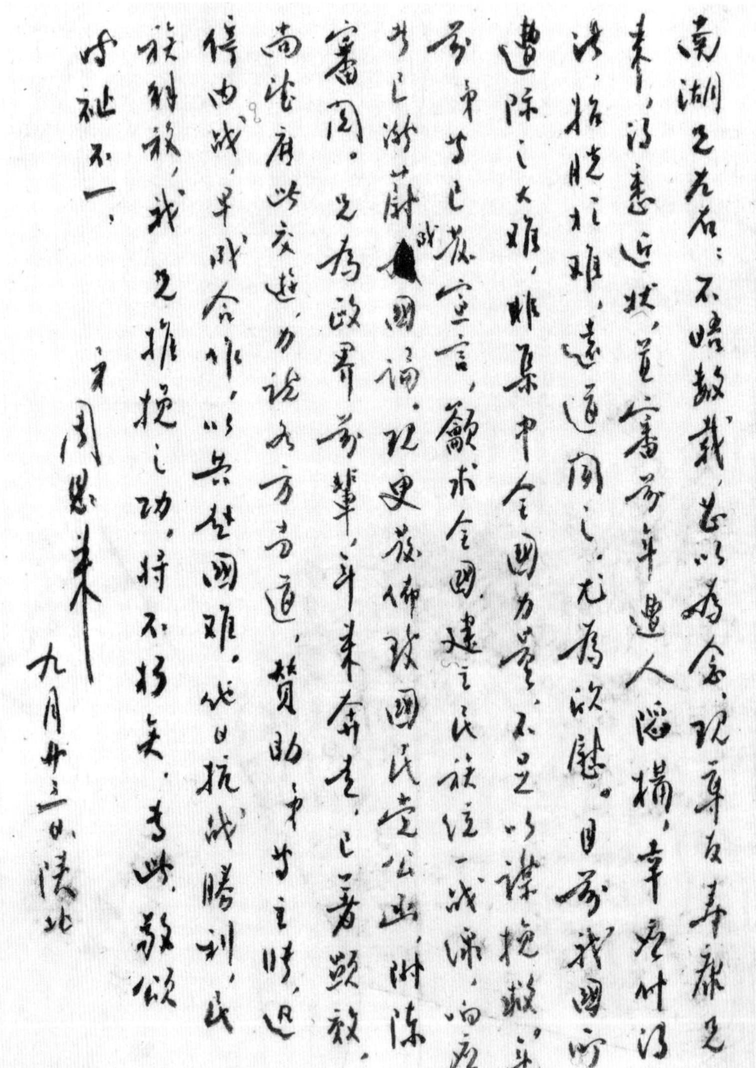
南湖先生左右：不晤數載，甚以為念。現尊友薛康之來，得悉近狀，並審前年遭人陷構，幸應付得法，始脫於難，遠道聞之，尤為欣慰。目前我國所遭際之大難，非集中全國力量，不足以謀挽救。弟等中共已發宣言，籲求全國建立民族統一戰線。向應者已遍[illegible]國論。現更發佈致國民黨公函，附陳審閱。先生為政界前輩，平素奔走，已著顯效。尚望廣為交遊，力說各方當道，贊助中共主張，迅停內戰，早成合作，以共赴國難。他日抗戰勝利，民族解放，我先生推挽之功，將不朽矣。專此，敬頌時祉不一。

弟 周恩來

九月廿二日 陝北

周恩來致胡鄂公盼促成抗日民族統一戰線

我的書札蒐藏

有些收藏界的朋友，好奇我的書札收藏，要求我講講自己的蒐藏。

我收藏信札是以近現代為主，因為近現代的書札更具現實意義，也比較容易獲得。我最早收的信札是孫中山致盧煊仲手札。是澳門「爛鬼樓」（關前街）大石梁先生承讓的。

而更多的則是來自汪孝博（宗衍）先生。汪老或出於照顧，或念我有意長久保存，以極廉的價錢，陸續轉讓了一整批陳援庵先生寫給他的論學手札，是一批，不是一兩通。又曾讓我一疊葉恭綽寫給澳門楊敬安先生的手札，內容是討論編印梁鼎芬遺著《節庵先生集》。還有一些清末民初名士陶邵學、張學華、潘飛聲等致汪兆鏞先生（汪老的尊人）的。這些手翰，成為我的最早藏品。至今近四十年。

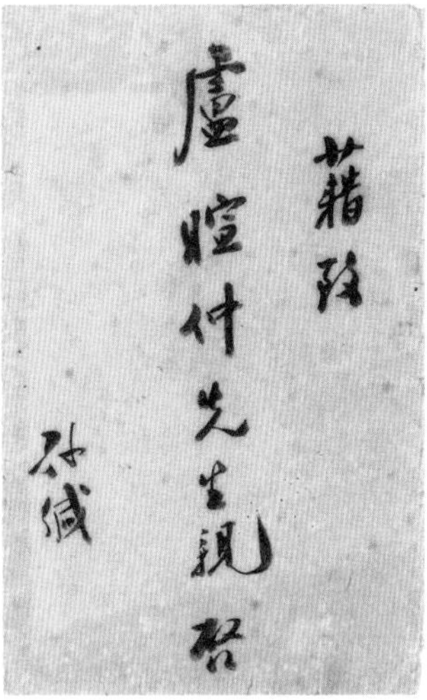

孫中山致盧煊仲函

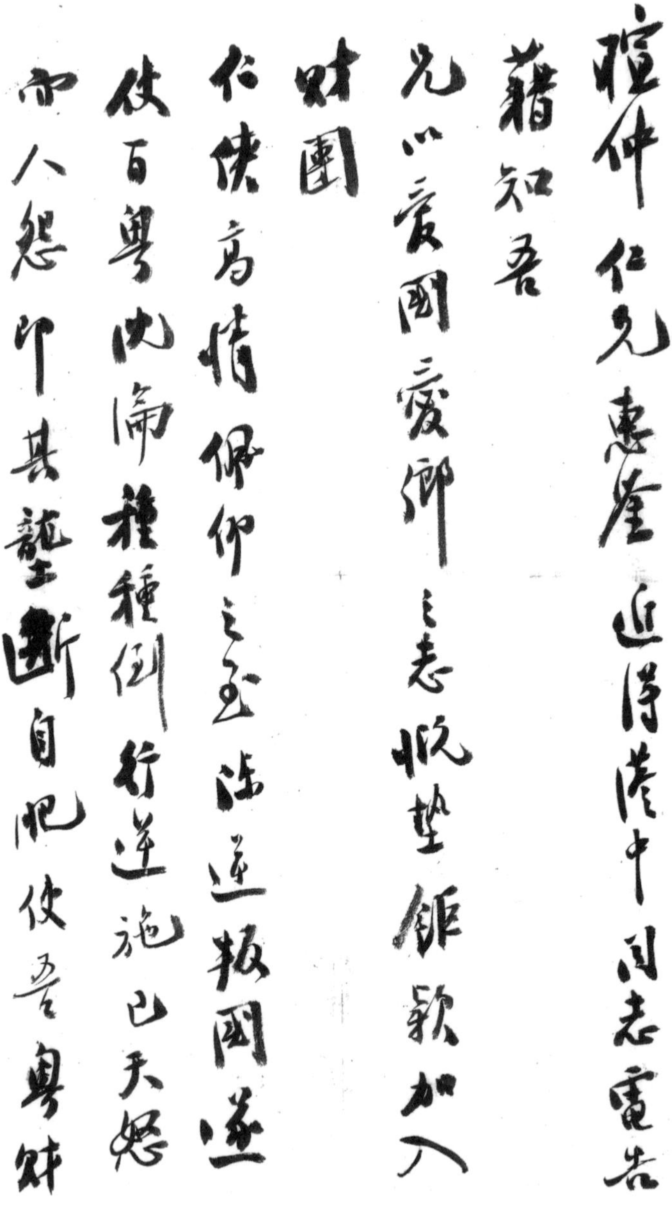
煊仲仁兄惠鑒：近得港中同志電告，藉知吾兄以愛國愛鄉之志，慨墊鉅款加入財團，任俠高情，佩仰之至。陳逆叛國，遂使百粵沉淪，種種倒行逆施，已天怒而人怨，即其壟斷自肥，使吾粵財

孫中山致盧煊仲函

政枯蜀秦亂四民悉受其影響港澳同志有鑒於此組織財團以圖振復整理救濟造福將來其功甚偉得兄熱心提倡尤易有成矣專此即頌

時安

孫文

十二月廿日

陳援庵先生論學手簡

卅多年前汪老轉讓的陳垣手札一批，是我頗為看重的藏品之一。陳垣過世不久，汪老將這批手札整理，並加注釋，編詮《陳援庵先生論學手簡》，由周康燮的崇文書店印行（一九七二年九月）。現翻開此書扉頁，見汪老題贈之年干為一九七五，距今足有四十年。汪老也往生廿二年，援老則離世四十多年。贈書當日同登澳門聖味基街汪老寓所的李鵬翥丈亦已仙逝半載。撫卷茫然。

援老這批手札原件並無裝裱，毛筆信件黏貼在簿上，鋼筆書寫者則按年夾於對摺的紙中，更便於保存。選印於書中共卅二通，由一九三三年至一九六三年，而未印入書又數十通，最末者為一九六九年。

援老這些手札，書法秀雅，固堪寶愛，更為重要者在於信札內容涉稀見史料和史實之考證、歷史文物之探討，藉窺援老學識博大精深，治史篤實嚴謹，兼又顯示出兩老砥礪切磋。

援老手簡，也反映出解放初期神州的新氣象。如一九五三年一通詢及李棪齋的信，末端出現：「吾國解放三年，廣大人民生活日好，國際地位日高，公等寄居海外，當必有所感覺，甚願得知一二。」等語，與當年援老公開致書胡適之的政治傾向，是一脈相承的。

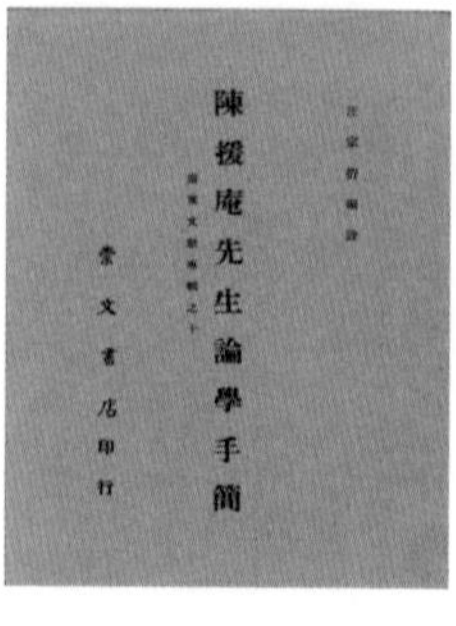

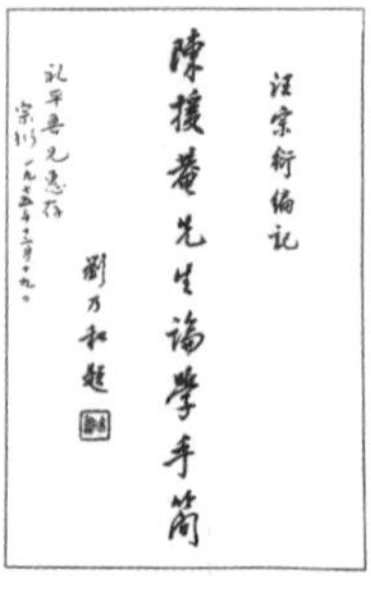

《陳援庵先生論學手簡》

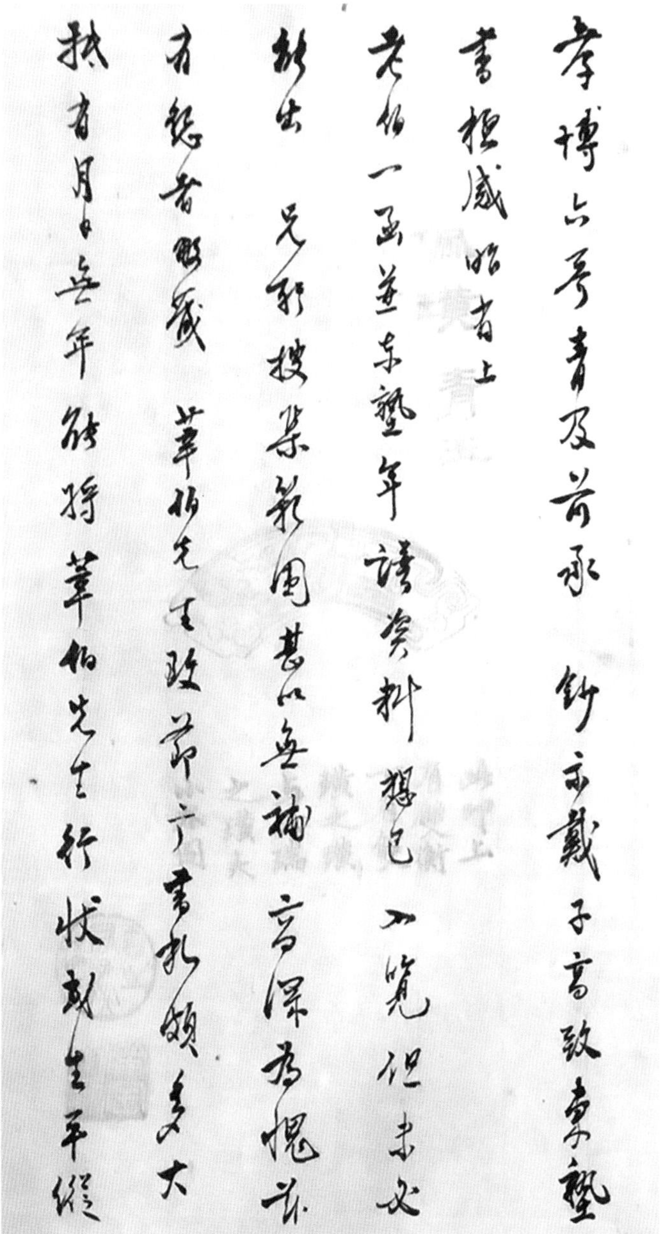

陳垣致汪孝博論學手簡

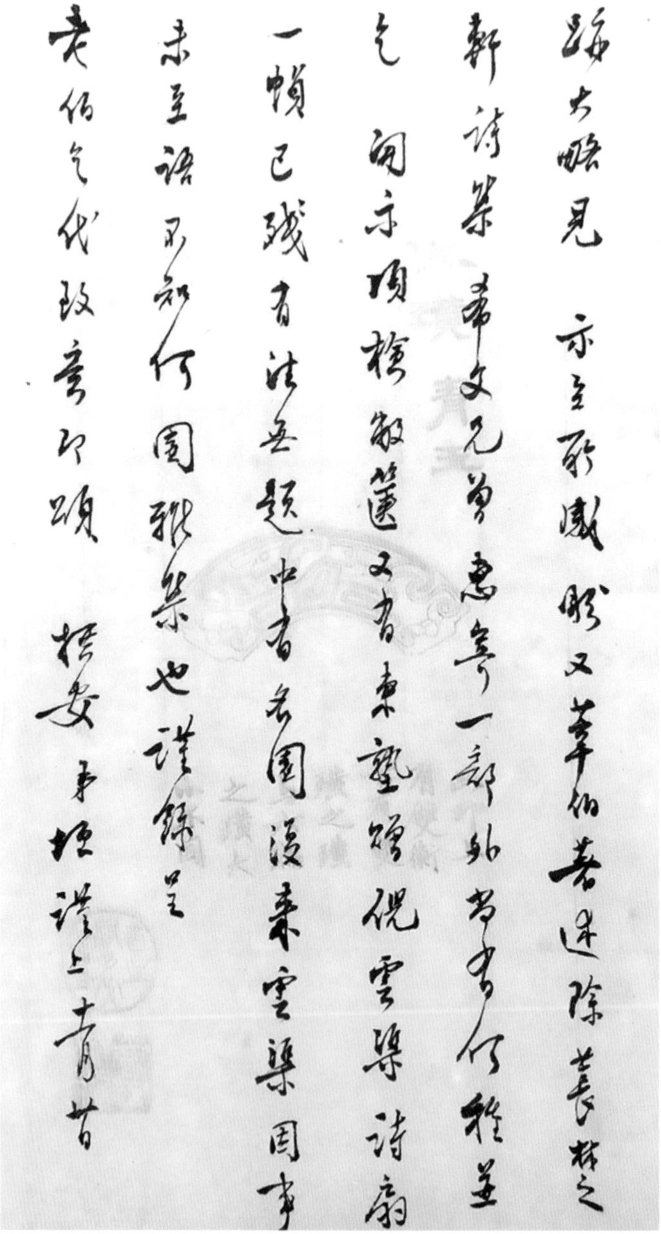

陳垣致汪孝博論學手簡

明萬曆九枋相致戴愚齋書翰卷

旅日藏家程伯奮（琦）先生所藏宋元明名家書畫（包括燕文貴、宋徽宗等劇蹟）名聞遐邇，十多年前程氏珍藏一整批由臺灣藏家林百里先生承接，據説當年的成交價是好幾億人民幣的。這批藏品是一籃子交易的，其中有部分書畫並不為林先生所喜，遂被剔除送到北京嘉德拍賣。當年我在圖錄上看到林先生處理的程氏舊藏中有一件「明萬曆九枋相致戴愚齋書翰卷」，包括張居正、申時行、王錫爵、余有丁、許國等十有七通，諸札皆致戴洵（愚齋，浙江奉化人，萬曆八年官南祭酒），內容多言國子監事。卷後還有丁傳靖、柯紹忞的題跋。當時向啟老（功）等前輩請教，意見相當一致，遂奮勇競投，終歸寒齋庋藏。這是有心人集合明代九個大學士等十多位名臣的書札，裱裝為一卷，保存了幾百年。我們現在花不了多少錢，一舉而得此煊赫名蹟，應該感恩。感謝歷代前輩藏家的保護文物之功，才有我們今天得以為研究之資和暫時擁有之樂。

楊漣家書冊

杜甫在戰亂中，企盼家中來書的名句「烽火連三月，家書抵萬金」，大家都耳熟能詳。這是杜老夫子對家人的思念。家書還有重要的一點，可以反映舊日的家庭教育。書札中家書佔有重要一席。

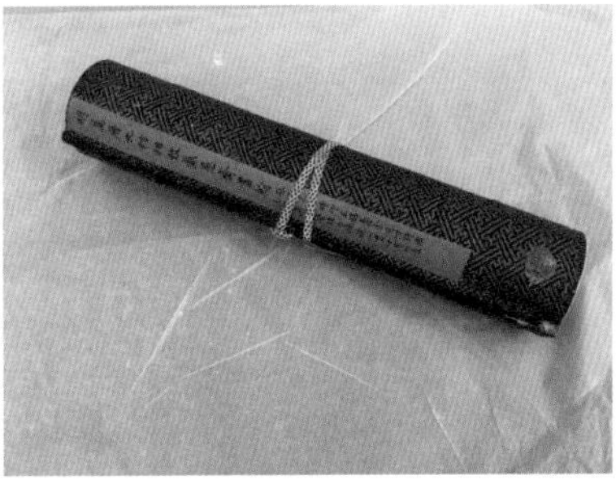

《明萬曆九枋相致戴愚齋書翰卷》

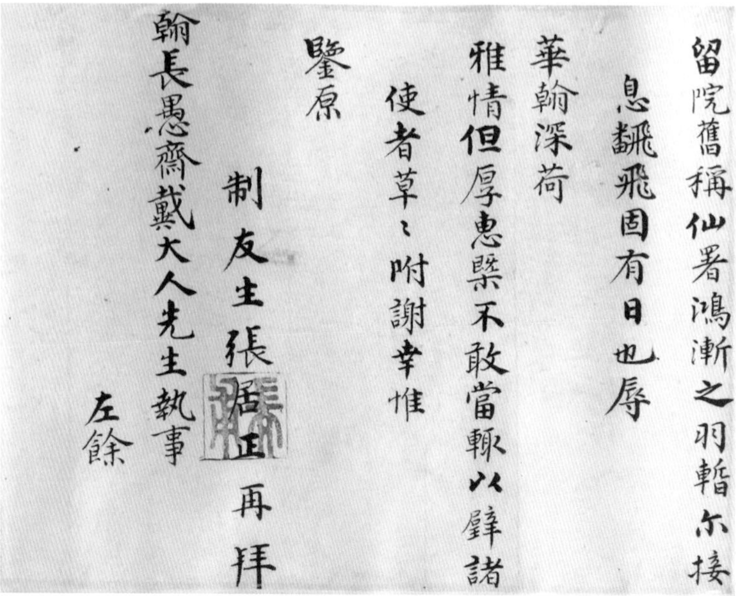
留院舊稱仙署鴻漸之羽輯尒接
息翮飛固有日也辱
華翰深荷
雅情但厚惠槩不敢當輙以辭諸
使者草〻附謝幸惟
鑒原
制友生張居正再拜
翰長愚齋戴大人先生執事
左餘

張居正致戴愚齋書翰

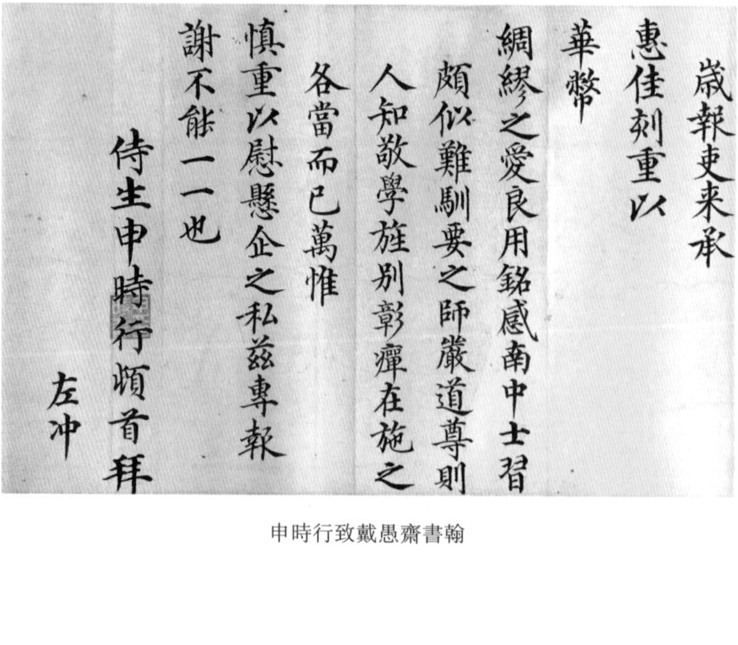
歲報吏来承
惠佳刻重以
華幣
綢繆之愛良用銘感南中士習
頗似難馴要之師嚴道尊則
人知敬學旌別彰癉在施之
各當而已萬惟
慎重以慰懸企之私茲專報
謝不能一一也
侍生申時行頓首拜
左冲

申時行致戴愚齋書翰

我的藏品中有一件楊漣家書冊。楊漣（一五七二—一六二五）是明代名臣，是萬曆、泰昌、天啟三朝重臣，官至左副都御史。《明史》有傳。楊漣是東林黨人，與方孝孺、楊繼盛、左光斗、史可法等人同為忠臣烈士。他在天啟年間宦官魏忠賢當紅時，上疏「劾魏忠賢二十四大罪疏」，震驚朝野，也因此而被逮下獄，慘遭虐殺之禍。崇禎登基後才為楊漣平反昭雪，追贈兵部尚書、太子太保，追謚「忠烈」。

楊漣手澤在明末清初已為文士所珍視，刻意蒐藏。北京故宮收藏五位東林黨人墨蹟「明五忠手札卷」，其中也有楊漣的手札。臺灣故宮秦孝儀院長也藏有楊漣手蹟「楊忠烈公劾魏忠賢廿四罪疏稿」卷，若干年前（一九九九年），捐贈與臺灣故宮。

我收的這個手札冊是楊漣手書的兩通家書。一通寫給孟蘭孺人，一通寫給其長子楊之易。寫給孟蘭孺人的共四頁，首尾完整。書寫時間大概是泰昌元年（一六二〇年），內容不外是述說自身近況，叮囑教導兒子，勤儉持家，謹慎處事。

從楊漣手札所述：「我署禮科的事，日日手忙腳忙，甚至飯也不得自在吃一碗。」「常要五更起，去侍朝，儘是耽驚恐，勞精神。不免也想家內自在。」可知為官不易，「儘是耽驚恐」更是可圈可點。

楊漣像

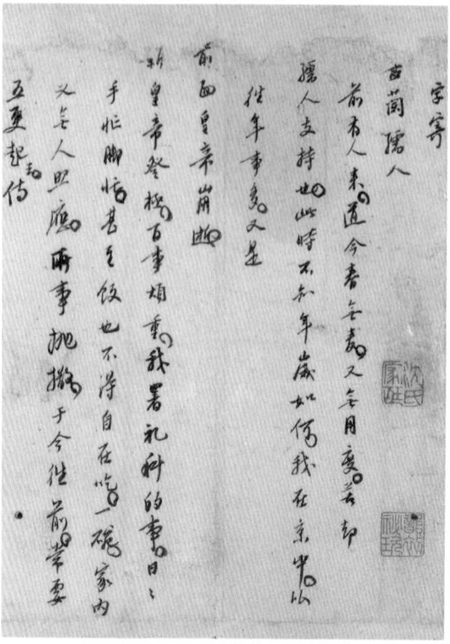

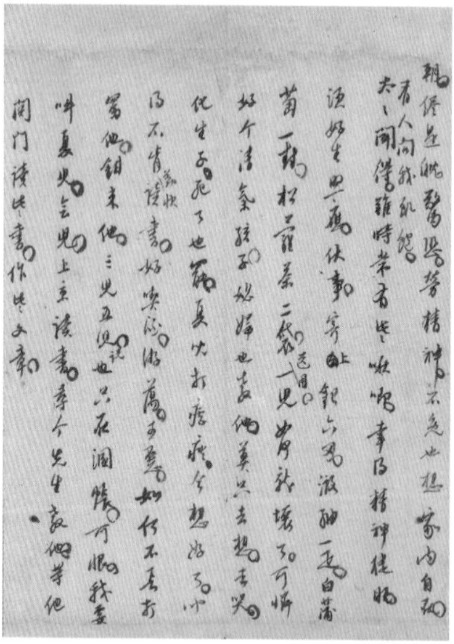

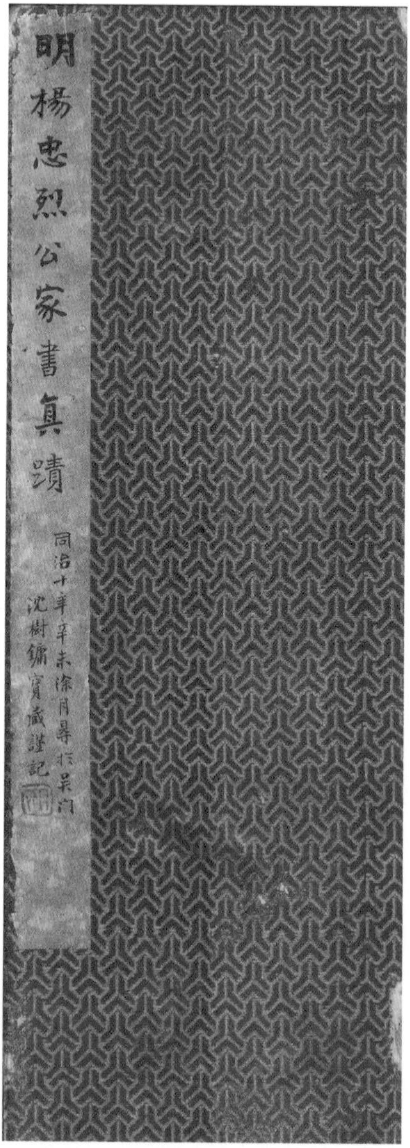

楊漣家書冊

信中還透露：「前聞縣中惡少，帖我歌謠。是他們自喪了心，滅了天理。」楊漣受誣，並沒有藉權勢叫縣太爺查辦，而是一概不理，「便隨他去，交付與天。」並告誡孟蘭孺人：「只叫夏兒謹慎，莫與人同席，亂言亂語。小廝們不許他入衙門。」還警告：「田莫買。」並提醒注意禮節：「分付坐下，見人起身。騎馬見人下地。便了。」因為是名臣家人，千目注視。「我們人家，也是人眼妬的。」採取息事寧人的方針：「寧可受人些氣兒也罷。凡事八言一動，易得招風。百凡謹慎，便是享福之道。」楊漣還在「百凡謹慎」一語旁加密圈，請孺人注意。他實在太怕家人在鄉間惹事，此家書末了仍諄諄告誡：「千言萬語只是謹慎，家人不許生事壞事」。

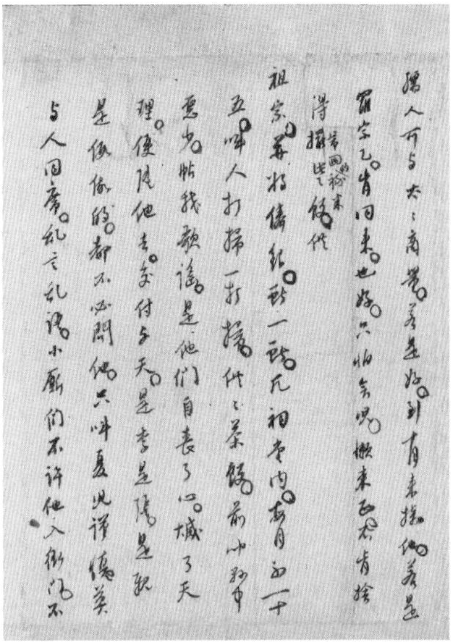

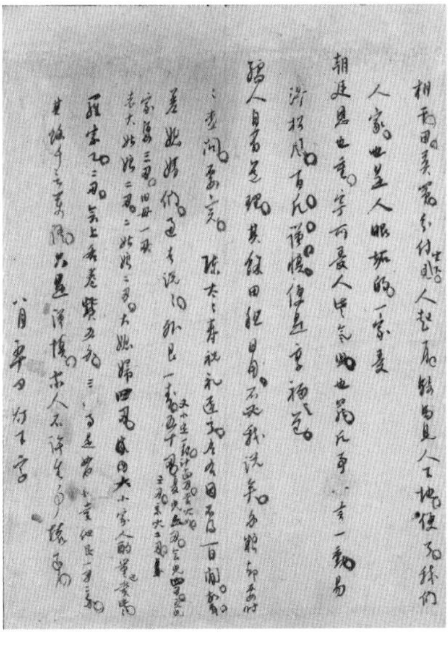

楊漣家書冊

大家或者還記得，前幾年（二〇一〇年十月十六日）大陸有衙內闖禍之後「撻朵」：「我爸是李剛」，借老父大名自保。楊漣怕的就是此等事情。從另一個側面，可見楊漣為官正直清廉。楊漣的這些家書，對照今天國內的政治生態，還是深具現實意義的。

由於魏忠賢閹黨對東林黨人斬盡殺絕，楊漣文稿手蹟傳世極罕。所以片紙隻字，均為士林爭奪。此冊是在北京的誠軒拍賣，是沈樹鏞、林朗庵、丁氏念聖樓先後遞藏。臺灣以收晚明書蹟著稱的大藏家何國慶先生，去歲蒞寒齋觀此冊，也嘖嘖稱嘆。

孫中山手札卷

我藏有兩卷趙士覲舊藏的孫中山手札卷。趙士覲（約一八八〇—一九三〇）是紐約同盟會創辦人之一，他本來保存有孫中山、黃興、趙聲、胡漢民、朱執信等諸賢給他的手札一百六十多通，二十年代中寄存於廣州市梁季寬家並請梁氏跋尾，準備刊印行世。惟一九二七年廣州暴動，此一大批涉民國締造前後之革命史料，不幸燬於戰火。其中趙氏僅存孫中山給他的兩通遺札，歷八十多年滄桑，竟能完好的遞傳到寒齋。信是緣份。

李公俠、李鐵夫簽發美洲中國同盟會證書與趙士覲（1912年）

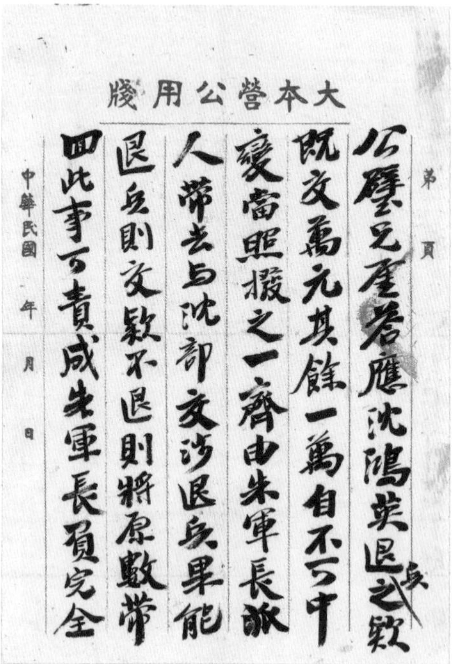

大本營公用牋

第　頁

公麟兄鑒答應沈鴻英退兵之款既交萬元其餘一萬自不可中變當照撥之一齊由朱軍長派人帶去與沈部交涉退兵果能退兵則交款不退則將原數帶回此事可責成朱軍長負完全

中華民國　年　月　日

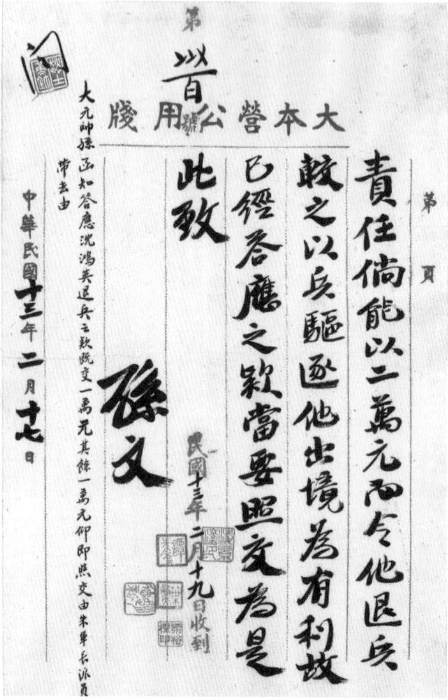

第　以百　號

大本營公用牋

第　頁

責任倘能以二萬元而令他退兵較之以兵驅逐他出境為有利故已經答應之款當要照交為是

此致

孫文

民國十三年二月十九日收到

大元帥孫函知答應沈鴻英退兵之款既交一萬元其餘一萬元仰即照交由朱軍長派員帶去由

中華民國十三年二月十七日

孫中山遺墨卷

一九二三年至二四年，孫中山責令沈鴻英卻兵，囑趙籌餉給遣。沈邀餉二萬元。孫公信中以二萬元令沈休兵，是合算的。信原文：「答應沈鴻英退兵之款既交萬元，其餘一萬，自不可中變，當照撥之。一齊由朱軍長派人帶去與沈部交涉退兵。果能退兵，則交款，不退，則將原數帶回。此事可責成朱軍長負完全責任。倘能以二萬元而令他退兵，較之以兵驅逐他出境為有利。故已經答應之款，當要照交為是。」（民國十三年二月十七日）。美帝打伊拉克薩達姆．侯賽因，亦倣此法，以銀彈收買敵人軍隊，不用炮彈，即能瓦解敵軍了。

李大釗致胡適之手札

胡適之在美國的媳婦（胡適之子胡祖望的夫人曾淑昭），藏有各方友好致胡的手札，其中有李大釗、陳獨秀、徐志摩等，極為稀珍。本擬整批讓與國家文博單位，傳聞作價只是人民幣二十五萬元。但是有「專家」嫌貴，一疊舊信，哪值這許多錢。結果嘉德收去拍賣。

據中國嘉德古籍善本部經理拓曉堂說：「這些信件涉及的時間主要為陳獨秀主辦《新青年》時期，是與胡適討論如何辦好這份肩扛新文化大旗的雜誌、兩人又如何產生分歧以及『善後會議』陳獨秀對胡適的支援等內容，其中具為可以補充某些歷史事實的重要文獻。」

沈鴻英

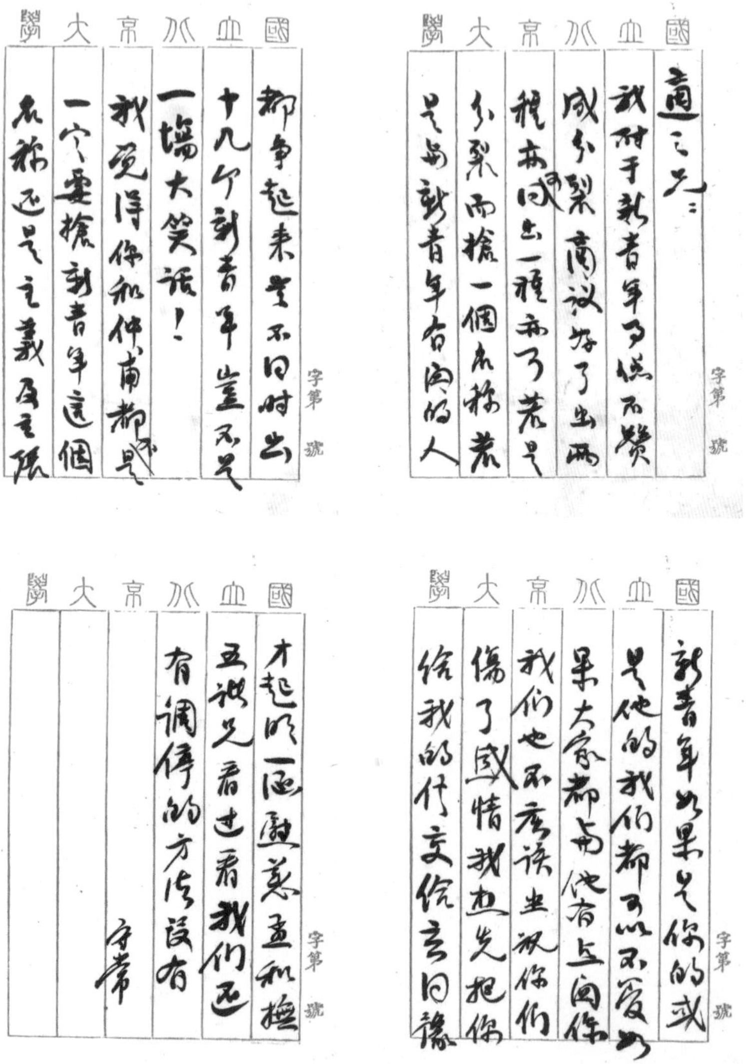
適之兄：
我對于新青年事總不贊
成分裂商議好了出兩
種亦可同出一種亦可若是
分裂而搶一個名稱若是
是與新青年有關的人
都爭起來豈不同時出
十幾個新青年豈不是
一場大笑話！
我覺得你和仲甫都不是
一個要搶新青年這個
名稱還是主義及主張
新青年如果是你的或
是他的我們都可以不管如
果大家都與他有點關係
我們也不應該坐視你們
傷了感情我並先把你
給我的信交給玄同豫
才起明一涵慰慈孟和撫
五[illegible]看過看我們還
有調停的方法沒有
守常

李大釗致胡適之手札

嘉德分兩次拍賣。第一批是陳獨秀、梁啟超、徐志摩等致胡適之的一批手札，搶到幾百萬元（據嘉德提供的資料，二〇〇九年陳獨秀等致胡適之信札十三通廿七頁以五百五十四萬四千元成交，梁啟超致胡適之詞稿及信札十一通卅四頁以七十八萬四千元成交，徐志摩致胡適之信札三通九頁以一百一十二萬元成交。）本來有關部門擬動用國家優先條例，由國家文物局購買轉新文化運動紀念館收藏。適逢中國人民大學有校友擬捐款購買，贈送人民大學新成立的博物館，這令新文化館好不失望。

第二批係李大釗致胡適之手札，討論《新青年》在廣東辦的事宜，附周作人致胡適之手札。時我正巧在京，以我的藏品系列中，有陳獨秀墨蹟而無李大釗的墨蹟，每以不能雙美為憾，現此件無論內容、品相，均係精真新，於是踴躍參加競投。開拍前，遇到幾個收藏手札的朋友，出言謂某君出價超過二百萬，志在必得，言外之意你老兄就不必「多此一舉」去爭了。拍賣此件之前，拍賣官宣佈國家文物局定此項拍品為一級文物，投得者不能立即提貨，要等七天，如果國家有關單位認為需要，有優先購買權。為避人耳目，我站在拍場最後面的門口，待到拍賣官叫價二百萬時突舉牌應價，最終以二百五十萬咬牙切齒的價格投得。事後立即轉身衝入廁所小解。時有數人追出尾隨，初以為係記者，後才發覺係拍賣行工作人員要我簽名確認。七天過後，急電嘉德，知未為國家購去，即囑書畫部的朋

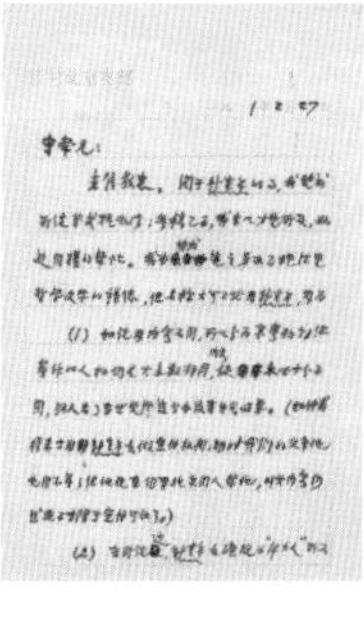
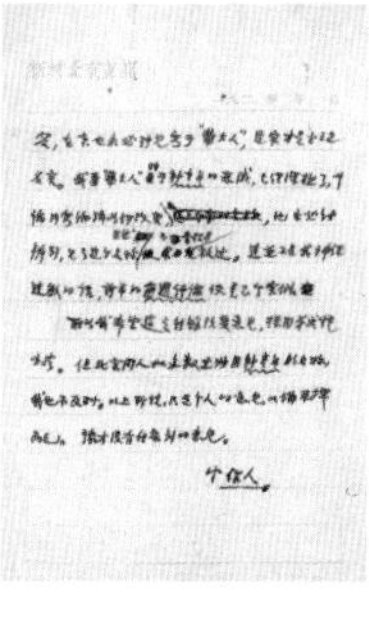

周作人致李大釗手札

友將此拍品調離古籍善本部之庫房，轉去書畫部保存。急上京結帳提取。後通過其他管道知悉，文物局出價一百二十萬，後追加至一百五十萬。此件落槌價二百五十萬，連佣金二百八十萬。幸虧文物局所詢專家不諳市場行情，否則好東西輪不到我輩布衣收藏了。

扯遠一點，B先生見我拍得李大釗手札，很驚訝我肯出此高價。並道出胡適這批手札，曾與他擦身而過。B先生就是拍場中專舉天價書畫拍品的豪客。他通過友人介紹，找到胡適之媳婦，也看了這批信，但無法判斷價格。要是當時他能出後來拍賣價的十分一，就可以拿下來的。他的蹉跎，讓嘉德「冷手執個熱煎堆」。我才有機會從嘉德拍賣場上探驪得珠。

盧冠群

名人書札不可亂丟

這裏再説一個故事。有盧冠群丈，論公，他是東京報界前輩，也是台灣《中國時報》駐日代表。早年因韓戰，盧撰文預測美軍將於仁川登陸，後果然如此，遂名噪一時。論私，他是虛白齋劉作籌丈的暨大同學，亦潮籍同鄉。是由《星島日報》老編何錦玲大姐介紹我認識的，盧丈晚年仍出入記者俱樂部，常賜我食涮牛肉，且要我吃雙份。而其日婦，只通過電話，未見過面。

往時張大千赴日，都是盧冠群丈和黃天才丈接待陪伴的，所以盧也藏

毛澤東致傅宜生、薄一波的手遞公函封，2013年11月24日嘉德拍賣

了不少大千的書畫，手札，更有毛澤東的親筆信。惟盧丈歿後不久，其日婦將盧所藏書畫手札等寶貝全當垃圾丟棄。老太婆可不知道，忙了一輩子，辛辛苦苦做餐館所得，遠不如被丟的這些爛紙，單單毛公一信（二〇一三年十一月廿四日嘉德拍賣毛澤東的一個親筆致傅宜生、薄一波的手遞公函封成交價人民幣六百五十五萬五千元），就可以換取東京美國大使館旁一幢三層高的獨幢洋房（雪江堂所在地）。然而無知就無畏，無有恐怖，該得而變為無有得。無奈啊！

我的鎩羽

黃氏憶江南館珍藏清代名人翰墨

不過收藏也有碰壁的時候，記得商務印書館老臣子黃蔭普喜收藏書畫，明清書札也收了一大批（汪老見告，章士釗秘書王益知幫忙黃收藏，久不久將明清人信札郵寄與黃）。他七十年代曾經刊印《黃氏憶江南館珍藏清代名人翰墨》三冊（葉恭綽題書名）。後來黃先生晚歲要處理這些信札，托集古齋代售，那個時期香港收藏界不大注意手札，所以放售許久仍無人問津。孰料我聽到消息去集古齋詢問時，才知已為臺灣某藏家席捲而去。我是至今悵恨的。

黃氏憶江南館珍藏

清代名人翰墨

（一）

葉恭綽題

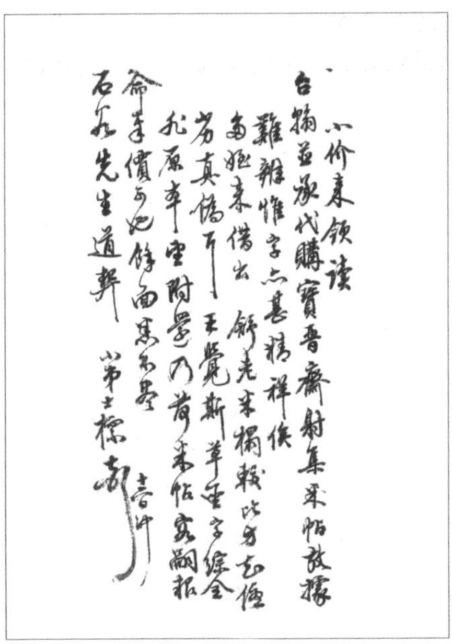

《黃氏憶江南館珍藏清代名人翰墨》

八十年代初，日本藏家程百奮（琦）收得一大批盛宣懷與朋僚往來函電書札共六百多家七四二四通，都一八一七八頁，分貼七十七冊。寄存在香港中文大學中國文化研究所，並擬讓與中大。但程氏收購這批信札成本極重，就算半賣半送也要港幣三十多萬元。研究所所長鄭德坤教授知道這批信札的重要性，亟欲羅致。惟研究所經費有限，鄭公曾問我是否可請家父捐贈，我則唯唯，不敢慷父之慨。最後鄭公總算解決經費（由北山堂利公榮森出資和程氏襄助），此一大批關乎近百年中國歷史的第一手資料，終歸香港中文大學。由歷史系王爾敏、陳善偉教授編輯，楊增新孫子楊紹箕作釋文整理，選百家書牘一千七百餘件，編為九大冊，名曰《近代名人手札真蹟——盛宣懷珍藏書牘初編》，由中文大學出版社出版饗世。這套書的序言是由上海圖書館顧廷龍先生撰寫（一九八七年元旦）。

如果從經濟角度看，今天這一大批手札，沒有幾千萬是拿不下來的。

（本文是二〇一五年七月十一日應祝君波先生之邀在上海圖書館舉辦的世界華人收藏家大會夏季論壇的講演稿）

盛宣懷（右）
《盛宣懷珍藏書牘初編》（左）

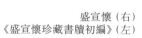

書札收藏續說

說起書札的重視，總會聯想「陳遵惜墨」和「東坡斷屠」等故事。但陳遵是漢朝人，東坡是宋朝人，都算不上老資格。書札的老歷史是可遠溯到周秦。《尚書》中的「君奭」和《左傳》中的「叔向詒子產書」，那纔可以算是書牘的始祖呢！

歷史上著名的《昭明文選》，當中就有「書」「啟」的分類。《經史百家簡編》全書廿六卷，「書牘」就佔了兩卷。這證明「書札」在歷史上一直是深受重視。

近百多年來，書札的受重視，比任何歷史時段都要大。證據是坊間常見到「書札」的結集，如：

海山仙館的《尺素遺芬》

郭崑燾的《雲臥山莊尺牘》

翁同龢的《翁常熟同龢手札》

吳大澂的《吳愙齋大澂尺牘》

王韜的《弢園尺牘》及《弢園尺牘續鈔》

俞樾的《春在堂尺牘》

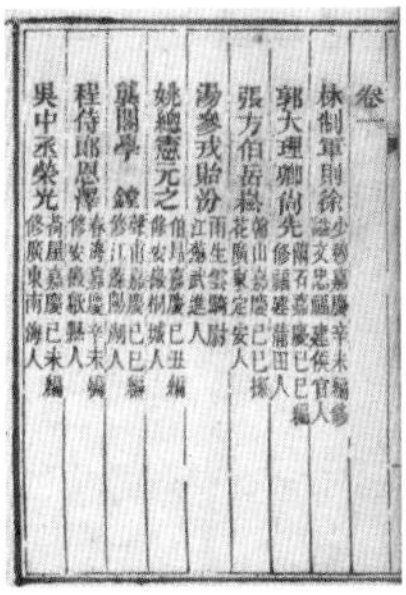

海山仙館《尺素遺芬》

郭慶藩編的《八賢手札》
王文濡編的《歷代名家尺牘》
梁啟超的《梁任公知交手札》
汪詠沂的《錢塘吳氏舊藏名人書柬》
黃蔭普編的《黃氏憶江南館珍藏清代名人翰墨》（三冊）
王爾敏等編的《近代名人手札真蹟》（九冊）
上海圖書館歷史文獻研究所《盛宣懷檔案名人手札選》
上海圖書館編的《汪康年師友書札》
顧廷龍校注《藝風堂友朋書札》
北京師範大學的《清代名人書札》（六冊）
《上海圖書館藏明代尺牘》（八冊）
上海圖書館澳門博物館的《鄭觀應檔案名人手札》
江蘇省檔案館的《韓國鈞朋僚函札名人墨蹟》
中央研究院近代史研究所編的《袁世凱家書》

這些「信札」的結集，只是我隨手拉雜，實際上當遠不止此數。「信札」之所以受歡迎，除了本身是歷史的資源，同時也是閑居寄情的所在。當晴窗靜對，觀察想像古人的筆飛墨舞，也發懷古之幽情，令神與古會，該是一樂事！但「信札」除了能令人陶醉和懷古之外，也會動人心魄的，

上海圖書館歷史文獻研究所《盛宣懷檔案名人手札選》（右）《清代名人書札》（中）《上海圖書館藏明代尺牘》（左）

那就是它的市場價位。如果論蒐藏，光只是説意義而不談市值，那就未免「偏枯」了。

目前，書札的市場價值是洶湧上升，我是觀潮者，有時也是弄潮兒。先以觀潮者的身份略談市道。

近年市面書札「存量」雖多，但藏家湧現又更多。這就令書札的價格能屢創新高。前些年（二〇一三年九月）在紐約蘇富比拍賣蘇東坡《功甫帖》，拍出美元八百多萬，折合人民幣是五千多萬元。而前幾年在北京保利夜場拍賣（二〇〇九年十一月廿三日），曾鞏的《局事帖》，也拍了過億。

且作遠些的回顧：抗戰時，溥心畬先生的母親過世，辦喪事要花錢，故將珍藏的陸機《平復帖》僅以四萬元便讓給張伯駒。後來，張伯駒一九五六年將多種書畫獻給故宮博物院，當中即有此帖。此事王世襄先生曾有專文談過。試想，晉代九行八十四個字的《平復帖》，當時只是四萬大洋。而前兩年的《功甫帖》，只有九個字就賣了好幾千萬人民幣，平均一個字是一百萬美元，這數十年中，信札的價位的漲幅是驚人的。

宋元信札難求，現在收藏界聚焦明清了。

二〇〇二年，北京嘉德秋拍有一項《錢鏡塘藏明代名人尺牘》，那是六百餘開明代名家手札，分裝成廿冊。以九百九十萬元成交。這個數字在

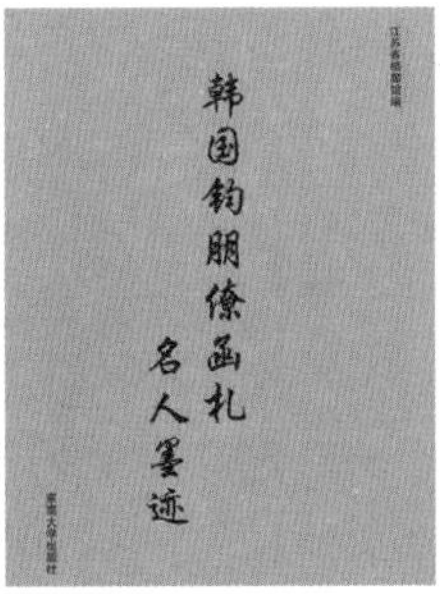

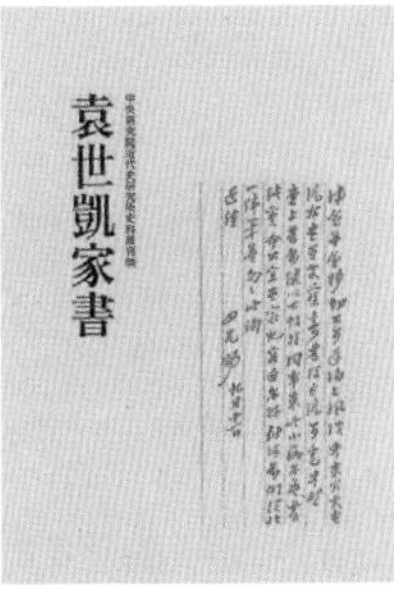

江蘇省檔案館《韓國鈞朋僚函札名人墨蹟》(右)
中央研究院近代史研究所編《袁世凱家書》(左)

當時又是天價，是破頂紀錄了。投得者是上海圖書館。不過現在看來，這「天價」又顯得太便宜了。

二〇〇五年北京嘉德春拍，八一三號的吳門名士手札卷（吳寬、祝允明、唐寅、蔡羽等），是幾封信的手卷，就拍了三千多萬。以此再回顧《錢鏡塘藏明代名人尺牘》，那六百多通名士手札，一千萬也不到，就更顯便宜得「離譜」了。

上述的事例，對整個大市是一種牽頭和帶動。可見，時當盛世，文物價值自有一股登山勁。

我是觀潮者，略談了大市的概況。但我也是弄潮兒，且說我近年在「信札」市場上的一些收穫。

顧澹明給周墨南信札

去年，我在北京嘉德投得的顧澹明給周墨南的信札。

發信者是顧澹明（一九〇四—一九七三）。顧澹明是誰，可能現在很多人不知道。顧澹明在廣州淪陷時期是廣州偽政府的宣傳處負責人，香港淪陷前他代日偽派錢與香港的傳媒，是給他們「好處」，以求不要罵日本人。很多家傳媒有錢照收，只有《工商日報》堅決不收。因「工商」係何東公子何世禮將軍主持，何家大把錢，世禮係抗日志士，睬你都傻。

顧澹明（右）
周墨南（左）

顧澹明有女兒，是在六十年代把一曲《阿里山的姑娘》，唱得迴腸蕩氣，人稱「小雲雀」的顧媚。顧澹明更有兒子是名作曲家，那就是顧嘉煇。

五十年代顧澹明住在銅鑼灣的敬誠街，在座的黃大德先生的爸爸黃般若，也是住在那個地方，他們樓上樓下，顧住的是天臺木屋。顧能書能畫，五六十年代，經營書畫，亦靠仿製名家書畫謀生。顧擅長仿康有為。而受信人墨南，即周墨南。周墨南有一個兒子今天不知道有沒有來，名叫周海聖，他在拍賣場上也很活躍。

周墨南（一九一六—一九九二），山東膠縣人。抗戰期間參加魯蘇戰區敵後游擊工作，後來加入國民黨，獲保送去重慶，考入復旦大學，專攻政治。畢業後加入青年遠征軍，又曾入軍委會幹訓團受訓，並在國防部新聞局、人民服務總隊等單位任政訓指導員，解放前夕自青島赴臺，以上校軍階退役。轉承家學業書畫古董，在書畫界人脈頗廣，與于右任、溥心畬、張大千、臺靜農等人交往。十多年前我們印了一本《臺靜農法書集》，記得其中有一開隸書橫幅「博文周覽」，上款人墨南先生，就是他。前幾年（二〇一二年）西泠拍賣一本「六中全會代表致青年軍周墨南題辭」冊，有馮玉祥、蔣經國、顧頡剛、老舍等數十位名流題辭，洋洋大觀。可知周氏之活躍。

青年軍聯誼會當選證書
・00168號
查周墨南同志係青島市縣人現年三八歲於民國四十三年六月三日當選為本會直屬台北市分會第八屆候補幹事特此給予證明此證
右給周墨南同志
會長蔣經國
中華民國四十三年六月　日

周墨南青年軍聯誼會當選證書

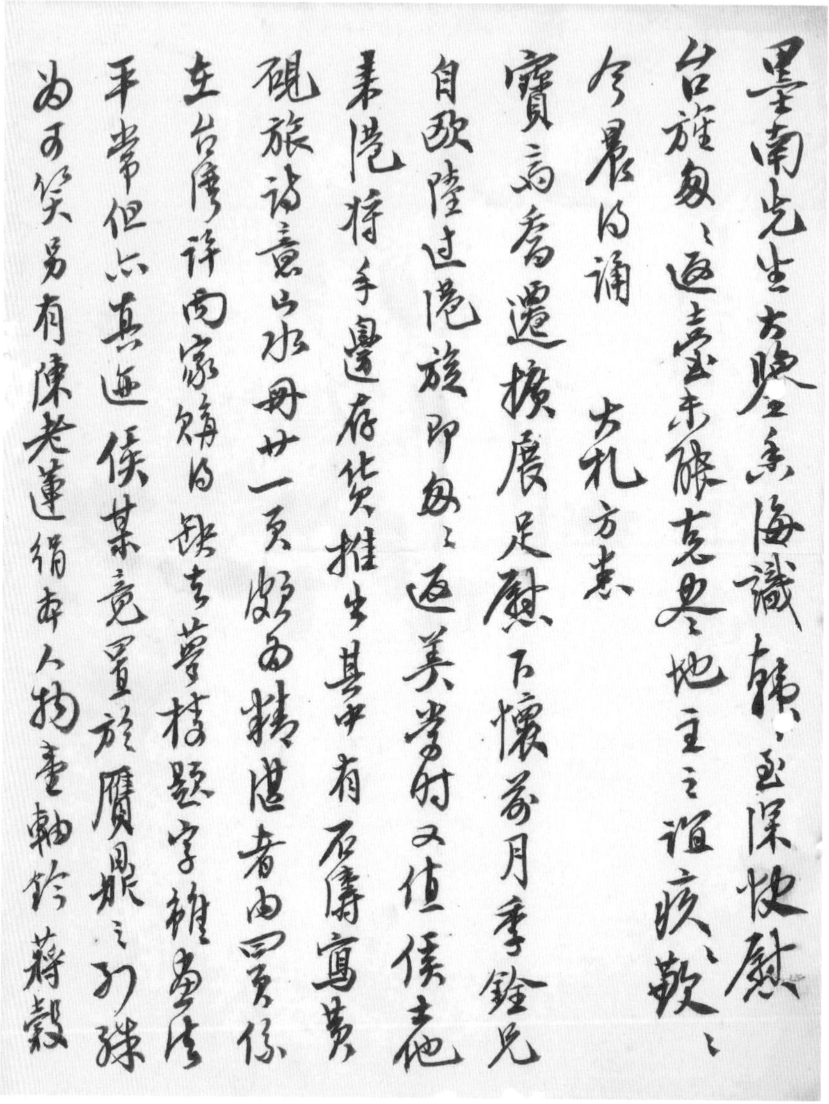

墨南先生大鑒：承示海識翰，並深快慰。
台旌匆匆返臺，未能一盡地主之誼，疚歉疚歉。
今晨得誦 大札，方悉
寶篋還擴展，足慰下懷。前月季銓兄
自歐陸過港，旋即匆匆返美，嘗附又值侯施
來港，特手書還存貨推出。其中有石濤寫黃
硯旅詩意山水冊廿一頁，繁而精湛者，由四頁係
在台灣許氏家得，鈐其夢樓題字，雜畫仿
平常，但亦真迹。侯某竟置於贋鼎之列，殊
為可笑。另有陳老蓮遺稿，本人物畫軸，於蔣穀

顧澹明致周墨南手札

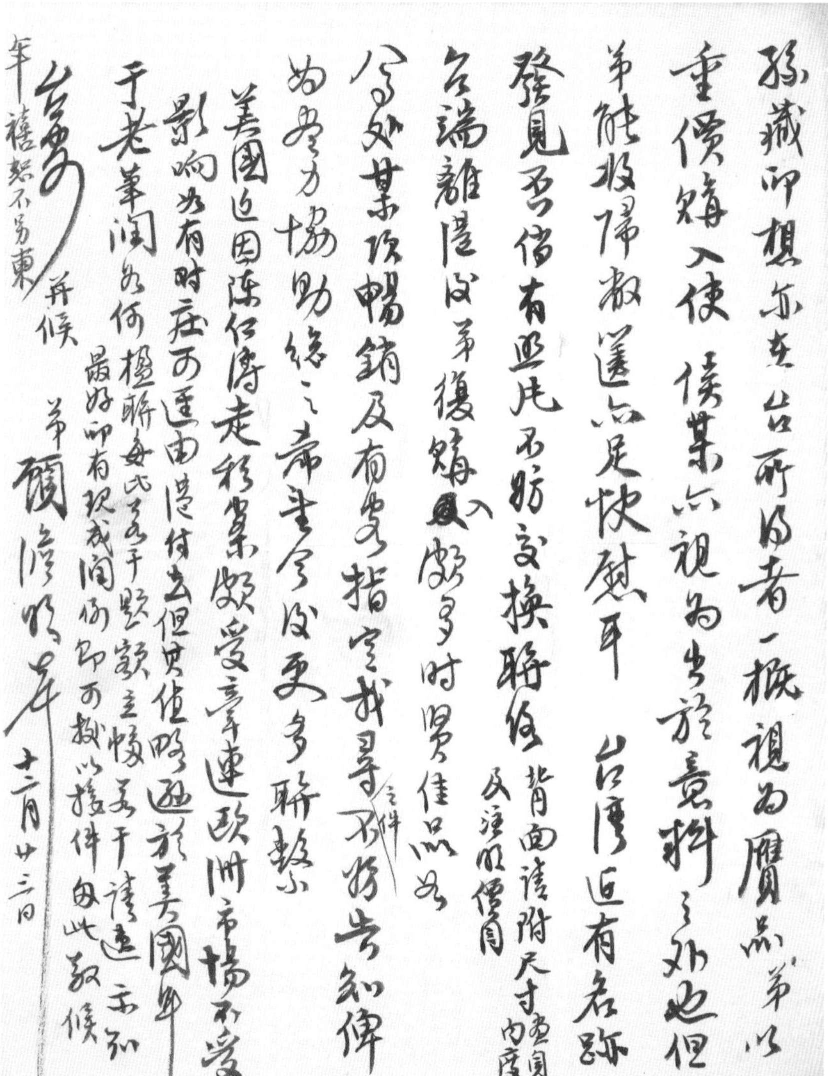
孫藏印想亦老台所收者，一概視為贋品。弟以重價購入，使倭業亦視為出於意料之外也。但弟能收歸叔蓮，亦足快慰耳。台灣近有名跡發見，吾儕有照片，不妨交換聯絡（背面請附尺寸、畫頁內度，及注明價目）。台端離港後，弟復購入數多時期佳品，如今如其果暢銷及有興趣，指定我尋（全件），即行告知，俾弟為盡力協助。總之，希望今後更多聯繫。尔美國近因陳仁濤走私案，數受牽連，歐洲市場不受影响，然有時在西運由港付去，但其值略遜於美國耳。于老華閣如何？極願每次多干點數，至懇多干，請速示知。最好即有現成開價，即可擬以樣件。由此敬候年禧，恕不另柬，并候台安。
弟 顧[illegible]明 拜 十二月廿三日

顧澹明致周墨南信件可分為五點信息。試為釋出。

其一是：

函中內容涉及臺灣香港的書畫買賣，遠及歐洲美國。信中透露了「侯士他來港將手邊存貨推出」。

解釋：侯士他是音譯，他本人姓名是Walter Hochstadter，一般譯作「侯士泰」，一九一四年六月十三日生於德國克倫巴赫（Krumbach），二〇〇七年七月八日卒於澳大利亞墨爾本。德裔猶太古董商，三十年代末移居美國，東方陶瓷學會會員（美國／一九五三年至一九八二年）。侯士泰個子高高的，外號「高江村」，五十年代來往香港日本美國，收購各地書畫文物，供應與美國的博物館。

虛白齋劉作籌先生曾說過，約莫一九五三年，侯士泰在日本得到《朝元仙仗卷》，這個消息給王季遷知道，於是王在美國向很多博物館吹風，說武宗元傳世作品只有《八十七神仙卷》，現在北京徐悲鴻那邊，是武宗元唯一真蹟，而其他掛武宗元名款的畫都是假的。因之，侯士泰拿《朝元仙仗卷》回到美國，博物館都不要，賣不出去。後來王季遷就用幾件明清書畫，換了侯士泰的《朝元仙仗卷》。以後，王季遷則又改口說這才是武宗元傳世唯一的真蹟，徐悲鴻藏的那件是假的。至此，侯士泰發覺中計，認為受騙了，訴諸法律，告王先生騙他。時維一九五四年。

侯士泰（Walter Hochstadter）

武宗元《朝元仙仗卷》局部

王季遷老先生曾跟我説過，他是東吳大學法學系畢業的，但是從來沒有做一天法律的事務，只有侯士泰告他的那一次，他在法庭自辯。法官問王先生，你懂中國畫嗎？王先生很謙虛的説，中國書畫非常深奥，我到現在還沒搞懂。法官問侯士泰，你懂中國畫嗎？侯素以專家自居，説懂。法官就對侯説，你是專家，王先生不懂中國畫，不懂的人怎麼能騙你懂的專家呢，判侯士泰輸。侯輸了官司，還被羞辱，真是賠了夫人又折兵，十分生氣，也因此意興闌珊，不玩了。所以這封信裏面就提到，侯士泰到香港

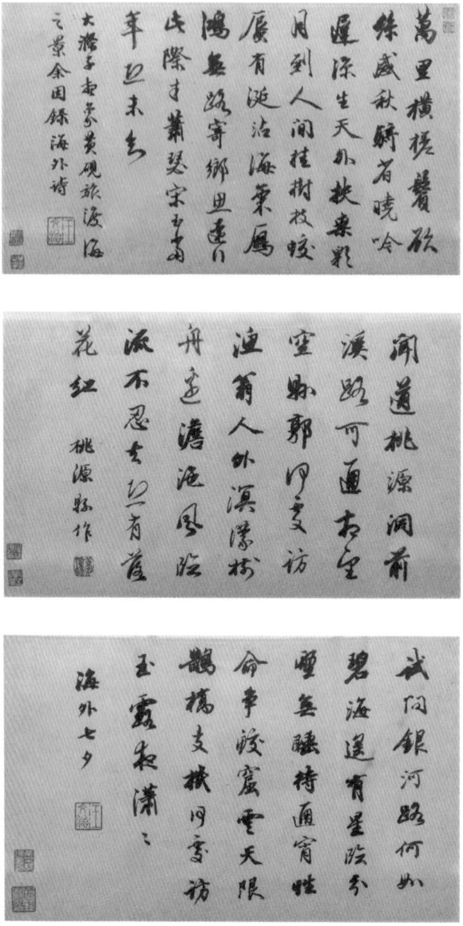

石濤《黃硯旅詩意山水冊》，王文治題詩

王季遷

來「將手邊存貨推出」。後來，侯的存貨大部分就為何耀光所得。當時何先生在香港接政府工程蓋房子，賺了不少錢，也就買了不少書畫。可以說，這信札旁證了藝術史上的一件趣事。

其二：函中關於「石濤寫黃硯旅詩意山水冊」廿一頁。

解釋：這個黃硯旅是黃賓虹很遠的先祖，石濤這個山水冊有王文治對題，有好多開，但是已經散開了，不完整了。北京故宮藏有兩開，前幾年在澳門藝術博物館曾經展覽過。

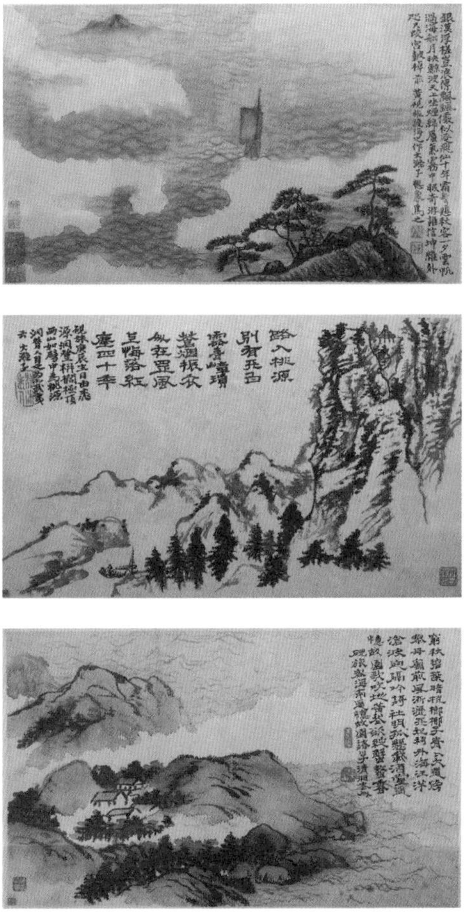

石濤《黃硯旅詩意山水冊》

何耀光

其三：顧氏函中指斥侯士泰不懂書畫。

解釋：侯竟認為石濤這二十幾開山水冊是假的，以低價讓給何耀光，顧澹明就說他「殊為可笑」，說侯不懂。

其四：函中說「購入頗多時賢佳品，如尊處某項暢銷及有客指定找尋之件，不妨告知，俾為盡力協助。」

解釋：這是顧澹明兜攬生意也。顧在香港招攬訂購于右任書法生意，臺港交流，互通有無。

其五：函中說到「美國近因陳仁濤走私案，頗受牽連」。

解釋：陳仁濤（一九〇六——一九六八），浙江鎮海人。三十年代在上

陳仁濤畫贈方召麟山水

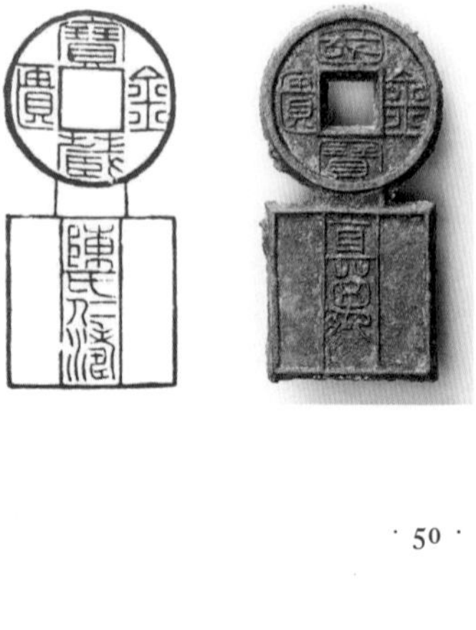
王莽古錢 - 國寶金匱直萬（右）
陳仁濤用印：金匱寶藏（左）

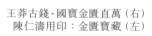

海搞銀樓、房地產，又經營倉庫業、木業、棉紡、航運業等。陳為人精明幹練，縱橫商界，積累豐厚資財。

陳喜收藏古玩書畫。三十年代蒐集古錢，得稀世之珍西漢王莽古錢「國寶金匱直萬」，因取為齋名「金匱室」。陳仁濤有眼光，有魄力。往往看準目標即大手筆購置。而其藏泉最精最富，允稱藏泉第一人。

抗戰勝利後，陳仁濤移居香港。時瀋陽故宮所藏書畫流散，陳氏與譚敬、程伯奮、徐伯郊、張大千往來，得「東北貨」宋元明書畫不少。如董源《溪山雪霽圖卷》、劉道士《湖山清曉圖軸》等。短短幾年之間，已集藏有：黃筌、石恪、董源、巨然、劉道士、孫知微、王詵、劉松年、趙令穰、米友仁、梁楷、馬麟、趙孟頫、黃公望、王蒙、方從義、戴進、沈周、文徵明、唐寅等名蹟。

一九五一年開始，陳仁濤將其藏品整理出版《金匱論古初集》，後來出版：《中國畫壇的南宗三祖》（董源、巨然、劉道士），《金匱藏畫評釋》，《金匱藏畫集》二大冊，《金匱論畫》，《故宮已佚書畫目校注》等。傅申先生曾說，五六十年代他就是看陳仁濤這些書學習研究古書畫的。

五十年代容老（容庚）也幫陳仁濤審定書畫，商討青銅器。後來文革時容老被批判，其中一條罪狀是說他為資產階級服務，說的就是為陳仁濤服務。陳仁濤的女婿就是從前香港中文大學的校長馬臨教授。

陳仁濤（右）
《金匱藏畫集》（中）
徐亮之編《金匱論古
綜合刊》第一期（左

翁萬戈是翁同龢第五代孫子，在美國軍部工作。翁先生有一次來香港，陳仁濤請翁先生到他淺水灣的家裏坐，看書畫古董，陳仁濤跟翁先生說，你在美國有這麼多熟人，跟收藏家、博物館的人也熟，如果你介紹他們買我的書畫古董，我可以按行規給你一成傭金。翁先生很感謝他，但是翁先生說沒有這個興趣和時間，他不是從事這個行業，他是在美國軍部搞攝影的。

那陳仁濤牽涉的走私案，是怎麼一回事呢。

五十年代初美國圍堵中國，有所謂禁運。美國人覺得中國的古董書畫運出來販賣，換取外匯，對美國是不利的，所以連書畫也是禁止輸入美國。陳仁濤不理會美國這法例，照樣販賣書畫去美國，繼續做他的書畫生意。陳與美國駐港總領事相熟，還很「牙擦」的跟美國駐港總領事說，你們的禁運只是廢紙一張，我的東西還是照樣賣入美國。美國駐港總領事報告華府，所以FBI就介入調查這個事情。

這一調查，麻煩了許多人。有張大千弟子方召麐（方安生她媽），行走歐美，也是為陳仁濤奔走賣書畫。有一回，FBI幹探在美國逮住方召麐，兩個大男人逮著她，她說我要上廁所，請等一等。方召麐上廁所是帶著手袋，手袋有護照有機票，從另外的門逃出，直接就往機場飛加拿大，不吃眼前虧也。

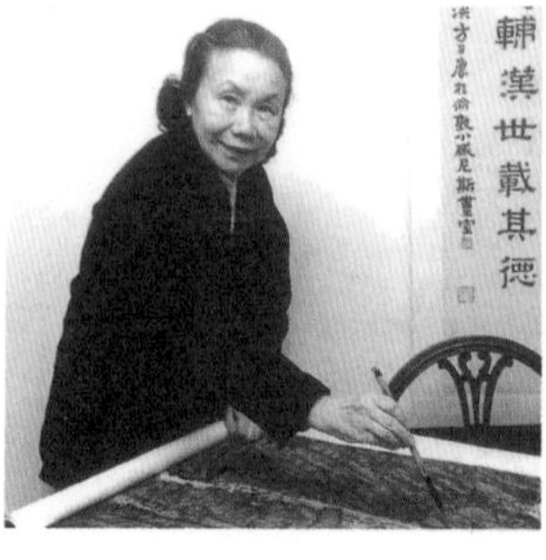

翁萬戈（右）
方召麐（左）

FBI也去調查翁萬戈先生，翁先生對FBI來調查的人說，請等一等，我請律師來跟你們研究。翁先生就把他繼承翁同龢的藏品全部作個清冊，證明是一九四八年解放前夕從上海運到美國，是通過一位白俄幫他弄的，證明他運入美國的藏品是不受這個禁運條例影響的，這個條例是一九五〇年十二月十七日前入口的無問題。

FBI也傳訊王季遷，王驚恐萬分，翁去電教他讓律師幫忙處理。這些內情是九十年代初翁老來香港時，我去尖沙咀他下榻的喜來登酒店拜訪，和他吹水時，聽他說的。

翁同龢畫像

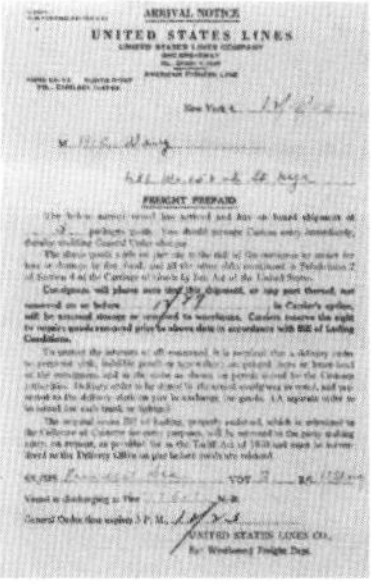

ARRIVAL NOTICE
UNITED STATES LINES
FREIGHT PREPAID

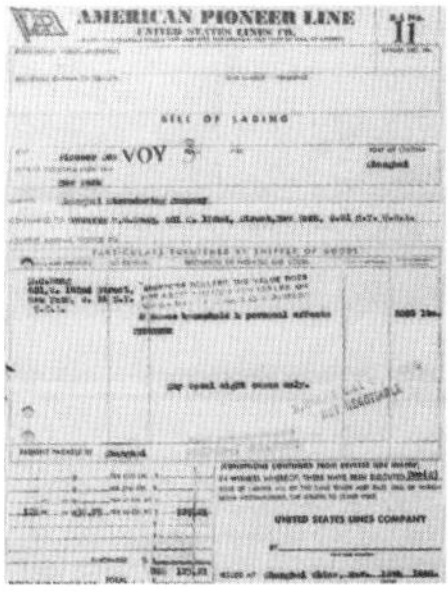

AMERICAN PIONEER LINE
UNITED STATES LINES CO.
BILL OF LADING
UNITED STATES LINES COMPANY

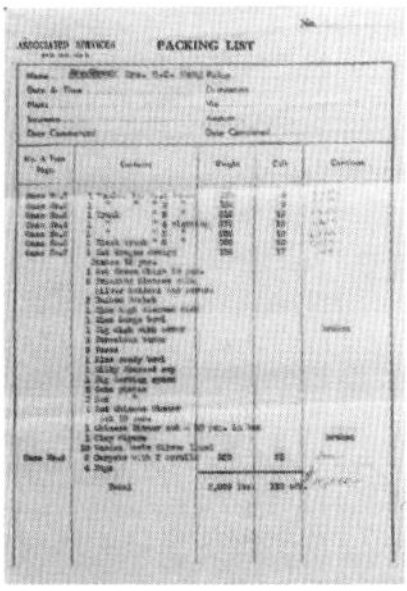

ASSOCIATED SERVICES
PACKING LIST

翁萬戈藏品1948年從上海付運美國文件

翁萬戈和王季遷請律師處理，結果他們都沒事，但是陳仁濤有八十多件書畫，運入美國時沒有報關，被沒收了。這原屬於陳仁濤的八十多件古書畫，二十年後美國政府撥歸某自然科學博物館，古書畫對這個館沒有用，八十年代再轉交佛利爾博物館收藏。是傳申經手整理的。傳說這八十多件書畫好壞參半，沒有甚麼太重要的作品。

此事對陳仁濤打擊就很大，陳後來心灰意冷，晚歲又為哮喘折騰，聽說所剩藏品由其童姓妻舅，在九龍設古玩店陸續脫手。

陳仁濤這個走私案還牽連到張大千。

許多年前，拍賣場上有一批張大千致張目寒手札，其中一通，談及這事：

「寒弟：茲有一事煩弟者，四年前兄以治目疾留居東京，已而南還巴西，遂將成都淪陷前帶臺之書畫存於東京者全部攜歸，迨經紐約，因以一部分留下，以為每年皆須出外旅行，友朋門生往往借觀。是以，前經美亦未取回，近頃門人方女士（方召麐），乃以之存盧芹齋之承繼經理人卡洛處，不意因為香港陳仁濤有買賣往來涉嫌走私，有為大陸套取外匯可能，遂將存卡洛處書畫扣押，兄所藏之十四件亦在其中。兄離巴西前曾得卡洛二函，茲將卡函及兄複本寄弟一閱，其所要

張大千

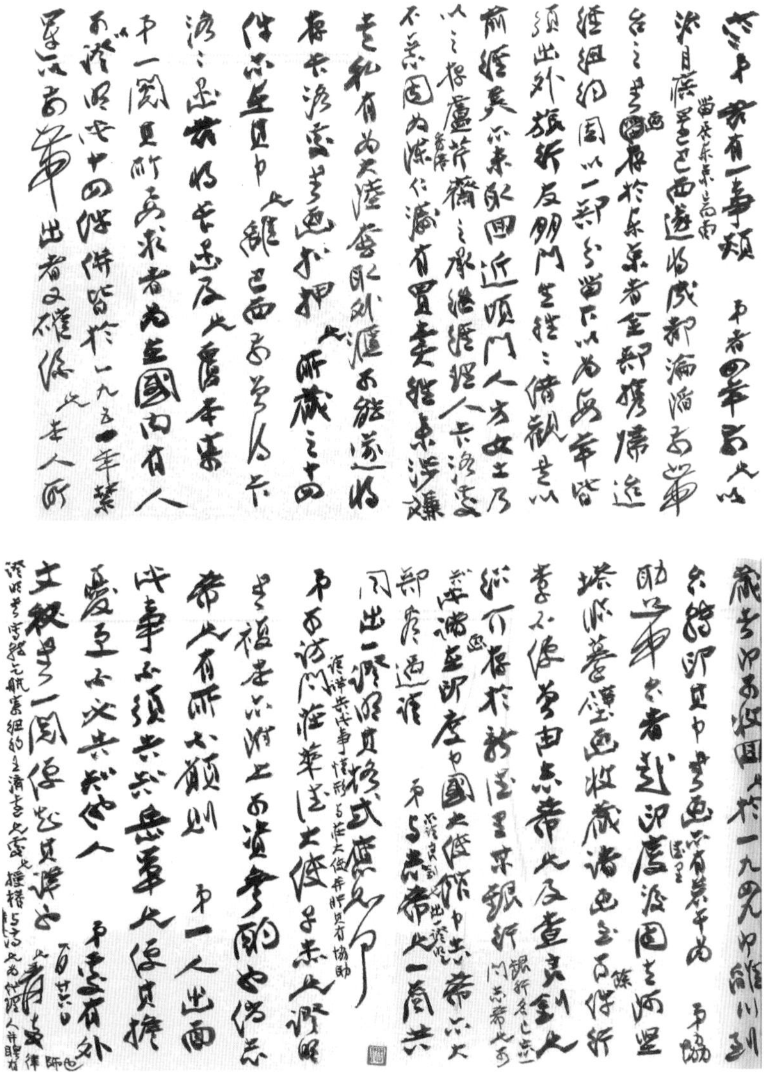

張大千致張目寒手札

求者為在國內有人可以證明此十四件，並皆於一九五一年禁運以前帶出者，又確係兄本人所藏者即可收回。」（見江西美術出版社《張大千致張目寒信札》）

張大千為此事曾請托好幾位友好幫忙。

我前年在嘉德標到一封信，是一九六〇年十二月廿六日張大千寫給王濟遠先生的英文信，當時也附了中文的翻譯，這封中譯的信，怎麼看都不是張大千的字，可能是人家找來的翻譯寫的。

「濟遠先生惠鑑：弟原有若干中國古畫寄存紐約CARO先生處。最近接CARO來函稱美國政府所屬『同盟國財產保管委員會』曾派員訪彼。指稱彼所代弟保管之畫均係非法入境，當予全部沒收。據云如欲申請發還此批被扣之畫，必須詳陳經過。係何時何種情況之下帶入美國。同時並須具呈證明該等畫在一九五〇年十二月十七日之前即已留在中國之外。

吾兄知我為人及所藏各畫甚詳。此事實蒙無辜。弟礙於無充分時間前往紐約，轉煩我兄全權代表在彼方向有關前途，極力設法要求發還被扣之畫，是幸是托。

張大千致王濟遠信（1960年12月26日）

關於此刻是否廣聘請律師作顧問一點，悉請尊酌裁定。一切煩瀆。僅先佈謝。此頌籌安。

弟張大千啟。一九六〇年十二月」

這裏面說到張大千的門生方召麐，將張大千所藏古書畫十四件交給卡洛寄存。當時盧芹齋死了，卡洛是他的承繼經理人，而卡洛跟陳仁濤有生意往來，所以被美國政府懷疑這十四件古書畫，也是在禁運實施後入境的，有套取外匯的可能，也被扣押。張大千請王濟遠把卡洛回他的信等件，附與王，能證明這十四件東西皆於一九五一年禁運以前從中國帶出的，他本人就可以取回了。

Rua Santana 264
Mogi das Cruzes
Sao Paulo, Brasil
December 26th, 1960

Mr. Wang Chi-yuan
58 West 57th Street
New York 19, N. Y.

Dear Mr. Wang,

I had some Chinese traditional paintings kept in Mr. Frank Caro's place in New York. Mr. Caro recently informed me that he had been approached by the agents of the Allien Property Custodian of the U.S. Government who seized all paintings which he was holding for my account on the ground that they had been illegally brought into the U.S. I also learnt from him that, in order to apply for the return of my property, I should give full explanation to how and when did I introduse these paintings into the U.S., and should as well as produce evidence in proof of the said objects were outside of Chinese prior to December 17th 1950.

You know me well about my personality and my collections. I am absolutely innocent of being denounced for such concious wrong doing. Since I don't have much time to go to New York, I like very much to appoint you as my representative in there to contact with whosoever to obtain the return of my paintings.

As to the point whether a lawyer is in need at present, I would like to leave it to your judement. Thanking you for everything you are going to undertake for my account in advance. I remain,

Very sincerely yours,
Chang Dai Chien
Chang Dai-chien

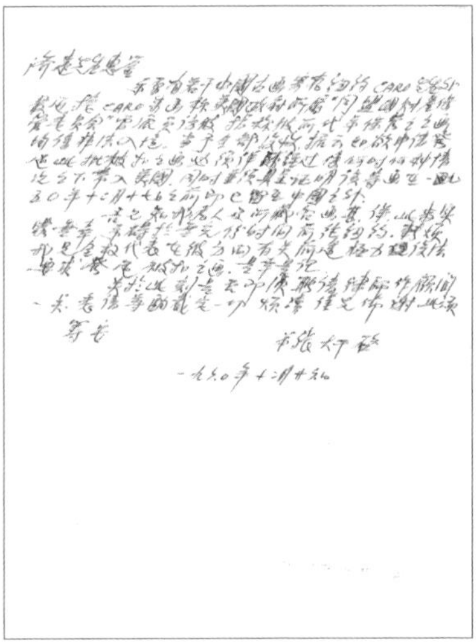

張大千致王濟遠信

二〇一四年六月廿八日上海工美拍賣的一個標的，是張大千致友好的七封信（估價二三百萬），其中給王濟遠的有四封，也是講到這個案件。大千請王濟遠從中斡旋索還。

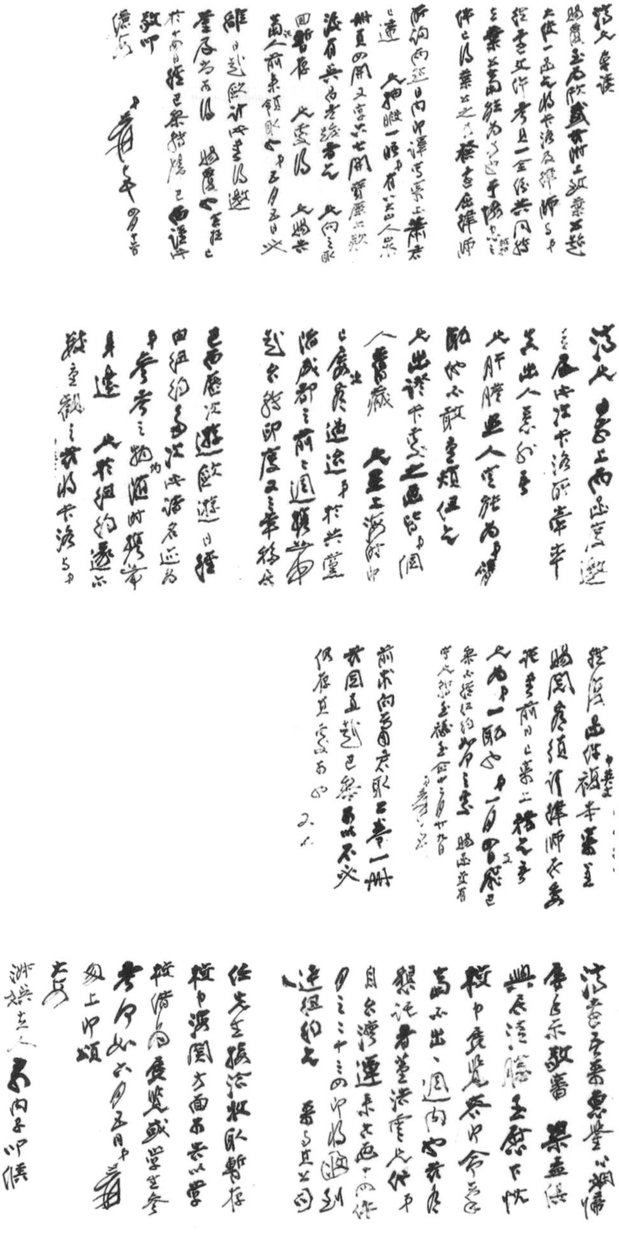

張大千致王濟遠信四封

王濟遠（一八九三—一九七五），是張大千老友，原籍安徽，生於江蘇武進，一九四一年赴美創辦華美畫學院，傳授中國書畫。前兩年嘉德有王濟遠繪畫拍賣專場。

張大千致王濟遠信札透露出曾請託臺灣駐美全權大使葉公超出面，張大千還請王濟遠作證，以備律師呈堂。

其中一手札言及托王濟遠暫存董浩雲自臺灣寄至紐約的古畫十四件，這大概就是存卡洛處歸還的那十四件古畫，大千在信中還建議對付海關的辦法，「海關方面可告以學校借為展覽或學生參考」，王濟遠當時在美國主持華美畫學院。前些年出版的《董浩雲日記》，裏面可能有記載有關這十四件古畫事。待考。

梁鐵君致康有為手札

二○一二年北京匡時秋拍，搞了個「南長街五十四號藏梁氏重要檔案」專題信札文獻拍賣，有梁啟超手札二百四十餘通、康有為手札二十三通、湯覺頓致梁啟勛手札十七通等。內容涉及民初許多名公巨卿如袁世凱、馮國璋、孫傳芳等等。康有為的手札更涉及保皇會的秘史。我當時參觀預展，也細讀了其中一些手札，得出的印象，是「康聖人」擅於貨殖經營，炒股票、炒地產，可以說是先驅了。

張大千與王濟遠老友（右）
葉公超（左）

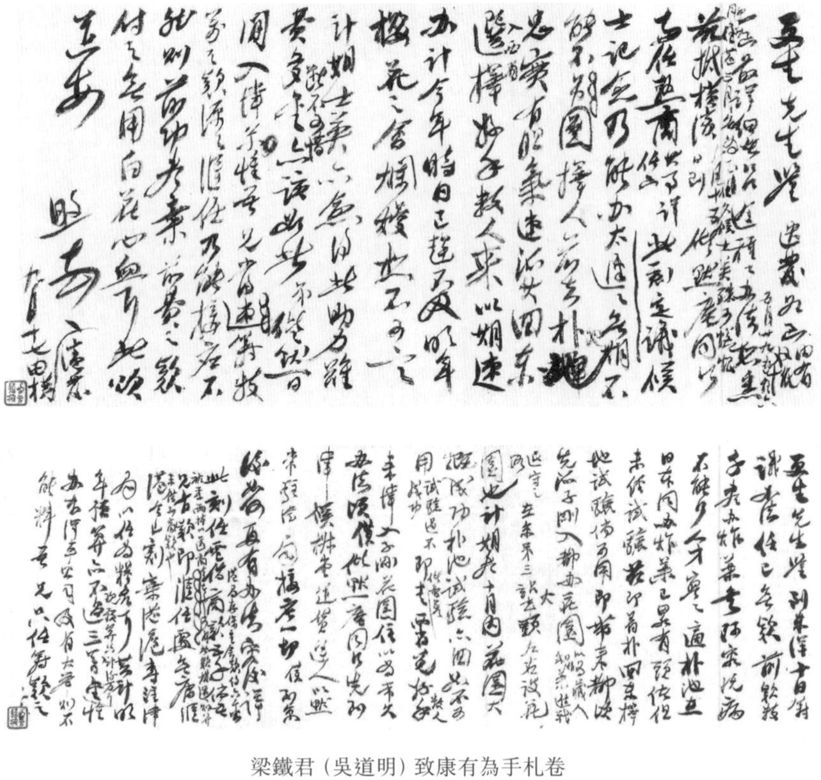

梁鐵君（吳道明）致康有為手札卷

隔了兩年，北京匡時搞了個「孤桐遺珍專題」拍賣，我檢了一件梁鐵君致康有為手札四通卷。現在簡略介紹這個手札長卷。

梁鐵君跟康有為是同學，都是廣東大儒朱九江的弟子。梁後來在廣西做鹽業，發了財。他很支持康有為，戊戌變法失敗，康有為逃亡，梁鐵君就把生意、家當全部賣掉，帶著銀両陪康有為奔走四方。

政變失敗，光緒被困於瀛台。康有為要救皇帝，其實也很搞笑，堂堂大清皇帝，怎麼會輪到你一介書生來救呢。但康有為就是喜歡用這個來號召，弄個甚麼「衣帶詔」，騙騙華僑，募了很多的錢。「維新百日，出亡十六年，三周大地，遊遍四洲，經三十一國，行六十萬里。」就花了很多錢。流亡時還娶姨太太，真是落難不減風流。

康有為感到一定要殺掉慈禧太后才能救光緒。但他派出的殺手，不是沒有回應，就是失敗。總之成不了事。康有為覺得還是要靠自己的得力幹部來幹，梁鐵君是康有為的同學、老友、忠實支持者，本身又懂武術，辦事靈活，最為適合。梁鐵君就受命去北京，安排行刺慈禧事宜。他怎麼暗殺慈禧呢，從這幾封信中，我們知道他在北京設置機關，搞了個花園，開當時最時麾的照相館，也開東洋車公司，還安排人員去日本學製炸彈。

他開照相館，那時候照相是很新鮮的玩意，很多官員和太監去那裏照相，梁就跟他們拉關係，還收買了內宮太監，自然能把宮裏面的情況弄得

康有為

清清楚楚，然後匯報與康有為。所以遠在萬里以外的康有為，對禁宮中光緒皇帝患甚麼病、吃甚麼藥，宮裏面發生甚麼事，都瞭如指掌。這些都是梁鐵君通過書信傳遞過去的。梁鐵君有他的社會關係，有他在警察局工作的朋友，可以幫忙送信上那些外洋輪船，將那些資訊傳遞給遠在歐美的康有為。

梁鐵君在北京待得久了，慢慢發現政局有所改變了，勸康有為放棄暗殺慈禧，因為朝廷已經準備立憲了，跟他們的理念很接近。但是他萌生這種想法晚了一點。正因為梁在北京待的時間長了，終於出事。事緣梁鐵君在路上碰到一個姓朱的朋友，姓朱的很奇怪，你本來明明叫梁鐵君，怎麼要改姓名為吳道明。那個姓朱的是警察局做偵探的，梁鐵君警覺性不高，就跟他套近乎，把心裏話都說出來，洩露了軍情，所以被抓起來了。

梁鐵君被抓的事牽連頗廣，朝廷不想擴大影響，所以沒有公開。梁是一九〇六年八月八日被捕的。第二天，梁的同黨姓范的也落網。審訊後交外城巡警總廳看管。幾天後兩人同被朱啟鈐押往天津交袁世凱親自審理。兩人在天津獲優待，給他們吃的住的條件都很好。

後來袁世凱去北京參加甚麼會議，得到指令，要處死梁、范。袁發了一個電報，限一個小時之內處死梁、范。負責執行的官員將這個電報給梁鐵君看，梁看完知道一定要死，梁就喚人買毒藥，毒藥藥力不夠，吃了不

彭翼仲

久即吐出來，死不了。再買，而且是加強分量的毒藥，服後才死掉。這個案件朝廷不想公佈，屬國家機密，沒有報紙敢報導。但有位報人彭翼仲打聽到詳情，竟然公佈出來，結果彭翼仲也被抓捕，身陷囹圄。民國之後才放出來。

梁鐵君的兒子叫梁蘊侯（梁元），他的老婆就是章士釗太太的妹妹，章、梁即是俗稱的連襟兄弟。一九六一年，章士釗見到梁元梁蘊侯，梁將一篇記述父親梁鐵君入京籌備行刺慈禧的文章交給章士釗，大概還有這個手札卷，章老先生再走訪當年經辦此案的朱啟鈐，據以寫了篇文章《吳道明案始末》，刊登在全國政協文史資料研究會編的《文史資料選輯》第十八輯上。

章士釗談這事件的文章甚具權威性，但章老先生似乎沒看明白這些手札裏面說的東西，還說梁鐵君給康有為的信裏面大談生意經。其實表面說的像生意，實在是報告行刺安排的具體佈局。

這個手札卷題跋頗多，匡時拍賣現場整卷陳列出來，我細看了一個多小時才決心要，幸好能投到。

梁啟超致梁士詒手札

說完康有為，也得說說梁啟超。

梁啟超

北洋系統有「財神」之稱的梁士詒，交遊極廣。民國初年三山五嶽人馬寫給梁士詒的信，保留了一大批。幾十年之後梁士詒的八姨太譚玉櫻居士，將這批名流手札委託蘇文擢教授整理編印（楊利成兄校理）成《梁譚玉櫻居士所藏書翰圖照影存》（一九八六年七月）。其中頗多有趣的信札。以下舉出一通梁啟超親筆信寫給時任總統府秘書長的梁士詒，託他設法為自己謀求勳位的手札。

「有私事欲一干託，家君壽日稱慶，甚思自獲一勳位，為娛親之助。誠知不免世俗之見，然揚顯之義，古人蓋亦有取焉。十年來文字鼓吹，於新邦肇造，不無微勞，即兩年來與亂黨相薄，亦間接為政府張目。若府主錄其微庸，援張季老之例，有以寵之，俾得極舞綵之榮，則其感激，豈有涯涘。若兄審度謂為可請，乞以尊意婉陳，若謂無取，請置之。恃愛奉瀆，皇赧皇赧。燕兄大鑑，名心叩，付火。」

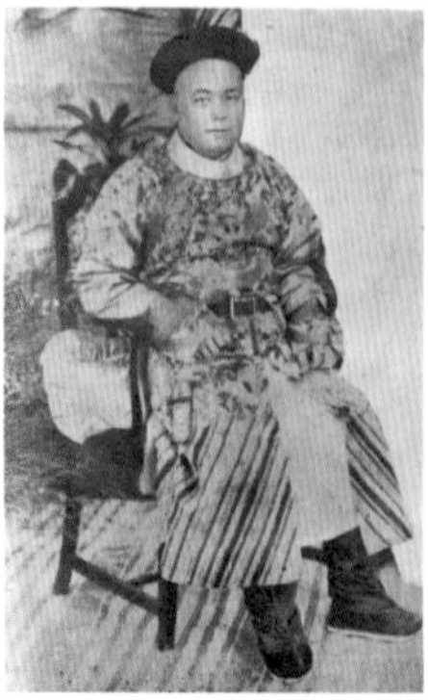

梁士詒（1905年攝於印度）

梁士詒

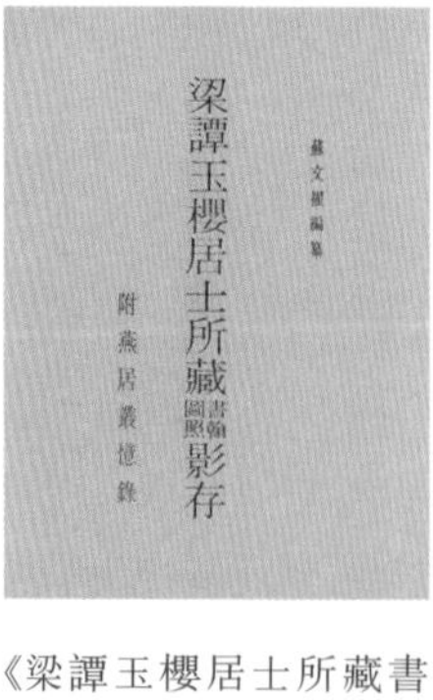

《梁譚玉櫻居士所藏書翰圖照影存》

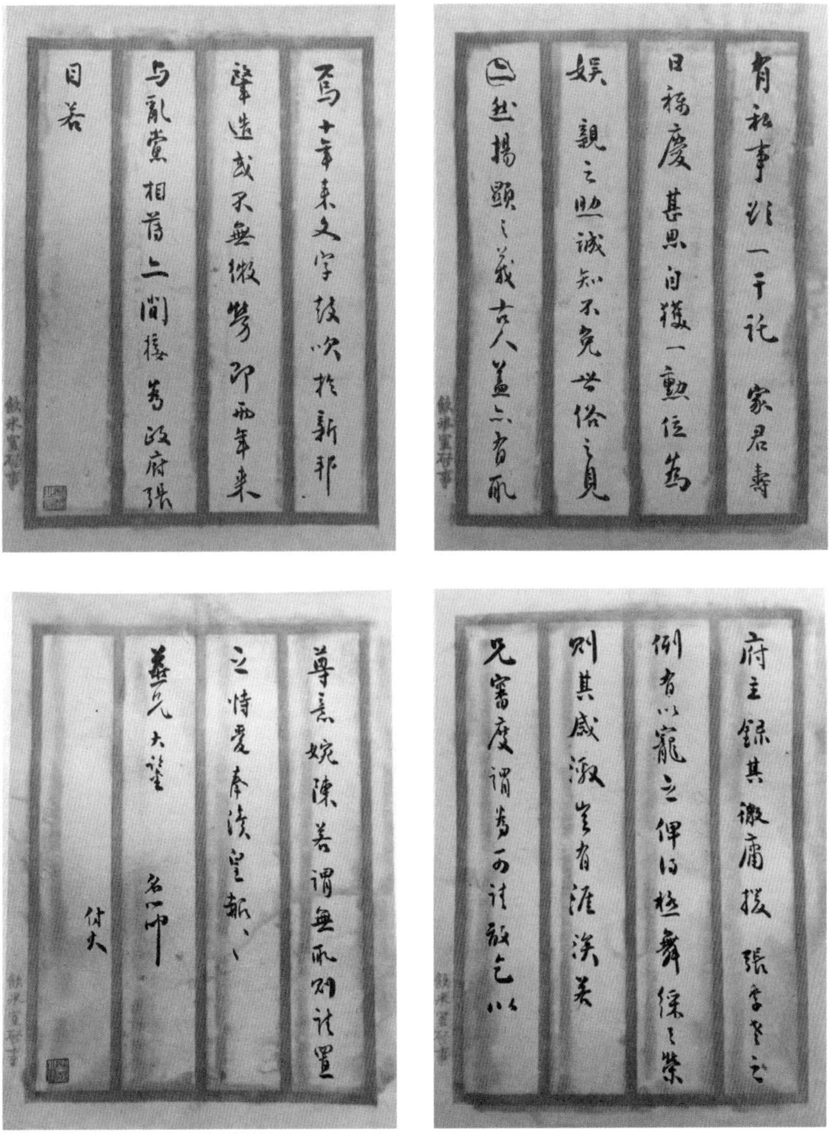
有私事計一干託　家君壽日稱慶甚思自獲一勳位為娛　親之照誠知不免世俗之見亦以揚顯之義古人蓋亦有取府主錄其微庸拔　張季直之例有以寵之俾得極舞綵之榮則其感激當有涯涘矣兄審度謂為可請設乞以為十年來文字鼓吹於新邦肇造或不無微勞即兩年來與亂黨相搏之間接為政府張目者尊意婉陳善謂無取則請置之情愛奉讀皇報、、

燕兄大鑒　名心叩

付丙

梁啟超致梁士詒謀求勳位手札

這是梁任公以他爸爸生日，為了讓爸爸高興，請求給自己一個勳位，這說出來其實很難為情，所以函末無署名，還注明閱後「付火」。豈知梁士詒偏偏珍惜梁任公的墨寶，沒有燒燬，又由他的八姨太保存了幾十年，讓我們現在仍可以欣賞到，誠一大快事也。梁任公先生的父親名寶鍈，字蓮澗。

梁譚玉櫻居士本來是香港「塘西阿姑」。十五歲被賣入歌寨（上環屈地街）。民國八年秋，梁士詒南來，務本堂為其洗塵，在塘西宴會，譚應召侑酒，梁士詒喜之，旋為譚脱籍。十月初一納為妾侍。譚本來是排在第七位的妾侍，但梁士詒母親行七，有所忌諱，所以改稱八妾，喚之曰八。

這部《梁譚玉櫻居士所藏書翰圖照影存》收錄的梁啟超致梁士詒的信有十多通。

有一通是替董康董授經推銷一部珂羅版影宋本《劉賓客集》。價四十元。「董君法學名宿而景況甚窘。間接援助之，亦義所宜爾也。」（「如何希示復」）信末添加一行「該集兄能更為代銷數部否？」

四十元是甚麼概念呢？當年梁士詒給八姨太每月用五元，四十元等於八個月的生活費，所以書籍在當年其實並不便宜，而且這八個月的生活費可不是一般人的生活費，是財神爺的姨太太的生活費。

譚玉櫻未適梁氏時（右）
譚玉櫻晚年（左）

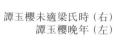

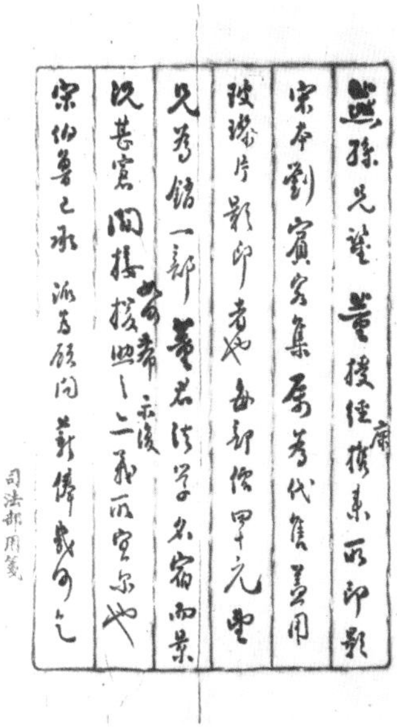

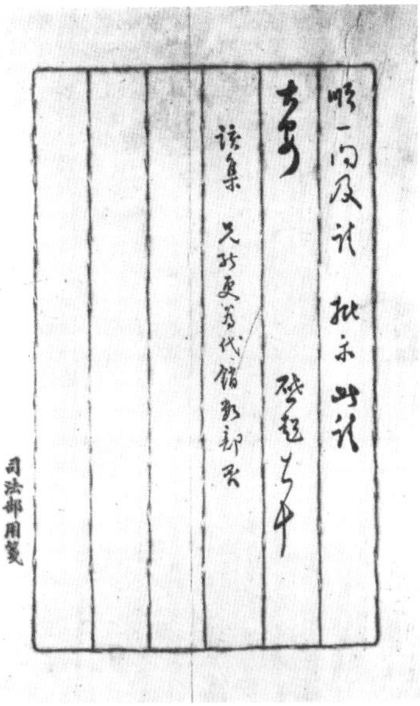

梁啟超致梁士詒推銷影宋本《劉賓客集》手札

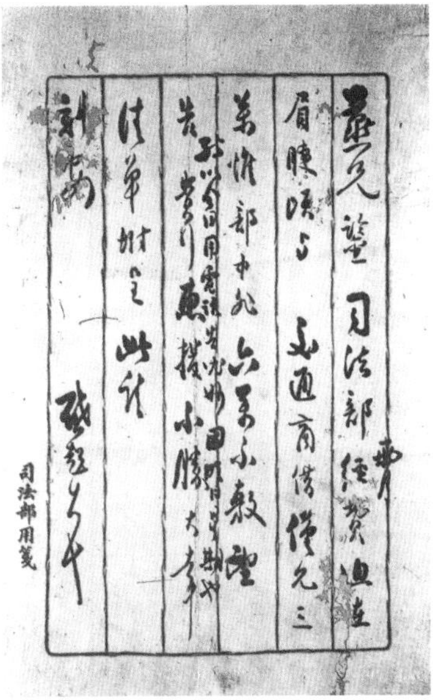

梁啟超致梁士詒請撥司法部經費手札

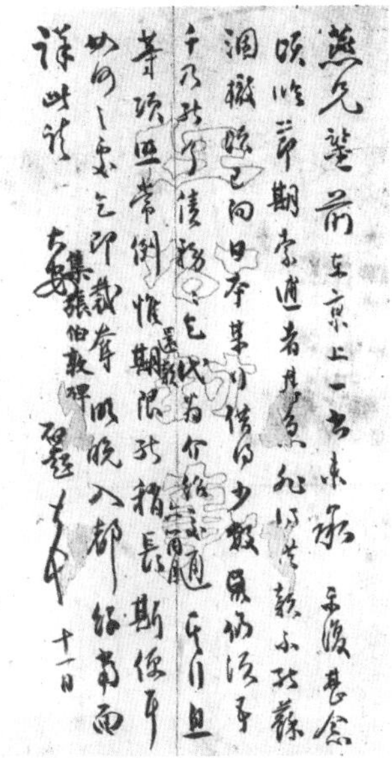

梁啟超致梁士詒求借貸手札

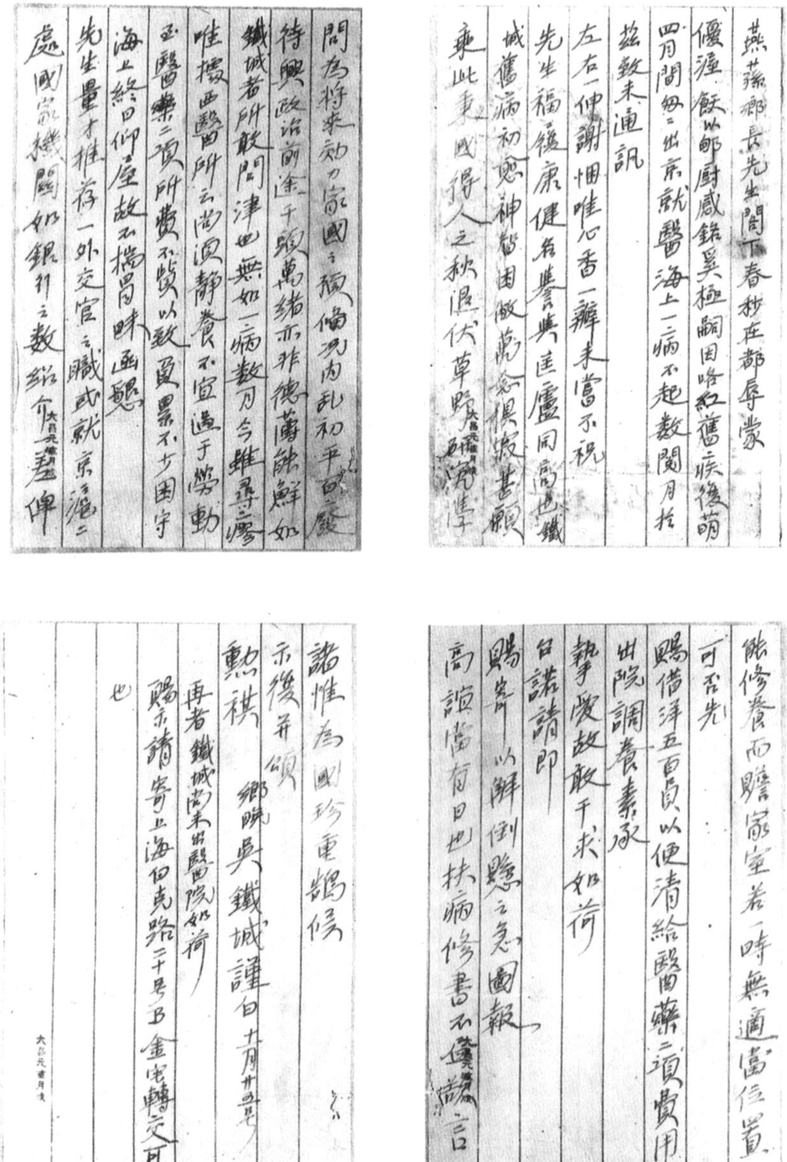

燕蓀鄉長先生閣下：春杪在鄴辱蒙
優渥，飫以郇廚，感銘異極。嗣因啗紅薯，痰復萌，
四月間匆匆出京就醫海上，一病不起，數閱月於
茲，致未通訊
左右，一伸謝悃，唯心香一瓣，未嘗不祝
先生福履康健，爲黨與匡廬同高也。鐵
城舊病初愈，神智困倦，萬念俱灰，甚願
乘此東風得人之秋，退伏草野，研究學
問，爲將來効力家國之預備。況內亂初平，百廢
待興，政治前途千頭萬緒，亦非德薄能鮮如
鐵城者所敢問津也。無如一病數月，今雖尋瘳，
唯據西醫所云，尚須靜養，不宜過于勞動。
至醫藥之資，所費不貲，以致負累不少，困守
海上，終日仰屋，故不揣冒昧，函懇
先生量才推薦一外交官之職，或就京滬之
處國家機關，如銀行之類，給予一差，俾
能修養而贍家室。若一時無適當位置，
可否先
賜借洋五百員，以便清給醫藥之須費，用
出院調養。素承
摯愛，故敢干求，如荷
台諾，請即
賜寄，以解倒懸之急，圖報
高誼，當有日也。扶病修書，不盡欲言
諸惟爲國珍重，鵠候
示復，并頌
勛祺。鄉晚吳鐵城謹白 十月廿五日
再者，鐵城尚未出醫院，如荷
賜示，請寄上海白克路二十號B金宅轉交可
也

吳鐵城致梁士詒求職和借貸手札

一通是請撥司法部經費。云：「司法部經費（兩月）迫在眉睫。頃與交通商借僅允三萬。惟部中非六萬不敷。望告貴行惠撥，不勝大幸。清單附呈。」（「能以今日用電話告尤妙，因明日星期也。」）

梁啟超當時是司法部長，請梁士詒將兩個月經費趕緊撥下來，因為交通銀行僅僅願借三萬，但目下非六萬不可。民國初年政府甚艱難，沒有錢，沒有經費。我的二伯公許瑞鋆（公遂）當年在外交部做官，是派駐暹羅（曼谷）做領事，他曾跟我說，政府沒有發來經費，只有賣護照，兩塊一本，曼谷華僑很多，每人兩塊，夠他們好幾年的開銷。

一通是求借貸的。「頃臨節期索逋者甚急。非得借款不能蘇涸轍。頃已向日本某行借得少數，仍須五千乃能了債務。務乞代為介紹交通，其行息等項照常例。惟還款期限能稍長（六箇月）斯便耳。」

一通四頁是吳鐵城致梁士詒的求職和借貸手札。這個吳鐵城後來曾任上海市長，這封信是托梁士詒給他找份工作，還有，他進醫院治療沒有錢，要籌醫療費，請財神爺幫助。

一通是陳垣致梁士詒談時局和釋「財神」一義的手札。梁士詒當時號稱「財神」，人家叫他「梁財神」，陳垣講「財神」是什麼意思，其實是提醒梁警惕。

吳鐵城，1936年

這些信的內容，往往是過去聞所未聞的事情。讀了讓人大樂。高貞白先生，曾經寫了一篇梁啟超致梁士詒謀求勳位手札的文章，收入《聽雨樓隨筆》第一集，有興趣的朋友可以找來讀讀。

吳湖帆致陳子清手札

現在我講一些近一點的書札。前不久，廣州華藝拍賣，有吳湖帆給陳子清的信札好幾通，其中兩通，是關於書畫方面的。

「子清吾兄：足下奉書數悉，弟日來被諸事擠得頭暈眼暗，一切都莫名其妙的過去。畫會成績雖差預人意，比例推算僅抵前年一半而已，然得到的感想頗可警惕。因買客都是熟人，至生客則寥寥無幾，前途甚感沒興也。仲培處覆箋乞轉致，此弟之簡單格局一了百了矣，餘不曰。順頌道祺，弟倩頓首。」（華藝二〇一七年五月廿七日第四一〇號）

這封信札，是吳湖帆告訴陳子清，展覽會成績不佳，觀眾少了，來的都是自己人。而且買他們作品的又是熟人居多，生客很少。吳湖帆覺得這「頗可警惕」。

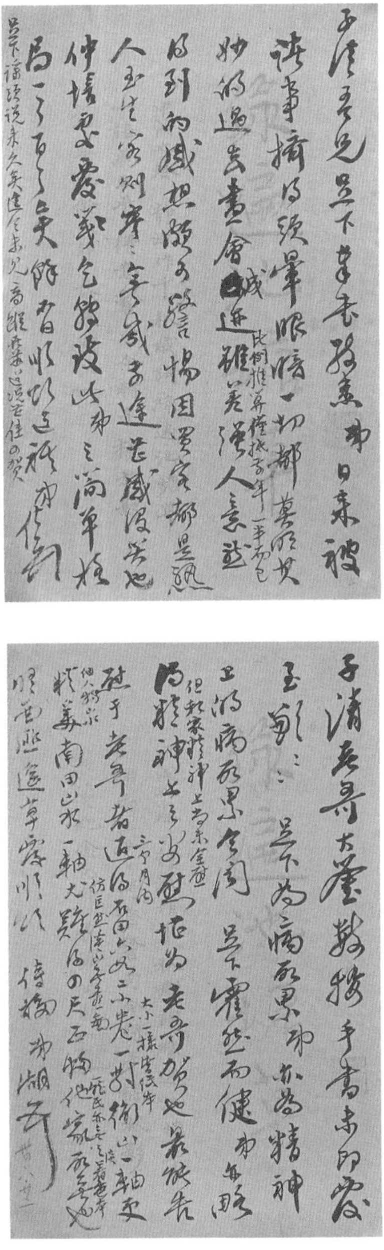

吳湖帆致陳子清信札

「子清吾哥大鑒：數接手書，未即覆，致歉致歉。足下為病所累，弟亦為精神上的病所累，今聞足下霍然而健，弟亦略約精神上之安慰（但私家精神上尚未安慰），堪為老哥賀也。最能告慰於老哥者，近得（三個月內）石田、六如二小卷一對。（大小一樣皆紙本）、衡山一軸更精美（細人物山水）、南田山水一軸（仿巨然溪山無盡圖）尤難得，四尺正幅，他家所無也（龐氏亦無之淡著色本）。晤面匪遙，草覆。順頌侍福，弟湖頓首。」

這封信，透露了幾個訊息：

一、「特健藥」。

「足下為病所累，弟亦為精神上的病所累」。但一收到好東西，立即精神百倍。可見古人說書畫是「特健藥」，楊沂孫常用一方閑章「特健藥」，鈐在自己的作品上。

二、吳湖帆喜收成雙成對的書畫。

「近得（三個月內）石田、六如二小卷一對。（大小一樣皆紙本）」吳湖帆很喜歡一對一對的東西，有時候是兩件不搭界的也硬湊在一起，尺寸不同的他就裁成一樣。

我也收有吳湖帆舊藏王翬、惲壽平的一對山水，都是同樣的題目，臨大癡層巒曉色圖，尺寸大小一樣。

吳湖帆舊藏王翬臨大癡層巒曉色圖（右）
吳湖帆舊藏惲壽平臨大癡層巒曉色圖（左）

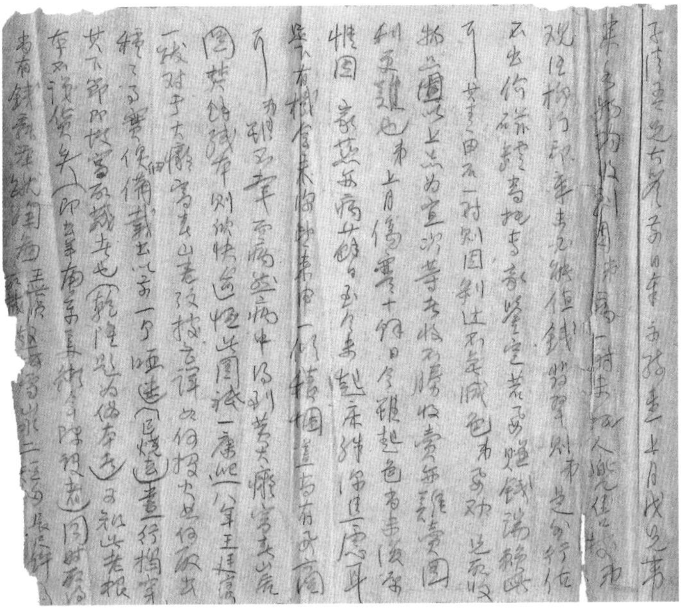

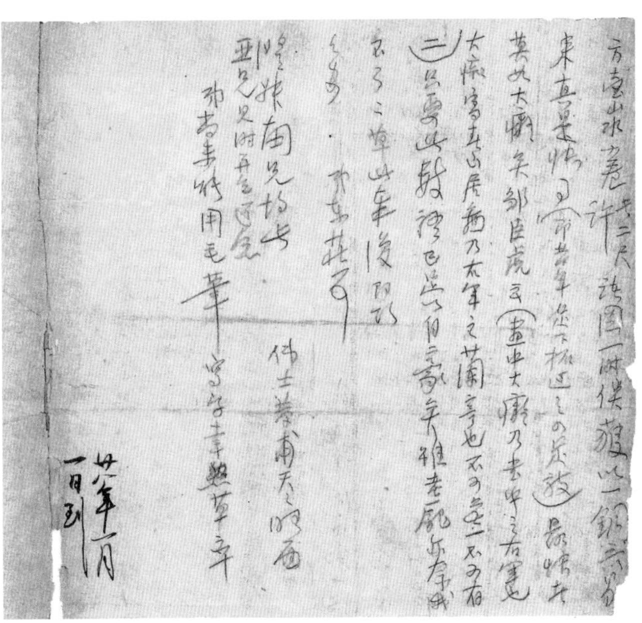

吳湖帆致陳子清鉛筆信札

三、「他家所無也（龐氏亦無之淡著色本）」。龐氏指龐萊臣龐虛齋。吳湖帆很喜歡與龐氏比較。此語盡顯吳湖帆得意神態。

我們再看看吳湖帆致陳子清的另外一通鉛筆信，是吳湖帆病後未能拿毛筆而用鉛筆寫的信。這封信兩頁紙，因為內容有趣，並不因為鉛筆而減少它的價值。

「子清吾兄大鑒：前日奉示敬悉，上月我兄帶來各物均收到。因弟病一時未托人兜售。據弟觀汪柳門印章，未必能值錢。翡翠則弟是外行，估不出價。磁罏當托專家鑒定，若要賺錢，端賴此耳。其青田石一對，則因剝過，不無減色。弟要勸兄所收物品，固以上品為宜。次等者收不勝收，賣亦難賣，圖利更難也。弟上月傷寒十餘日，今雖起色，尚未復原。惟因家慈亦病廿餘日，至今未起床，殊深焦慮耳。足下有機會來，深望來申，一傾積悃。蓋尚有要商耳。弟雖不幸而病，然病中得到黃大癡《富春山居圖》焚餘殘本，則欣快逾恆。此圖只一康熙八年王廷賓一跋，對於大癡《富春山卷》考據甚詳。如何投火，如何取出，種種事實，俱細備載出。以前一個啞謎（已燒去）盡行揭穿，其下節即故宮所藏者也（乾隆題為偽本者）。可知此老根本不識貨矣（即去年南京美術會陳設者）。同時取得尚有錢舜舉《蹴鞠圖》

龐萊臣

（王世貞所藏），趙松雪山水二短幅（長尺許），方壺山水小卷（長二尺許）。諸圖一時俱獲，以一銅器易得來，真是快事（即昔年足下拓過之四足敦）。最快者莫如大癡矣。鄒臣虎云：畫中大癡乃書中之右軍也，大癡《富春山居圖》乃右軍之《蘭亭》也。不可無一不可有二。只要此數語已足以自豪矣。雖老龐亦奈我不了了。……弟尚未能用毛筆寫字，幸恕草率。」

吳湖帆給陳子清這兩張鉛筆信，這裏面蘊含的內容太重要了。這裏面說到幾點，其中最重要的一點是吳湖帆用一個破銅器換了人家一批元代名家書畫，包括黃公望《剩山圖》、錢選《蹴鞠圖》、趙孟頫山水二件，還有方從義山水。湖帆非常得意。最後也寫了一句「雖老龐亦奈我不了了」，說的又是龐萊臣沒他厲害。吳湖帆收藏東西有不花錢，以物易物的習慣。後來吳湖帆弟子王季遷也如是。

這個《剩山圖》就是《富春山居圖卷》末尾那一段，是燒剩裁下來的，富春山居本體長卷是在臺北故宮，五十年代吳湖帆將《剩山圖》小片讓與浙江省博物館。一九九六年我到浙江省博物館，曾經在該館古蕩橋倉庫，對著這件《剩山圖》欣賞了兩天，因為要拍照籌備出版也。當時這件作品不為人所注意，也不當一回事。後來溫家寶發話，這《富春一角》運

《富春山居圖》

到臺灣，與本體長卷在故宮合併展覽之後，《富春山居圖卷》就熱起來。前幾年上海收藏家大會代表團到浙江省博物館去，想欣賞這《剩山圖》，聽說浙博沒有拿出來，當時大家就沒能看到。

我們看看這個圖像。這是我們出版的名家翰墨叢刊《富春山居圖》，我們把「無用師卷」和《剩山圖》，再加上北京故宮博物院後來收到的沈周的臨本，那是一九九六年北京翰海拍賣的，拍賣前我們拍攝了製版用的大底片，後來是北京故宮博物院投得。《富春山居圖》曾經沈周收藏，沈周的臨本是各種臨摹本中最有價值的。還有乾隆皇帝當真的那一卷「子明本」，我們把這幾件東西並列在一起，還收入富春山的自然現狀照片，那個現狀是九十年代拍的照，再拼成長卷。四種並列為一長版，方便比較研究。我們出版的這本《富春山居圖卷》，在廣東省博物館裏面有售的，大家可以參考。

這封信還道出了吳湖帆玩書畫古董的心得：「弟要勸兄所收物品，固以上品為宜。次等者收不勝收，賣亦難賣，圖利更難也。」這是吳湖帆幾十年經驗之談，是放諸四海而皆準的。

剛才說到吳湖帆給陳子清的鉛筆信，還有其他吳湖帆給陳子清的毛筆信，有一兩百通，是在這個月的廿一號，即是過幾天，在北京嘉德拍賣。

吳湖帆

袁氏藏明清名人尺牘

說到此處，我要為最近面世的「書牘」的彙編作介紹、作喤引、作喝采！那是我們去年出版的——《袁氏藏明清名人尺牘》。

「袁氏」，是指袁滌庵、袁紹良父子。

袁滌庵（一八八一——一九五九）是跟魯迅同年生，跟魯迅一樣，到日本留學，又同是光復會會員，回來還和魯迅一起在教育部同事，是魯迅的上級。

袁滌庵曾任天津高等工業學堂教授、奉天造幣廠工程師。一九二四年後從事實業，先後創辦北京電車公司、熱河北票煤礦，修建秦皇島及上海裝卸碼頭。袁滌庵事業成功，有條件搞收藏了。乃以藏書著稱。藏書後來捐給南京圖書館。

袁滌庵收藏的明清名人信札，曾一度交付他的好朋友章士釗，並說：「將來我的兒子如果是念理工的，這批信札不要給他了，就歸你好了。如果兒子是念文的，就傳給他吧」。章士釗就把「信札」存放在香港他的太太那邊（在大坑道）。後來，袁滌庵的兒子袁紹良學醫，也算是文的，所以就收回這批珍貴藏品。現在這批書札，是寄存在新加坡亞洲文明博物館。

我在八十年代認識袁醫生，當時他很想把所藏手札編印出版。但在八十年代要出版這冷門圖冊是件很困難的事，因為當時彩印圖版非常昂

袁滌庵（右）
袁滌庵先生與女兒袁紹蘭、兒子袁紹良（左）

貴，而且手札的考訂、釋文，也不是容易的事，誰知一拖，三十多年就過去了。前兩年，我又碰到袁醫生，他又舊事重提。

碰巧，劉九庵的孫子劉凱願意花錢編印出版這批明清名人手札，供世人研究。加上李志剛博士為之詳加釋文統合說明，而文物出版社的社長蘇士澍、張瑋主任，又大力支持，諸方合力，成就了這套明清名人手札的面世，該書重六公斤、收錄兩百多封信札。

袁氏所藏尺牘都是流傳有緒。是項元汴、朱之赤、宋犖、張廷濟、王懿榮、端方，和近代吳湖帆、葉恭綽等人遞藏而終歸於袁氏。而袁又從中精選出當中的二百五十一通。這些尺牘內容涉及朝政、軍事、民情、科舉等，還有詩文唱和、金石考證、點校刻書、書畫古董買賣，可謂包羅萬象。

現在大家看到的影像，是這套書裏面的圖版。圖錄刊印信札之外，我們還儘量挖掘出信札作者的畫像，附刊出來，旁邊附有釋文等等。在座各位可能對書畫收藏比較感興趣，現在打出幾通明清名人談書畫碑帖買賣的信札圖像，供大家欣賞。

這是王士禎給朱彝尊的信札。云：

「……同衙門錢再老尊翁太先生屬弟書一亭扁，未可艸艸，特求老先生為弟代筆作八分書，其款則弟亦自書之可也。渠三日內有人南行，索之甚促迫，惟于晚涼潑墨，明日即擬送之，容頌謝。」

《袁氏藏明清名人尺牘》

裏面提到有人請王士禎寫扁額，要隸書大字，王士禎不擅長，就請朱彝尊幫忙，要求朱老先生代筆，但是不要落款，落款就他自己來。這封信是代筆的證明，可以考證王士禎書法的代筆問題。

這個是王芑孫的信札：

「……真州書院欲刻課藝，而諸生所送之文，多蕪爛不堪入選。僕精力非復前時，安能更為代作，擬將僕從前未刻之稿，借刻若輩名下，但為數亦甚無多。因思閣下時文最富，或可借刻數篇。他時閣下或自刻藁，仍復收回亦自無害。希將尊稿中自選可存之作鈔寄，或十篇、八篇皆有用也。……」

講王芑孫主持真州書院的時候，學生的作文很爛，但又要出版包裝，那就將自己未刻的舊稿拿出來充數，但仍然不足夠，還要寫這信請老友借出舊稿湊數，編集刊刻成書，當是向家長交差。

再摘錄幾通：

文彭致錢穀信札：

「……且販賣古董亦大有生意，但所收者頗為零碎，不過一分本東西而每每求十倍之利，所以去頭亦難。計其積下雜物約本七十餘兩，就其意論之，數百金可值，然一時恐不能盡去也，如何、如何？」

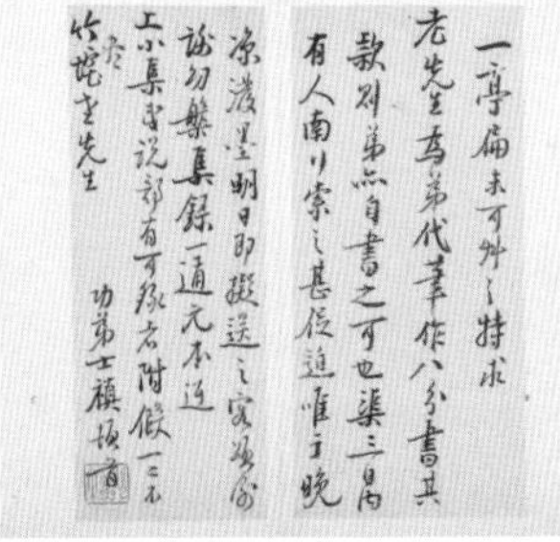

王士禎致朱彝尊札

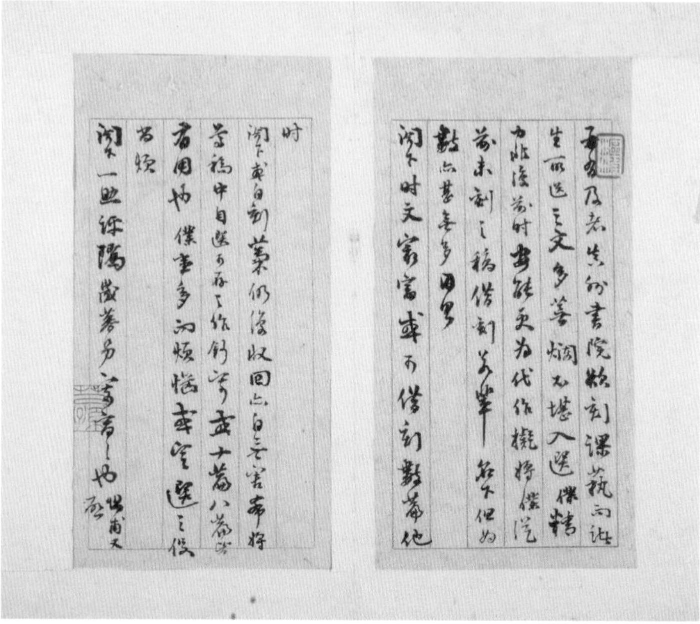

王芑孫書札

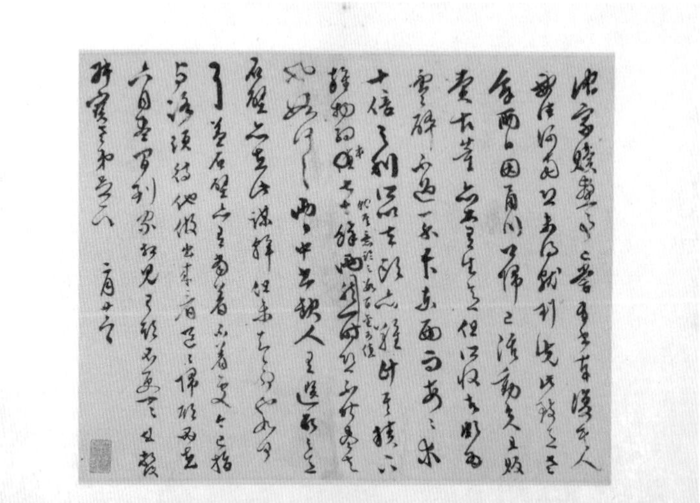

文彭致錢穀札

尤珍致野橋信札：

「所來珊漁兄扇乙柄，容當轉交。又白描三幅，亦當託人轉售。茲奉上京平紋二兩，煩即交伯符兄送去，並煩伯符兄一催，為幸。此復，即頌刻佳，不一。」

萬承勳致周兆雲信札：

「……前心萬先生有《聖教序帖》，囑不佞轉售之內弟黃澄孫，實價二兩。後內弟手窘，歸之不佞。不佞復囑泉聲上人售之省城，索價十二兩。一杭友見是就山堂珍玩，欲以六兩得之，泉公以不佞非討虛價者，堅不肯與。蓋此係宋搨初斷，不可多得。就山堂主人係邵老先生諱吳遠者，海內鑒賞家。心萬先生珍藏至數十年，良有以也。如令

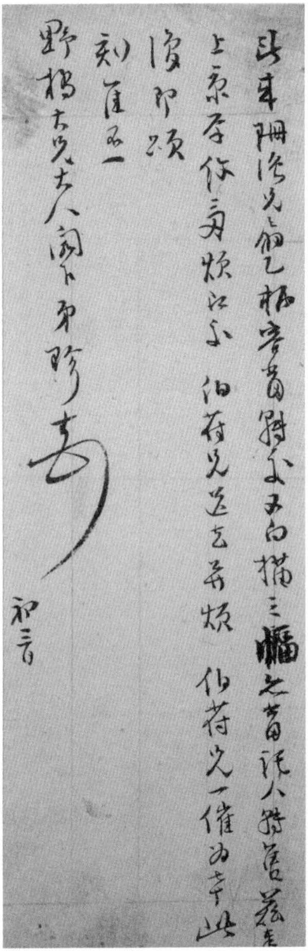
所來珊漁兄扇乙柄容當轉交又白描三幅亦當託人轉售茲
上京平紋二兩煩即交伯符兄送去並煩伯符兄一催為幸此
復即頌
刻佳不一
野橋大兄大人閣下 弟珍

尤珍致野橋札

親得于日內入郡，望細細吹噓，得倍價固所望，萬不得已售以原價二兩。不佞不窘到盡頭，亦不肯薄待右軍至此。惟知己曲諒苦衷，與前書一並圖之。」

這些書信作者和收信者，都是明清的名流。信中所講的，不少涉及書畫的買賣，毫不隱諱，直來直往。裏面還提到一分本錢的東西而每每求十倍之利。從前我也聽容老（容庚）說過「十倍其利」，其實明清時期的騷人墨客，已有這種概念。買一件書畫花十塊錢，過了幾年，跟人家換東西時，或者賣出去，就當作是一百塊了。

尤珍給野橋的信札，講到委託他賣書畫。萬承勳給周兆雲手札，講到很珍貴的宋代的拓本《聖教序》，萬不得已，以原價十二兩，減到二兩的價格出讓，真是「不窘到盡頭，亦不肯薄待右軍至此。惟知己曲諒苦衷」。這是明清文士的書畫買賣的真實狀態。信中討價還價的文字，令人發噱，令人同情。

這六公斤重的書，所收錄兩百多封信的內容，除了所舉書畫鑒定、代理買賣之類的趣事，還蘊含許多別的歷史材料，大家有興趣可以找來看。

（本文是二〇一七年六月十四日應許習文先生之邀在廣東崇正講堂講演的講稿，原題為《書札收藏雜說》）二〇一七年七月十八日整理

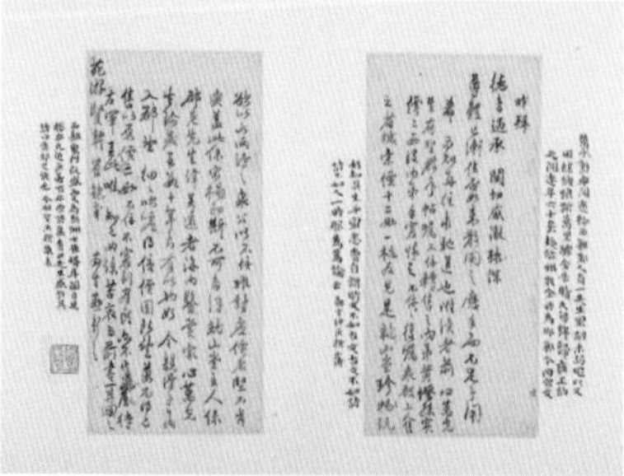

萬承勳致周兆雲札

丁汝昌的手定電稿

——「甲午」摭談之一

甲午戰爭距今一百二十年，許多史實還在聚訟，而丁汝昌的死正是一聚訟點。

丁汝昌是不能戰、不能降、更不能走，纔憤然自殺的。而廷論是「降而復死」，這只是黨爭攻擊的刀筆鍛煉之詞。

關於「不能戰」，這在黃海戰後，軍力形勢分明。而二月六日巡洋艦「來遠」、布雷船「寶筏」及練習艦「威遠」被襲之後，劉公島上軍民，都成釜底游魚。而旅順大屠殺之後，日軍的殘忍，已是怵及百姓。所以二月八日，劉公島上發生士兵聯同百姓，列隊到海軍公所求一生存之路，其間有叩頭乞恩求生，也有怒目相向。而前此丁汝昌為免資敵，下令鑿船，部屬怕惹怒倭人，拒不執行。丁亦不為已甚。到此關鍵時刻，也更不想圖一己的千秋壯烈，而令劉公島變田橫島了。

「不能降」是軍人的基本宗旨。丁氏早備棺木，期以死避降，死前一天，探子回報，得悉救兵不至，淪陷無可免，於是命部屬裁截提督印角，

丁汝昌，1891年

日本畫家筆下黃海附近大激戰，右下為來遠號

日本畫家筆下黃海大戰，定遠號被攻擊情景

劉公島守衛戰中
北洋艦隊威遠號
被擊沉情景（右）
劉公島（左）

以免被人襲用其名義降敵。惟下屬不聽命，丁氏飲鴉片自盡，於君臣大義有所交代，而島上哀哀生民則以有生路而能苟全。

所謂「慷慨成仁易，從容就義難」，「慷慨」可以是一時義憤，而「從容」是要包括心境的承擔及後事安排。丁之死，當中有一種人道倫理的意義。

至於「不能走」，按清制，守官須與城共存亡。何桂清、翁同書其鑑不遠。又何況劉公島已被圍，也沒走的可能了。而丁也下了必死之心，本來「千古艱難唯一死」，誰想到這一死，又落得「以死塞責」的口實和「先降後死」的罪名。

丁死後，有部眾盜用其名義，發降書與伊東祐亨（所鈐「北洋海軍提督統領全軍之印」卻並未截角完整無缺）。二月十七日（農曆正月二十三日），日軍開進劉公島，艦艇輜重全落敵手，北洋艦隊可稱「全軍覆沒」。

丁雖然孤忠慘烈殉國，但朝廷諭旨卻是「毋庸議卹」，接著還「籍沒家產」，把丁棺加三道銅箍捆鎖，不准下葬。光緒三十二年（一九〇六年），京外官梁世燌、甘肅提督姜桂題、廣東水師提督薩鎮冰等數百人，先後上書，力爭為丁汝昌平反昭雪。直至宣統二年（一九一〇年），朝廷始准載洵奏，開復丁氏原官原銜，得以安葬。

所鈐「北洋海軍提督統領全軍之印」並未截角完整無缺（右）日本畫家筆下北洋海軍代表向日本聯合艦隊司令長官伊東祐亨遞交降書（左）

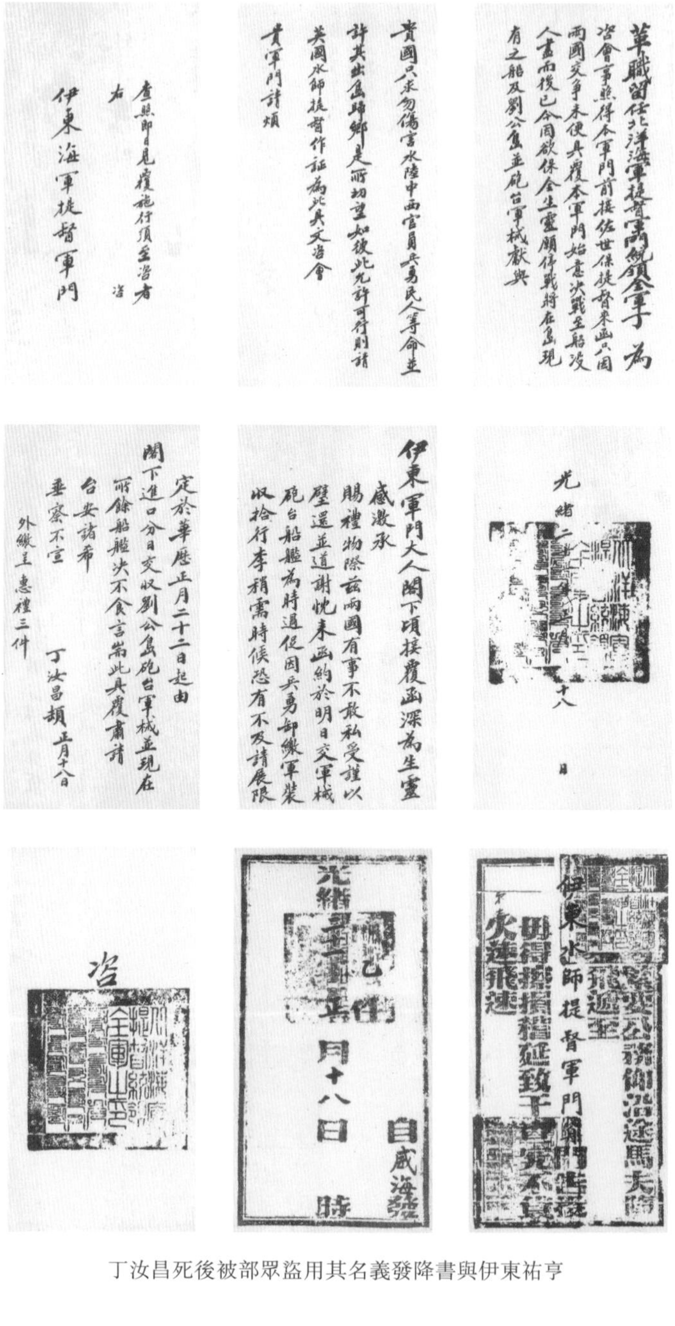
華職留任北洋海軍提督統領全軍丁 為
咨會事照得本軍門前接佐世保提督來函只因
兩國交爭未便兵釁本軍門始意決戰至船沒
人盡而後已今因欲保全生靈願停戰將在島現
有之船及劉公島並砲台軍械獻與
貴國只求勿傷害水陸中西官員兵勇民人等命並
許其出島歸鄉是所切望如彼此允許可行則請
英國水師提督作証為此具文咨會
貴軍門請煩
查照即日見覆施行須至咨者
右
伊東海軍提督軍門
咨

光緒二十一年正月十八 日

伊東軍門大人閣下頃接覆函深為生靈
感激承
賜禮物際茲兩國有事不敢私受謹以
璧還並道謝忱來函約於明日交軍械
砲台船艦為時過促因兵勇卸繳軍裝
収拾行李稍需時候恐有不及請展限
定於華歷正月二十二日起由
閣下進口分日交收劉公島砲台軍械並現在
所餘船艦決不食言崇此具覆肅請
台安諸希
垂察不宣　丁汝昌頓 正月十八日
外繳呈 惠禮三件

咨

光緒二十一年正月十八日 時
計 乙件
自威海發

伊東水師提督軍門開拆
火速飛遞

丁汝昌死後被部眾盜用其名義發降書與伊東祐亨

丁汝昌之所以萬謗叢身，原因是陷於黨爭的漩渦。「黨爭」的特點，就是不能「是其是，非其非」。看東漢的黨錮，唐代的牛李相爭，宋代元祐熙寧的黨禁，明末東林復社的糾結，這都和清末清流濁流、帝黨后黨之爭，都有著譸張為幻的屬性。山谷詩「真是真非安在，人間北看成南」（《次韻王荊公題西太一宮壁二首》），讀之可以慨然。

不過，賞罰固出於清廷的任意。但社會的心目中，丁汝昌一直是位英雄。因中國人習慣不以成敗論英雄。這就是《史記》中《項羽本紀》、《陳涉世家》、《刺客列傳》、《游俠列傳》等諸篇的立意。所以到了宣統二年，清廷也俯從輿論，開復丁汝昌原官原銜。據《宣統政紀》庚戌三月所載，是「以力竭捐軀。情節可憫。開復故提督丁汝昌原官原銜。」《政紀》僅廿一個字，顯得勉强。

而一九三五年二月十二日，民國海軍第三艦隊在劉公島祭丁汝昌（該日為丁殉國五十週年紀念）。這才算是官方為丁汝昌真正平反。

丁汝昌之死源於外力的侵略，奇怪的是丁汝昌的死，在國際間又換得外力普遍的讚揚。在丁死後的第四天，美國《紐約時報》有文章報道：

「三位清國海軍將領，北洋艦隊司令丁汝昌將軍、右翼總兵兼定遠艦管帶劉步蟾將軍和張將軍，在日前的戰爭中表現出了堅貞的愛國精神

北洋水師提督丁汝昌像
《圖片報》1894年10月13日

劉公島官舍丁汝昌遺書，程壁光挖眾代決死計圖

和更高尚的民族氣節，他們值得大清國的人民引為驕傲。他們是通過一種令人哀傷的、悲劇性的自殺方式來表現出這種可貴品格……」

另外據葛虛存《清代名人軼事》有記，謂：

「北洋海軍提督丁汝昌，當甲午之役，與日本海戰，全軍盡沒，至於艦隊亦降，以一死代全艦官兵之命，其志極可哀，而無損於軍人之名譽。日本人以丁之手書公牘，用銅片印成一冊，大鳥圭介為之跋語，極稱道其為人。東西洋學者研究丁之行為，謂有倫理學上之價值。」

以上只是說明丁汝昌的自殺行為是普遍地為世人了解和敬重的。但葛虛存所記這一段話，又足以牽引出另一話題。

葛氏所指「日本人以丁之手書公牘，用銅片印成一冊」，大抵是指光緒乙未（一八九五年）間日本出版之《丁汝昌遺墨》，這是攻陷劉公島後，日本駐新羅記者大岡長峽在戴宗騫營中撿獲之丁汝昌函件數通，再收錄時任日本聯合艦隊司令長官伊東祐亨（碧海）中將之勸降書（排字本），暨以丁汝昌名義之降書墨蹟合為一冊刊印。這書版逾百年，經已罕見。筆者有幸藏一冊，翻閱並無大鳥圭介跋語，但有伊東祐亨序言，也是

光緒乙未間日本出版《丁汝昌遺墨》

極稱道丁氏。大鳥圭介跋語一說大概是葛氏誤記。

丁汝昌知劉公島凶多吉少，早將重要文件轉移至煙台。故文獻記載，劉公島陷落後，倭人急至丁汝昌大營搜索，皆無所獲。從倭人刊行《丁汝昌遺墨》此事觀之，似僅從戴宗騫營中撿獲丁氏數函而已。在那戰火蒼皇，也許有所遺漏。倭人崇尚武士道精神，故亦敬重其敵人丁汝昌，百多年來，對丁之片紙隻字，皆刻意保存。遂令兩件深具歷史文獻價值之丁氏遺墨，倖能百年無損，得為寒齋遞傳。

其一為丁氏於黃海戰後，稟李中堂（鴻章）報告之原件，原札日式裝裱，當係威海失陷後日軍至丁汝昌軍營搜得之物，似為電訊稿本，中有丁氏改定。一葉墨稿，兵燹劫餘，竟得百年流遞。其全文不長，錄如下：

「天津中堂鈞鑒：十八與倭寇開戰，彼時砲烟瀰漫，各船難以分清。現細查明，當接仗時，自致遠衝鋒擊沉後，濟遠倡首先逃，各船觀望星散。倭船分隊追趕濟遠，不及折回，將經遠攔截擊沉，餘船復回歸隊。超勇艙內火起，駛至淺處焚沒。揚威艙內火起，又為濟遠攔腰碰壞，亦駛至淺處焚沒。查戰時定鎮艙內亦為倭人炸彈所燒，一面救火，一面抵敵，皆無失事。超揚若不駛至淺處，水手不能逃命，火即可救。經遠同致遠一樣，奮勇摧敵。聞自該船主中砲陣亡，船方

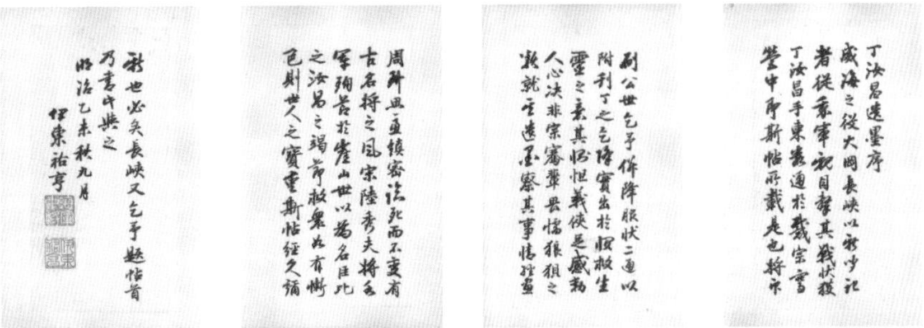
丁汝昌遺墨序
威海之役大闕長峽以我少記
者從二軍親目擊其戰狀獲
丁汝昌手柬數通於戴宗騫
營中即斯帖所載是也將示
副公世乞予併降服狀二通以
附刊丁之乞降實出於欲救生
靈之衷其忠性義俠足感動
人心決非宗騫輩畏懦狼狽之
徒就云遺墨察其事情殆無
周所丑亞鎮密諡死而不變有
古名將之風宋陸秀夫將至
軍殉苦於崖山世以為名臣比
之汝昌之竭節救衆如有懈
色則世人之寶重斯帖經久彌
新也必矣長峽又乞予題帖首
乃書此與之
明治乙未秋九月
伊東祐亨

《丁汝昌遺墨》伊東祐亨序

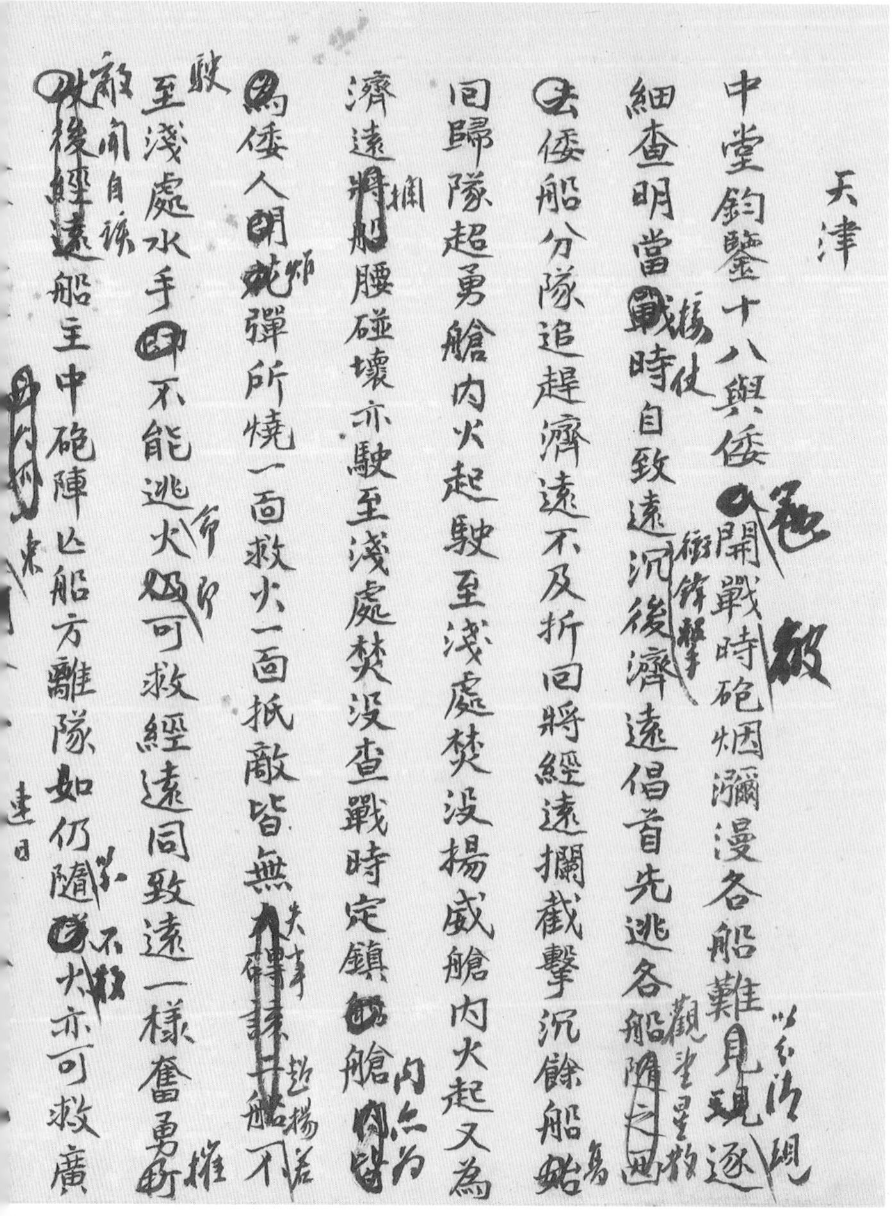

天津

中堂鈞鑒十八與倭開戰時砲烟瀰漫各船難見
細查明當戰時自致遠沉後濟遠倡首先逃各船隨之
去倭船分隊追趕濟遠不及折回將經遠攔截擊沉餘船始
回歸隊超勇艙內火起駛至淺處焚沒揚威艙內火起又為
濟遠將船腰碰壞亦駛至淺處焚沒查戰時定鎮兩艙內皆
為倭人開花彈所燒一面救火一面抵敵皆無不
至淺處水手即不能逃火可救經遠同致遠一樣奮勇
致後經遠船主中砲陣亡船方離隊如仍隨隊火亦可救廣

丁汝昌於黃海戰後稟李鴻章報告

且自倭開時昌屢次傳令諳諳告戒倭人船砲皆快我軍
必須齊心攻擊萬不可離隊如離隊必被敵人所毀此次濟
遠首先退縮將隊伍牽亂廣甲隨逃致散不戰
人人若不中堂嚴行參辦以儆效尤
何以來請兩船如不歸隊定鎮亦難支持保全餘船請免參
我自昌受傷後到後他為出力有功
為員弁兵勇及各船陣亡受傷者俟陸續查明會同龔
慶請獎恤
道稟請保賞此係中國初次海戰賞罰若不即行嚴辦
以後恐難振作汝昌叩

離隊。如仍緊隨不散，火亦可救。廣甲隨濟遠逃至三山島，東擱於礁石。連日派船往拖，難以出險。現與龔道商用駁船往取砲位，再不浮起，只得用藥轟毀。竊思自倭寇起釁以來，昌屢次傳令，諄諄告戒。倭船砲皆快我軍，必須整隊攻擊，萬不可離，稍散必被敵人所算。此次濟遠首先退縮，將隊伍牽亂。廣甲隨逃不戰。中堂若不嚴行參辦，何以警效尤。定鎮異常，來靖兩船如不歸隊，定鎮亦難保全。餘船暫請免參戰。自昌受傷後，劉鎮尤為出力。所有員弁兵勇及各船陣亡受傷者，容查明會同龔道，稟請奏請獎恤。中國初次海戰，賞罰若不即行，後恐而難振作。汝昌叩。先此電稟，悉候鈞裁。」

丁汝昌是軍人，他兵敗身死，家遭籍沒，子孫流離，遂令遺墨難求。況此更是直接關乎甲午海戰。故另件「丁汝昌致黃建筦手札」乃與之合為「甲午雙璧」，而為寒齋增重了。

（二〇一四年八月七日初稿，二〇二三年五月十二日改訂）

甲午黃海海戰一景

溫氏父子的北上及丁汝昌致黃花農函

「甲午」摭談之二

前言

文物探求，時下多謂「淘寶」「尋寶」。這話非全錯，但意識上有誤導，是忽略了人文意味。所謂人文意味，自然不能以金錢量化的。「折戟沉沙鐵未銷，自將磨洗認前朝」。折戟是不值錢，是鐵是銅，都非重要，惟「認前朝」而產生意味，纔是鑑賞核心所在。自然，這和「寶」字無涉。

但也有文物是不能以閒適視之，也不應「把玩」相待，它突破「怡情把玩」的人文範疇，而別有一種「奈何」和「激越」。這類文物少見，私議該名為「國恥文物」。傳統國人崇尚「知恥」，故有以禮、義、廉、恥為四維。《中庸》有云：「知恥近乎勇。」故私議藏家在閒情意味之外，宜留意「國恥文物」之蒐羅，令「知恥」和「閒適」同為蒐藏的正能量。

「溫畫」和「丁信」

本文談的「溫畫」和「丁信」，是拙藏「甲午」文物的一部分，十年

溫其球撫石濤筆意山水（右）
溫其球牡丹（左

前曾為之寫過文章。今拈出重談，既有鑑於視角和史料稍有變易外，更想在「國恥」的新視角下再陳述。雖僅是推想和孤證，但仍是我對歷史的關懷和體會。

從「溫畫」說起並及其家世

溫其球的畫，古艷照人。寒齋藏之是要「存其人」，是於藏品中呼應起其他歷史故事。據《廣東歷史人物辭典》「溫其球」條下云：

> 「溫其球（一八六二—一九四一），字幼菊，號菊叟，別署語石山人，順德龍山人。光緒二十一年（一八九五年），隨父北上渤海，入海軍提督丁汝昌幕。甲午海戰前夕，因獻策抗擊日艦未被採納，遂辭職南歸，專心學習石濤筆法。一九二五年，與潘懍吾、李鳳公等人組織國畫研究會於廣州六榕寺。一九四一年在香港病卒。」（頁七五四）

引文前說「一八九五年隨父北上入丁汝昌幕」，後說「甲午海戰前夕辭職南歸」。兩說扞格，必有一錯。

至於，辭職南歸，說是「因獻策抗擊日艦未被採納」，但此說未見有

溫其球

實證，也沒有說明「獻策」者是父、是子，抑是父子同時「獻策」？

按當時是國家級別的大型海戰，運籌帷幄的自然是北洋海軍提督、各艦艦長和高級將領以及參謀專才。當中有數據和情報的綜合，也有軍事和政治的專門學問，凡此種種，又豈是下車伊始的溫氏父子所能置喙？溫其球年輕，無上述之專業才能和經驗，焉能「置喙」。即使老父溫子紹也只是軍火的專家，也只能作為備詢顧問具體問題，他不是戰略家，又焉能越庖代俎。

甲午戰爭是近代國家級的海洋戰爭，不是上古「曹劌論戰」那種「觀其旗靡」「觀其轍亂」就可以簡單論戰。也不是小說中的「張松獻圖」，憑一卷紙就可以出賣西川。大敵當前，那容兒戲？

姑勿論此說有不清晰處，但溫其球辭職南歸後，從此刻意專攻六法，並得與伍德彝齊名於南國者二十餘年。人生失之東隅，亦可收之桑榆。期間溫氏有名作《秋庭晨課圖》，是汪兆銘早年囑繪。又曾承陸丹林倩繪《紅樹室圖》。兩事都足徵溫畫為時人所尚。

溫氏晚歲避戰亂寓居香港，也死在香港。

溫氏的簪纓家世

順德的溫氏是大族群，遠的不說，由溫其球上溯三代，其曾祖是溫汝

丁汝昌（右）
丁汝昌名刺（左）

适（适音括），乾隆四十九年進士，官至兵部右侍郎，以母老乞歸。喜藏書，著有《攜雪齋詩文鈔》、《偲聞錄》、《韻學紀聞》、《日下紀遊略》等。

若從溫其球上溯二代，則是溫其球祖父溫承悌，字怡可，號秋瀛。道光六年進士。著《泛香齋詩鈔》四卷，陳澧極稱其詩境。曾官刑部主事。平時善處鄉里，所以咸豐四年（一八五四年）龍山三合會之亂，對溫家無所干犯。古謂「黃巾不入鄭玄鄉」，其事相類。

溫子紹與溫其球

溫承悌之子溫子紹，是本文重點人物。溫子紹有傳，見於《順德縣志續編》「溫承悌傳」所附「溫子紹小傳」內云：

「子紹，字颰園，幼即留意藝學，於泰西機器製造之事悉心考究。時風氣初開，凡修船購械，一倚外人。大吏聞子紹名，初委試輪船，旋命總辦軍裝機器局。嘗仿外洋蚊子船式，改用木殼，安置後膛洋炮，費二萬餘兩，不妄開銷公款。兩廣總督張樹聲奏獎三代，從一品封典。時子紹已援例捐道員，指分江蘇，未到省，北洋大臣李鴻章奏遣赴吉林，於三姓地方設廠籌造小輪船，如粵東仿造蚊子船式。旋因廣

時世家之子有如此者昔孟子嘗以喬木比世臣矣今觀
此集如清樾碧陰隔斷炎暍微風過之泠然有聲若使斲
爲棟梁豈遂不勝其任哉然留之綠陰使人望之蔚然隱
秀尤不易覯也員外寓居南園之西近年衰病常靜慤
於南園比鄰間時相往來員外以詩序見屬遂以數十年
慨想之意而抒寫之也
光緒三年丁丑之秋八月既望番禺陳澧序

溫承悌《泛香齋詩鈔》陳澧序

東督撫奏留，不果赴。光緒十一年，粵督張之洞因籌徵越餉，摭他事落其職，勒繳鉅款。張去任，合肥李瀚章繼督兩粵，委子紹總理製造局。復於黃埔創設無煙藥廠，未成而李罷，並以款絀裁廠。子紹謝事鄉居，倡建聯濟善堂，興築水閘，所營皆地方公益事。光緒丁未卒，年七十四。」

上引三百字小傳，是方志上最詳細的溫子紹資料。但美猶有憾，傳中有一般方志的毛病，就是以溢美和迴護為能事。因為同是一方之人，總不能隨便罵人家的祖宗。所以總要下筆迴護。上引小傳失誤在於：既已有光緒十五年（一八八九年）張之洞向朝廷參奏中所謂：

「經過復查，該司、道所呈均係實情，請將溫子紹的二品頂戴、花翎、江蘇試用道原官一並開復。」

但《小傳》卻要寫成：

「光緒十一年，粵督張之洞因籌徵越餉，摭他事落其職，勒繳鉅款。」

李瀚章

把迴護之詞說得並不堂皇，反而有點吞吐、閃爍，好像要故意隱瞞，這就使讀者更懷疑是實有其事，認為小傳是欲蓋彌彰。那對於撰者動機而言，則是適得其反，是反效果地為溫子紹坐實了被參的一切。

而更重要的失誤是，《小傳》既把事情的開始說了，但對後來的張之洞為溫氏平反卻失載，這就令溫子紹的臉譜給固定下來。這影響了後人，比如在《簡明廣東史》中，溫氏就是一名貪官。

若說《小傳》撰者是未及見平反吧？那又不然，因《小傳》內有記及溫子紹晚歲鄉居以及離世的日子。

至於溫氏父子的聯袂北上，對其父子而言是件大事，但《小傳》中未見提及。

溫氏父子聯袂北上

在鐵路未通時，粵人上京多由水路。箇多月的行程，個中鬱悶，諸君可參伍銓萃的《北遊日記》。該記是逐日詳載所到所遇，論其時間和溫氏父子約差一、兩年，故可以相比。張次溪在《春游瑣談》說到小時在東莞水路上京，也可推想溫氏父子同舟的況味。要留意的是：溫子紹老太爺已高年六十有二了。那辛苦北上又所為何事？

李鴻章（右）
李鴻章名刺（左）

簡單而言，有謂曾入北洋海軍提督丁汝昌的幕。但這是事實，而不是初衷。丁汝昌的出身和興趣都和溫氏談不上淵源和交集。各方面的資料都無法尋出溫氏父子北上原因。其實《小傳》卻無意中早給出了線索。

《溫子紹小傳》說過：「北洋大臣李鴻章奏遣赴吉林，於三姓地方設廠籌造小輪船，如粵東仿造蚊子船式。旋因廣東督撫奏留，不果赴。」然在《光緒朝東華錄》光緒十一年（一八八五）十二月有云：

「己丑吳大澂奏：臣初與李鴻章函商議在吉林創設機器廠，奏調廣東道員溫子紹。該員以親老告辭。臣又奏調天津製造局總辦道員王德均、上海機器局委員通判徐華封、福建船政局委員縣丞游學詩，均經該省督撫臣奏留，咨留不獲調吉差委，臣心焦灼萬分，有寡助之憾……」

溫子紹經張之洞參奏之後，復經平反。但傾陷的事，大多是起於同僚的攻忤。（張之參奏，亦言起於司、道），所以溫子紹在平反之後，沒有留連廣東的意興，該想找李鴻章實踐前事，那是在情理之中的事。但直接找李鴻章可就太突兀，總該有人再薦引，於是想到既是世交，又是鄉親、

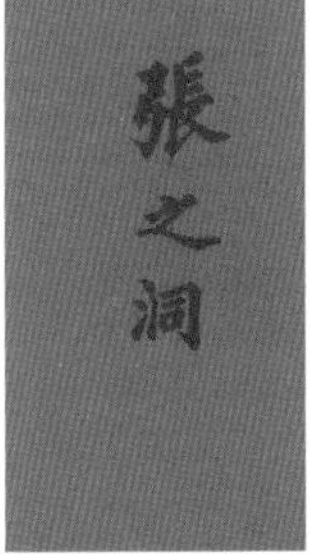

張之洞（右）
張之洞名刺（左）

又是姻婭、又和表弟溫其球一樣精於繪事，又能和表叔溫子紹一樣懂得泰西格致的。而更重要的是是能左右李鴻章意向的人，那符合條件的就剛好是黃建笎。

黃建笎別字花農

說近代別號花農，大都以為是徐琪。在此說的是佛山堡黃建笎。佛山堡黃姓和龍山堡的溫姓，俱為當時望族。而兩姓間，且多姻婭。清中佛山堡的黃丹書和龍山堡的溫汝适兩人俱負時名，且同是出生於乾隆丁丑（一七五七年）。故兩人相交甚篤。而黃建笎及溫子紹均分別為黃丹書和溫汝适後人。

溫子紹善巧思，聲光化電俱為擅長。為當時兩廣總督瑞麟賞識。而黃建笎也善於文辭，著有《寄榆庵書畫稿》，更著有《電學新編》。黃、溫兩族累代多姻婭，溫其球存世畫作《松柏高立》大軸之上款有稱「花農表兄大人」者。

據《順德書畫人物錄》謂：

「黃建笎字花農。大良人。黃樂之孫。以捐納做官，歷任直隸通判，承辦天津招商輪船業及電政、天津海關道台、德州糧台、湖南按察使、江寧布政使。卒年五十七。能書畫，著有《寄榆庵書畫稿》、

黃建笎（右）
黃建笎名刺（左）

《電學新編》。」

再者，黃建笎也同樣在張之洞手下做事。李伯元有一挖苦故事說：

「南皮最恨吸鴉片煙者，糧道胡硯孫適犯此病，而南皮極賞識之。一日接見諸員，痛詆吸鴉片者，末指胡曰：『像他吃煙這才無愧。』胡因自行演說曰：『職道起得最早，只抽六口。晚上睡得最遲，亦只抽四口。論理還是不抽的好。』南皮曰：『能彀起得早睡得遲，就抽十口煙，也不妨事。』言至此，目視黃花農方伯。黃急起立曰：『司裏也最恨吃煙的。』散衙後有人謂黃既作此語，則其不吸煙可知矣。然藩署常熬廣土，大約不是姨太太，就是師爺也。」（《南亭四話》卷十六）

黃建笎畫像

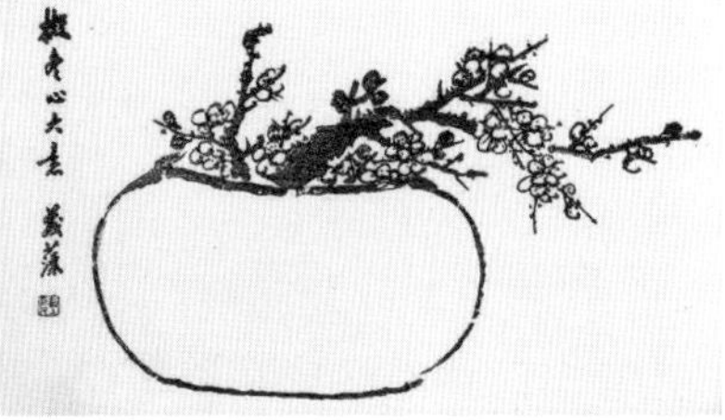

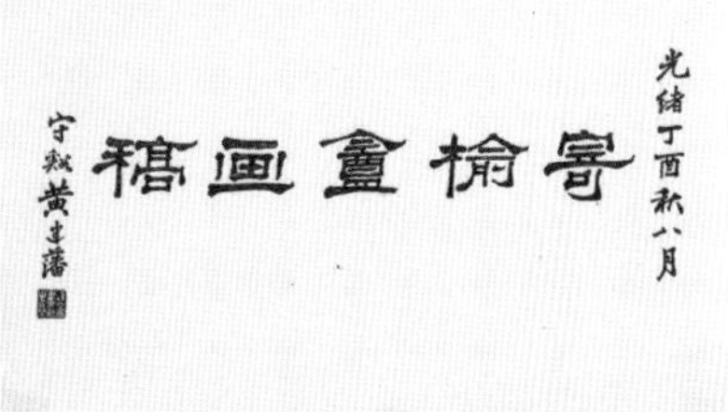

《寄榆庵書畫稿》

不過，李伯元所云，只屬遊戲文章，是未為徵實者。但黃建笎之恢恢乎游刃於方面大吏之間，蓋可想見，溫氏父子之聯袂北上，無論在功利、在人情，首選的除了黃建笎，還有誰人呢？

關於丁汝昌致黃花農的信

前引溫氏曾入丁汝昌幕，惟溫丁何以相知？這問題一直難以索解。而寒齋藏丁汝昌致花農（黃建笎）信，於此當是端倪。也是說丁汝昌認識溫氏父子，居間人極可能就是黃建笎。試設想：只要黃建笎為表弟發聲，丁汝昌焉有不肯。方面大員，自有「西席」之設。即使清政權後來「改幕為僚」，但方面大員也有「徵辟」之權。為「事」而設「官」。

拙藏丁汝昌致黃建笎信札，內容都是追討短缺之煤。當中有兩事較特別。一、運煤短缺，事有專管，卻要北洋艦隊提督親自過問？二、既要過問，卻不用公牘，而用私人信函，顯然是要留個轉寰餘地。丁汝昌是錚錚鐵，日後的殉國也說明這一點。但信中之意卻是繞指柔。詞色之間，可見的是公情糅合著私誼。茲將該信錄如下：

「花農仁兄大人閣下：前月廿三寄呈一椷，諒達青眼。近維升履延麻

丁汝昌

為頌。『利運』尾批運到之煤，經收煤委員公同該船提包而磅，共計短十噸一千二百九十五磅。請轉知礦局。明春有船來旅查照補足，以符今歲收煤款目。外附去公同過磅清單一紙，仰乞查收為荷。外文函共三件，尚冀費神飭送是叩。

南圍干戈未戢，東藩倭又生心，今奉相檄，帶領威超揚三艘東渡，俟清帥至，隨同調處。今晚即起椗開行，倚裝布達。即頌

升安

愚弟丁汝昌頓首

十一月初四日

十一月十九附」

拙藏是原札墨跡，與一九九七年山東大學出版社的《丁汝昌集》所刊載的第五十四函（稿本）有二處微有不同：

拙藏作「寄呈一椷」而《丁汝昌集》五十四號件作「寄呈一箋」；

拙藏作「外文函共三件」而《丁汝昌集》五十四號件作「外文函共口件」。

《丁汝昌集》五十四號件，有預留填充位，該稿是「未發稿」。拙藏是「已發稿」，也即是真實寄出的文件。

《丁汝昌集》

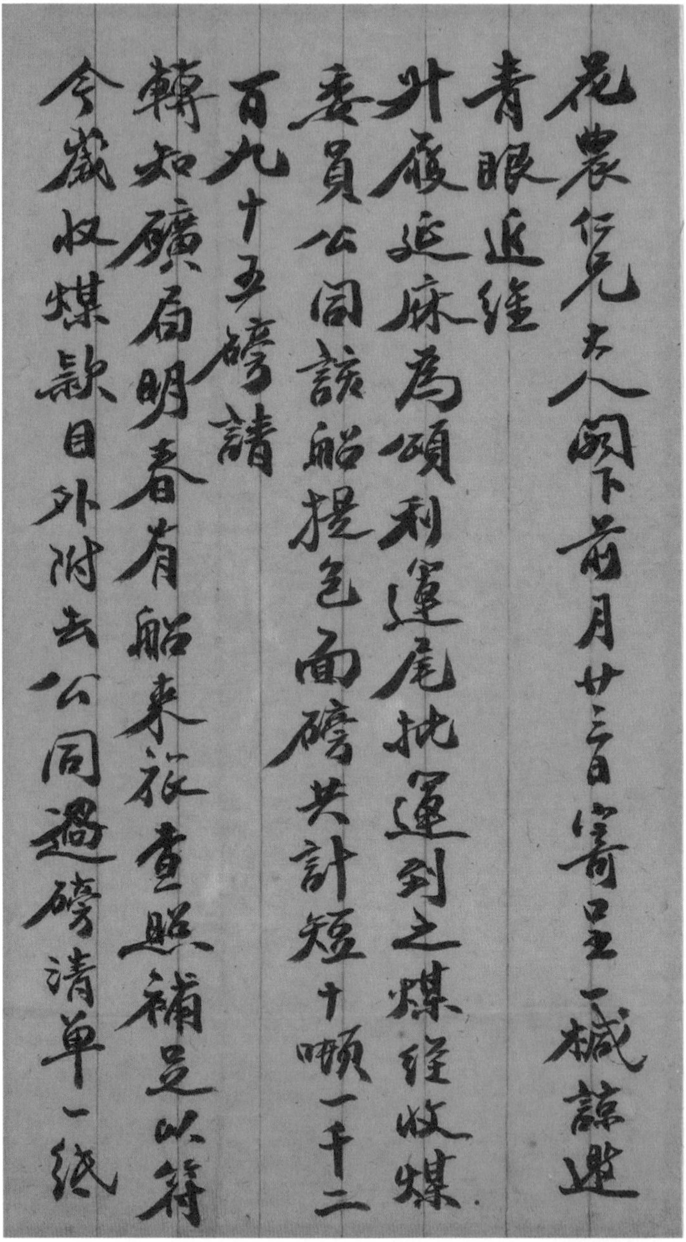
花農仁兄大人閣下前月廿二日寄呈一械諒邀
青眼近維
外廠延麻爲頓利運尾批運到之煤經收煤
委員公同談船提色面磅共計短十噸一千二
百九十五磅請
轉知礦局明春有船來花查照補足以符
今歲收煤款目外附去公同過磅清單一紙

丁汝昌致黃建筦(花農)手札

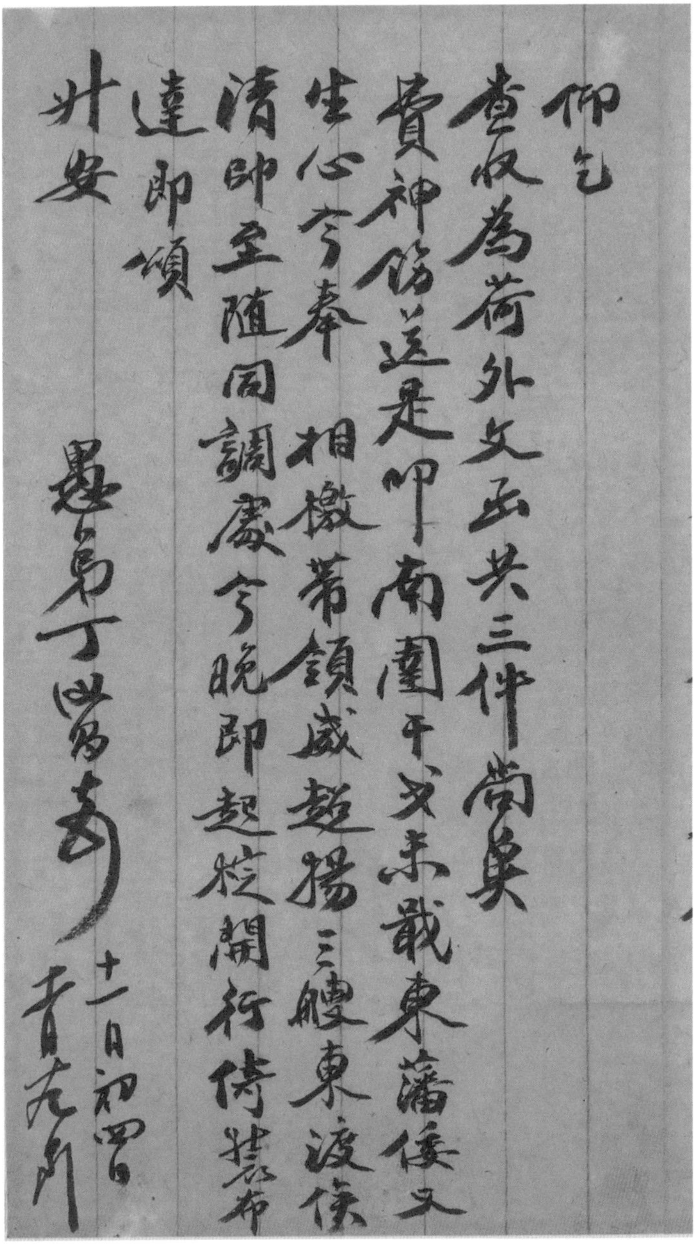
仰乞
查收為荷。外交函共三件附呈
貴神防送是叩。南國干戈未戢，東藩倭又
生心，兮奉
相檄，帶領盛、趙、揚三艘東渡，候
清帥星隨同調處，兮晚即起椗開行，倚裝布
達，即頌
升安
愚弟丁汝昌頓首
十二月初四日
青花所

溫氏父子的北上及丁汝昌致黃花農函

「未發稿」是未成事實者。而「已發稿」則是成事實者。這當中的意義上是有差別。歷史大事往往都是牽繫這意念的一線。

其次，關於《丁汝昌集》的編纂有未盡善者。如該書「凡例」云：

> 「文中衍文一般隨文注出。外加｛｝號，如：『即門生亦不啻同被春風之風矣』，改作『即門生亦不啻同被春風｛之風｝矣』。」

這一改，令人錯愕，編纂者不顧古有「春風風人，夏雨雨人」的先例。

古語兩「風」字，前者是名詞，後者是動詞。讀音也不同。後者當讀如「諷」，是動詞讀法，這讀音和用法和「風乎舞雩，詠而歸」的「風」字相同。

退一步而言，文獻有錯亦不能逕改，何況文獻本無錯。

再者，該書五十四號的書牘，其「近維升履延麻為頌」一句被強行標點為「近維升履，延麻為頌。」不僅讀來彆扭，且文義亦未安。

（二○一四年八月廿五日初稿，二○二三年六月十九日改訂）

鄧世昌書贈梁炎卿聯

——「甲午」摭談之三

前在《甲午摭談之二．「溫氏父子的北上及丁汝昌致黃花農函」》中說過：「已折的戟未必有價，但『認前朝』纔是興味所在。」是說鑑賞沉思，會憬悟出興味。而「鄧世昌贈梁炎卿聯」，在望讀神往時，就同樣有這體驗。

聯是在描金暗團花的蠟箋上大字正書：

武將宣威自天而下
文臣紀盛如日之升

上款是：「炎卿仁兄大人政之」。下款署：「正卿鄧世昌」。鈐朱文方印：「臣世昌印」，白文方印：「海軍都督」。

無論書法、措辭，都令人有「大器」的感覺。

一般團花描金的蠟箋的聯對，多用於喜慶頌揚，而內容多是過分的諛

鄧世昌

鄧世昌楷書八言聯

詞，在上下款的稱謂上又每扳扯肉麻。

但本聯不涉凡俗，所述的是文臣武將，所敘的是紀盛宣威。那天日的象喻，如見皇華朝禮。而書聯者是清政府、民國、共和國乃至日本敵方都推崇的英雄。而受聯者，是天津四大買辦之首，且又具獨立人格。所以其事、其人、其辭、其書都能令讀者凜然生敬。

大器，是總體感覺，而得體，卻是聯語酬酢的要點。這要從聯語背後的人和事說起。

先說受聯者梁炎卿生於一八五二年，隸籍南海，而書聯者鄧世昌生年是一八四九年，隸籍番禺。論地是同省相隣，論時是相差三年，可視為同輩。

再說，梁炎卿於香港皇仁書院學英文，畢業後，隨唐景星到上海，入怡和洋行當練習生。獲賞識，在一八七四年當上了正買辦，隨後派為天津分行作當家買辦，兼領輪船部買辦的事務。梁炎卿對怡和洋行以外之事概少參加。只隨著當時的風氣，捐過一個頭品職銜。（以上是據六十年代梁炎卿女兒梁佩瑜的回憶撮述，梁佩瑜是三十年代天津的著名女網球手。）

上文可約為五點：

一、是廣東人；

二、香港皇仁書院畢業、英語好；

梁炎卿

三、隨唐景星到上海；
四、領輪船部買辦的事務；
五、捐過一個頭品職銜。

而鄧世昌呢，多種有關資料綜合，鄧少時入教會學校，師從歐人學習英語。據後來他的洋朋友憶述，有謂「西學湛深，英氣勃發」。在船政學堂五年，均考核優等。船政大臣沈葆楨獎以五品軍功。一八八〇年初，

致遠號巡洋艦

致遠管帶鄧世昌與北洋艦隊副提督英國人琅威理暨致遠將校士官合影

馬建忠經考察後向李鴻章推薦，說鄧「熟悉管駕事宜，為水師中不易得之才」，由是為李鴻章留意。此後數次出國接收新艦。一八八七年七月，更從丁汝昌牧平臺灣生番。經李鴻章奏薦，以總兵記名簡放，加提督銜。同年八月北洋艦隊借補作中軍中營副將，仍充「致遠」管帶。其時四十一歲。次年更奏准賞獲「葛爾薩巴圖魯」勇號，賜三代一品封典。

在此，也可約為五點：

一、是廣東人；

二、入教會學校，師從歐人學習英語；

三、馬建忠推薦；

四、曾數次出國去接收新艦；

五、獲授中軍中營副將，仍充「致遠」管帶。奏准賞獲「葛爾薩巴圖魯」勇號。

兩人經歷都簡約為五點，這是對應的。從這五點事實可總為兩線索。一是鄉情，另一是政治。

「鄉情」「政治」

咸豐同治之間，天津陸路不靖而海運興，於是從業的閩幫、廣幫遂以形成，後來廣幫更一枝獨大。本文不談閩幫，只說廣幫。

馬建忠（右）
沈葆楨（左）

廣幫獨大，是因為在津官員多是粵籍。而洋行買辦亦粵籍居多。

以官員而論：

像唐紹儀（香山）任津海關道。梁敦彥（順德）曾任直隸藩台。周壽臣（新安）任天津招商局總辦。曹家祥（順德）任天津巡警道兼局長。蔡述堂（香山）任天津海關道。黃建笎（順德）任天津海關道。以上都是粵籍。

以買辦而論：

如怡和洋行買辦唐廷樞、梁炎卿，太古洋行買辦鄭翼之、黃鶴廷、鄭宗蔭、鄭慈蔭、羅耀廷、羅振東。（英）安利洋行：陳日初。慎昌洋行：陳均廷。（德）瑞記洋行：黃雲溪。（德）禮和洋行：馮商盤、黃季才、鄭叔和。（英）先農公司：歐陽炳、黃振華。（美）世昌洋行：梁仲雲、謝幹伯。（德）德華銀行：嚴兆幀等，都是粵籍。

正因人才鼎盛，廣幫能一枝獨大。

於是一九〇三年，天津海關道的唐紹儀、陳昭常（時任吉林巡撫）等廣東頭面人物發起建立廣東會館。時唐紹儀首捐銀四千兩，怡和洋行買辦梁炎卿捐銀六千兩，連同諸同鄉共捐銀十四萬七千餘兩。館址選定了在鼓樓南大街原鹽運使署舊址，購地二十三畝。於一九〇四年動工，一九〇七年落成。這會館成了廣東幫政治和商業的重要平台，也標誌著同治中興以

唐紹儀（右）
梁敦彥（左）

後遞至共產政權成立這百年間「廣東幫」的「鄉誼」鼎盛。

「鄉誼」的具體凸顯在唐景星的人脈。

唐景星原名唐廷樞，一八三二年生於廣東香山唐家灣，是著名怡和買辦，一八七三年李鴻章委其為上海輪船招商局總辦，可以説他是個亦官亦商的人物，他和鄭觀應、容閎志趣相同，他當買辦，卻是為喚醒國人，為國爭利的。他是李鴻章的新政靈魂。李曾表示：「中國可無李鴻章，但不可無唐廷樞」。而梁炎卿在香港皇仁畢業後入怡和洋行是由他帶入的。此所以唐紹儀倡建「廣東會館」，梁炎卿即報捐六千兩。鄉情之外，還有私

鄧世昌便裝照

陳昭常（右）
唐廷樞（左）

誼，是感恩圖報和愛屋及烏的心意，因為唐紹儀就是唐景星的堂侄。

去年網上就有人說：

「一九〇八年（按：年份有誤），唐紹儀發起捐資興建廣東會館，梁炎卿為討好唐紹儀立即捐出白銀六千兩。這是梁炎卿生平最大的一次捐款，此後在唐紹儀的提攜下，梁賚奎當上了農林部次長。」

這當是從梁的女兒梁佩瑜的回憶上加以想像，梁回憶說過：

「此次唐紹儀僅和他拉拉手，他立刻捐銀六千兩，這是梁炎卿生平最大的一次捐款，在當時確實是個可觀的數目。由於梁炎卿的倡率，粵籍官商也都紛紛解囊，同時捐款的如唐紹儀、陳子珍各捐四千兩，蔡述堂、徐雨之、鄭翼之、黃雲溪各捐三千兩。在幾百個捐款人之中，梁炎卿是第一名，也促成了廣東會館的興建，博得唐紹儀的歡心與讚譽。由於唐紹儀的特別提攜，梁賚奎於一九一二年三月至六月唐紹儀當國務總理時，當了一任農林部次長。」

其實，梁炎卿是買辦，也是君子。他不談政治，也不攀附，光是擇婿

天津廣東會館

可見此中端倪了。少帥張學良喜歡其第九女兒，而且是「十分的喜歡」，但他卻選擇了比張學良窮的葉姓男子，那是葉公超的長兄。而另一女婿何世禮，雖是政治人物，但其父何東卻是梁的多年老友，那該說不上攀附。

再說：「廣東會館」的事倡議於一九〇三年。這距梁炎卿的長子梁賚奎一九一二年當次長那是十年後的事情。用猜測動機而牽繫因果，是文革遺風。

再說，唐景星是香山人，是由買辦而至官紳，是李鴻章新政靈魂。黃建笎（花農）是順德人，是天津海關道。他也被認為是李鴻章的左右手，北洋的軍需他有所控制。現存的丁汝昌致黃建笎的手札，就讓人看到堂堂從二品官提督，為運煤事在向這麼一個道員作苦苦哀求。

唐紹儀呢，他繼黃建笎之後，也是香山人，是唐景星的侄兒。梁炎卿則是皇仁畢業後即由唐景星帶入怡和洋行，以致成首席買辦。

黃建笎

在此，可以看到「廣東幫」中的「鄉誼」和「政經」的交叉。但也有說「廣東幫」是烏有。因為「廣東幫」不是一個組織，只是以鄉誼為核心的群聚。這也有理。上世紀六十年代梁佩瑜就這樣回憶說：

「梁炎卿在粵籍買辦之中，發財早而且大，在前清他捐了頂戴，民國後兒子又作了一任次長，錢多勢大，成為粵籍買辦中的巨頭。一般人稱粵籍買辦為廣東幫，梁炎卿也就被指為廣東幫的開創人。

天津洋行買辦，除天津本地幫、或稱為北幫之外，向有廣東、寧波兩大幫之說。其間廣東幫時期早，財力大，所服務的洋行多為大行，梁炎卿並被指為廣東幫的首領。相反的，寧波幫形成的時期較晚，財力較小，其所服務的洋行則細大不蠲，無孔不入。寧波幫自王銘槐起互相提攜，扶植後輩，人數眾多，團結緊密，稱之為幫倒還名實相符，從幫的意義來講，廣東幫與寧波幫相比，實在夠不上一個幫。所謂梁炎卿開創了廣東幫，更無事實根據。只因為梁炎卿本人和家族當買辦的時間最久，在天津粵籍買辦中是首富，在旅津粵商中也是首富，在天津歷來所有的買辦中仍是首富，所以成為廣東幫買辦的突出人物，談到天津買辦中的廣東幫，必然以梁炎卿為代表人，並且誤會他為天津買辦中廣東幫的組織者。

原來在天津經商的廣東人，由於語言的隔閡，生活上自成風氣。他們

天津怡和碼頭

的來滬，一是潮幫糖雜貨行，一是廣州的十三行，其中首腦人物若干人稱為粵商十友。天津的粵籍買辦，有的即是十友中人，如黃雲溪；有的則來自廣東或上海，如梁炎卿。這些人因為同鄉的關係，又同在洋行服務，有的還是親戚，所以往來較近，但並無結成幫的意圖，更無所謂首領。即以梁炎卿論，他是怡和洋行的首席買辦，怡和洋行各部分買辦的任用，他都可過問。但是通過他在怡和的幾十年，他從來沒把怡和洋行各部買辦造成清一色廣東人。故此，稱廣東買辦為一個幫是勉強的，以梁炎卿為幫首更為勉強。梁炎卿只是廣東幫的一個巨頭。」

這麼說，「廣東幫」就像晚清的所謂「清流」「濁流」，現今大陸的所謂「改革派」「保守派」，那是旁人為方便而強加劃線。但作為指稱也無可厚非。那麼，可以說：「鄧世昌書贈梁炎卿聯」是「廣東幫」的「鄉誼」產物。

「大夫無私交」，在贈聯中體現了，一個是清廷的高級將領，一個是天津最著名的買辦，官商之間，華堂揖讓之時，總有卑亢皆非，難於得體的尷尬。但鄧世昌聰明，在「鄧世昌贈梁炎卿聯」上，就沒寫鄉前輩之類的上款。而下款呢，更沒有應有的「致遠管帶提督銜記名總兵借補中軍中

畫家筆下中國租用怡和洋行高升號作運兵船遭日本軍艦攻擊

營副將噶爾薩巴圖魯鄧世昌」的結銜。

而聯中頌說「皇皇者華」的氣象，那是當時社會一種普遍的大感情。那顯得「得體」！免了後人的猜測和尷尬。

在此舉個反例，昔日廣東叢帖中有《尺素遺芬》，是廣州海山仙館主人潘仕誠把往來書信鐫刻上石，而且有初刻、續刻、三刻之舉。但細讀內容，會看到許多官員、名士在巨賈之前那副「猥自枉屈」，令人生厭。石刻在一九五三年部分被用作填路，那些拓本留存也不怎樣令人有「故家喬木」之想。這是官商間「不得體」做成的心理。

這樣說，是想說明鄧世昌的立言得體，是允執其中。

再說：梁炎卿是怡和首席買辦，而怡和是最早向中國出售軍火和做輪船的洋行，甲午黃海之戰，被日軍擊沉的高升號（為中國租作運兵赴韓之用），就是怡和行走海洋的商船。而鄧世昌是最早派往英國接收戰艦的軍人之一。鄧的洊升，也是由接收開始的。

那麼這一聯之微，卻恰好發生在「鄉誼」和「政經」的交叉點上。

這聯關繫著兩位名人，是「雙璧合」。但我想，欣賞者要是能加上那英雄措語的心思和受聯人是如此的珍襲保存，那麼欣賞意義，又何止是兩名人？那該有一個更深的層次。

（二〇一四年八月廿一日）

畫家筆下高升號被日軍擊沉景象

旖旎風流左寶貴

——「甲午」摭談之四

郭則澐《十朝詩乘》說：

「甲午之役，……其以死綏聞者，則總兵左寶貴死於平壤之戰，海軍副將鄧世昌死於大東溝之戰，侍衛永山死於鳳凰城之戰，提督楊壽山死於蓋平之戰。威海陷，守將戴宗騫死之；劉公島陷，水師提督丁汝昌、總兵劉步蟾俱死之……於是近畿門户不保，海軍精鋭俱盡。先文安公題魏默深《海國圖志》所謂『一場孤注閩材盡，橫海樓船泣水犀』者也。閩廠創議由左文襄，而成於沈文肅。三十年來，管帶、駕駛多八閩子弟，死綏將佐若鄧世昌、若劉步蟾，皆閩籍也……。」

（卷二十二）

這裏除了把鄧世昌誤作閩籍之外，其餘所說都屬實情。文中的先文安公是稱其父郭曾炘，沈文肅是稱沈葆楨。甲午海戰，八閩子弟犧牲最多，所以郭曾炘説「一場孤注閩材盡」。但甲午之戰，有海戰和陸戰，而犧牲者，最壯烈的兩人卻偏偏不是閩人。海戰殉國的鄧世昌是南海人（一説是東莞人），陸戰殉國的左寶貴是山東籍回人。鄧、左兩人官階相同，而死

左寶貴

事一在東溝，一在平壤。左氏先殉，兩天後鄧氏繼殉。而兩位同樣屍骨無存，艱難壯烈，都堪比唐代的雙忠（張巡、許遠）。像《清稗類鈔．忠藎類》有「左寶貴陣亡平壤」的記述：

「光緒甲午中、日之役，五月，總兵左寶貴提師五千人援朝鮮，次平壤，日本出我不意，驟進。寶貴探知，請提督葉志超會師助戰，志超謝之，寶貴怒。寶貴故回人，遵回禮，先期沐浴，誓臨陣死節。會戰期迫，寶貴翎頂輝煌，為士卒先。或勸去其翎頂，免為敵矢之的，寶貴曰：『吾服朝服，欲士卒知我先，庶競為之死也。敵之注目，吾何懼乎？』故戰時所部兵均勇往直前。惜孤軍獨當一面，大軍不為之援，日人圍之數重，全軍覆焉。事聞，贈提督，照提督陣亡例賜卹。」

左寶貴戰死之所

但有一奇怪是，後來者人歌人哭，都較集中於鄧的身上。像潘飛聲，能有《秋感八首》悼念鄧世昌，卻沒有悼念左寶貴的。如果說潘飛聲是廣東番禺人，或可能是地域觀念，那麼梁煥奎是湖南湘潭人，但其《青郊詩存》中有《戰渤海》，也是為悼鄧世昌作，於左寶貴卻並未提及。這些事實，令人鬱悶。

平壤大激戰之圖

平壤激戰圖（楊斎延一繪）

左寶貴衣冠塚石刻輓聯

近讀《十朝詩牘》見有胡硯孫觀察所賦《左將軍歌》，詩長六百餘字，比《圓圓曲》還長。讀之再三，令人神往。

但這《左將軍歌》則多從側面記述，這是一般史傳所無的。也令左寶貴的形象更為人性化了。像「涅臂長懸報國心，生來慣識祁連塚」，連左寶貴「涅臂」也寫出來了。

而「空憐歲月去堂堂，攬鏡俄驚鬢上霜。攜得琵琶紅袖妓，夜寒如雪按伊涼」。在此，讓我們看到戎機春色，刁斗溫馨，將軍的旖旎和見危授命是統一的。軍人的心態，被胡硯孫寫活了。

這種軍人心態，張學良的口述也說得明白：

> 「我跟我太太說，你嫁錯了人，你是賢妻良母呀，可是張學良不要這個賢妻良母。我是上戰場的人，那打起仗來，真不知道誰能回來誰回不來。」（《張學良口述歷史．賢妻良母于鳳至》）

讀高適《燕歌行》「戰士軍前半死生，美人帳下猶歌舞」，人們總是把這兩句作為苦樂懸殊來看。總沒想到軍人的生死須臾之間，苦與樂都是同一莊嚴的事了。楚項羽聽唱虞兮泣下數行時，和左寶貴的「攜得琵琶紅袖妓，夜寒如雪按伊涼」，都是把苦樂同時鑄就感情，其道理是一致的。

左寶貴

胡硯孫是拙文《「溫氏父子的北上及丁汝昌致黃花農函」——「甲午」摭談之二》中曾有提及的，他和黃建笎（花農）都是在李伯元的《南亭四話》中，一起被揶揄的。

胡硯孫是四川成都人，著有《蘭福堂詩集》、《苾芻館詞集》、《長安宮詞》等。他和黃建笎、汪兆鏞等都有交情。汪兆鏞詞集中有《長亭怨．京師河泡子看荷花同胡研孫》，那胡研孫就是此人。

胡硯孫《左將軍歌》把左寶貴寫活了，而左寶貴的風流旖旎，也印證了拙藏的「蕙質蘭心」一軸，誰想到赳赳武夫，那「涅臂」之下，會有這樣的書法？要是當年胡硯孫觀察能早見及此軸，則又當為他寫的《左將軍歌》添加詩料了。

左氏係甲午戰爭首位犧牲的將領，其墨蹟流傳極罕，此軸和式原裝舊裱，當係倭人庋藏東土百年，數年前始歸寒齋。所書「蘭心蕙質玉貌絳唇」，語出鮑參軍《蕪城賦》：「東都妙姬，南國麗人，蕙質蘭心，玉貌絳唇。」鈐白文方印「如月」，朱文粗邊方印「之恆」，出自《詩經．小雅．天保》：「如月之恆，如日之升，如南山之壽，不騫不崩。」皆善頌善禱，與「蘭心蕙質玉貌絳唇」相輝映。

（二〇一四年八月廿五日）

左寶貴

左寶貴楷書八言

日本聯合艦隊司令長官伊東祐亨行書扇面書後

——「甲午」摭談之五

甲午一役，日本聯合艦隊司令長官伊東祐亨（一八四三—一九一四）大敗北洋艦隊。決戰前，伊東有致丁汝昌信，信首結銜，那當然是公函了。但卻是溫言客氣，私交策劃，當中具體人情，就像多爾袞《致史可法書》，只可惜丁汝昌沒有「南中向惠好音」那種文采的回信。

伊東祐亨和丁汝昌是舊識，甲午之役，都站到對立的尖頂。舊友溫言，借箸為籌，只是一場歷史悲劇的前奏。

伊東祐亨的老師是勝海舟（一八二三—一八九九），是日本海軍創辦人。甲午前三年，丁汝昌率艦隊訪日，曾拜會勝海舟，並互贈刀劍訂交。（日前該劍運至香港海防博物館展覽）。勝海舟敬重丁汝昌，反對與大清交戰，但弟子伊東祐亨卻擊潰北洋艦隊，致丁汝昌自殺。為此，勝海舟曾賦詩向丁汝昌致悼，有謂：「心血濺渤海，雙美照青史。」「雙美」一詞，係日本武士道的最高頌讚。當時此詩刊諸報章，日人咸知勝海舟悼念敵國提督。而伊東祐亨亦如老師一樣「尊重對手」，將丁汝昌及諸北洋將領的靈柩，由繳獲的康濟號禮送運離開劉公島。

伊東祐亨

可見，「尊重對手」非獨是中國的俠義精神，也同樣地見諸日本的武士道。

伊東祐亨致丁汝昌的信中，絕口不涉道德倫理，而反覆陳述的卻是現實的利害。概括而言是個「勢」字。在此，反而可以輕易地覘見伊東對「勢」的視野和觀念。

中日同文，所以伊東對「勢」的理解當和中國相同。在中國，「勢」是多義詞，而最多使用義可解釋為「勢力區域的狀態」。即使「中庸」「中和」等詞都可以同此解釋的。而伊東祐亨作為軍人，必然對「勢」能有所關心注目。其致丁汝昌的信中，以「勢」字反覆為言，正是軍人的習慣見解和視野。但見解和視野，是實踐的條件，而不是實踐。

幸好，拙藏有伊東祐亨的一扇面，正可彌補這空白。這扇面題：「先發制人，後發制於人」。款署「碧海」。又白文橢圓印：「元帥伊東」。據知，伊東經甲午一役，次年任海軍軍令部長，越三年升大將，一九〇六年晉升元帥，次年封伯爵。那麼據「元帥伊東」這一印文，推知該扇面當書於一九〇六年之後了。

（二〇一五年四月廿二日）

伊東祐亨（碧海）行書扇面「先發制人，後發制於人」

讀梁啓超《跋四卷本稼軒詞》墨蹟

梁啟超晚年撰《辛稼軒年譜》，以病革中輟。而《跋四卷本稼軒詞》乃得以成文在前。《年譜》與《跋》，兩者在終點上有「中輟」和「成文」的不同，但出發動機卻有犄角相依的含義。

梁啟勳整理乃兄《辛稼軒年譜》遺稿，在跋中指該稿是乃兄「絕筆」。其實，《跋四卷本稼軒詞》也同樣是「絕筆」。梁氏曾端楷迻錄此跋文為十五紙共二千多字，授與學生儲皖峰，俾供參考和排印之用。從時間而論，則此十五紙，也更當視為「絕筆」。

此十五紙上，具梁氏自署名款，而無受者上款。

梁啟超，1928年

梁啟超《辛稼軒先生年譜》

梁啓勳

「十五紙」的面世

在一九三三年，《詞學季刊》第一卷第二號上發表儲皖峰《跋稼軒集外詞識語》，有云：

> 「民國十六年，在清華常與先生讀辛詞，時先生方搜輯材料，欲為辛編制年譜。十七年孟秋，先生成文兩篇：一《跋四卷本稼軒詞》，二《跋稼軒集外詞》，比即出以相示，並謂能據此補編詞，亦屬快事。峰受而諾之。是年冬，先生臥疾於北平協和醫院，峰每往省視，先生輒以此為問。以人事遷延，至十八年冬，勉成《辛詞校注》一書，惜先生已不及見矣。」

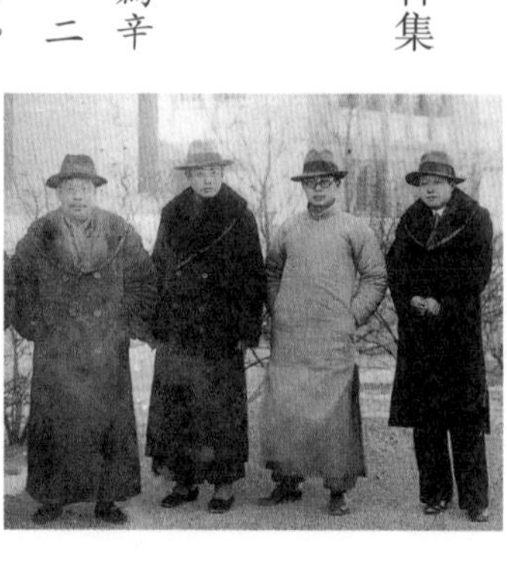

陳垣與臺靜農、柴德賡、儲皖峰等合影，1934年

由上引文可知：這「十五紙」由「出以相示」，到「峰受而諾之」，是師生囑託，而成為一件文物傳承的開始。後來，這「十五紙」由儲皖峰歸臺靜農。臺儲兩人都出陳垣之門，又同在輔仁共事。其間好友遞傳，自無疑義。臺氏重視此「十五紙」，於是挾此渡海流離，數十年中，是身命與俱。

「十五紙」的內容

「十五紙」內容共二千餘字。其開始是標示八百年來「辛詞」的版本源流。簡謂是：

「宋有三刻：一為長沙一卷本，二為信州十二卷本，三即四卷本。明清以來傳世者惟信州本。」

這就把紛繁改為概括。一句話說清了版本離合，給讀者劃出了線條。這較之王半塘論辛集版本來得清楚。半塘以詩作論：「信州足本銷沉久，汲古叢編亥豕多。今日雕鐫撥雲霧，盧山真面問如何」。但「銷沉久」「亥豕多」「撥雲霧」「問如何」，讀者的領會只有模棱。

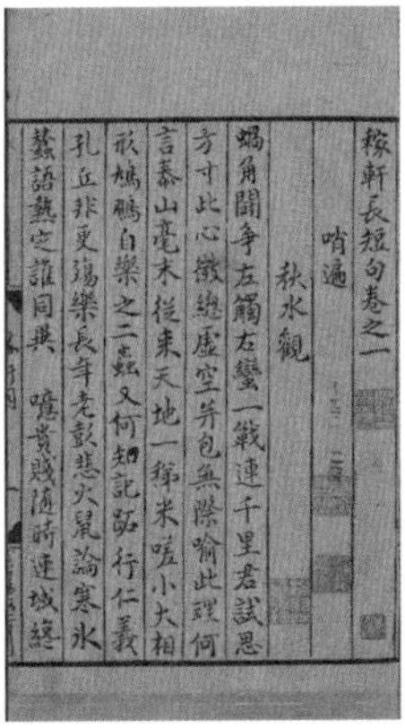
稼軒長短句卷之一
哨遍
秋水觀
蝸角鬥爭左觸右蠻一戰連千里君試思方寸此心微總虛空并包無際喻此理何言泰山毫末從來天地一稊米嗟小大相形鳩鵬自樂之二蟲又何知記跖行仁義孔丘非更殤樂長年老彭悲火鼠論寒冰蟲語熱定誰同異 噫貴賤隨時連城纔

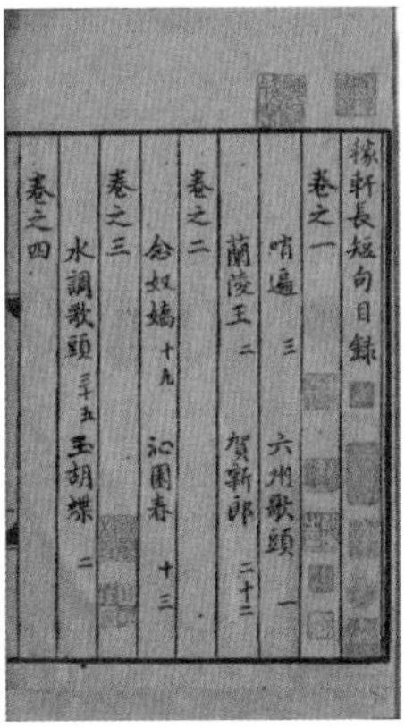
稼軒長短句目錄
卷之一
哨遍 三 六州歌頭 一
蘭陵王 二 賀新郎 二十二
卷之二
念奴嬌 十九 沁園春 十三
卷之三
水調歌頭 二十五 玉胡蝶 二
卷之四

元大德廣信書院刊本《稼軒長短句》十二卷，
周叔弢捐獻，
中國國家圖書館藏

王鵬運

後來，能和「十五紙」相映發的是趙萬里的《稼軒詞丁集校輯記》。而最具整合性總結的是鄧廣銘。鄧有《書諸家跋四卷本稼軒詞後》，其中一段對梁啟超的《跋四卷本稼軒詞》上有所整合發揮，其間亦有趣味可噱，錄如下：

「十數年前，武進陶氏始影刻甲乙丙三集，行款缺筆等與汲古閣抄本俱同。疑即出於汲古閣抄本者。梁啟超於得此影刊三卷之後，又於天津圖書館發見吳訥之《唐宋名賢百家詞》（抄）本，對此四卷本曾一再為文表揚，世人乃加注意。惜此為極拙劣之抄本，錯訛極多，不能卒讀。陶本刻印雖精而校勘欠審，魯魚亥豕亦所不免。涵芬樓於光緒末收得汲古閣精抄之甲乙丙三集原本，後即列名於《四部叢刊三編》預告中，而以缺丁集故，迄未印行。一九三九年春，滬上書賈突持丁集一冊赴北平張允亮處求售，索價甚昂，張氏以誤記涵芬樓收有四集

張元濟

鄧廣銘

趙萬里

全帙，遂即退還其書。事為趙萬里先生所知，料度其或即毛抄原本，而又深恐其從此再致亡佚，遂於是年夏間赴滬之便蹤跡得之，見其字跡行款及其前後收藏印記，知果與涵芬樓所藏前三集為一書，乃亟告張元濟先生購得之，不惟使汲古閣舊物得成完璧，且即為之影印流布，而宋刊四卷本之原面目亦依稀隱約可藉以推見。此又四卷本由晦復彰之經過也。」

關於《跋四卷本稼軒詞》的尾段

關於《跋四卷本稼軒詞》的尾段卻有令人費解的文字，而且尾段中梁氏的語調凝重，這有別於前半的侃侃而談。錄如下：

「本傳稱：『朱熹歿，偽學禁方嚴，門生故舊至無送葬者，棄疾為文往哭之。』時稼軒之年亦已六十一矣，其於韓不憚批其逆鱗如此。以生平澹榮利尚氣節之人，當垂暮之年，而謂肯作此無聊之媚竈耶？范序謂慪流布者多贋本，此適足證丙、丁集之未經范手釐訂爾。戊辰（一九二八年）中元，新會梁啟超。」

上引文氣所指，似在稼軒？但與後來文意卻不相屬。似指朱熹？又似指韓侂胄？也都同樣對不上號。要再三揣度後，終得恍然。那是梁氏在引錄《宋史》本傳文字之後，順勢指責《宋史》撰者的行文「造作」。

朱熹畫像

按：《宋史》修成在元朝，其在廿四史中篇幅最大，也最蕪雜，問題也最多。編撰者曲意崇敬理學為宗旨。清人錢大昕說：「《宋史》最推崇道學，而尤以朱元晦（朱熹）為宗。」這話說到癥結處。梁氏不滿的是理學吹捧的「刻意」。而梁氏早年即和胡適配合擁戴震而反理學。在此，梁氏對用稼軒以譽朱熹，忍不住斥為「媚竈」。梁氏並非否定辛棄疾、朱熹的交誼，只是鄙視《宋史》撰者的低庸淺陋。

再檢讀辛稼軒為朱熹之逝而作的詞，都是有老者失群那種無奈和悲涼。老年人，君子交，總是那麼淡然如水。而不在相持、相擁及勾肩搭背。

辛棄疾畫像

再續說有關朱熹為辛棄疾題二齋室事：

其一是在慶元五年（一一九九年），朱熹為辛氏題二齋室。題辭是：「克己復禮」及「夙興夜寐」，其語意都是對辛氏有所諷勉匡正。

但當中的「克己復禮」題辭，卻居然能流傳到元朝。此事見於元人袁桷《清容居士集》中，題為「跋朱文公與辛稼軒手書」稱：

「晦庵嘗以『卓犖奇才，股肱王室』期辛公，此帖復以『克己復禮』相勉，朋友琢磨之道備矣。」

最末一句，大可讓人涵泳。而該文緊接又說：

> 「嘗聞先生盛年以恢復最為急議，晚歲則曰『用兵當在數十年後』。辛公開禧之際亦曰『更須二十年』。閱歷之深，老少議論，自有不同焉者矣。」

這就足見辛稼軒晚年的收斂意氣，風霜之後轉為老成持重。也由此覘見辛氏與韓侂胄相交好，但和韓的「開禧北伐」的思路卻未能一致。

其二是：梁啟超在前文說到「其於韓不憚批其逆鱗」。在此稍論其說：韓侂胄之與辛棄疾，也如韓侂胄之與陸游，後人都有所諱言的。原因是《宋史》以韓侂胄是大奸臣。於是稼軒之批韓氏逆鱗，自成了好心人的優選話語。而辛氏與韓氏間的詞作都概視為偽作了。其實韓氏只是實施過「慶元黨禁」，於是和理學諸人結下怨隙，但在國事上卻一直主張恢復和進取。但不幸的是，韓沒有寇準那種「孤注」的運氣。再者，韓氏和漢代的衛青都是皇親，但韓氏又沒有像衛青的「天幸」。試想，要是韓侂胄能接受辛棄疾晚年的穩健，那朝局又會怎樣？可惜，歷史卻是不容有「如果」。

二〇二三年四月十六日

梁啟超，1927年

附錄

跋四卷本稼軒詞　梁啟超

《文獻通考》著錄《稼軒詞》四卷，《宋史‧藝文志》同，而引《直齋書錄解題》注其下云：「信州本十二卷，視長沙為多。」或誤以為此四卷者即長沙本，實則《直齋》所著錄乃長沙本，只一卷耳。十二卷之信州本宋刻無傳，黃元圃舊藏之元大德間廣信書院本，今歸聊城楊氏。而王半塘四印齋據以翻雕者，即彼本也。可見《稼軒詞》在宋有三刻：一為長沙一卷本，二為信州十二卷本、三即四卷本。明清以來傳世者惟信州本，毛刻《六十一家詞》亦四卷，實乃割裂信州本以求合《通考》之卷數，毛氏常態如此，不並深怪，而使讀者或疑毛、王二刻不同源，而毛刻即《通考》與《宋志》之舊，則大不可也。

近武進陶氏影印宋元本詞集，中有《稼軒詞》甲、乙、丙三集，其編次與毛、王本全別，文字亦多異同。余讀之頗感興趣，顧頗怪其何以卷數畸零，與前籍所著錄者悉無合也，嗣從直隸圖書館假得明吳文恪（訥）所輯《唐宋名賢百家詞》，其《稼軒集》正採此本，而丁集赫然在焉，乃拍案叫絕，知馬貴與所見四卷本，固未絕於人間也。甲集卷首有淳熙戊申正月元日門人范開序，稱：「開久從公遊，暇日裒集冥搜，才逾百首，皆親得於公者。以近時流布於海內者率多贋本，吾為此懼，故不敢獨閟，將以祛傳者之惑焉。」范開貫歷無考，然信州本有贈送酬和范先之之詞多首，而此本先之皆［作］廓之，蓋一人而有兩字。「開」與「先」與「廓」，義皆相屬，疑即是人，誠從公遊最久矣。戊申為淳熙十五年，稼軒年四十九歲，知甲集所載皆四十八歲以前作。稼軒年壽雖難確考，但六十八歲尚存，則集中有明證。乙、丙、丁三集所收，則戊申後十餘年間作也，其是否出范開裒錄，抑他人續輯，下文當更論之。

此本最大特色，在含有編年意味，蓋信州本以同調名之詞彙錄一處，長調在先，短調在後，少作晚作，無從甄辨。此本閱數年編集一次，雖每首作年難一一確指，然某集所收為某時期作品，可略推見。

考稼軒以二十九歲通判建康府，三十一歲知滁州，三十五歲提點江西刑獄，三十七歲知江陵府。三十八歲移帥隆興（江西），僅三月被召內用，旋出為湖北轉運副使。四十歲移湖南，尋知漳州兼湖南安撫。四十二、三歲之間，轉知隆興府兼江西安撫。五十間，以言者落職，久之主管沖佑觀。五十二歲起移福建提點刑獄，旋知福州兼福建安撫。五十四被召還行在，五十六落職家居，五十九歲復職奉祠。六十一、二歲間起知紹興府兼浙東安撫，六十五歲知鎮江府，明年乞祠歸。六十七歲差知紹興

梁啟超

府，又轉江陵府，皆辭免，未幾遂卒。其生平仕歷大略如此（以上所考據，據本「傳」參以本集題注等，雖未敢謂十分正確，大致當不謬）。

此本甲集編成在戊申元旦，明見范序，其所收諸詞皆四十八歲前官建康、滁州、湖北、湖南、江西時所作，既極分明。乙集於官閩時之詞一首未見收錄，可推定其編輯年常在紹熙二年辛亥以前，所收詞以戊申、己酉、庚戌等年為大宗，亦間補收丁未以前之作。丙集自宦閩詞起收，其最末一首為辛酉生日，蓋壬子至辛酉十年間、五十三歲至六十二歲之作，中間强半為落職家居時也。丁集所收詞，時代頗廣漠難辨，似是雜補前三集之所遺。惟有一點極當注意者，稼軒晚年帥越、帥鎮江時諸名作，如《登會稽蓬萊閣》、《京口北固亭懷古》諸篇，皆未收錄（《北固亭懷古》詞云：「四十三年，望中猶記，烽火揚州路。」稼軒於紹興三十二年以忠義軍掌書記奉表歸朝，以嘉泰四年知鎮州府，相距恰四十三年，作此詞時年六十六，幾最晚作矣），此決非棄而不取，實緣編集時，尚未有此諸詞耳。

然則丁集之編，當與丙集略同時，其年雖不能確指，要之四集皆在稼軒生存時已編成，則可斷言也。若欲為稼軒詞編年，憑藉茲本，按歷年遊宦諸地之次第，旁考其來往人物，蓋可十得五六。就中江西一地，稼軒家在廣信，而數度官隆興（南昌），故在江西所作詞及贈答江西人之詞，集中最多，其時代亦最難梳理，略依此本甲、乙、丙三集先後收錄，劃分為數期，而推考其為某期所作，雖未能盡正確，抑亦不遠也。

惟四集中丙、丁集所甄採，似不如甲、乙集之精嚴，其字句間與信州本有異同者。甲、乙集多佳勝，丙、丁集時或劣誤，似非同出一手編輯，若吾所忖范廓之即范開之說果不謬，則似甲、乙集皆范輯，丙、丁集則非范輯。蓋辛、范分携，在紹熙元、二年間，廓之赴行在，稼軒起為閩憲，故丙集中即無復與廓之往還之作。廓之既不侍左右，自無從撿集篋稿，他人因其舊名而續之，未可知也。

信州本共得詞五百七十二首，此本四集合計除其重複，共得四百二十七首，但其中卻有二十首為信州本所無者（內四首辛敬甫補遺本有之）。丙集有《六州歌頭》一首，丁集有《西江月》一首，皆諛頌韓平原作。《西江月》之非辛詞，《吳禮部詩話》引謝疊山文已明辨之。《六州歌頭》當亦是嫁名。

本傳稱：「朱熹歿，偽學禁方嚴，門生故舊至無送葬者，棄疾為文往哭之。」時稼軒之年亦已六十一矣，其於韓不憚批其逆鱗如此。以生平澹榮利尚氣節之人，當垂暮之年，而謂肯作此無聊之媚竈耶。范序謂懼流布者多贋本，此適足證丙、丁集之未經范手釐訂爾。

戊辰（一九二八年）中元，新會梁啟超。

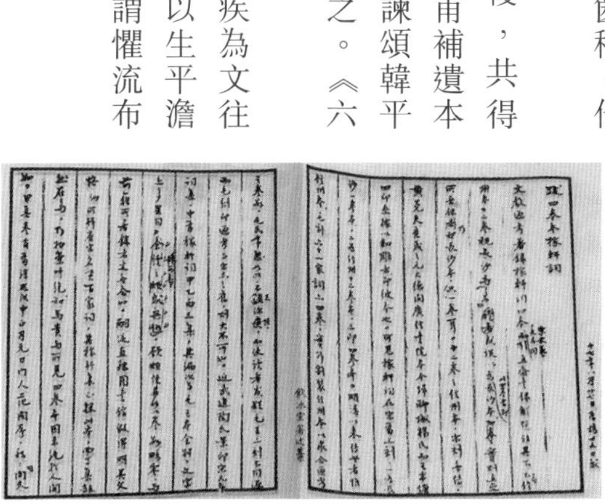

梁啟超《跋四卷本稼軒詞》稿

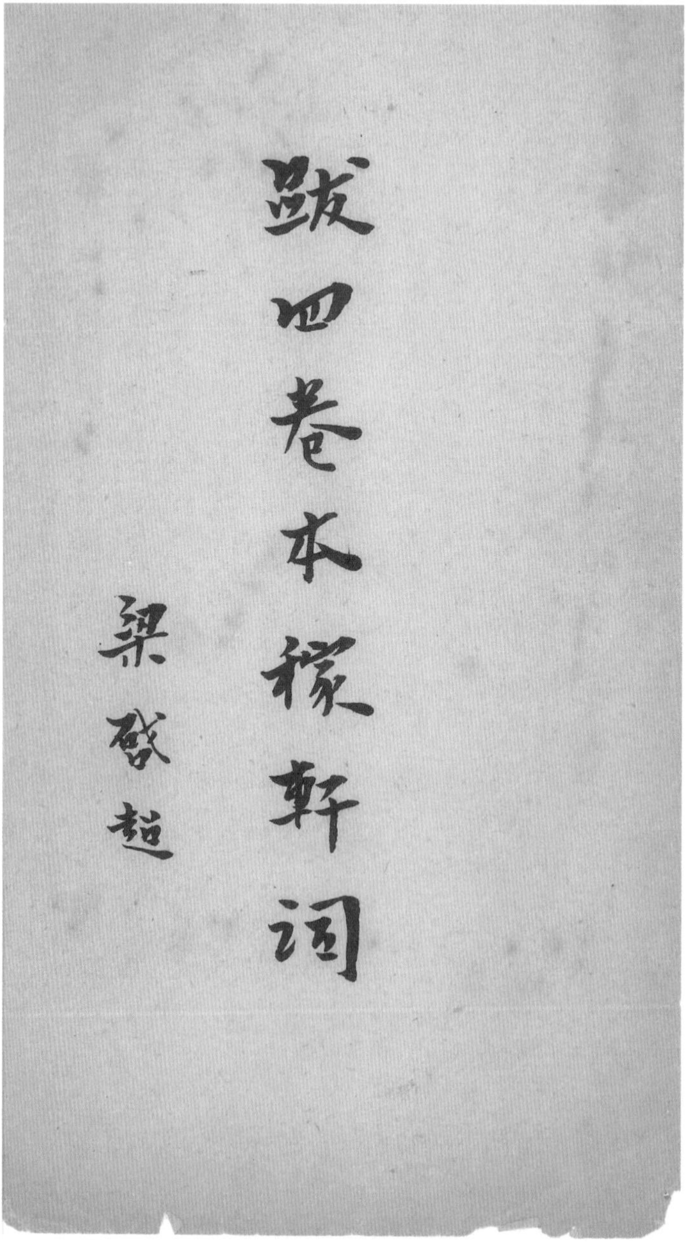

梁啟超《跋四卷本稼軒詞》

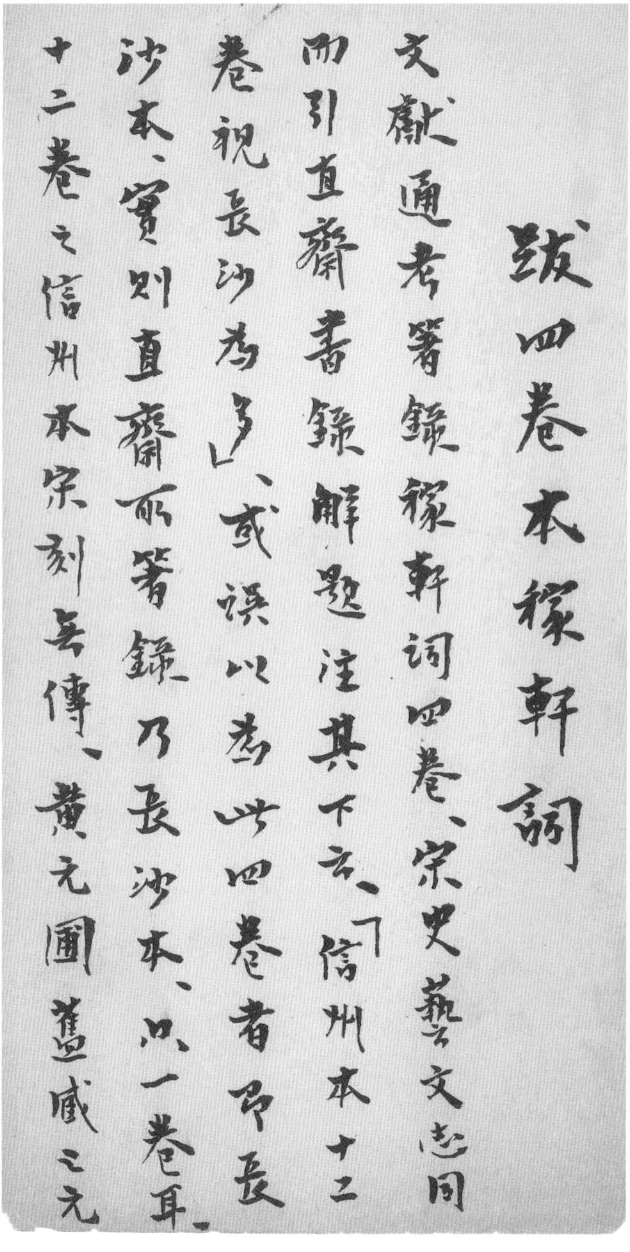
跋四卷本稼軒詞
文獻通考著錄稼軒詞四卷、宋史藝文志同
而引直齋書錄解題注其下云、「信州本十二
卷視長沙為多」、或誤以為此四卷者即長
沙本、實則直齋所著錄乃長沙本、只一卷耳、
十二卷之信州本宋刻無傳、黄元圃舊藏之元

梁啟超《跋四卷本稼軒詞》

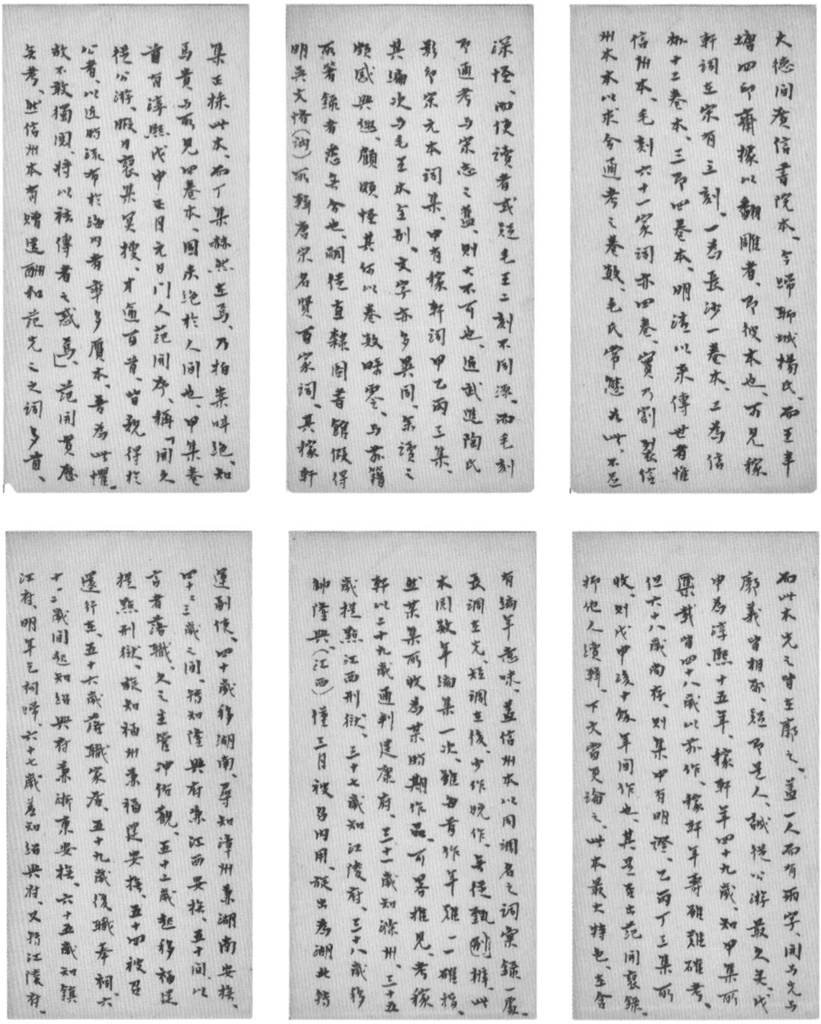

大德間廣信書院本，今歸聊城楊氏，而王半
塘四印齋據以翻雕者，即彼本也。今見稼
軒詞在宋有三刻，一為長沙一卷本，二為信
州十二卷本，三即四卷本。明清以來傳世者，惟
信州本。毛刻六十一家詞亦四卷，實乃割裂信
州本以求合通考之卷數，毛氏常態，尤此不足
深怪，而使讀者或疑毛王二刻不同源，而毛刻
即通考與宋志之舊，則大不可也。近武進陶氏
影印宋元本詞集，中有稼軒詞甲乙丙三集，
其編次與毛王本全別，文字亦多異同，余讀之
頗感興趣，顧頗怪其何以卷數畸零，與舊籍
所著錄者悉無合也。頃從直隸圖書館假得
明吳文恪(訥)所輯唐宋名賢百家詞，其稼軒
集正據此本，而丁集巋然在焉，乃相傳早絕，知
為貴與所見四卷本，固未絕於人間也。甲集卷
首有淳熙戊申正月元日門人范開序，稱「開久
從公游，暇日裒集冥搜，才逾百首，皆親得於
公者，以近時流布於海內者率多贗本，吾為此懼，
故不敢獨閟，將以祛傳者之惑焉」。范開貫無
考，然信州本有贈范先之之詞多首，
而此本先之皆作廓之，蓋一人而有兩字，開與先
廓義皆相應，疑即是人，誠從公游最久矣。此
甲為淳熙十五年，稼軒年四十九歲，知甲集所
裒載皆四十八歲以前作。稼軒年壽雖難確考，
但六十八歲尚存，則集中有明證。乙丙丁三集所
收，則戊申後十餘年間作也。其是否出范開裒輯，
抑他人續輯，下文當更論之。此本最大特色，在含
有編年意味，蓋信州本以同調名之詞彙錄一處，
長調在先，短調在後，少作晚作，無從甄(別)辨，此
本則數年編集一次，雖每首作年難一一確指，
然某集所收為某時期作品，可略推見。考稼
軒以二十九歲通判建康府，三十一歲知滁州，三十五
歲提點江西刑獄，三十七歲知江陵府，三十八歲移
帥隆興(江西)，僅三月被召內用，旋出為湖北轉
運副使，四十歲移湖南，尋知潭州兼湖南安撫，
四十二三歲之間，移知隆興府兼江西安撫，五十間，以
言者落職，久之主管沖佑觀，五十三歲起移福建
提點刑獄，旋知福州兼福建安撫，五十四被召
還行在，五十六歲落職家居，五十九歲復職奉祠，六
十二三歲間起知紹興府兼浙東安撫，六十五歲知鎮
江府，明年乞祠歸，六十七歲差知紹興府，又移江陵府，

梁啟超《跋四卷本稼軒詞》

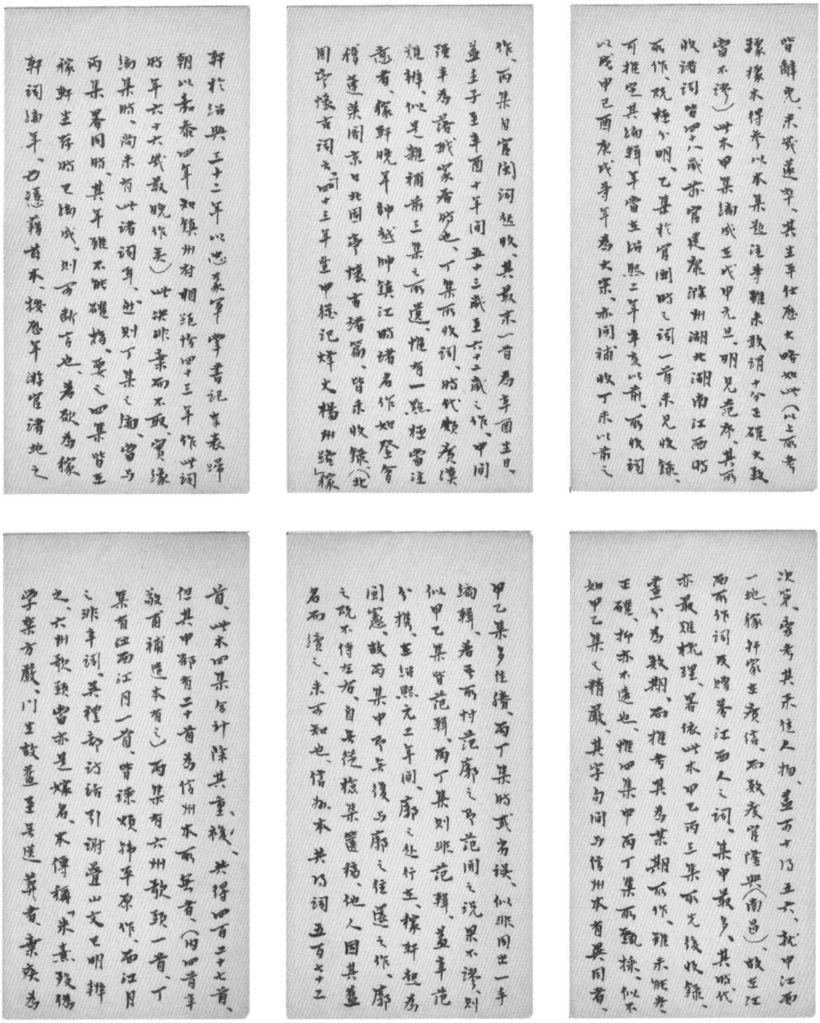

皆辭免、未幾遂卒、其生平仕歷大略如此（以上所考據宋本傳參以本集題注等雖未敢謂十分正確大致當不謬）此本甲集編成在戊申元旦、明見范序、其所收諸詞皆四十八歲以前官建康滁州湖北湖南江西時所作、既極分明、乙集於官閩時之詞一首未見收錄、可推定其編輯年當在紹熙二年辛亥以前、所收詞以戊申己酉庚戌等年為大宗、亦間補收丁未以前之作、丙集自官閩詞起收、其最末一首為辛酉生日、蓋壬子至辛酉十年間五十三歲至六十二歲之作、中間強半為諸城家居時也、丁集所收詞、時代頗廣漠難辨、似是雜補前三集之所遺、惟有一點極當注意者、稼軒晚年帥越帥鎮江時諸名作、如登會稽蓬萊閣、京口北固亭懷古諸篇、皆未收錄（北固亭懷古詞云「四十三年望中猶記烽火揚州路」稼軒於紹興三十二年以忠義軍掌書記奉表歸朝、以嘉泰四年知鎮江府、相距恰四十三年、作此詞時年六十六歲、最晚作矣）此決非棄而不錄、實緣編集時尚未有此諸詞耳、然則丁集之編、當與丙集略同時、其年雖不能確指、要之四集皆在稼軒生存時已編成、則可斷言也、若欲為稼軒詞編年、必憑藉此本、按歷年遊宦諸地之次第、參考其未詳人物、蓋可十得五六、就中江西一地、稼軒家在廣信、而數度官隆興（南昌）、故在江西所作詞及贈答江西人之詞、集中最多、其時代亦最難梳理、略依此本甲乙丙三集所先後收錄、畫分為數期、而推考其為某期所作、雖未能悉正確、抑亦不遠也、惟四集中丙丁集所甄採、似不如甲乙集之精嚴、其字句間與信州本有異同者、甲乙集多佳構、丙丁集時或有誤、似非同出一手編輯、若手所付范廓之即范開之說果不謬、則似甲乙集皆范輯、丙丁集則非范輯、蓋辛范分攜、在紹熙元二年間、廓之赴行在、稼軒起為閩憲、故丙集中即無復與廓之往還之作、廓之既不侍左右、自無從掇集纂錄、他人因其舊名而續之、未可知也、信州本共詞五百七十二首、此本四集合計除其重複、共得四百二十七首、但其中卻有二十首為信州本所無者、（內四首辛敬甫補遺本有之）丙集有六州歌頭一首、丁集有西江月一首、皆諛頌韓平原作、西江月之非辛詞、吳禮部詞話引謝疊山文已明辨之、六州歌頭當亦是嫁名、本傳稱「朱熹歿、偽學禁方嚴、門生故舊至無送葬者、棄疾為

梁啟超《跋四卷本稼軒詞》

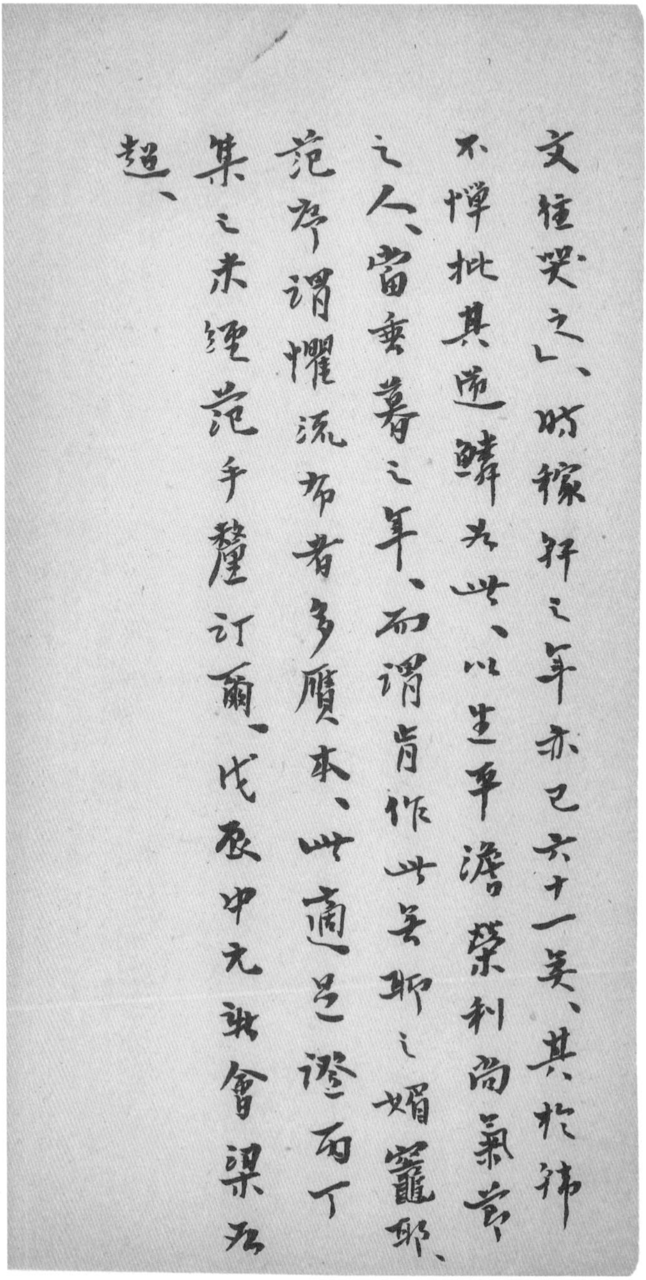

文往哭之、時稼軒之年亦已六十一矣、其於師不憚批其逆鱗於世、以生平澹榮利尚氣節之人、當垂暮之年、而謂肯作此無恥之媚竈耶、范序謂懼流布者多贋本、此適足證丙丁集之未經范手釐訂爾、戊辰中元新會梁啟超、

梁啟超《跋四卷本稼軒詞》

陳少白史料脞談

中國日報

中環士丹利街陸羽茶室，原是清末陳少白主持的《中國日報》報館舊址。當其時，該報是革命黨喉舌，是興中會和同盟會指揮的樞紐所在，也是同志間溝通的中介所。其間逸聞不少，最有趣者是一九〇三年蘇曼殊曾持馮自由的介紹信到《中國日報》報社寄食。後忽向陳少白借槍，要去暗殺康有為。但陳的手槍是有牌照的，不可借用，如出事則持牌者和擔保持牌者都被牽連，因此堅拒。事載於陸丹林《革命史譚》。可以說，庚子年間的風雲澒洞，在中環士丹利街二十四號的《中國日報》正是個縮影。故今日陸羽茶室對面有政府指示牌，是提示「古蹟」的存在，是想讓人對此

陳少白早年照

陸羽茶室《中國日報》說明牌

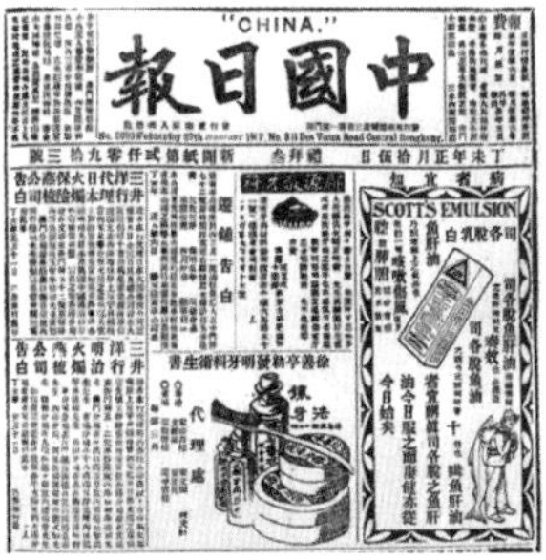

《中國日報》(右)
陸羽茶室（左）

生敬意，爇心香。但現在士丹利街是香港最逼仄的中心，整日喧囂和人車爭路，若遊人要神與古會而翹望留連，不惟阻塞，亦易生危險的。

其實，懷古大可在家裏進行。南朝時宗炳有「臥以遊之」之説，其簡言就是「臥遊」。是以不出戶而能遊覽。黎二樵春夕絕句謂：「不曾斷臂驅雲壑，安得支床漫臥遊」即是此意。而筆者疏懶，自然樂於景從古人。於是硬把李煜堂的壽屏移立辦公室內，讓李氏的革命精神、王秋湄的文思、易大厂的書藝都叢集一室而長日相對。其用意是仿效「臥遊」的故智！近日更撿出陳少白行書立軸與「壽屏」同置一室。因陳、李兩人先後是《中國日報》的主角，會讓人聯想庚子年間的那段舊日風雲。

在此且不談壽屏主人李煜堂，卻想先説説陳少白。而且不説其豐功偉績，卻是要説那不廣為人知，甚至是為他人誤解的事。

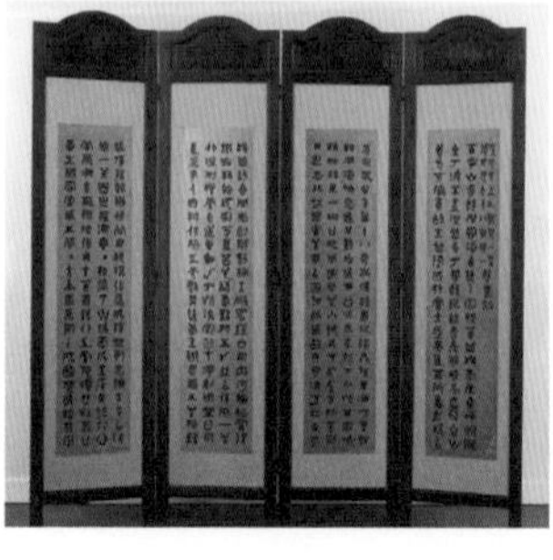

易大厂篆書賀李煜堂壽屏

陳少白服膺陳白沙

先説敝室所懸陳少白行書軸，本是寫陳白沙詩，云：

> 去歲逢君笑一回，經年笑口未全開。山中莫道無人笑，不是真情懶放懷。
>
> 衡岳千尋雲萬尋，丹青難寫夢中心。人間鐵笛無吹處，又向秋風寄好音。
>
> 崑亭同學雅屬。壬申，少白。

鈐白文方印「陳少白印」。

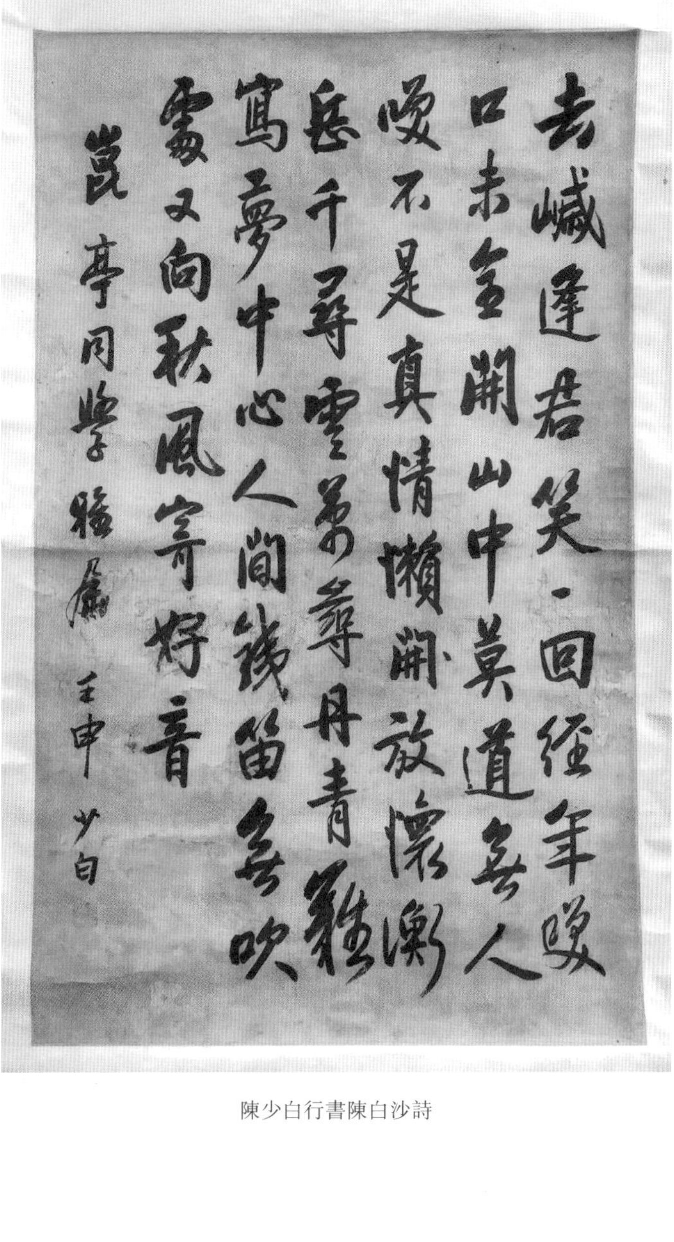

陳少白行書陳白沙詩

陳少白喜錄寫陳白沙詩，陸丹林《革命史譚》已有所說：「少白生平服膺他的鄉先輩陳白沙（獻章），他的易名白，字少白，就是一個例證。」更說：「他每次替他的侄輩寫條幅，多錄陳白沙的遺教。」

但有人誤以為此詩是陳少白的舊作，事是小事，但誤會者卻是要編集出版的，那就貽誤讀者，事情就大了，如是有下兩例：

《陳少白詩詞集》（一九九九年漠江詩社）、《陳少白傳略·詩詞·書法》（二〇一四年中國國民黨革命委員會江門市委員會）

究其失誤，當是無法核查或是互抄漏列所至。但這樣的奇葩並非少見，所見還有如下例的。

四大寇。左起：楊鶴齡、孫中山、陳少白、九列與關景良（站立者）合攝於香港雅麗氏醫院三樓，1888年

四大寇

傅國涌著《百年辛亥》（二〇一一年版），第二八九頁有謂：「青天白日旗本是一八九五年興中會發動未遂的廣州起義前夕，由孫中山最初的同志、『四大寇』之一陸皓東設計。」（「四大寇」在近代史上已是專有名詞，指的是「孫文、陳少白、九列、楊鶴齡」。）在此，「四大寇」位置增加了一個陸皓東，令陳少白逼仄了。

另又一例是《近代中國與近代湖南》（二〇〇七年版）論文集所收彭先國《論辛亥革命中資產階級革命黨與會黨的聯合》，其論文中說：「享有『四大寇』譽名之一的鄭士良『自少投入洪門三合會，頗得眾心』。」

在此，「四大寇」又增加了一個鄭士良。本來四大寇是孫、陳、九、楊，如今加上鄭、陸，那是說「四」得「六」了。

上兩例也許率爾操觚，可算是無心之失。但有些文章的錯誤卻是有所故意的，是有心之失，那就更要指出如下兩例了。如：

臺灣正中書局出版的《中國黨派史》（一九八三年版）其第六九五頁有說：「國父孫先生與九列、陳少白、楊鶴齡等四人，為革命四大寇，曾通令緝捕……。」在「四大寇」之前加上「革命」，那就「不通」和令人惶惑了。作為專用名詞的「四大寇」還要有「革命」和「不革命」「反革命」之分嗎？又為何要強生分別？

再一例是發生在海峽的這一邊，有書名《羊城杏壇憶舊》，其第一九二頁有云：「當腐朽的清王朝，屈辱於帝國主義侵略的時候，和孫中山一起被清廷稱為四大寇之一的陳少白……。」

但「被清廷稱為」這說法該是那位作者的杜撰？為甚麼一定要強調是清廷主動稱之呢？大概執筆者要表示自己立場，貶義之詞都該記在清廷頭上。但這種「私意」卻違反了事實。

陳少白《興中會革命史別錄》（《興中會革命史要》附錄）第十一章《四大寇名稱之由來》說：「初楊鶴齡與九少紈同學，既至港，在楊處識

陳少白《興中會革命史要》

予，後由予介紹之於孫先生，每遇休暇，四人輒聚楊室暢談革命，慕洪秀全之為人，又以成者為王，敗者為寇，洪秀全未成而敗，清人目之為寇，而四人之志猶洪秀全也，因笑自謂我儕四人，其亦清廷之四大寇乎，其名由是起，蓋有慨乎言之也。」陳氏夫子自道，說得十分清楚，是「自謂我儕四人，其亦清廷之四大寇乎」？並非《羊城杏壇憶舊》作者所說「被清廷稱為四大寇」，是由清廷作出的稱呼。

我們再看「四大寇」之首孫中山說：「予與陳、尢、楊三人常住香港，聽夕往還，所談者莫不為革命之言論，所懷者莫不為革命之思想，所研究者莫不為革命之問題。四人相依甚密，非談革命則無以為歡，數年如一日。故港澳間之戚友交遊，皆呼予等為『四大寇』。」（《建國方略》心理建設第八章「有志竟成」）孫中山說「四大寇」這詞是戚友叫的，意思說這指「暱稱」了。

再看接替陳少白而主持《中國日報》編務的馮自由（李煜堂婿）說：「興中會成立以前，孫總理、陳少白、尢列、楊鶴齡四人恒假香港歌賦街楊耀記商店（鶴齡先代所遺）高談造反討滿，故有四大寇之號，時人輒稱造反作亂者曰寇。楊耀記店夥聞總理等放言無忌，遂以此名稱之，而四人亦居之不辭。」（《革命逸史》第一集「尢列事略」）

在此，陳少白、孫中山、馮自由三人所說雖互有詳略，但並無扞格，

馮自由（右）
馮自由著《革命逸史初集》（左）

所謂「橫看成嶺側成峰」，三說交疊相加，那就接近於廬山真相了。只是店夥那「四大寇」一詞亦可有別解，這「別解」也和清廷絕無關係。

《清稗類鈔》「廣州方言類」條下有說：「四大寇，猶言四大強盜也。外省人落魄者，結成團體，以乞食為事，如有喜事，必來送喜，其實乞賞錢也。」

另《清稗類鈔》在「乞丐類」也說到：「四大寇，廣州有之，丐也。丐而以寇名，喻其兇惡也。初由四人倡之，故曰四大寇。若輩非粵產，皆外江老，宦粵官吏之子孫，窮無所歸，流落於羊城，以行乞為事者也。然其行乞有異於常人，必擇巨室之有慶弔事者乃往。若為需次人員之私寓，不論其為何省人，輒認為同鄉。既至，則呈遞手版，向索賞錢。手版書姓名、籍貫，上冠以先代之官秩名號，例如原任南海縣某某字某某之子某處某某是也。其來也，率衣長衫，趿破履，而結黨多者，至數十人，非銀幣數十圓，不去也。」

據此揣拊，楊耀記店夥出此謔稱，是挪用了一種「賴着癡主人」的社會觀感，當然，笑謔之言，更不會是完全能對應解讀的。

傳統說「四大」，往往是指等量齊觀的事。但楊耀記店夥口中的「四大寇」卻非如此。前引陳少白《四大寇名稱之由來》的末段有說：「實則縱談之四大寇，固非盡從事於真正之革命也。而乙未年廣州之役，楊與

楊耀記舊址（歌賦街八號，六十年代改為永德印務公司）

尢皆不與焉。」就是一則陳少白以「四大寇」而反向「四大寇」所作的負評。讓世人知道「四大」當中是有水分的。

尢列和楊鶴齡的吸食鴉片

關於尢列和楊鶴齡的吸食鴉片卻是可供一噱的。馮自由在《尢列事略》有這樣的描述：

> 「尢志在運動工界，恒於煙館賭徒中宣傳革命排滿，遂亦漸染阿芙蓉癖，久之，每有所得，輒購阿芙蓉膏若干，燒肉麵包各若干，歸寓閉門停業高臥不起，必俟黑白二米（時人稱鴉片曰黑米）俱盡，然後重理舊業，然就診者固門庭如市也。」

尢列之嗜鴉片，是因「宣傳革命排滿」，為革命而犧牲自己，染此「阿芙蓉癖」了。而楊鶴齡也一樣有「阿芙蓉癖」，知之者較少。後來，家人說他戒掉了，而且臉色也紅了，但那已是孫中山逝去之後的事了。

一八九〇年孫中山曾上書鄭藻如，提出興農桑、禁鴉片、辦教育等建議。此時正是「四大寇」昕夕相見之初，是在楊耀記縱談吹水的年代，禁煙建議，又未知是否由「四大寇」共商參詳的？

尢列

三老樓

扯遠了。以上諸例是以「私意」去改變事實。但更有甚者，是像作小說一樣自我編造。讀《中國百年報業掌故》（二〇〇〇年江蘇人民出版社）頁六一《陳少白與革命黨人機關報》竟有如是說：

> 「孫中山、陳少白、楊鶴齡還有一位出身於書香世家的尢列經常在『楊記商號』秘密聚會，縱論天下大事，聲討滿清王朝。他們常有驚世駭俗之語，故被鄉鄰同窗稱之為『四大寇』。在辛亥革命後修繕的廣州觀音山文瀾閣，孫中山曾親題古樸遒勁的『四寇樓』三個大字，即為紀念。」

這例子不能說是誤會了，編者只是在瞎編。如所周知，當年「四大寇」的駐足處是上環歌賦街八號的「楊耀記」，而非甚麼「楊記商店」。再說「孫中山曾親題古樸遒勁的『四寇樓』三個大字」？這就更令人聞所未聞的弄糊塗了。在此，試引錄陸丹林《革命史譚》記載：

> 「護法之役，龍既失勢。總理開府廣州，將閣易名三老樓。特請初期革命之『四大寇』陳少白、楊鶴齡、尢列三人在樓中居住，取五更三

楊鶴齡

老之意，俾得朝夕相晤。擔簦戴笠，永毋相忘，意義非常深切。其中九列因在袁世凱時期，曾入北京寄寓甚久，陳少白對之時有譏諷，言語尖刻，九不能耐，悄然而去。無何，陳、楊各因料理私事，亦不能久居，於是三老樓只成為革命史上的陳跡了。」

以上諸例都是說了不應說的錯誤說話。而以下的例子是盼他多說，但卻沒說。

黃宇和教授《歷史偵探：從鴉片戰爭到辛亥革命》一書往往能抉隱入微。在論及陳少白生平時有謂：

「陳少白到香港與孫中山認識。旋即被孫中山轉而介紹予康得黎醫生，承其俯允即以陳聞韶之名字註冊入讀西醫書院。一八九五年陳少白積極參與策劃乙未廣州起義，因而未完成西醫書院的課程就退學。此後追隨孫中山革命，最大的貢獻是奉孫中山之命，在一八九九年於香港創辦《中國日報》，借此宣傳革命和聯絡革命黨人，不畏疲勞，不懼艱苦，不怕危險，為世敬仰。一九〇〇年積極參與策劃惠州起義。一九〇五年同盟會在香港成立分會時，他當選會長，將《中國日報》編輯工作交給馮自由。辛亥革命成功，胡漢民為廣東都督，委陳少白主外事，不數月自稱不善政治而辭去職務。一九二一年九月應孫中山力邀而當其廣州政權的總統府顧問。不久孫中山出師廣西，陳少白亦隨師出發，惟很快又自稱缺乏政治才幹而引退，隱居新會老家。」

說得言簡意賅善於概括，其末後更謂：

「雖然他沒有像孫中山那樣堅持革命到底，未免美中不足。但已經為華夏付出了他的大半生，至今為國人所敬仰。」

黃氏文章末後所說，似責備也似是在可惜，或者是兩者兼有吧。但他說的「美中不足」，那正是世人矚目點，而黃氏卻在此迴避了題目，不肯作深論了。

筆者粗知，陳少白離開「三老樓」是一九二二年的「東征」前夕。孫（中山）、陳（炯明）之爭，是錯綜複雜。其時胡漢民、許崇智等掌握中樞，與陳炯明有所報怨，而陳（炯明）亦多次求「清君側」。孫科的太子派，亦深惡胡（漢民）、鄒（魯）跋扈，因而暗屬陳少白謀求和解。陳是孫科小時的蒙師，百年前，蒙師與學生是項重要倫理，於是義不容辭，更

陳少白早歲署本名陳聞紹（右）
陳少白早歲用印（左）

何況陳炯明和陳少白亦曾結好於微時。但這一切都成胡漢民、許崇智等視陳為「通敵」理由。當時胡、許力促廖仲愷任省長，而制衡孫科、陳少白等的謀和。這樣就令孫、陳（炯明）的交惡成仇，當中就夾有被人騎劫的成份。而這或者就是陳氏離開「三老樓」的緣故吧。

不要做官，要做實事

陳少白不肯做追隨晉文公流亡而後來卻在綿山上被燒死的介之推，但卻能當上離開勾踐而以實業致富的陶朱公，這是他的高明。陳氏家訓「不要做官，要做實事」。其子（陳君景）晚歲一度在本港新界石場打石糊口，亦可謂嚴遵家訓了。但這「家訓」當中該有隱痛。

孫中山去世時陳少白所送輓聯題為「逸仙兄千古」，聯云：

> 「失敗云乎哉，行道期百年，唾棄小就，力赴大同。雖在顛沛中、彌留中，未嘗少懈。流風今已矣！入世垂冊載，驅策群雄，招徠多士。為問知己者、同調者，究屬伊誰？」

當年同稱「四大寇」，此際白馬素車，故人長弔。下聯那「為問知己者、同調者，究屬伊誰？」這一問，當中該有一種錐心沉痛。

陳炯明

到陳少白死時，章太炎有輓聯云：

「孫伯符，少而同遊，草際定交唯一面；
伍子胥，更誰強諫，吳門懸恨是雙瞳。」

章氏以伍子胥強諫喻陳少白，這也貼近時人的推測了。

詩人黃節也是有聯相輓：

「如此樓臺，得故都閒步逢君，瀹茗露荷談半日；
幾何少壯，漫回首當年創國，閉門畦菜老斯人。」

上聯是說丙寅（一九二六年）重九，陳氏在北平北海公園仿膳社，宴集黃節、黎季裴諸友，瀹茗賦詩。下聯「漫回首當年創國，閉門畦菜老斯

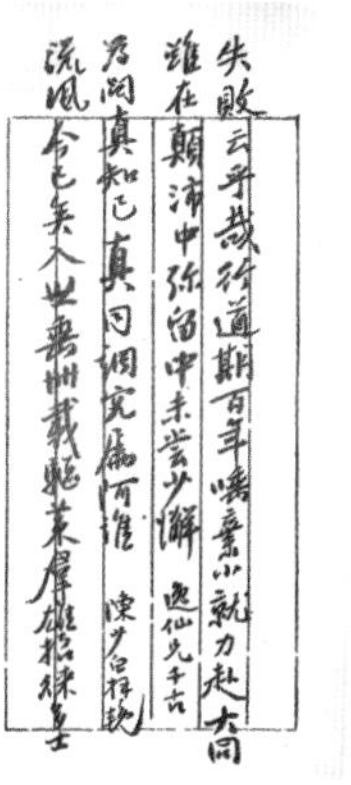

陳少白輓孫中山聯

人」，感喟深沉，正是為陳少白可惜。

這都可作為陳少白的歸隱謎團作索隱的。

有碼頭足資糊口

前段說及陳少白當上離開勾踐而以實業致富的陶朱公，但世人對他的富有是個謎團。劉成禺《洪憲紀事詩本事簿注》卷二中有一條說：

「陳少白先生曰：岑春煊督粵，捕鉅紳黎季裴、楊西巖等二十餘人，有籍其家者，粵人懸賞十萬金，謀能逐岑者酬之。少白手揭紅標，知春煊與項城有隙，西后西幸，寵岑在袁上也。乃由粵人蔡乃煌謀於袁，又知西后痛恨康、梁，乃賂照相師將岑春煊、康有為、梁啟超、麥孟華四像合製一片，廣售京、津。由蔡輂鉅金謁袁，轉李蓮英密上西后。西后閱之大怒，遂有調岑離粵之命。乃煌得上海道，少白獲鉅酬。以金辦港省輪船公司。珠江碼頭，劃歸陳有，其家今尚食之。出此奇計，少白得有陳平之目。春煊知為像片所紿，自輂鉅金求計於蓮英，蓮英又以西后扮觀音，自扮韋陀，同坐一龕，上像片於西后曰：老佛爺何嘗命奴才同照此像？足見民間偽造，藉覩朝綱，從前岑春煊、康有為等照片，想亦類此。西后對岑意解。後聞都司令岑春煊函

劉成禺

龍郡王濟光殺蔡乃煌，或曰：所以報東門之役也。」

這事在胡思敬《國聞備乘》卷三《袁世凱謀傾岑春煊》中亦有類似的記載，但胡氏其敘述平庸，總不如劉成禺《世載堂雜憶》之矯健有趣。而且劉氏是出於親耳所聞。所以比胡氏更直接了。但劉成禺老先生生性好獵奇，說事如說傳奇，總該有些「水分」吧。當年高伯雨以李準史實求證於劉成禺，劉笑言「我等是搞革命的」，高氏於是明白了革命者喜和「水分」關連。

距今約四十多年前吧，有位陳少白的鄉人陳國康（其胞兄是《陳少白哀思錄》的編者），他以多聞長輩餘緒，為政協寫了篇《略記陳少白生平及在故鄉軼事》的文章，無意中卻為陳少白的財政問題做了答案。他說：

「陳少白於一九〇六年辭去《中國日報》和香港『同盟分會』會長職務。經營實業。一九〇八年，因維護粵漢路權獲得酬金數千元，在九龍牛池灣築屋居住。一九一〇年任香港商工局顧問及四邑輪船公司司理。一九一一年武昌起義，廣東軍政府以胡漢民為都督，陳少白出任外交司長，幾個月便辭去官職，又復從事經營實業。由於與船務有淵源，辭職後，組織省港航運公司，自任經理，從外人手裏收回所租碼

陳少白

頭一座，復購買輪船兩艘航行於廣州香港之間。時在第一次世界大戰期間，英國船艦被德國潛艇擊沉甚多。一九一七年大戰末期，英國在香港高價收買舊輪，陳少白乘機將航運公司所有船隻，賣給英國，結束航運公司。他將所得的股本紅利於一九一九年在廣州承買聯興街口一座碼頭，名曰『聯興碼頭』，並於碼頭建樓作辦事處，名曰『塔影樓』，僱一陳姓同鄉主理碼頭事宜，陳到廣州時作為寓所。」

顯然，陳少白的財政來源並不如劉成禺所說的那般傳奇了。其實，當年馮自由輓陳少白聯也曾說云：

「隨總理同舉義旗，有福同享，有禍同當，皮已不存毛安附？有碼頭足資糊口，於世無爭，於人無怨，人到無求品自高。」

陳少白的錢財源於航運碼頭，朋友中大抵也是有些共識的。

（二〇一九年十月十九日初稿，二〇二〇年八月十六日修訂）

陳少白墓

美人挾走蔡將軍？

——說小鳳仙和蔡鍔

在香港，「小鳳仙」的知名度遠高於蔡鍔。這是拜傳媒之賜。

香港首個銀幕小鳳仙是李麗華，那片名就叫《小鳳仙》，是一九五三年拍成。儘管曹聚仁說：「女明星中，或許李麗華還有一段藝術壽命；可是看了她的《小鳳仙》、《萬里長城》、《一鳴驚人》和正在拍攝的《盲戀》，實在看不出一點藝術氣息來。」（曹聚仁《採訪新記》創墾出版社一九五六年初版頁三十六）曹氏說得唐突，大概也憤慨於李麗華從左到右的跳糟。但事實上《小鳳仙》在港賣座熱烈，令邵氏製片食髓知味，在一九五五年還再拍《小鳳仙續集》。據說李麗華片酬竟高佔總製作的三分

小鳳仙

李麗華主演電影
《小鳳仙》人物造型

曹聚仁《採訪新記》

一。說這話的當有宣傳的水分，但既然當紅，自然不會是省油的燈。那時連劇中設計的「小鳳仙裝」，也成了時尚。

小鳳仙本尊下落

《小鳳仙》電影公映前兩年（一九五一年），瀋陽有一女人，給到瀋陽演出的梅蘭芳投信，稱和梅曾共宴席，現為尋找失聯的學戲侄兒，盼梅能予援手。字條署名：「張氏（小鳳仙）現改名張洗非」。梅氏古道熱腸，攜秘書許姬傳與之見面，後來更為安排一份保健工作。許姬傳為此撰專文，收錄在《許姬傳七十年見聞錄》。

會見時小鳳仙自述是五十三歲。準是而推，她初入吉雲班時只十四、五歲。湊巧，那演《小鳳仙》的李麗華，其進影圈時也是十四歲。兩人均有辛酸童年，但後來又榮枯各異。人生際遇，就那麼難作比擬。

梅蘭芳與小鳳仙的相見，讓世人確知小鳳仙的下落。

「美人挾走蔡將軍」

蔡鍔出走，當時香港的報上有以「巾車之辱」為蔡鍔鳴不平。「巾車」是指有布幔遮陽的車，文章意思是慨嘆蔡鍔不能昂然驅駕，而是要幪關避檢。但作者未有提出根據，該是在作聳動聽聞和師爺式的刀筆疵求。

小鳳仙致梅蘭芳信

梅蘭芳和許姬傳（左）

《許姬傳七十年見聞錄》

後來，有劉成禺緣著「巾車」的思路深化，在《洪憲紀事詩》中發揮想像。所謂「學士談天，有頭有足」，他把小鳳仙喻為「紅拂」，為「俠妓」。於是有眉有目，繪影繪聲。其警句有「美人挾走蔡將軍」。都下喧傳，時人每以為是實錄。

劉成禺是武昌人，老同盟會員，曾是舊金山《大同日報》的主編，他用「紀事詩」的形式記事，能一反舊日文人紀事，事必長篇的習慣。往者如王壬秋《圓明園詞》、王國維《頤和園詞》、樊樊山前後《彩雲曲》，楊雲史《檀青引》等等，都是精采，但都嫌冗長。現在劉成禺以絕句的短小，另附詩注，再渲染感喟，於是大受歡迎。其《洪憲紀事詩》中的第五十首是：「當關油壁掩羅裙，女俠誰知小鳳雲。緹騎九門搜索遍，美人挾走蔡將軍。」

詩傳都下，小鳳仙一夕成名。劉氏在詩後更有小註指出：「小鳳雲」是小鳳仙的初始藝名。

劉成禺道聽途説

劉成禺和蔡鍔本有三年同學之雅，但兩人性格不同，政治取向也不相同。蔡氏做事深沉卓越，而劉成禺則名士派，喜歡放言高論，下筆縱橫，更喜譸張為幻。

劉成禺《洪憲詩紀事簿注》(右)
劉成禺 (左)

例如：劉氏的《世載堂雜憶》，有敘橫濱永樂園孫中山和楊度見面。所記都暗示楊度之見孫中山，如虯髯客之見太原公子，但有心折和感召。而事實楊度之不肯加盟，轉而介紹黃興與孫相識，當中就事必有因。「一士諤諤」，爭論是所必有。但劉氏卻諱言當時的求同存異，而編造出萬眾悅服的朝聖場面。數十年後，當時的與會者章士釗在《我所認識的黃克強》一文中，對劉氏不實，亦有不滿。此所以董必武在《世載堂雜憶》題詞中亦坦言「老友劉成禺生……不無道聽途說之詞」。而《沈燕謀日記節鈔》其一九六一年九月二十三日條下有云：「……午後得閑往訪（費子彬），貽以高伯雨《聽雨樓隨筆》、劉成禺《世載堂雜憶》各一冊。子彬與高為素識，時人之談近代掌故者，高較翔實，劉則多道聽途說……。」關於「道聽途說」，那只是誤信和誤引。但劉氏有時卻是刻意為之的。

抗戰期間，重慶有記者訪劉成禺，問及他《洪憲紀事詩》事。劉坦言：「所詠真假參半，有些是真，有些隨意點染」。那「隨意點染」就是有意而無關乎誤信了。

另據高貞白回憶，高曾以李準事相質於劉氏。劉氏詞窮則瞠目而言「我們是搞革命的」。到此，高氏只好嘿然而退了。

孫中山

流傳不實 訛為丹青

當「美人挾走蔡將軍」是「訛為丹青」時，就連錢仲聯先生也曾想為此賦長詩紀事。錢氏《夢苕庵詩話》中有云「民國以來，有一詩史中絕好資料，余久欲以長慶體寫之而未就……。」不知何故，錢氏始終未有動筆，這真是文學史上的損失，但決不是史學上的損失。

也許這是錢氏的心結，他在晚年主編《廣清碑傳集》，就破例蒐入張相文的《小鳳仙傳》。但這事很奇怪，因當中有明顯的於例不合。因為《廣清碑傳集》是以「清」字為限的，該書也明言是要補清代幾種碑傳集的不足。但小鳳仙在清亡時只十三歲，而她認識蔡鍔時已是是民國四年的事。

再說，張相文的《小鳳仙傳》，其體裁也是不恰當的，舉例一段：

> 「……鳳仙笑謂蔡：『君即入虎口，此間顧不樂耶？』蔡既其言，因密諭之。鳳仙曰：『袁氏練兵小站時，君曾掛名入伍乎？』蔡曰：『未也。』『辛亥革命與君同時起義諸人，今尚有居要地、操兵柄者乎？』蔡曰：『無也。』鳳仙附耳低語曰：『即此以觀袁氏之用心，昭然可見矣。今袁氏心腹爪牙既已布滿津要。南方起義諸人雖皆逋亡海外，聞袁氏已遣人挾重資，購刺客，分道四出，謀盡殺之。即君之

《廣清碑傳集》

來，亦日日有人尾隨之，故君之一言一動，袁氏莫不聞知。吾姊妹行中，下至鴇母龜奴，為彼之偵察耳目者蓋不少也。』蔡聞之，矍然驚曰：『乃如此耶？如此則吾不可來矣。』鳳仙曰：『不然。袁以君為參政，非欲君參與國事也，欲君與腐鼠同化，為其作器械也。今復以君為經界局督辦，非真欲君清理經界也，不過欲以虛職縻君，重祿誘君，使君以醇酒婦人銷磨其壯氣耳。』蔡聞而頷首者再。」

試問，男女私室，當「鳳仙附耳低語」時，張相文身在何處？能記下長篇對答？這是史實？抑是小說？

接一段更說：

「……蔡日攜鳳仙遨遊公園、各市場，且為鳳仙買脂粉、貫衫舄。蕩子妖姬，了無異趣，眴視邏察亦漸疏。鳳仙曰：『可行矣。』蔡遂乘間出東交民巷，登車赴天津，轉航東京……。」

是要等小鳳仙說「可行矣！」，那蔡鍔才出走。蔡鍔成了蠢男！

蔡氏在日本士官學校有「三傑」之稱，任雲南新軍協統時編有《曾胡治兵語錄》，日後且成黃埔軍校教材。一九四三年更由八路軍軍政雜誌社

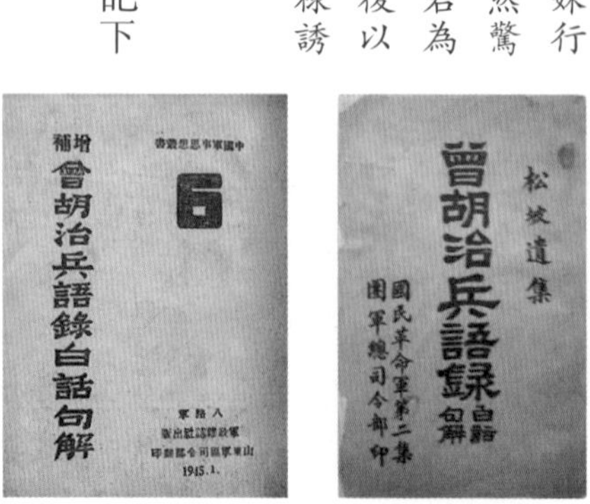

《曾胡治兵語錄》是黃埔軍校教材，1928年（右）
八路軍軍政雜誌社《增補曾胡治兵語錄白話句解》，1945年（左）

易名為《增補曾胡治兵語錄白話句解》刊行。蔡氏生性以謹慎深沉著稱，但這樣軍事專家，在張氏筆下，卻要由十來歲的雛妓指點！

但儘管如此，百年來關於小鳳仙傳說，就是以「巾車之辱」及「美人挾走蔡將軍」為主軸。

呂公望記下真相

小鳳仙故事是「流傳不實，訛為丹青」。誰料到百年之後，卻有橫空出世的資料。見在《近代史資料》總八十七號所刊《呂公望親筆稿》，文中有一段：

> 「一九一五年，蔡鍔……設法離京。第一步與其夫人商妥，蔡即日至北妓小鳳仙處住宿，他的夫人尋至小鳳仙處吵鬧後，日日夫婦打罵至通衢，鬧得盡人皆知，最後提出離婚，蔡的家屬得以出京到上海去了。蔡松坡與小鳳仙儼為夫婦。一日蔡陪小鳳仙至瑞蚨祥買衣料，偶逢一友，請蔡有事相商，蔡即將皮包及錢交小鳳仙云：『你在此慢慢的揀好衣料，我去約三四十分鐘就回來。』蔡即坐其人之小汽車至天津，到雲南去，帶兵攻四川，反對帝制去了。」

於此可見，小鳳仙並未「挾走蔡將軍」，而是小鳳仙被蒙在鼓裏。這

189

吕公望亲笔稿

《呂公望親筆稿》載《近代史資料》總87號

就把百年傳説來了個顛覆。

稿主呂公望（一八七九—一九五四）字戴之，號叔尚。浙江永康人。生性深沉，和喧呼奔走的革命者有所不同。他是光復會員，和秋瑾、王金髮等一起奔忙。後來入了保定軍校，又經蔡鍔招聘主理廣西陸軍小學。他與蔡鍔同所謹慎，為革命者的疵漏多所彌縫。辛亥年的攻打南京城，呂氏表現異常驍勇。民國後曾被推舉為浙江都督兼省長，後來急流勇退，歸辦實業。

呂氏居高位而憂讒畏譏。筆者嘗見田桐致孫中山一函，內有謂「岑三（春煊）忌我有功，日思搗亂……頃者，呂公望見賞於岑三，岑三語人云：『呂公望乃我之趙子龍也』。」（見《田桐集》頁一四七）。

按此信繫年是一九一八年九月，此前孫中山已辭去大元帥之職。而岑春煊於八月廿一日被推舉接任主席。是令人不高興。而光復會的呂公望和岑春煊走近，又更令人不爽了。但作為主席以「趙子龍」讚譽手下，又有何不妥？這就像趙恒惕以葉開鑫為「趙子龍」、以衛戍團長蔣某為「蔣門神」，同樣的是戲言也是讚譽。但田桐卻以此「打小報告」，可見黨中有派，呂公望是危疑之間，於是急流勇退，晚歲更書記舊日見聞，竟為「小鳳仙」留存了真相。

呂公望（右）
護國軍浙江都督呂公望
小像明信片（左）

蔡鍔致呂公望手札

另外也一說蔡鍔致呂公望的手札。

蔡鍔雖然是一軍人，但處世之道能在仁恕之間，比如李經羲、楊度，均為其政敵，私情公義卻分明。至於併肩友儕，如呂公望者，其間則廓然大度。蔡鍔致呂公望有書函，是一通三紙，該件曾先後見載於《氣吞河嶽》和《辛亥寄蹟》。今本文出示，用證蔡呂交誼以及為人，錄如下：

「戴之仁兄督軍麾下：前塵蕪緘，計達典籤。百里君來，藉誦翰教，遠道殷勤，期許過甚，感愧奚如。大局粗定，道在擁護中央，力謀統一。龍氏前此獨立，本係武鳴壓迫為之，今項城已逝，冀復竊據海隅，不知是何居心？害群之馬，應為國人所共棄也！鍔於七月二十九日抵蓉，沿途士民極為懽恰，想見川人茹苦久已。惟孱弱病軀，勢難久任繁劇。刻已電准中樞，委羅君佩金，護理軍民篆務，商辦善後事宜。現交通已便，萬里尺咫，務懇時錫教言為盼。專此奉復。並頌勳安！蔡鍔頓首。八月三號。」

此件要稍事詮釋者，信中所謂「大局粗定，道在擁護中央，力謀統一」。足見心志。蔡氏的反帝制，就只限於反帝制，而不是藉此更作進一

田桐（右）
兩廣都司令岑春煊小像明信片（左）

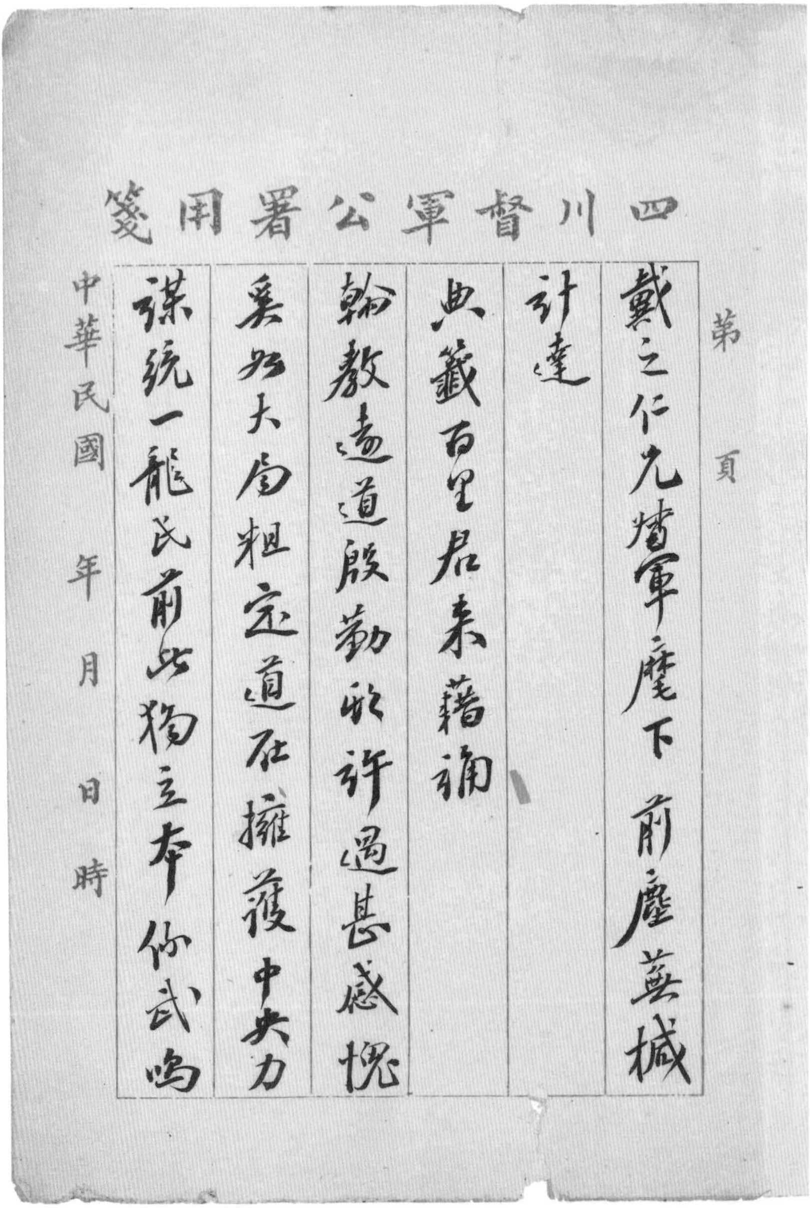
四川督軍公署用箋

第　頁

戴之仁兄督軍麾下　前塵莫棫
計達
典籤百里君來藉誦
翰教遠道殷勤致許過甚感愧
奚如大局粗定道在擁護中央力
謀統一俾民前此獨立本係武鳴

中華民國　年　月　日　時

蔡鍔致呂公望手札

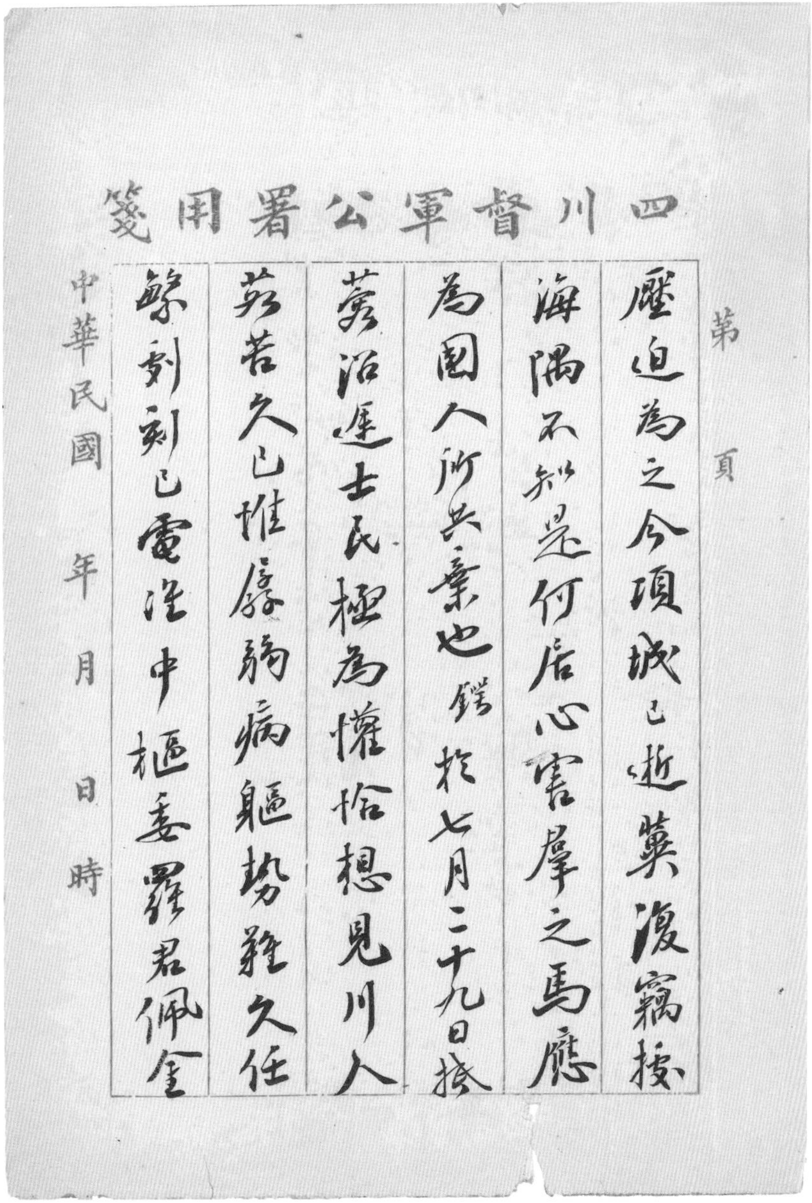
四川督軍公署用箋

第　頁

壓迫為之今項城已逝冀復竊據
海隅不知是何居心害群之馬應
為國人所共棄也鍔於七月二十九日接
蔡沿途士民極為懽洽想見川人
蘇若久已惟孱弱病軀勢難久任
餘剩刻已電達中樞委羅君佩金

中華民國　年　月　日　時

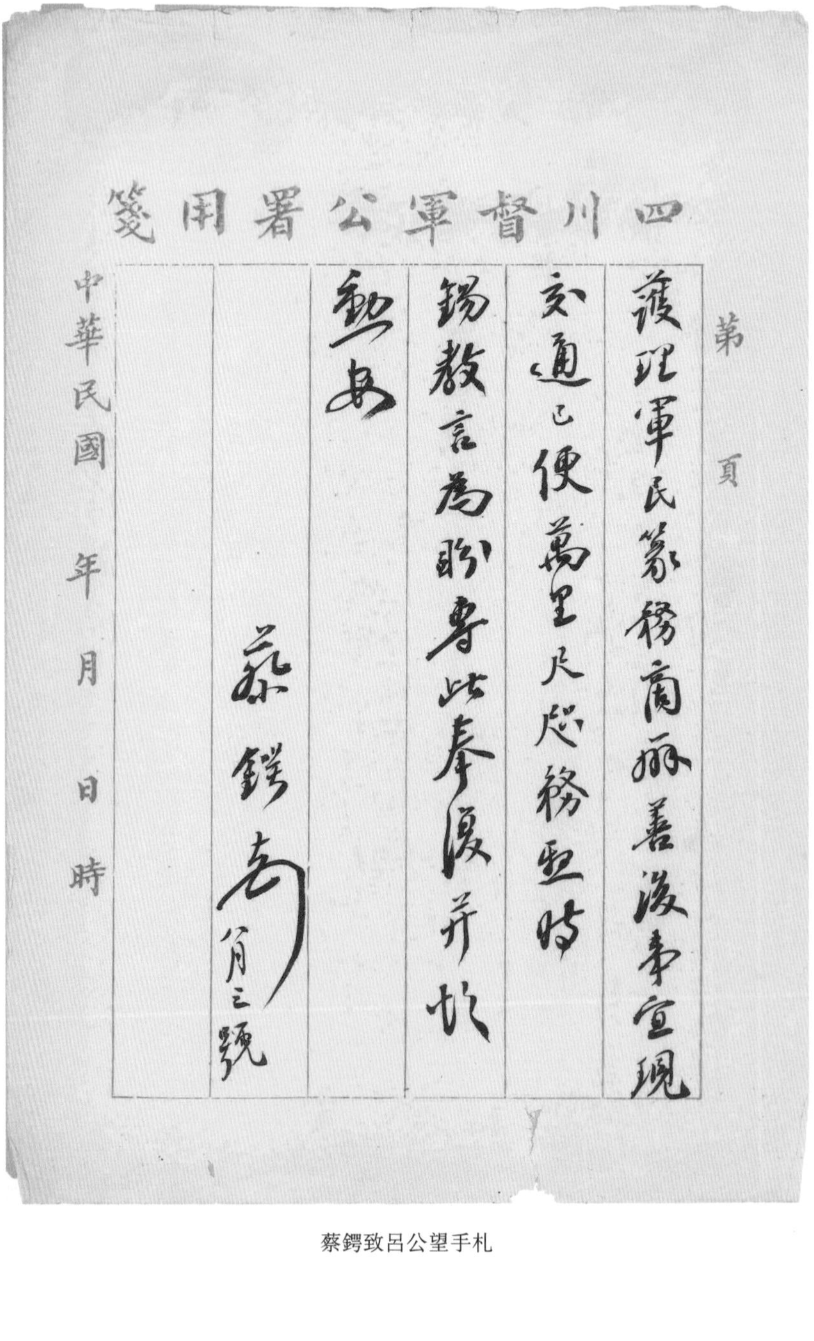

四川督軍公署用箋

第　頁

護理軍民篆務商承善後事宜現

交通已便萬里尺咫務盼時

錫教言為盼專此奉復并頌

勳安

蔡鍔啓　八月三號

中華民國　年　月　日　時

蔡鍔致呂公望手札

步企圖。也是說「手段」與「目的」要能相應。在目的達到時，手段即戛然而止。《左傳》有「鬻拳兵諫」，便是例子。所以帝制一消，蔡鍔即束身擁護中央，此處說的「中央」，就是指段祺瑞主持的政府。蔡氏與呂公望的函牘中，心志昭然。其擁護中央，力謀統一之真誠可見。

蔡鍔處事仁厚

蔡鍔生平行事，能兼顧公情和私誼。辛亥雲南重九舉義，蔡鍔就曾禮送李經羲離境，使李不至如恩銘、端方那樣下場。

更令人感動是：蔡氏本人以反袁稱帝而再造共和，但遺言卻是要求政府赦免籌安重犯楊度。其遺言謂：「湘人楊度曩倡君憲救國論，而附袁以行其志，實具苦衷，較之攀附尊榮者，究不可同日語。望政府為國惜才，畀以寬典。」

這就不止是念舊和仁恕，更是蔡鍔有一種知人之明。籌安失敗，「擲石」者多，偏偏這位首倡反袁的領袖，能不避嫌疑為楊度說是「附袁以行其志，實具苦衷。較之攀附尊榮者，究不可同日語。」

有趣的是，戊戌後，楊度主持譯憲局而要求清廷赦用梁啟超，因而險遭清廷嚴譴。但梁啟超和楊度一直是政敵。蔡鍔是梁啟超弟子，是反帝制的首倡者，現在恰又為這「籌安」政敵說話了。其實，都是出於「了解」

段祺瑞（右）
李經羲（中）
楊度（左）

和不瞞心說話。

舉世滔滔，向楊度「投石」，楊度從不辯解。袁世凱死時，楊度給的輓聯下半謂：「是君憲負明公，抑是明公負君憲？九泉之下，三復斯言。」一味其詞意，對袁是有所憾。細心尋繹，究竟是楊度藉袁氏而行君憲？抑是袁氏藉楊度行帝制？後來楊度成為共黨秘密黨員，這見證於王冶秋和夏衍的回憶文章。這恰可證明楊度的「初心」。而蔡鍔有知人之明，他能明白楊度兵行險着卻失敗了。但也能體會楊氏的「初衷」。

蔡鍔既有知人之明和敦厚念舊。但反帝制功成，卻沒見到和小鳳仙再有聯繫。據小鳳仙繼女回憶，小鳳仙隨身物品就只有柳條包裹的幾件衣服和一大堆照片（蔡鍔照片），而未見書信。以此推論，兩人未必如傳言相約盟誓。可以設問：要是真有「美人挾走蔡將軍」的經歷，以蔡鍔的仁厚，在反帝制功成後，何以一無表示？

（二〇二二年五月十四日）

兩廣都司令部都參謀
梁啟超小像明信片（右）
蔡鍔（左）

說鄧中夏致譚延闓函

寒齋藏札不拘一格，而最受重視的是古今烈士的遺墨。如楊漣、鄺露、梁鐵君、林時塽、宋教仁、陳其美，廖仲愷、李大釗、區勵周、鄧中夏、黃祖雄、梁彥明、郁達夫、楊傑、吳石、陳儀等等。閒時展卷，如閱歷史長河，那河流的不是水，套句關漢卿雜劇唱詞，是「流不盡的英雄血」。

在此，且說藏品中未披露的函札，其啟者和受啟者是鄧中夏和譚延闓。

該函札入藏前已裝裱成冊，今仍存舊貌。冊中有三位湘賢手札各一，而鄧氏函件居首。冊面無題簽，無引首，亦無題跋。函札內容互相關聯，而發生時間則在一九二六年至一九四七年這廿年中。三札辭旨各有顯晦，但其時代脈搏，則去人未遠。是可以追慕、可以感慨，也可以是嗟嘆。在此，且先解釋鄧中夏致譚延闓一札。

該札封套正中墨書：

鄧中夏1924年5月5日攝於上海。時為國民黨上海執行部勞工部幹事，出席為紀念孫中山就任非常大總統三周年舉行的慶祝集會。

「送第二軍呈
譚主席勛啟」

封左下印有：「中華全國總工會緘」作扁體關防字樣。

【解釋】：「第二軍」是「國民革命軍第二軍」。查一九二五年六月十五日，中國國民黨中央執行委員會全體會議決議重要案四項，其中二項為：改組大元帥府為國民政府，建國軍及黨軍改稱國民革命軍。七月三日，國民政府軍事委員會成立，八月一日，建國各省軍交還軍權與軍委會。譚延闓解湘軍總司令職，改任軍委委員，長第二軍。

當時以「黃埔軍校學生軍和粵軍一部編為第一軍，蔣介石任軍長；譚延闓的湘軍編為第二軍，譚延闓任軍長；滇軍編為第三軍，朱培德任軍長；粵軍第一師擴編為第四軍，李濟深任軍長；粵軍第三師擴編為第五軍，李福林為軍長。」

【解釋】：「譚主席勛啟」。

一、國民政府委員會（一九二五年六月三十日由國民黨中央執行委員會推定，翌日宣誓就職）委員會議主席汪兆銘一九二六年三月二十三日請假，由譚延闓代理。是代理「主席」。

國民革命軍第二軍
軍長譚延闓

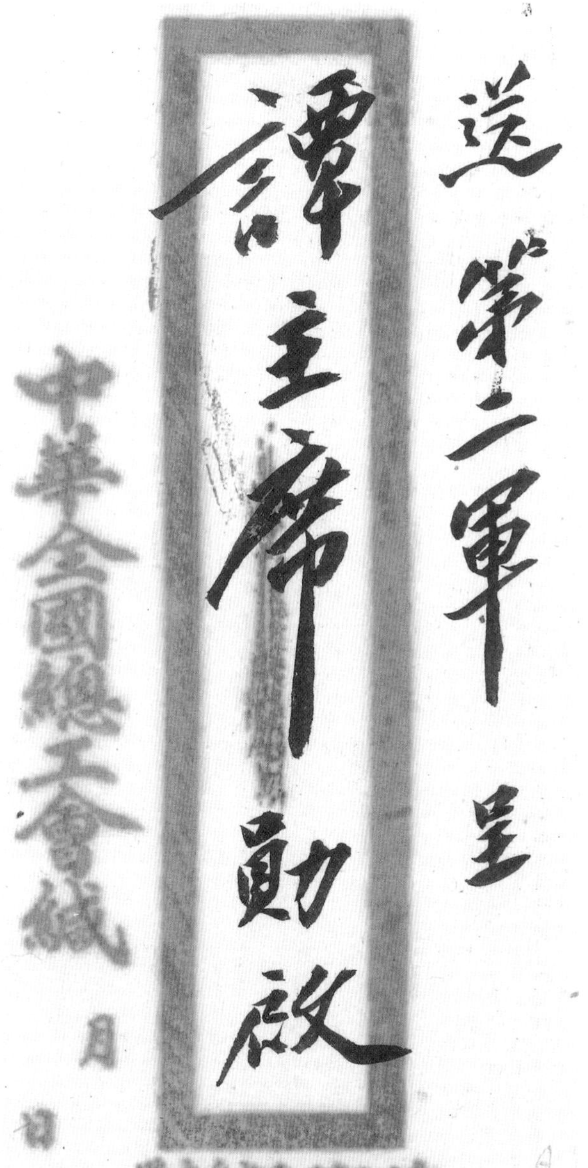

鄧中夏致譚延闓手札封套

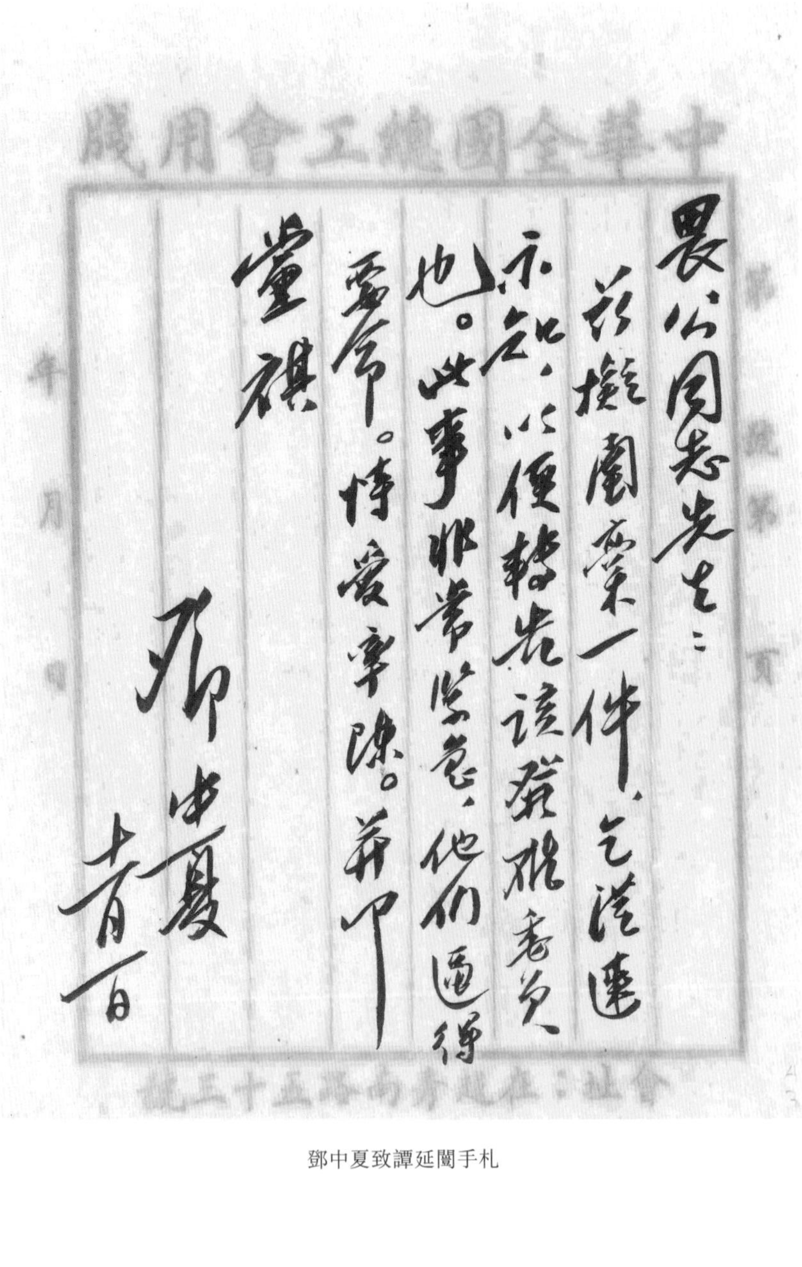
中華全國總工會用牋

畏公同志先生：
茲擬團案一件，乞從速
示知，以便轉告該發起委員
也。此事非常緊急，他們還得
覆命。特此奉陳。并叩
臺祺
鄧中夏
十二月一日

會址：在越秀南路五十三號

鄧中夏致譚延闓手札

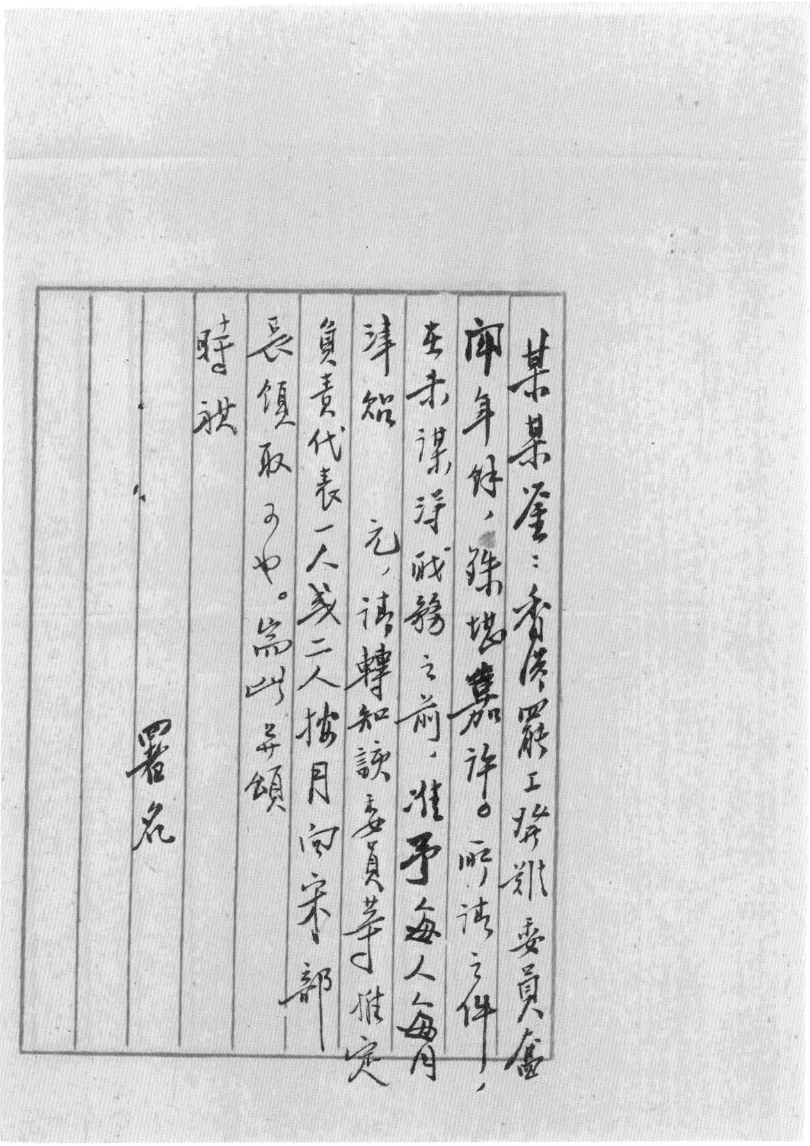

某某臺：香港罷工[illegible]委員會
函年好，殊堪嘉許。所請之件，
在未謀得職務之前，准予每人每月
津貼　元，請轉知該委員等，推定
負責代表一人或二人，按月向[illegible]部
長領取可也。為此并頌
時祺
署名

鄧中夏致譚延闓手札附草擬函稿

二、一九二六年四月十六日，中國國民黨中央執行委員會與國民政府舉行聯席會議，譚延闓被推選為政治委員會主席。蔣介石是常務委員會主席。蔣出師北伐，主席職務，分由張人傑代理黨務會議主席，譚代理政務會議主席。一九二八年二月，譚在南京被選任國民政府主席。

【解釋】：「中華全國總工會緘」按「中華全國總工會」成立於一九二五年五月一日。是取代舊有的「中國勞動組合書記部」。舊有的「書記部」曾在廣州召開「第一次全國勞動大會」，當時鄧中夏被選為書記。罷工期間，鄧亦曾使用「全國總工會代表」的身份。故鄧氏在函中得用「中華全國總工會」關防字樣。

該信原文是：

「畏公同志先生：茲擬函稿一件，乞從速示知，以便轉告該發難委員也。此事非常緊急，他們逼得要命，恃愛率陳。並叩黨祺。鄧中夏。

十一月一日。」

信中有另附一紙，當係發難委員有所要求，或是鄧中夏囑其開列並轉呈。云：

中華全國總工會正式成立
1925年5月1日

「某某鑒：香港罷工發難委員奮鬥年餘，殊堪嘉許。所請之件，在未謀得職務之前，准予每人每月津貼口元。請轉知該委員等推定負責代表一人或二人按月向宋部長領取可也，耑此並頌時祺。署名」

此附信是要求為省港大罷工發難委員催發津貼。本來「罷工」是帷幄之中，當早有安排的。何以罷工年餘，連委員的本身也有未能取得津貼。雖大義當前，卻難為了巧婦。

查《譚延闓日記》一九二六年訒齋日記十月一日記有：「蘇兆徵、鄧中夏偕罷工發難代表黃金源、沈潤生來，言解決罷工事。」

【解釋】：「並叩黨祺」和「恃愛率陳」

「受啟者」是譚延闓，清末名公子，是湖南末科「會元」。也是有清一代湖南唯一的會元。他是湖南立憲派首領。曾三度督湘，且兼湘軍總司令，又是國民政府的行政院長，是集功名、紳士、官僚於一身的金馬玉堂式人物。而鄧中夏作為革命者，何以竟能有「恃愛率陳，並叩黨祺」之詞？

這要從上一代說起。鄧中夏父親鄧典謨（一八七四—一九四六），是王先謙弟子（與楊昌濟同學），光緒壬寅與譚延闓鄉試同榜。後任湖南議會議員，其著述則有《論語會通》《宜章縣志》等。

鄧典謨與譚氏既是鄉榜同年，又是湖南省議會的議員，而清末「湖南

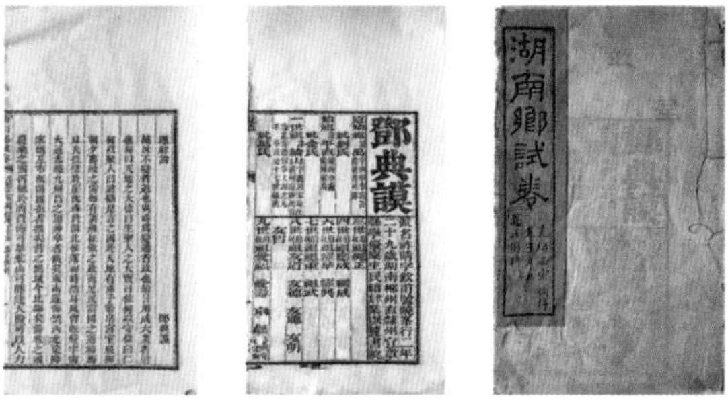

《湖南鄉試卷》光緒壬寅補行庚子辛丑恩正併科，鄧典謨《理財論》

省諮議會」的議長又正是譚延闓。那就是「年兄弟」兼「憲友」了。以此，鄧中夏是年家子，使用「侍愛率陳」就不是「套話」了。至於「黨祺」呢，其時譚已加入國民黨，而一九二四年國共合作時期，鄧中夏到國民黨上海執行部任勞工部幹事，無論鄧以共產黨員還是國民黨員的身份，恭祝國民黨員的黨祺，是自然而然的事。

鄧中夏出身書香門第，經湖南高師畢業入北京大學國文門，復轉哲學系洊至畢業。繼與張國燾在長辛店辦勞動補習學校。又在保定「直隸省立高等師範學校」任國文系新文學教授，兼在保定育德中學授課。後被通緝，轉在上海大學任教務長。這是其一生公開的社會簡歷。

在政治上，鄧中夏在一九二〇年已加入「中國共產黨北京小組」，翌年下半年，繼李大釗任為北大第二屆黨支部書記。曾在長辛店辦校，藉以組織工會搞工運。末代皇帝溥儀在《我的前半生》談其少年時有《仿陋室銘》，結句云：

「直隸長辛店，西蜀成都亭，余笑云：何太平之有！」

可見鄧氏的長辛店只是牛刀小試，但已轟動全國，而且是上達「宸聽」了。

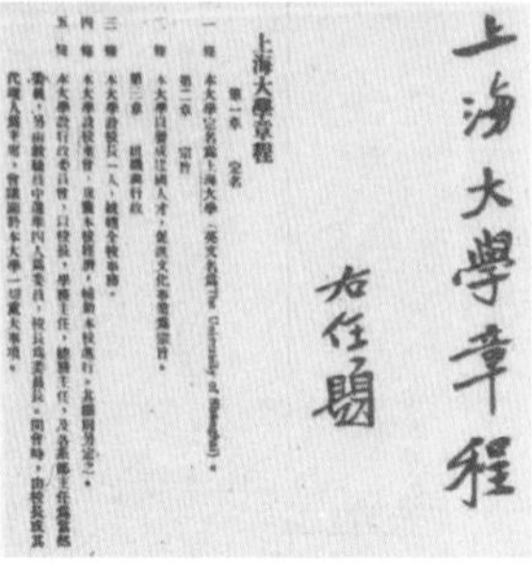

于右任（右）
鄧中夏起草的上海大學章程（中）
上海大學臨時校」（于右任書）青
路師壽坊（1925年8月）（左）

「二七」罷工後，鄧被通緝而逃亡上海，由李大釗推薦與于右任，得任上海大學教務長。鄧乃大力引進左翼教授及共產黨人任教社會科學，把上海大學革命化了。香港《書譜》雜誌社長梁披雲先生是「上大」學生，常與筆者提及「文有上大，武有黃埔」，這是當時上海的流傳語，但也可看作是鄧氏「政績」。至於後來的省港大罷工，歷時十六個月，又是舉世震驚的事。

古人說：「掀天揭地，方是奇材」。但鄧中夏為人卻是平易親和而不立崖岸。張國燾形容鄧氏是「使人感覺到他具有『秀才』和『牧師』的兩種風格」（張國燾《我的回憶》）。

且引彭述之太太陳碧蘭的回憶：

> 「當天下午，包（惠僧）帶我去訪問鄧中夏，他原為北京大學的學生，北京共產主義小組成員之一，同時也是初期共產黨作工人運動的重要幹部之一。他的主要工作是鐵路工人運動，但自一九二三年『二七』京漢鐵路總罷工失敗後，他流亡上海。當時他為勞動組合書記部負責者，上海大學的事務主任。他的態度誠懇、熱忱，不亢不卑。」（陳碧蘭《我所認識的瞿秋白》）

陳碧蘭《我的回憶》

另外曾志的回憶說：

「離暴動的日子越來越近，我急切地等待著這一天的早日到來，因為我渴望戰鬥。可是此時中央派來了特派員，叫鄧中夏，也是宜章人。他三十多歲，穿著一件白夏布長衫，戴著一頂博士帽，顯得很魁梧、很精神。雖然我並不認識他，但我從母親那裏聽說了他，以及他家庭的一些情況，因此對他很尊敬，很欽佩。鄧中夏向湘南特委傳達了中央的決定，取消暴動！他說，現在全國革命形勢處於低潮，在這個時候舉行暴動十分不利，取勝的可能性不大。現在重要的是要積蓄力量，保存實力，轉移到農村去建立武裝，發展游擊鬥爭。聽了他的傳達，我們只好將已準備好的暴動計劃放棄了。……鄧中夏在衡陽住了兩天，他聽說我也是宜章人，看我十分積極肯幹，對我也有好感，說：『你表現得還真不錯。』我就見過他一次，後來聽說他在一九三二年英勇犧牲。」

這位回憶者曾志後來成了陶鑄夫人。當年只是十八歲的她，沒有唏噓，但亂世中的英雄兒女，卻留待後人為之唏噓了。

鄧中夏出身於書香世家，受過完整的學制教育，待人接物是位恂恂儒

曾志

者，他文章也寫得好，能曲折達意，又能概括超越。但卻有人認為鄧氏不配為理論家，而只是實行家。這也未免太冤枉了鄧中夏。

據陳碧蘭的回憶，瞿秋白就是持此種偏見，陳碧蘭回憶錄中說到：

「上大教授和職員同志間的情感並不十分融洽。瞿和施（施存統）能合作的，但鄧中夏與瞿秋白之間始終不合諧，因瞿對他總是採取一種藐視的態度。瞿曾親自對我說：『鄧中夏沒有理論修養，是一個實際主義者。』因鄧當時任上大的事務主任。至於其他在上大中學部教書的同志，那他更不在眼內了。」

接着陳碧蘭提出疑問：「一個生於詩書之家，在北京大學攻讀文學和哲學，在一九一九年隨李大釗搞『少年中國學會』，次年入『馬克思學說研究會』並當任『北京共產主義青年團』的總書記，是李大釗的親密助手，竟能是『沒有理論修養』？」

陳碧蘭的反駁是有力度的。鄧中夏生長於舊學之家，也曾在北京大學文學系畢業，參加過五四運動，任北京學聯總務幹事。參與組織少年中國學會，且任執行部主任。在北大他是最早接受馬克思主義理論者之一，參與成立馬克思學說研究會，又是最早加人北京共產主義小組。創辦長辛店

《勞働音》週刊

鐵路工人勞動補習學校，編輯出版《勞働音》周刊。一大成立中國勞動組合書記部，他是北京分部負責人，他主編創刊青年團機關刊物《先驅》。他起草了第一部工會組織法並獲通過。隨後，他被中央調任中國勞動組合書記部總部主任。像這樣的人，其馬列水平能不高嗎？按陳碧蘭的回憶，瞿秋白是失言了。

陳碧蘭的回憶更有一段鄧氏後期的行蹤，說：

「鄧中夏也是湖南人，前面已經簡略地提到他的歷史。當我於一九二三年秋到上海時，他仍舊是勞動組合書記部的負責者之一，又是上海大學的事務主任，但自一九二四年一月國民黨改組後，他便離開上大而到國民黨上海執行部任勞工部的幹事。雖然環龍路44號國民黨上海執行部離我們的住所很近，但他從不來我們這裏（只有一次來找施存統）；同時，由於他的工作的調動，他就不屬於上大支部了，因而我們之間便很少接觸。直至一九二七年四月末，我們才在中國共產黨第五次全國代表大會上重新相見，雙方甚為喜悅。但自此以後，我們就再沒有見面了。他於一九二八年去蘇聯參加國際第六次大會，以及中國共產黨第六次代表大會後，便留在職工國際，因他被選為紅色職工國際委員，他在那裏寫了《中國職工運動》小冊子。回國後，

先驅

《先驅》半月刊

在上海作地下工作，於一九三三年在上海被捕送往南京槍決。他是我於一九二三年在上海以及一九二七年五月在武漢所接觸的同志中留下良好印象者之一。」

關於一九二九年後的鄧中夏情況，是頗少見於著述的。但周國全所著的《王明傳》有所記載，該書有專章細述王明對鄧中夏的排擠和無情打擊，該書說：

「和瞿秋白一起曾在駐共產國際代表團工作的鄧中夏，也因為同情中山大學多數學生反對王明小宗派，而受到殘酷打擊。王明上台後，中央在二月二十日的決議中說：『中夏同志當時（指三中全會時——作者注）也沒能接受國際代表的意見來反對立三同志的錯誤，反而到鄂西以後儘量去發展立三路線的錯誤』。決議還說：過去中央政治局『對於鄧中夏、李劍如、余篤三三同志回國工作不久即派往蘇區負責重要工作，都是不合適的』，並說周恩來對此『要負相當的責任』。三月十日，王明等人又以黨中央名義致函湘鄂西特委，除指責鄧中夏執行了立三路線外，又硬說他執行了『富農路線』，犯了帶領二軍團『上山逃跑』的錯誤，並很快派其宗派集團成員夏曦，作為黨中央的

王明

代表到達湘鄂西蘇區，取代鄧中夏在蘇區所擔任的領導職務。」

鄧中夏的殉難，據《國共兩黨關係史》一書所述之細節頗詳。有云：「一九三三年五月十五日，中共重要領導人鄧中夏在上海被法租界當局逮捕，但身份沒有暴露，宋慶齡受共產黨委託進行營救，請史良律師利用租界內資產階級法律程式，提出在租界內解決，不許移提，獲得成功。但在鄧中夏快要獲釋時，被叛徒出賣，蔣介石親自下令強行引渡鄧中夏至南京殺害。」

鄧中夏的遺墨存世不多，這函札我也特別的加以珍護。

（二〇一九年十二月廿四日）

鄧中夏《中國職工運動簡史》
（人民出版社1953年北京）

謝晉致汪兆銘行書手札

拙藏湘賢手札冊，居首的為鄧中夏致譚延闓，繼為謝晉致汪兆銘，王鈞電報則殿後。鄧中夏致譚延闓手札，前已撰文介紹。依次本文是談謝晉致汪兆銘手札。（近世有兩位謝晉，本文要説是湘籍的謝晉。）

謝晉（一八八三—一九五六），譜名應賜，字霍晉（一作廓晉），號齊州外室主人。湖南省衡南縣大湖鄉人。長沙優級師範學堂出身。同盟會員。武昌舉義，湖南率先響應，焦達峰、陳作新被舉為正副都督，謝晉任都督府參議及南路籌餉總局局長。後焦、陳遇害，譚延闓出任都督，謝晉等不滿，圖作倒譚。惟黃興、譚人鳳囑以大局為重，謝憤而出走。

其時謝晉年未三十，少年熱血，自是性情中人。但八年後（一九二二），卻在上海參與以譚延闓為總司令的討賊軍（湘軍）內任宣傳處處長，且與譚氏甚為相得，足見謝晉是能受正言而端其行，無復當年的少年氣盛。期間謝晉認識陳獨秀、林伯渠、譚平山諸共產黨人，由是深受濡染，翌年在廣州秘密加盟為中共黨員。

謝晉一生經歷，詳見於《南社人物傳》，在此不擬重複。但謝氏有兩

謝晉

事是歷史關鍵時期作驚人舉措，雖事關至鉅，但世人似未廣為矚目，在此謹揭櫫而言。

如所周知，革命史上有遵義會議的「關鍵一票」，一票輕盈，是能令歷史天迴地轉。

謝晉也曾用過自己的一票及擁向他的選票，去確保了一次歷史的關鍵。那是一九二四年，國民黨改組，謝晉奉命組建總司令部最高黨團，任國民革命軍總司令部黨務處處長。值國民黨第一次全國代表大會在廣州召開，謝晉與程潛、林伯渠、譚延闓、毛澤東、夏曦等十一人，作為孫中山指派的湖南代表出席與會。期間，謝晉奉中共中央之命，自動放棄中央委員候選人的資格，並極力過票和作推薦，從而保證了毛澤東、林伯渠兩人當選中央委員。這是「棄車保帥」的選舉策略，其利在大局，卻捨棄了自己的個人機遇。但此事是鬥爭所需而有點權術博弈，或以此不作正面宣傳，故鮮為人知，謝晉成了無名英雄。

謝晉這一票早於遵義會議那一票十一年，但兩票之間有歷史聯繫，而謝晉一票是前哨。毛澤東就是從此嶄露和發軔。

謝晉另一大事是一九二七年，其時老蔣清黨，而汪精衛又急擬「分共」。七月十九日李立三、鄧中夏、譚平山在九江開會，提議暴動奪政

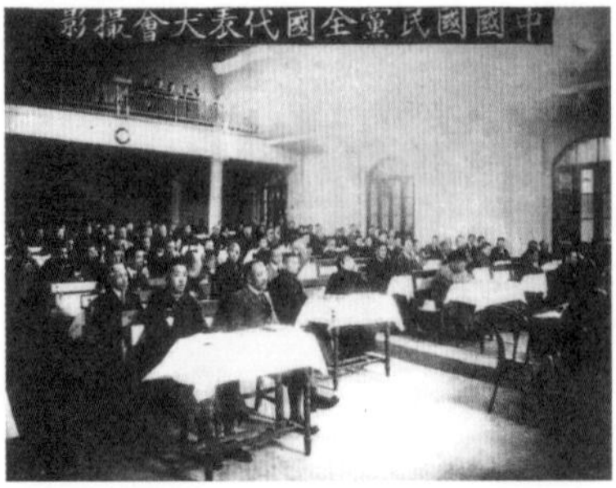

中國國民黨第一次全國代表大會

權。但上報了共產國際，答覆是不予支持，並禁止俄顧問介入，又拒絕提供經費，更不會以槍械援助。這就令中共黨人只能自籌經費去進行。

但早期中國共產黨的經費是極為微薄，據陳獨秀在「三大」報告（一九二三年六月）中就提及當時黨的支出，幾乎全是從共產國際得到的，黨員能繳納的黨費極微。陳氏更說「今年我們從共產國際得到的約有一萬五千，其中一千六百用在這次代表會議上」。量化而言，也是說共產國際給的全年經費，只可供開九次大會。

另外，陳公博在廣州共產黨小組作報告曾說：「最遺憾的是我們非常需要錢。《勞動界》已停刊，兩個工人工會也得停辦。因為：第一，經費困難；第二，無政府主義思想在工會裏已廣泛傳播。」

張國燾更描述過李大釗的窘境說：「李大釗先生每月已拿出百元上下，他家境清貧，可說已盡了他最大的力量。」「除他自己和一般同志們捐獻的以外，也向我們認為可以接受的同情者們去籌集一些。如北大的李辛白先生每月捐助二十元，俄文教員柏烈偉一次捐助了一百元等。」（《我的回憶》）

其實，共產國際是沒把中國共產黨放在重點上。且看對國民黨和馮玉祥卻有大手筆。時人朱洪先生在《重話大革命》中有段文字說：

毛澤東，1924年（右）
林伯渠（左）

「從陳獨秀的預算專案看，共產國際支援中國共產黨的經費，主要用於宣傳出版和少量差旅費等，而不是軍事裝備上的支持。陳獨秀曾希望共產國際駐華代表支持五千支槍組建工人武裝，但遭到拒絕。到目前為止，還沒有看到共產國際在大革命時期支持中國共產黨任何武器的材料。」

朱氏續又説到：

「一九二五年五月二十九日，契切林在俄共（布）中央政治局中國委員會會議上説，『有二百萬盧布由外交人民委員部支配，這筆錢用於支持廣州小組、黃埔軍校、政訓班，資助組建一個新的師團，援助國民黨和中國共產黨』。但這筆經費交給了國民黨，因為共產黨加入了國民黨。」

可見，共產國際對中國的支援是有所偏頗的。

對南昌暴動，既然共產國際不予支持，那就要靠自籌了。惟中共創辦才六年，財政十分緊絀，黨員生活大多是清苦。要動員籌募，又要非常保密，此中的艱難可以想見。這當中就發生過作家茅盾送二千元支票而未遂的故事。

茅盾

黎冰鴻《南昌起義》(油畫)，1951年

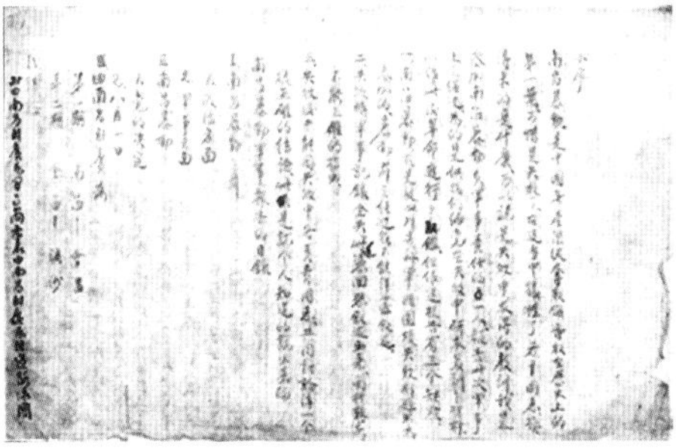

劉伯承《南昌暴動始末記》

茅盾是中共建黨前已參加上海共產主義小組，後轉為中共黨員。一九二七年春，茅盾奉中共指示攜二千元支票火速趕赴南昌參加暴動。但交通中斷，到了牯嶺就無法再到南昌，茅盾徒勞往返，後來亡命日本。直至一九四〇年茅盾赴延安魯藝講學，才有機會向毛澤東面陳當中因由。像類似茅盾般的例子，當不在少數。但能做到隻手回天的又是謝晉。他能以二十萬銀元，天差神助全數送到劉伯承手中，令南昌暴動能順利進行。

其時謝晉共黨身份未暴露，故謝氏能任國民黨的中央軍委經理處長、國民政府預算委員會主席、購料委員會主席等要職。當時謝晉奉中共中央指命，以職務之便，向國民政府國庫提取二十萬銀元送到劉伯承部。謝晉遵辦，並能辦妥。其後潛赴上海。

而汪精衛、譚延闓派人持函至滬，請謝晉速回武漢，共商大計。但謝鴻飛渺冥，怎肯回頭。對方的好言相勸，安知不是誘捕居心。於是謝晉將汪、譚信件交付共黨中央，更向汪精衛致以婉詞回絕。

這「婉詞回絕」的信，即為湘賢三札冊中之《謝晉復汪精衛函》，其內容如下：

「精公主席侍右。奉誦手教，過承推獎，慚悚之餘，更增咎戾。晉有宿疾，難以任重。前在北伐期間，已為祖安先生陳之。不久以前，又以此意瀆公與組安先生之聽。際此國民革命嚴重時間，一個革命份子，自不能隨意拋棄其責任。晉之求去，為根據事實——宿疾——與尊重革命利益而來，絕非含有他意義於其間。今後益當秉承盛意，力加調治。一俟筋力稍復，即當追隨左右，勉效馳驅也。肅此，敬敂荃安。並祝璧君先生健康！謝晉謹復。八月廿五日。」

信封行書四行錄如下：「敬祈 轉致 汪先生鈞啟 霍晉謹託」

汪精衛

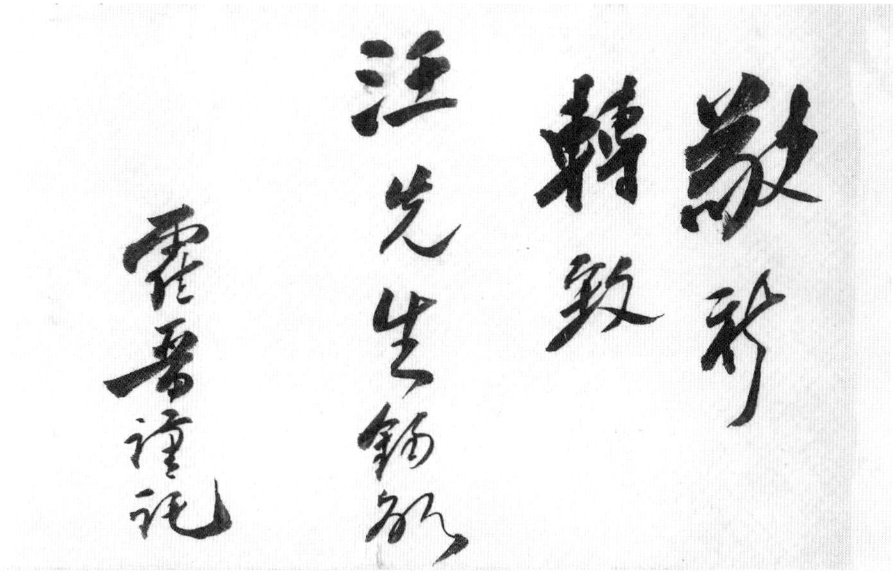
敬祈
轉致
汪先生鈞啟
霽晉謹託

謝晉致汪精衛函

精公主席侍右：奉誦
手教，過承推獎，愧悚之餘，
更增咎戾。晉有宿疾，難以
任重，前在北伐期間，已為組
安先生陳之，不久以前又以此意
瀆
公爲組安先生之聽，際此

謝晉致汪精衛函

國民革命嚴重時間一個革
命份子自不能隨意拋棄其責
任晉之所以為根據事實稱
疾一與尊重革命利益而來
絕非含有他意義於其間今
後益當秉承　盛意力加

謝晉致汪精衛函

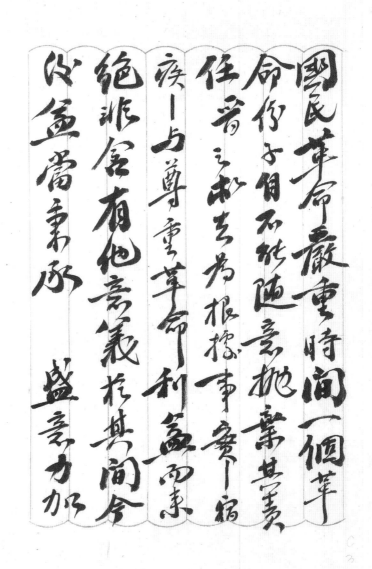

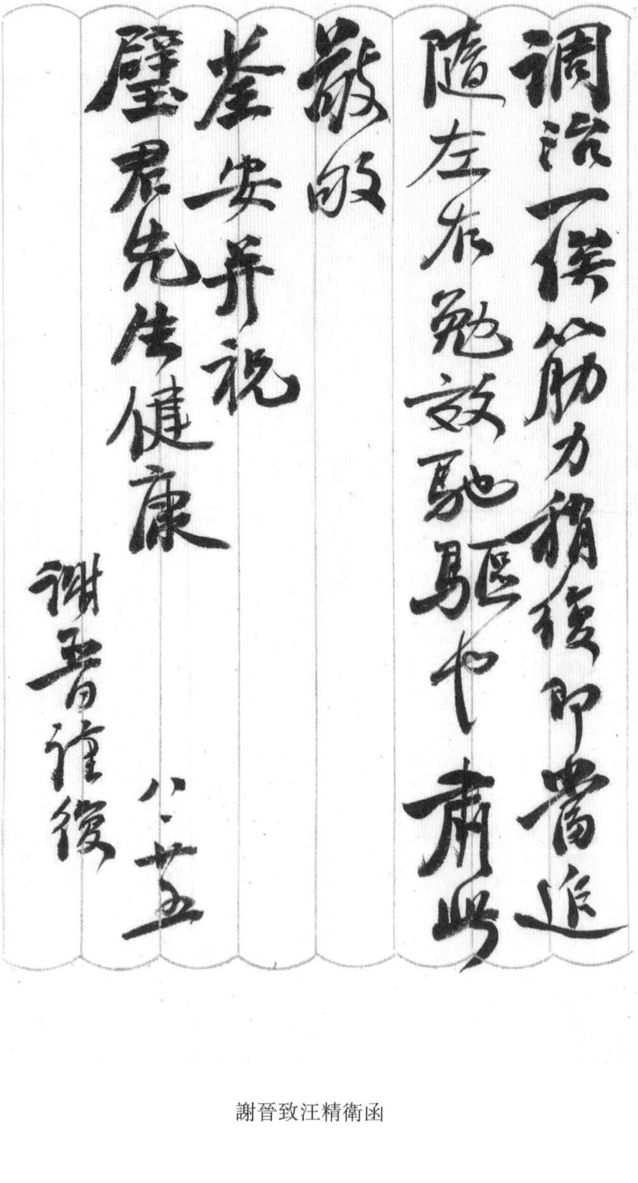

調治俟筋力稍復即當追
隨左右勉效馳驅也肅此
敬啟
崇安并祝
璧君先生健康
謝晉謹復
八·廿五

謝晉致汪精衛函

該函未署年干，只署八月廿五日。當是一九二七年的八月廿五日。此信的發出，謝和國民黨之間算是一刀兩斷了。

未幾，謝晉乘船經海參威至莫斯科。卻又與王明不協。翌年歸滬，編入中央直屬支部。及中共四中全會，王明得勢，遂受排斥。一九三三年，中共臨時中央政治局由滬遷蘇區瑞金，時謝晉以病重無法離滬隨行，後來東渡日本，從此與黨組織斷線。

抗戰間，謝在衡南鄉間（衡南縣京山鄉）隱居養病。解放前夕，謝與中共華南局聯繫，組「湘贛南區人民動員委員會」，策動起義，配合解放軍南下作戰。白崇禧警覺，數度派人緝捕，謝均能倖免。

解放後，一九五〇年六月，謝晉以特邀代表身份，出席中國人民政治協商會議第一屆委員會第二次會議，會上劉伯承緊握謝手，謂當年若不是謝弄來那鉅額銀元，「南昌起義就搞不成哩！」會議後，毛澤東設家宴請謝晉這位老鄉，毛動員謝加入民革（中國國民黨革命委員會）。一九五六年八月四日，謝因高血壓病逝世，享壽七十又四。

謝晉是南社詩人，與傅熊湘、李洞庭、姚大慈、姚大願有「湘中五子」之稱，著有《屢劫後集》、《蓬萊詞》兩詩集，《齊州外室札記》文集。

（二〇二二年四月三日）

劉伯承

1950年10月謝晉（左二）以特邀代表身份出席中國人民政治協商會議第一屆委員會第二次會議

爲了忘卻的記念

——記魯迅寫贈臺靜農的《無題》詩墨蹟

慣於長夜過春時，挈婦將雛鬢有絲。
夢裡依稀慈母淚，城頭變幻大王旗。
忍看朋輩成新鬼，怒向刀叢覓小詩。
吟罷低眉無寫處，月光如水照緇衣。

魯迅這首無題詩，膾炙人口，歷八十多年而不衰，仍為人們所傳誦。

魯迅寫這首七律時，是在上海花園莊旅館（黃渡路四十九弄五號）避難（一九三一年一月二十日至二月二十八日），是在知悉幾位被捕的年輕作家已經被殺害的悲憤中，吟誦而成的。

話説一九三一年一月十七日，上海英租界工部局巡捕房巡捕，會同中國政府數十名便衣偵探，在三馬路二二二號東方旅社（今漢口路六一三號），抓捕中共人員二十九名（其後再抓捕李求實等十二人），其中有魯

魯迅，1930年

迅熟悉的柔石、殷夫等年輕作家。而前此一天的一月十六日，柔石還造訪魯迅。事緣柔石為明日書店編輯期刊，該書店想印魯迅的譯著，托柔石問魯迅版稅的辦法。魯迅將北新書局的合同抄一份給柔石，柔石「向衣袋裡一塞，匆匆的走了。」次日柔石被捕時，衣袋裏就藏着魯迅那印書的合同。因此之故，官廳要尋找魯迅了。柔石在獄中給同鄉王育和的信（一月二十四日）透露：「捕房和公安局，幾次問周先生地址，但我那裏知道。」表示他沒有供出魯迅的地址。魯迅說：「印書的合同，是明明白白的，但我不願意到那些不明不白的地方去辯解。」魯迅「還有生之留戀」，三十六計走為上計，「於是就逃走」。為免文字賈禍，魯迅當夜（十七日）「燒掉了朋友們的舊信札，」「就和女人（許廣平）抱著孩子（海嬰）走在一個客棧裏。」（引文均出自魯迅《為了忘卻的記念》）這個客棧就是日本人開的花園莊旅館，是內山書店老闆內山完造安排魯迅在這裏暫避。

東方旅社
上海三馬路222號

柔石

殷夫（右）
王育和（左）

那個年代，被捕者的親朋，都設法通過各種關係去請托營救。胡適在一九三一年一月二十日的日記載有：「沈從文來談甚久。星期六與星期日兩日，上海公安局會同公共租界捕房破獲共黨住所幾處，拿了廿七人，昨日開訊，只有兩女子保釋了，餘廿五人引渡，其中有一人為文學家胡也頻。從文很着急，為他奔走設法營救，但我無法援助。」（《胡適日記全編》〔六〕頁三十六）沈從文請胡適幫忙救胡也頻，胡適也有盡力，曾請托蔡元培設法，蔡函張群幫忙。但都太遲了，當大家仍在努力奔走請托的時候，這批共黨志士，包括那五位年輕作家，已於二月七日深夜八日凌晨，血濺龍華警備司令部了。（有關方面於一九五〇年在龍華警備司令部附近荒地尋得烈士遺骸二十四具）

上海龍華淞滬警備司令部
1930年代

沈從文《記胡也頻》

龍華二十四烈士墓

魯迅和內山完造（左）

此二十四位志士中，有林彪的叔父林育南、何孟雄等共黨領導骨幹，而最為人所知的則是那五位年輕作家，柔石、殷夫（白莽）之外，還有胡也頻、馮鏗、李求實（李偉森），他們五位都是「左聯」成員，史稱「左聯五烈士」。

「左聯」是一九三〇年三月二日在上海中華藝術大學（竇樂安路二三三號，今多倫路二〇一弄二號）成立，全稱「中國左翼作家聯盟」。魯迅是發起人之一，也是這個組織的精神領袖。「左聯五烈士」中，魯迅熟悉的只是柔石、殷夫，馮鏗雖然見過，不那麼熟絡，胡也頻也只有一面之緣，李偉森則沒有見過。

THE CHINA FORUM

Five Young Writers Butchered By the Kuomintang, February 7, 1931

上海《中國論壇》紀念左聯五烈士殉難

何孟雄

林育南

李求實

馮鏗

胡也頻

柔石（一九〇二—一九三一）是共產黨員，是一九三〇年五月由同學馮雪峰介紹參加中共，黨齡才八個月。但他的作家身份則有八年，由一九二三年開始寫作，短短的一生發表的文學作品有五十五萬字、譯作六十多萬字，未發表的尚有二十多萬字。他在獄中不知死之將至（後來頭、胸連中十彈），還跟殷夫學德文。殷夫德文上佳，魯迅後來翻開殷夫留下的那本《彼得斐詩集》，「在一首《Wahlspruch》（格言）的旁邊，有鋼筆寫的四行譯文道：

『生命誠寶貴，
愛情價更高；
若為自由故，
二者皆可拋！』」

魯迅把殷夫此譯詩在《為了忘卻的記念》一文中披露，遂傳誦千古。

魯迅欣賞柔石、殷夫等幾位年輕作家的才華，但他們一下子全都犧牲了。魯迅得到噩耗，「沉重的感到我失掉了很好的朋友，中國失掉了很好的青年」，魯迅當時是「在一個深夜裏」，「在悲憤中沉靜下去了，然而積習卻從沉靜中抬起頭來」，吟誦出「忍看朋輩成新鬼，怒向刀叢覓小詩」這首無題詩。

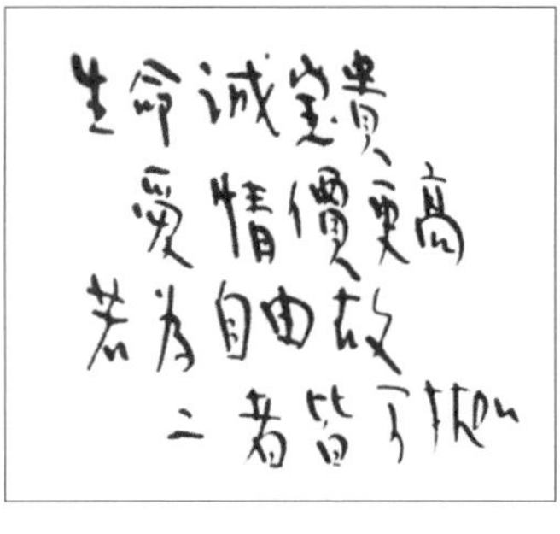

柔石（右）
殷夫手書四行譯詩（左）

魯迅當時在悲憤中痛斥「敵人的卑劣的凶暴」（魯迅《中國無產階級革命文學和前驅的血》），他萬萬沒有想到的是，這批共黨骨幹之所以被捕，是因為內鬥，有人借敵人之手，清除異己。「自己人」有時比敵人更卑劣更凶暴。

怎麼說呢？這要從柔石等被捕前十天說起。一九三一年一月七日，共產國際駐中國代表米夫（一九〇一——一九三九），操控在上海秘密召開的中共六屆四中全會，扶植王明、博古等人為中共領袖。王明是米夫在莫斯科中山大學的得意學生，是刻意培養的對象。王本來連中央委員都不是，忽爾晉身中央政治局委員，而實際上領導中共。與會代表羅章龍等強烈反對，群起退席。反對者認為會議非法，另組「中共中央非常委員會」，一月十七日在三馬路東方旅社舉行擴大會議。結果有人告密而遭一網打盡。告密者是誰？傳聞不少。但案發時圈內人認為王明嫌疑最大，當時的中共中央政治局委員王克全傳出，王明是通過淞滬警備司令部工作的安徽籍同鄉告密。（郭德宏《王明年譜》頁一九三）。張國燾回憶錄提到周恩來曾告訴他，羅章龍等「認為是由於陳紹禹的告密而遭暗害」。（《我的回憶》第二冊頁八六七）。王凡西的《雙山回憶錄》也說：「有一個流言傳播著，說這次事變是陳紹禹借刀殺人，是他告的密。」（頁一七一）。就算不是王明告的

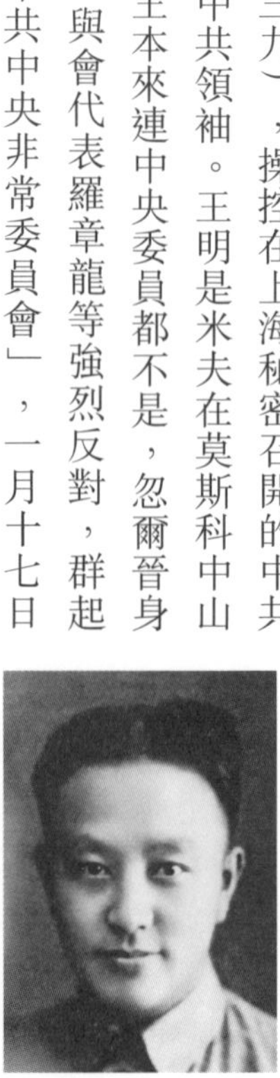
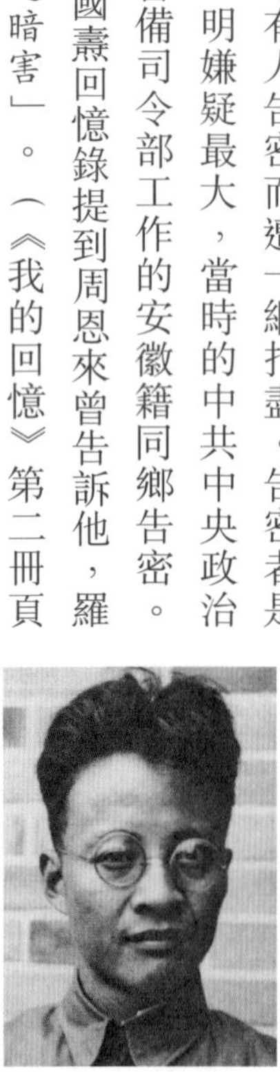

米夫（右）
王明（中）
博古（左）

密，事發前，中央特科在工部局潛伏的特工已探悉圍捕情報，立即通知組織。但王明沒有知會林育南等人（李海文、余海寧《東方旅社事件》，《社會科學戰綫》一九八〇年第三期）。王明是要借敵人之手，消滅這批反對四中全會、反王明的共黨骨幹，其中包括魯迅的年輕作家朋友。

「左聯五烈士」的犧牲，令魯迅悲痛憤慨，以筆名「L.S.」寫了一篇《中國無產階級革命文學和前驅的血》，刊於當年四月出版《前哨》月刊

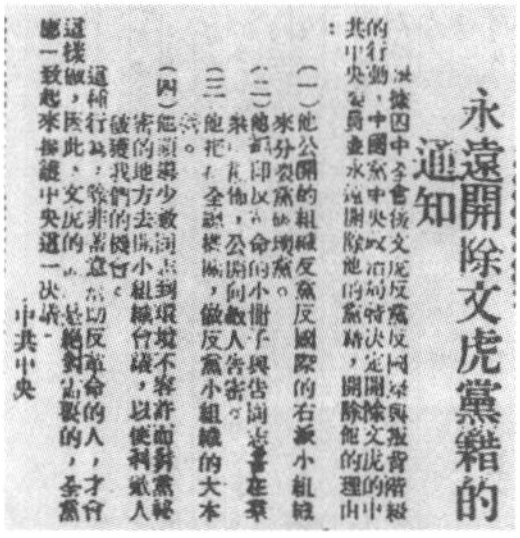

永遠開除文虎黨籍的通知

中共中央

中共中央關於開除文虎（羅章龍）黨籍的通知（載1931年2月2日《紅旗日報》）

羅章龍

張國燾《我的回憶》第二冊

張國燾

王凡西《雙山回憶錄》

王凡西

王明（前排右一）與季米特洛夫、陶里亞蒂等共產國際執委在莫斯科，1935年

《紀念戰死者專號》上。兩年之後的二月七日，魯迅日記：「下午雨。柔石於前年是夜遇害，作文以為紀念。」此文就是《為了忘卻的記念》。

三十年代文網甚嚴，魯迅這篇文章《為了忘卻的記念》，曾經先後遭兩家雜誌婉拒，後來才交去《現代》，主編施蟄存看了這篇文章之後，「也有點躊躇」，施與老闆張靜廬商量，張「也沉吟不決。考慮了兩三天，才決定發表。」《現代》敢於發表的理由是：「（一）捨不得魯迅這篇異乎尋常的傑作被扼殺，或被別的刊物取得發表的榮譽。（二）經仔細研究，這篇文章沒有直接犯禁的語句，在租界裏發表，頂不上甚麼大罪名。」（施蟄存《為了忘卻的記念》）此文遂刊於一九三三年四月一日出版的《現代》二卷六期。

《為了忘卻的記念》一文中，引錄了「慣於長夜過春時」這首七律，而這篇文章，解放後又選為中學語文教材，因此之故，這首無題詩就更廣為人知了。

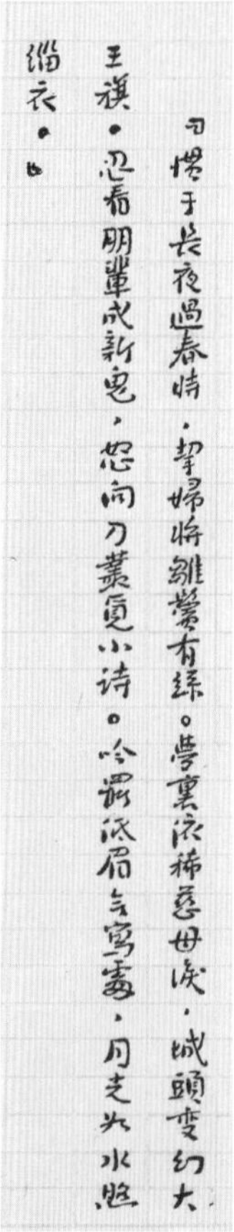

魯迅《為了忘卻的記念》手稿中引錄之《無題》詩

《前哨》月刊《紀念戰死者專號》，1931年（右）
施蟄存（左）

魯迅此詩在詩界頗得盛譽，許壽裳評價：「全首真切哀痛，為人們所傳誦。」（許壽裳《我所認識的魯迅．魯迅的避難生活》）。柳亞子謂：「鬱怒情深，兼而有之。」郭沫若讚：「原詩大有唐人風韻，真切動人，可稱絕唱。」郭並依此詩原韻作詩一首（《革命春秋．由日本回來了》，載《沫若文集》卷八），後來張元濟、鄧拓、胡風、聶紺弩等詩家陸續有步韻和作或仿作，可見此詩影響深遠。魯迅本人似也看重此詩，其中個別字句一再推敲，也曾先後為山本初枝、臺靜農、許壽裳等三位友好題贈此詩。下面要說說魯迅行書贈臺靜農的這首《無題》詩幅。

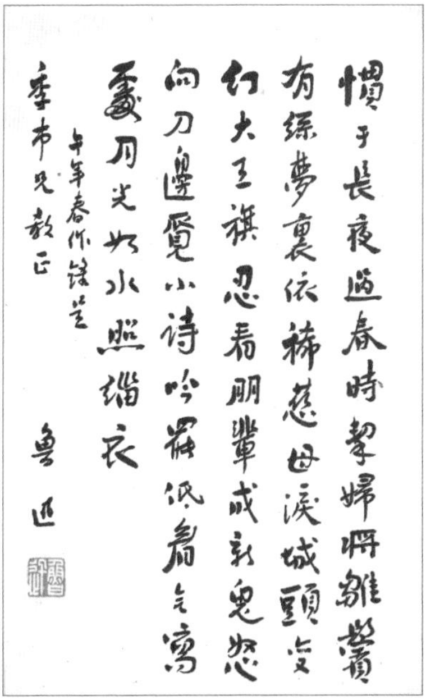

魯迅行書《無題》詩贈許壽裳
上海魯迅博物館藏

許壽裳

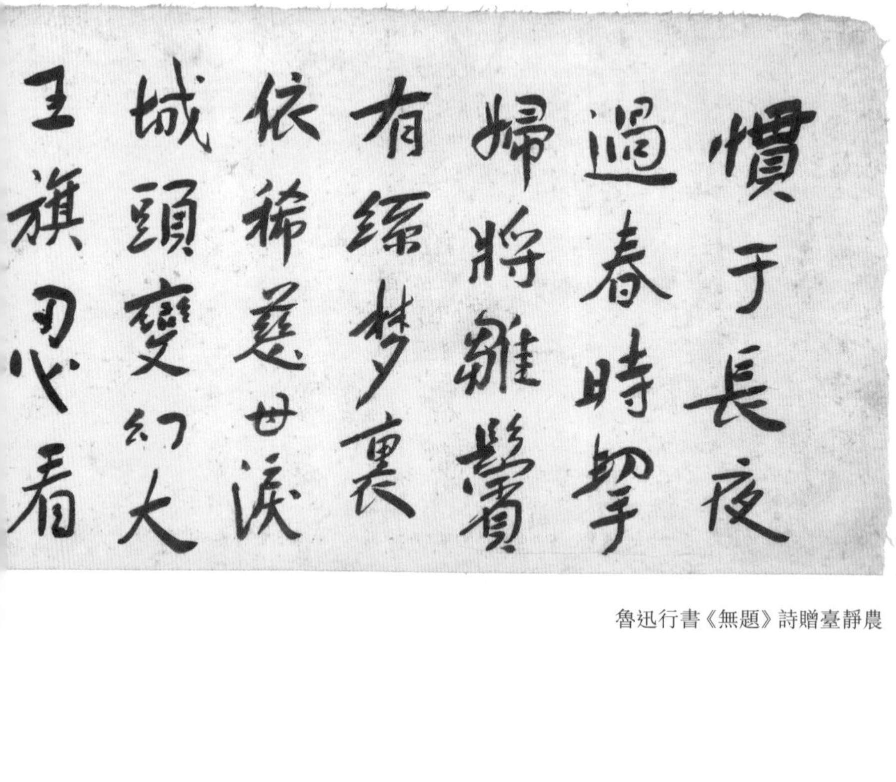
慣于長夜
過春時挈
婦將雛鬢
有絲夢裏
依稀慈母淚
城頭變幻大
王旗忍看

魯迅行書《無題》詩贈臺靜農

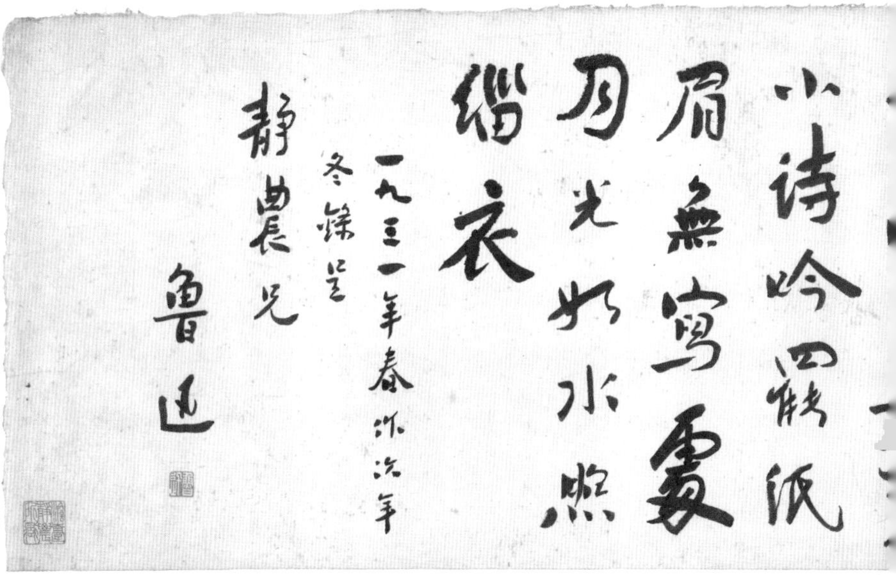
一九三一年春作次年
冬錄呈
靜農兄
魯迅

一九三二年十二月九日，魯迅以行書寫一橫幅寄贈臺靜農。這在他的日記中有記載。四天後，十二月十三日夜，魯迅函臺靜農謂：「日前寄上書籍二包，又字一卷，不知收到否？字寫得壞極，請勿裱掛，為我藏拙也。」（《魯迅全集》十二卷．書信．頁一五四）這一字卷，就是「慣於長夜過春時」這首《無題》詩橫幅。

當年上海郵寄北平的函件，需時四五天。臺靜農在一九三二年十二月，應未能即時收到魯迅此《無題》詩卷和十三日的信。因為在魯迅十三日發信的前一日，即十二月十二日，臺先生與李霽野一起保釋因共黨嫌疑繫獄百日的孔另境。孔另境（一九〇四—一九七二）名若君，時任河北省立女子師範學院出版部主任，是茅盾妻舅。孔一九二五年參加中共，是貨真價實的共產黨，魯迅在八月中旬及十月下旬去函許壽裳，托他請湯爾和幫忙營救，十二月十二日由臺靜農和李霽野前往保釋。

孔另境是被保出來了，但臺、李卻被懷疑為共黨，臺先生當夜被北平市公安局以共黨嫌疑逮捕入獄，李霽野在天津收到電話躲避得脫。臺先生被捕還有一原因，是「一對從俄國回來的朋友，一身外國服裝，很引人注目，但靜農招待他們在家居住，夫人款待得極為周到。」（李霽野《從童顏到鶴髮》），這對朋友就是王冶秋、高履芳，這種種自會引致當局懷疑。北平公安局內五區署署長張文杰率員警搜查臺寓，宣稱搜出了「反

孔另境（右）
湯爾和（左）

動文件」和「新式炸彈」。「反動文件」，指「蘇聯短篇小說《煙袋》三三四本，雜種書籍八十四本，來往信件一小捆」。（孔另境就是因為傳遞蘇聯的前進書刊被捕。）並無特殊政治色彩和「鼓吹暴動之文字」。所謂「新式炸彈」是高履芳寄存在臺宅的「銅質化學試驗儀器」，經高履芳去函說明，公安局投擲試驗「新式炸彈」毫無反響，「才允許高履芳將這件儀器具結領出」，臺先生「也隨之取保獲釋」。（陳漱渝《臺靜農曾是中共地下黨員》）臺先生因此被迫辭去輔大教職，回鄉小住。

魯迅為甚麼寫這首詩贈臺靜農呢？未見臺先生有文字語及。（五十年代之後臺先生更不敢提到魯迅）。這祇能從魯迅寫此詩幅前的日記去考察。

臺靜農，1930年代

李霽野

王冶秋、高履芳，1978年

查一九三二年十一月十三日，魯迅赴北平省母，並作了五次公開演講，史稱「北平五講」。臺靜農陪魯迅出席五講，還開了兩次文藝座談會。魯迅函許廣平謂：「我到此後，……靜農、霽野……皆待我甚好，這種老朋友的態度，在上海勢利之都是看不見的。」而當時李霽野要回天津上課，無法參與（只有一晚與臺先生訪魯迅），臺先生一人全程陪魯迅出席各種活動。

魯迅在北京師範大學演講，1932年11月27日

十一月廿六日晚，魯迅離平前夕，臺靜農在北海後門寓所（西皇城根七十九號），舉辦左翼文藝團體（北平左聯、劇聯、教聯、社聯、文總等和反帝、互濟會）歡迎魯迅。出席者有陳沂、于伶、潘訓（潘漠華）、宋之的、陸萬美等二三十人。「這些活動都是根據中共河北省委、北平市委的指示，由北方文化總同盟出面安排的。」（見陳漱渝《臺靜農曾是中共地下黨員》）

十一月廿八日下午，臺先生用化名為魯迅購買火車票，親送魯迅至東車站，乘五時十七分的班次返上海。（《魯迅全集》十五卷頁三十九）。三十日下午六時抵滬，返抵寓所後，魯迅即致函臺靜農報平安，並言及「廿八日破費了你整天的時光和力氣」而表示「甚感甚歉」。魯迅明顯感受到臺先生對他的愛護，因此回滬幾天後，揮毫錄此詩相贈以表謝忱。

魯迅是左聯精神領袖，臺先生則是北方左聯發起人，魯迅寫贈哀悼「左聯五烈士」的《無題》詩與臺先生，再合適不過了。魯迅在十三日致函臺靜農謂這橫幅「字寫得壞極，請勿裱掛，為我藏拙也。」魯迅是謙遜，臺先生也的確遵囑，一直沒有「裱掛」，純為秘藏。

這件《無題》詩的流傳，也像其受贈者一樣，顛沛流離，頗為坎坷。

先說魯迅此字卷寫於十二月九日，寄北平需時四至五日，即十二月十四日左右，此時臺先生正繫獄中，而出獄後返鄉間小住以避鋒頭。隨後

魯迅在北京師範大學演講1932年11月27日（右）
潘漠華（左）

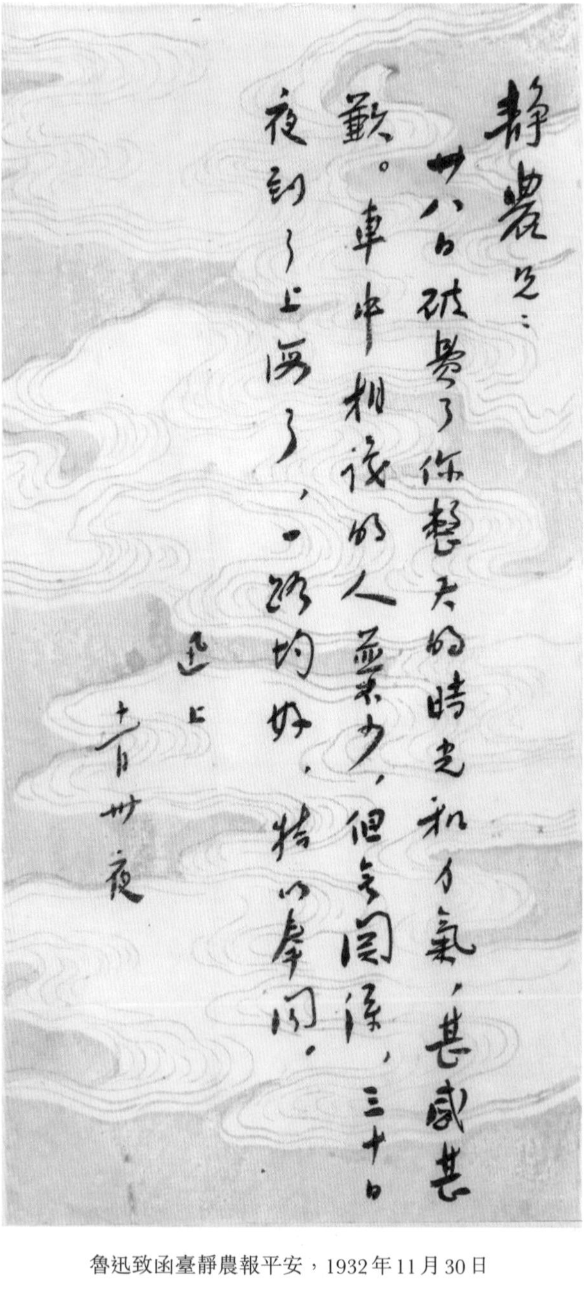
靜農兄：
廿八日破費了你整天的時光和力氣，甚感甚歉。車中相識的人甚少，但無閑談，三十日夜到了上海了，一路均好，特以奉聞。
迅上
十一月卅夜

魯迅致函臺靜農報平安，1932年11月30日

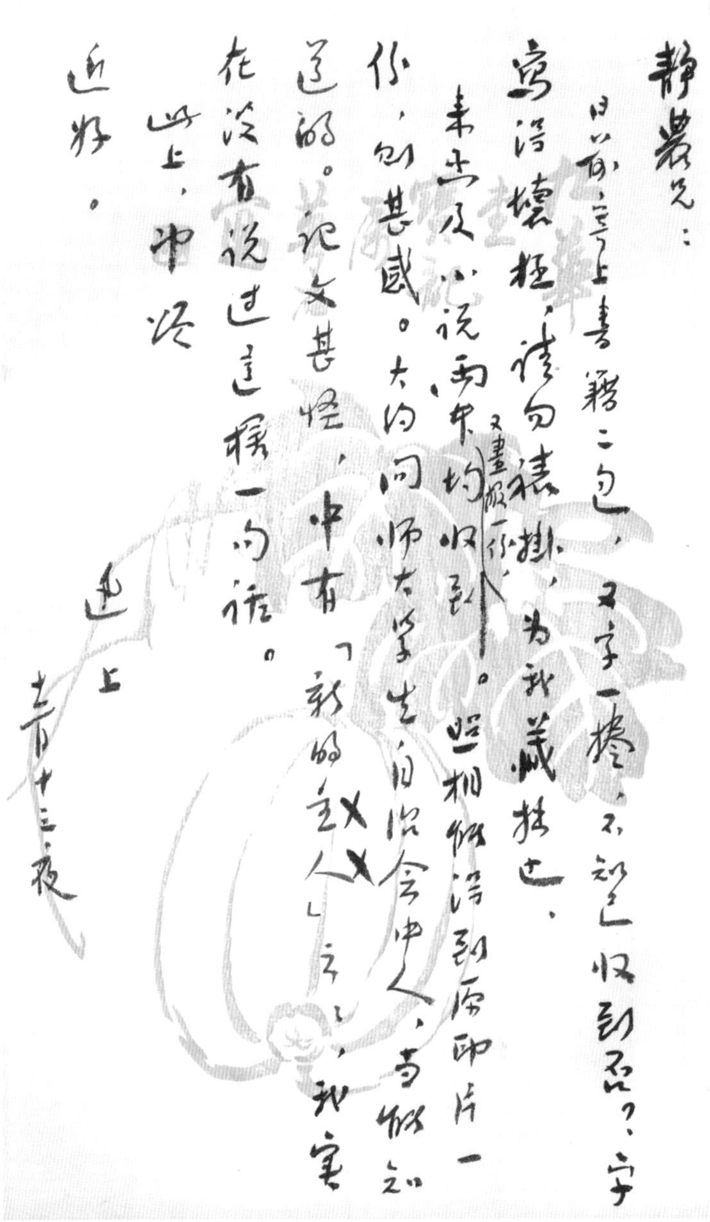
靜農兄：日前寄上書籍二包，又字一卷，不知已收到否？字寫得壞極，請勿裱掛，為我藏拙也。未名及小說兩束均收到，又畫報一份。照相倘得到原印片一份，則甚感。大約同師大學生自治會中人，當然知道的。記文甚怪，中有「新的敵人」云云，我實在沒有說過這樣一句話。此上，即頌
近好。
迅 上
十二月十三夜

魯迅致函臺靜農，1932年12月13夜

臺先生於一九三三年七月，轉任國立北平大學女子文理學院文史系國文組講師一年，時女子文理學院院長兼文史系國文組主任係范文瀾。但在七月廿六日，臺先生再以共黨嫌疑，與范文瀾同遭北平憲兵隊第三團逮捕，隨後並被五花大綁押解南京警備司令部囚禁。

抗戰軍興，臺先生南下避難，將魯迅手稿卷和此詩幅交魏建功代存。魏建功後來撰文記述其事。一九五七年北京《文藝報》第廿九期刊《關於魯迅先生舊體詩木刻事及其他》謂：

一九三七年，魏建功發願寫魯迅先生詩刻木板，托許壽裳向景宋（許廣平）求稿。「我依據景宋抄稿曾經用朝鮮紙寫成一個卷子。那年夏間，景宋原約來北京商量整理先生全集，靜農先期自青島來，住在我家，錄了一個副本。『七七』事變起，景宋不能北來，靜農匆匆南行。我也在十一月間過香港，迂道廣西，到長沙、再遷昆明，寫刻之事一直擱下了。」

「我那份清鈔的卷子，在流亡期間一直隨身帶著。同時我還帶了魯先生的三種手跡：一、《會稽郡故書雜集》手寫本，二、《娜拉走後怎樣》手稿，三、為靜農寫的詩幅。」

魏建功（右）
許廣平（左）

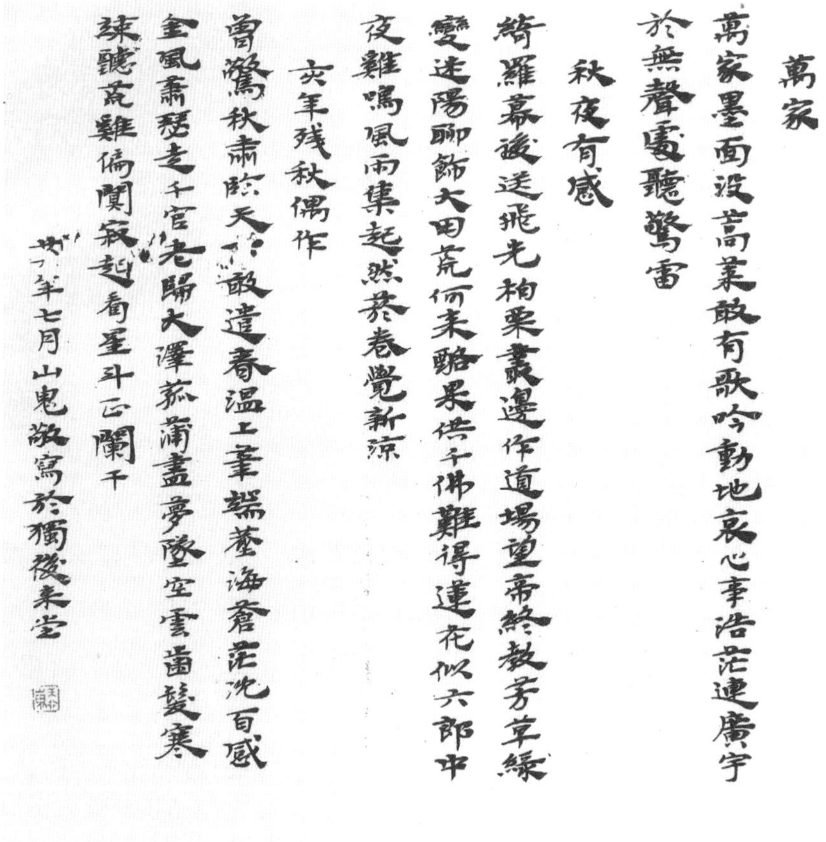

萬家
萬家墨面沒蒿萊敢有歌吟動地哀心事浩茫連廣宇
於無聲處聽驚雷
秋夜有感
綺羅幕後送飛光柏栗叢邊作道場望帝終教芳草綠
變迷陽聊飾大田荒何來酪果供千佛難得蓮花似六郎中
夜雞鳴風雨集起然菸卷覺新涼
亥年殘秋偶作
曾驚秋肅臨天下敢遣春溫上筆端塵海蒼茫沉百感
金風蕭瑟走千官老歸大澤菰蒲盡夢墜空雲齒髮寒
竦聽荒雞偏闃寂起看星斗正闌干
廿四年七月山鬼敬寫於獨後來堂

魏建功楷書魯迅先生詩存

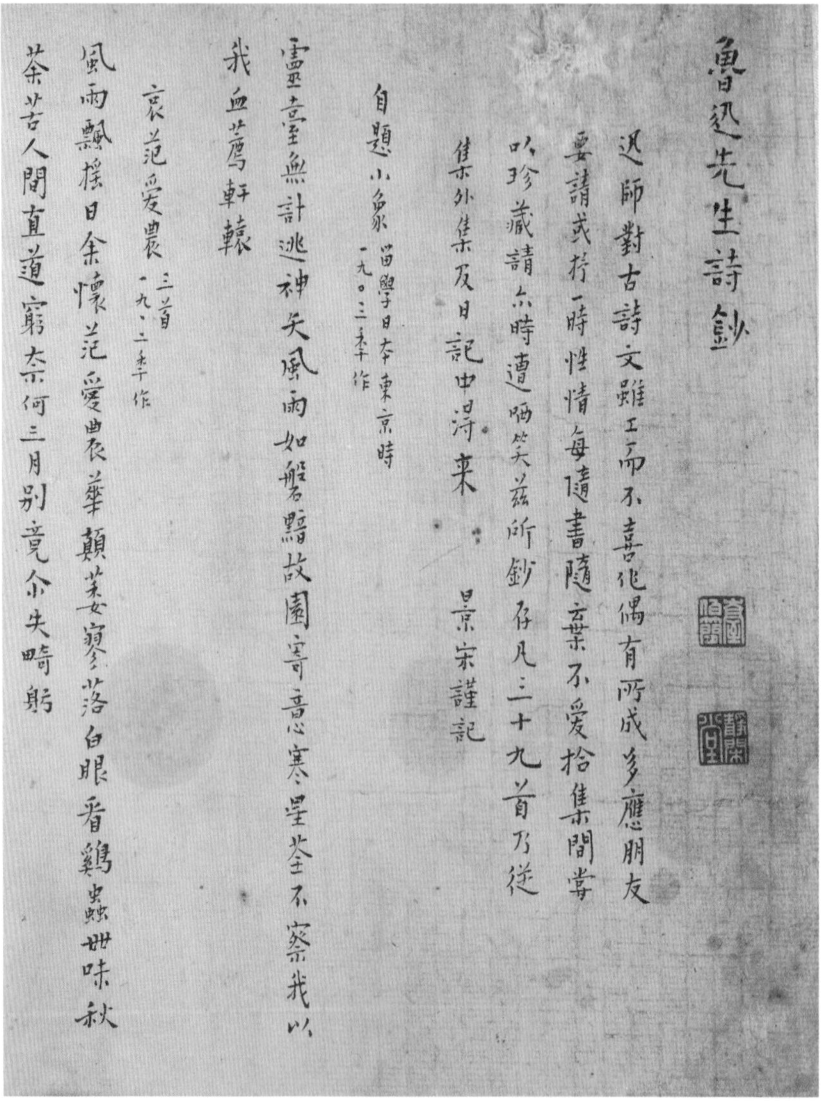
魯迅先生詩鈔

迅師對古詩文雖工而不喜作偶有所成多應朋友要請或抒一時性情每隨書隨棄不愛拾集間嘗以珍藏請亦時遭哂笑茲所鈔存凡三十九首乃從集外集及日記中得來

景宋謹記

自題小象 留學日本東京時 一九〇三年作

靈臺無計逃神矢風雨如磐闇故園寄意寒星荃不察我以我血薦軒轅

哀范愛農 三首 一九一二年作

風雨飄搖日余懷范愛農華顛萎寥落白眼看雞蟲世味秋荼苦人間直道窮奈何三月別竟尔失畸躬

臺靜農楷書魯迅先生詩鈔

魏先生沒有講清楚「為靜農寫的詩幅」是哪一件詩幅。查魯迅日記所載，曾先後三次贈詩幅與臺靜農。第一次是一九三二年十二月九日，第二次是一九三三年一月廿六日，「又戲為鄔其山書一箋云：『雲封勝境護將軍，霆落寒村戮下民。依舊不如租界好，打牌聲裏又新春。』已而毀之，別錄以寄靜農。改勝境為高岫，落為擊，戮為滅也。」（《魯迅全集》十五卷頁五十八）這就是傳世的那件七絕《二十二年元旦》直幅，一九三三年一月廿六日是「舊曆申年元旦」，即正月初一。鄔其山即內山。

最後一次是一九三四年三月十六日，「十六日，晴。上午覆天下篇社信。聞天津《大公報》記我患腦炎戲作一絕寄靜農云。……」（《魯迅全集》十五卷頁一三五）詩云：「橫眉豈奪蛾眉冶，不料仍違眾女心。詛咒而今翻異樣，無如臣腦故如冰。三月十五日夜聞謠戲作，以博靜農兄一粲。旅隼。三月十六日。」（《魯迅全集》十二卷•書信，頁三七六）這就是《報載患腦炎戲作》直幅。

以上兩件魯迅詩幅，現存上海和北京的魯迅博物館。而一九三二年魯迅首次為臺先生寫的詩幅，長期以來不為人注意。

魏在文中先交代了《會稽郡故書雜集》下落。

「在一九三八年三月間，我由昆明航寄香港轉上海，交給景宋，她在全集編校後記提到——全集編目之初，即將此書列入，然猶不知書在

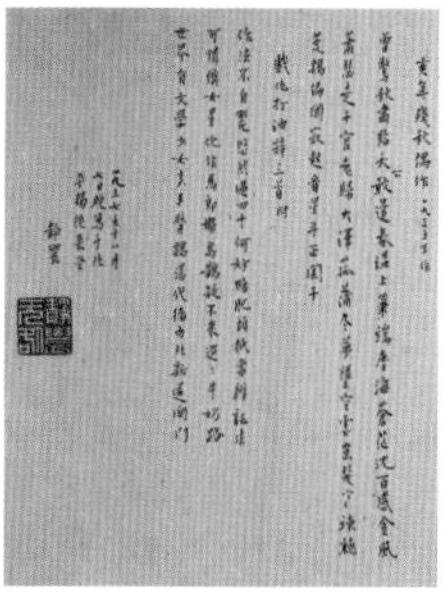

臺靜農楷書魯迅先生詩鈔

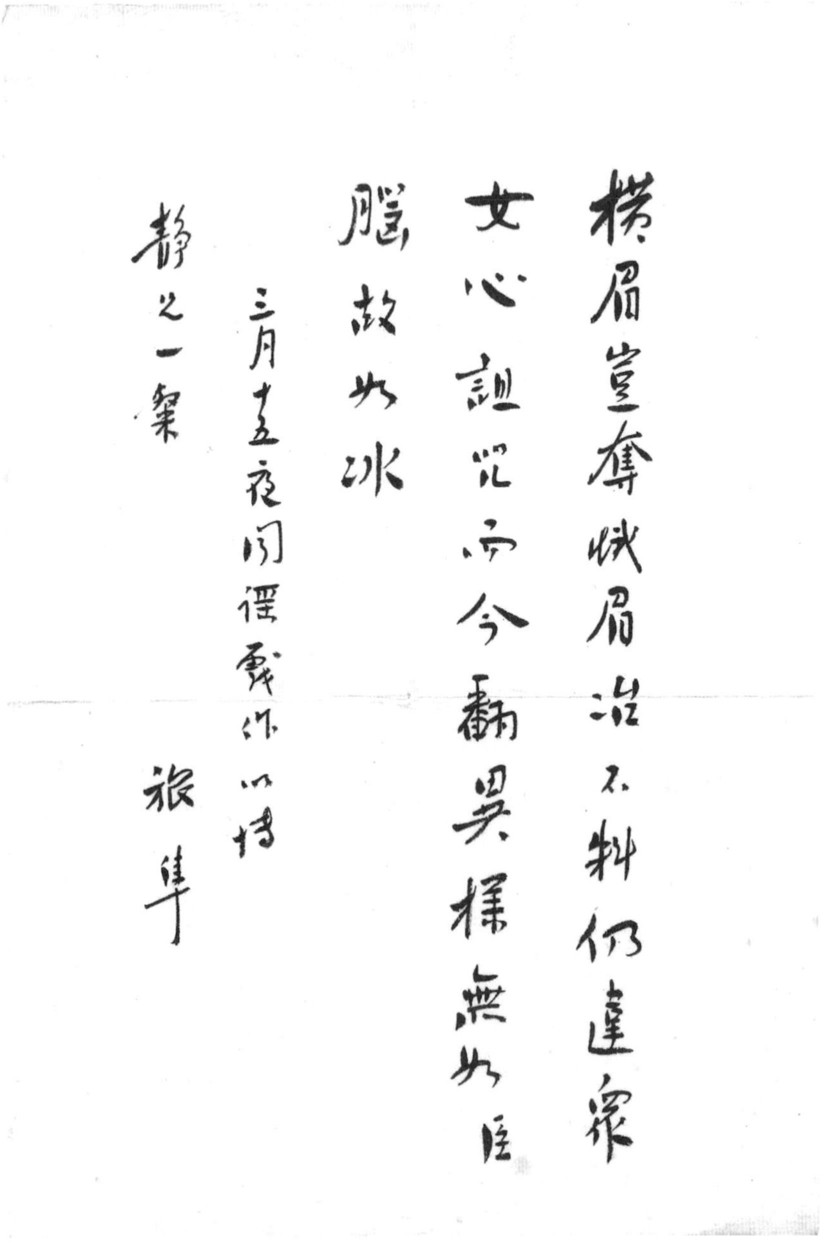
橫眉豈奪蛾眉冶不料仍違衆
女心詛咒而今翻異樣無如臣
腦故如冰
三月十五夜聞謠戲作以博
靜之一粲
旅隼

魯迅書贈臺靜農《報載患腦炎戲作》，1934年
北京魯迅博物館藏

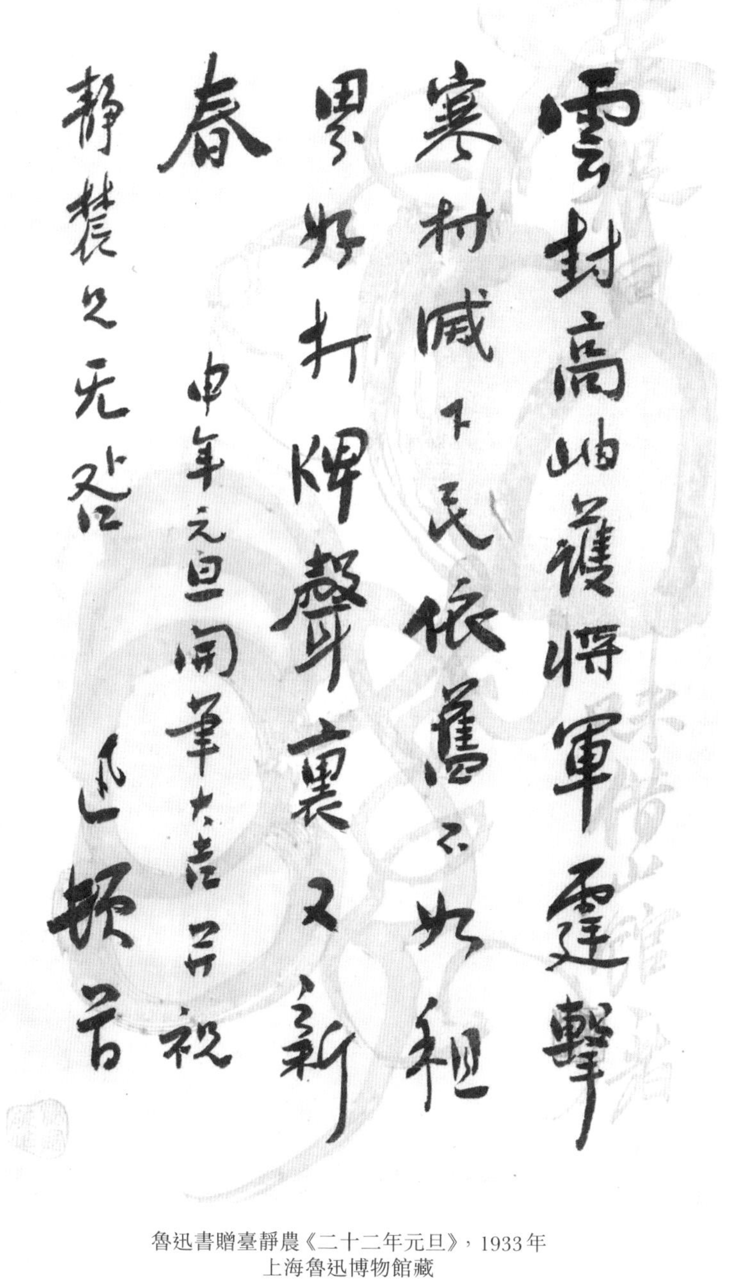
雲封高岫護將軍霆擊
寒村滅下民依舊不如租
界好打牌聲裏又新
春
酉年元旦閒筆大吉并祝
靜農兄無恙
迅頓首

魯迅書贈臺靜農《二十二年元旦》，1933年
上海魯迅博物館藏

> 何處。輾轉電詢，凡閱一月有餘，而猶無消息，心殊惴惴。迨一見稿本，如獲至寶，欣喜之情，無言可喻。」

而這運送是有很大風險的。魏在文中說出箇中甘苦：「當我運出書箱的時候，日本帝國主義軍隊已經佔領北京、天津，是否能順遂地放行就非常耽心。寄出的地點事先毫無聯絡，是冒昧地交到許地山那裏的，寫的是香港大學馮雲（平）山圖書館轉。運件扔在圖書館裏沒有人管，直到長沙臨時大學搬家，北大的事務人員押運物資，由香港轉海道經過越南去昆明，托他們去查點，才帶到昆明來。否則可能一直擱置到日本軍隊打進香港，就不敢設想了。」

接着說到臺先生所藏魯迅手蹟兩件的情況：「《娜拉走後怎樣》，是收在《墳》裏的原稿，靜農收藏，他八月初南行，雖然日本軍隊還沒有進北京城，交通秩序已經很壞，只帶了自己抄的詩卷，把這手跡卷子跟詩幅都存在我身邊。我好容易帶到昆明，但是跟靜農中間失去了聯繫。他扶老攜幼，展轉流亡，到了四川。後來我們取得聯繫，又在一處工作。

一九四〇年六月我們在敵機空襲中聚首，當我交給他魯迅先生兩件手跡的時候，他也像景宋所謂『如獲至寶，欣喜之情，無言可喻。』」

即是說，自一九四〇年六月，魯迅這兩件墨蹟，重回臺先生手中，到

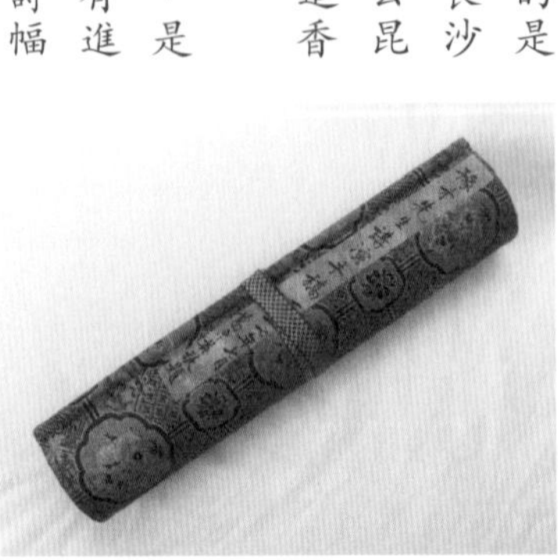

許地山（右）
魯迅《娜拉走後怎樣》手稿（左）

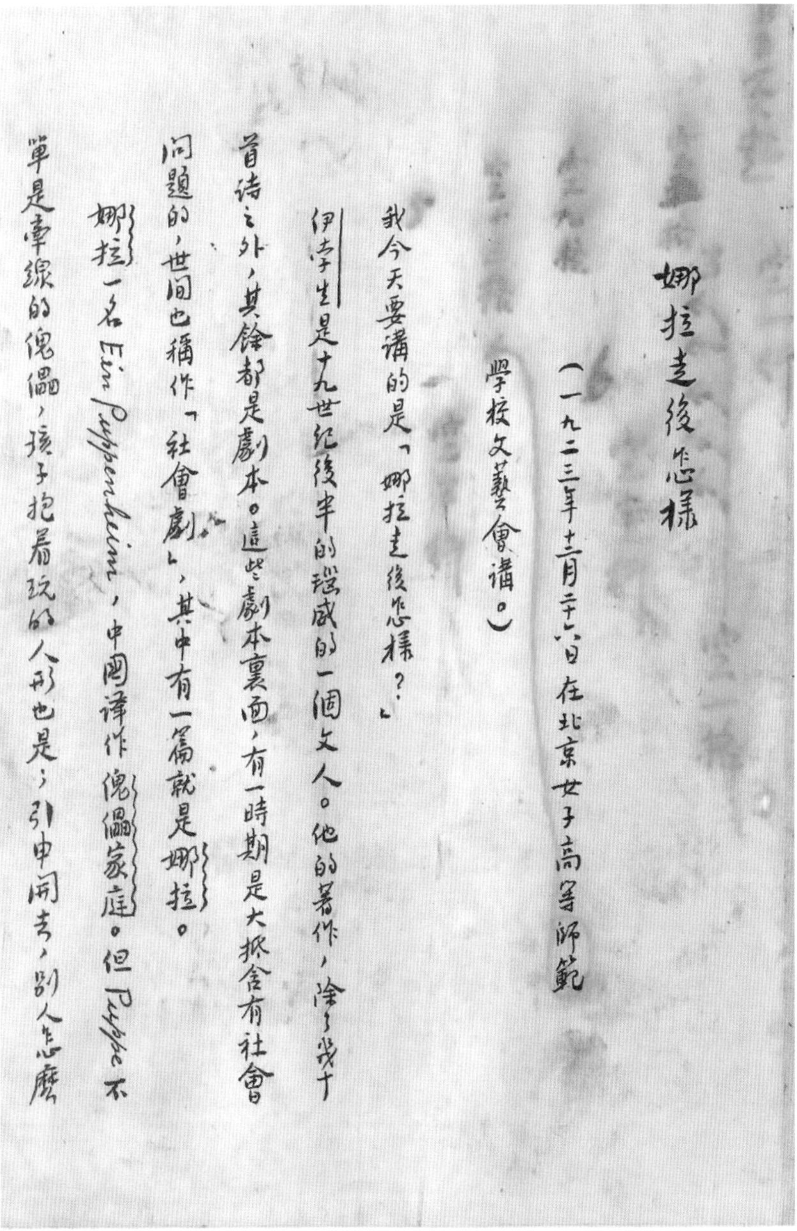

娜拉走後怎樣

（一九二三年十二月二十六日在北京女子高等師範學校文藝會讲。）

我今天要讲的是「娜拉走後怎樣？」

伊孛生是十九世紀後半的瑙威的一個文人。他的著作，除了幾十首詩之外，其餘都是劇本。這些劇本裏面，有一時期是大抵含有社會问題的，世间也稱作「社會劇」，其中有一篇就是娜拉。

娜拉一名Ein Puppenheim，中國译作傀儡家庭。但Puppe不單是牽線的傀儡，孩子抱着玩的人形也是；引申开去，別人怎麼

魯迅《娜拉走後怎樣》手稿

一九九〇年臺先生過世為止，一直在歇腳盦庋藏，長達半個世紀。而兩件墨蹟的境遇有所不同，《娜拉走後怎樣》手稿是裱裝成手卷，有多位老友題跋，而這詩幅卻一直光身，沒有任何題跋，也沒有裝裱，可知從來沒有懸掛，臺先生是遵魯迅「請勿裱掛」之命，秘不示人。

八十年代魯迅專家陳漱渝赴臺，五訪臺先生。兩人談到陳獨秀，臺先生在櫃桶取出陳獨秀手札與陳漱渝觀看。但陳漱渝問及魯迅手蹟事，臺先生有些猶豫，推説已交給美國的兒子保存。臺益堅曾語筆者，其實當時魯迅這手蹟也同在歇腳盦的櫃桶中，並未「移民」出國，臺靜農是有所疑慮，沒敢出示。

上世紀九十年代初，臺先生過世後，其珍藏的兩件魯迅手蹟，《娜拉走後怎樣》手稿出走美國波士頓，歸臺益堅保存，而《無題》詩幅，仍藏臺北歇腳盦。

（二〇一七年五月二十三日）

陳漱渝

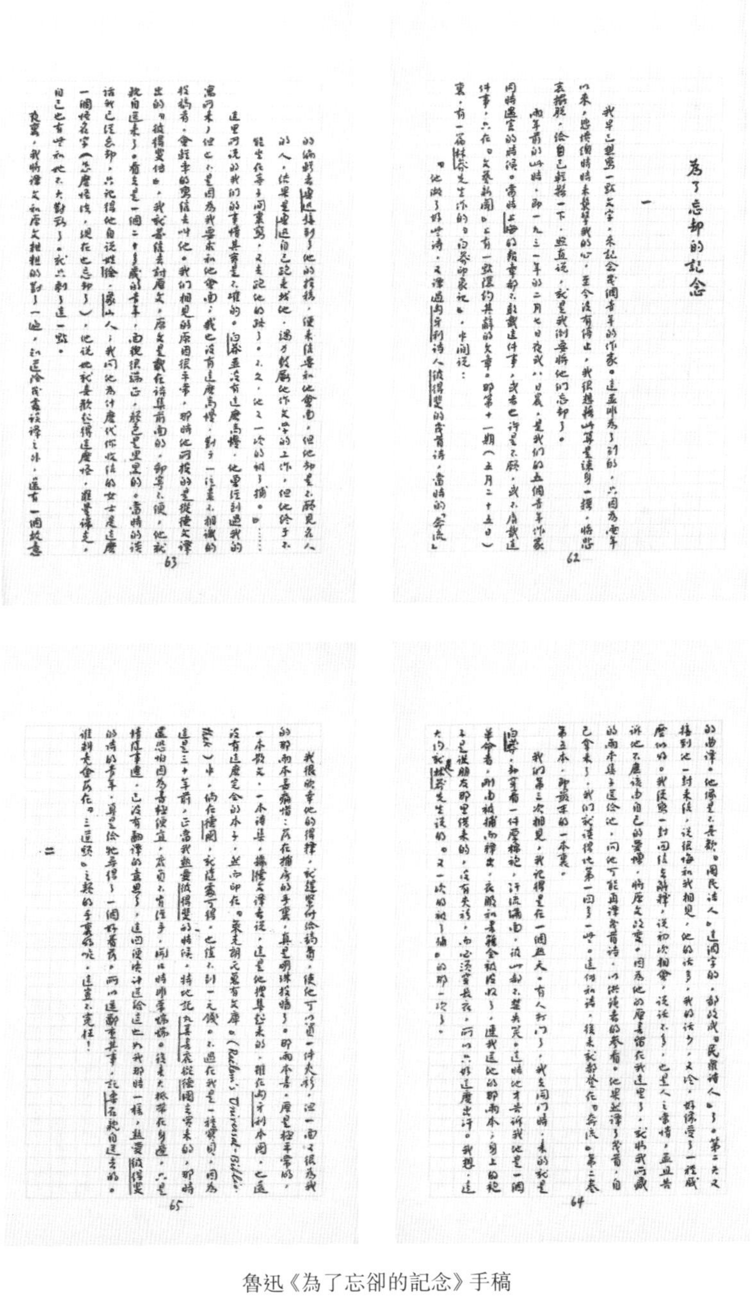

魯迅《為了忘卻的記念》手稿

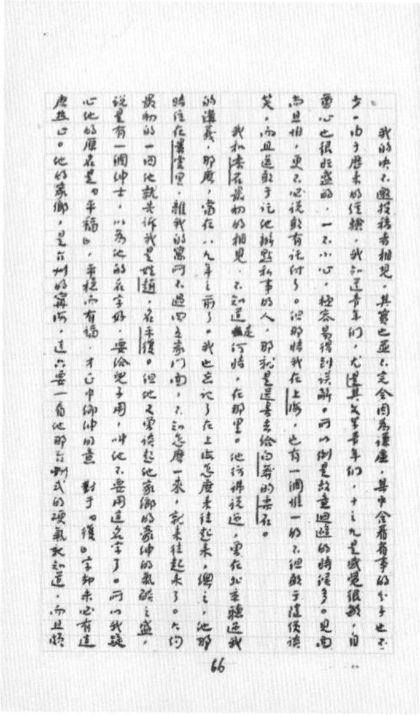

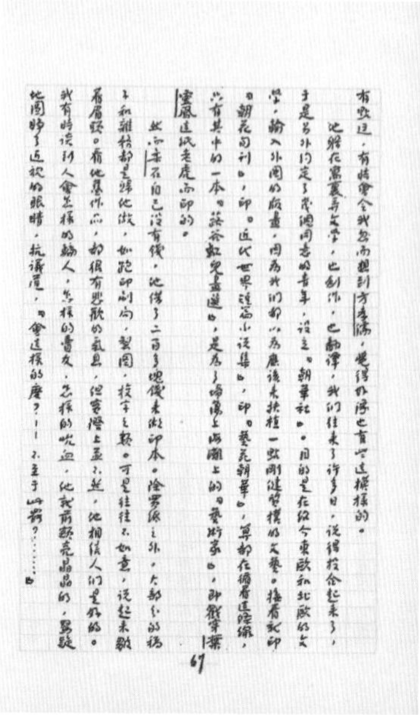

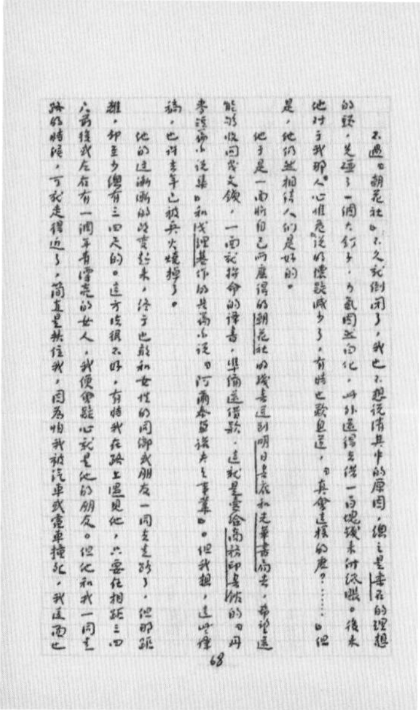

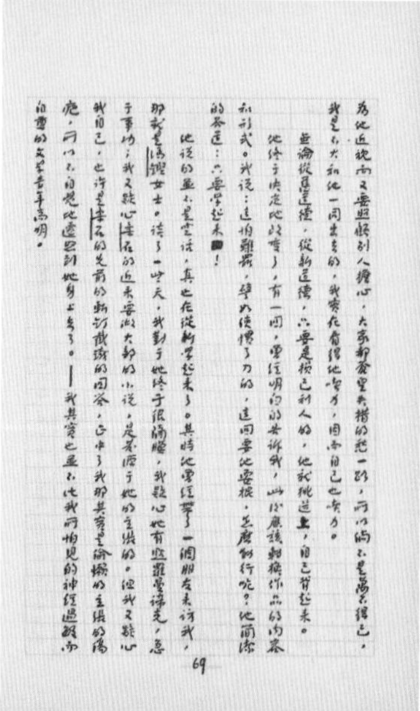

魯迅《為了忘卻的記念》手稿

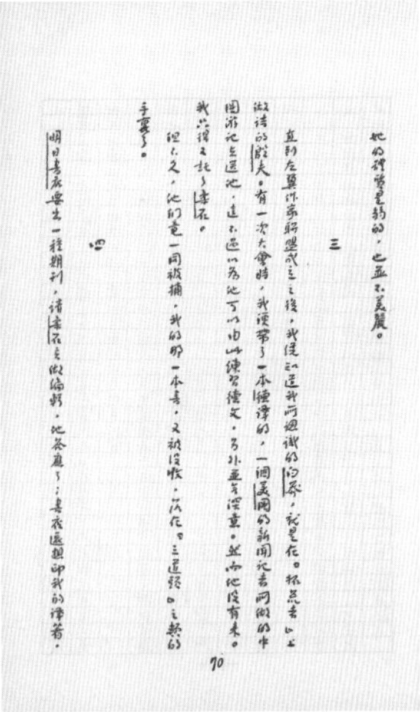

她的體質是弱的，也並不美麗。

三

直到左翼作家聯盟成立之後，我便知道我所認識的白莽，就是在《拓荒者》上做詩的殷夫。有一次大會時，我便帶了一本德譯的，一個美國的新聞記者所做的中國遊記去送他，這不過以為他可以由此練習德文，另外並無深意。然而他沒有來。我只得又託了柔石。

但不久，他們竟一同被捕，我的那一本書，又被沒收，落在「三道頭」之類的手裏了。

四

明日書店要出一種期刊，請柔石去做編輯，他答應了；書店還想印我的譯著，

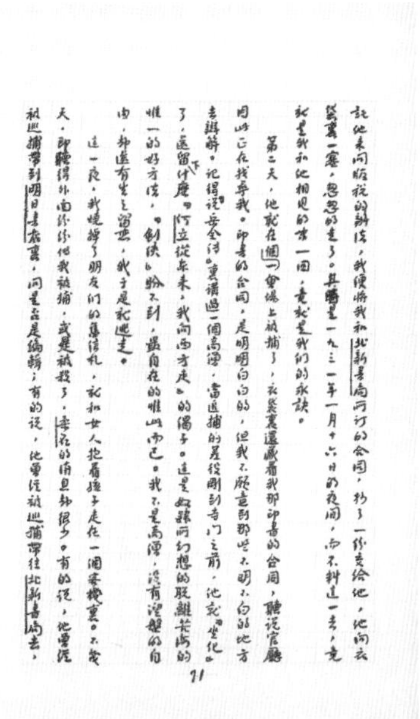

託他來問版稅的辦法，我便將我和北新書局所訂的合同，抄了一份交給他，他向衣袋裏一塞，匆匆的走了。其時是一九三一年一月十六日的夜間，而不料這一去，竟就是我和他相見的末一回，竟就是我們的永訣。

第二天，他就在一個會場上被捕了，衣袋裏還藏著我那印書的合同，聽說官廳因此正在找尋我。印書的合同，是明明白白的，但我不願意到那些不明不白的地方去辯解。記得《說岳全傳》裏講過一個高僧，當追捕的差役剛到寺門之前，他就「坐化」了，還留下什麼「何立從東來，我向西方走」的偈子。這是奴隸所幻想的脫離苦海的唯一的好方法，「劍俠」盼不到，最自在的惟此而已。我不是高僧，沒有涅槃的自由，卻還有生之留戀，我於是就逃走。

這一夜，我燒掉了朋友們的舊信札，就和女人抱著孩子走在一個客棧裏。不幾天，即聽得外面紛紛傳我被捕，或是被殺了，柔石的消息卻很少。有的說，他曾經被巡捕帶到明日書店裏，問是否是編輯；有的說，他曾經被巡捕帶往北新書局去，

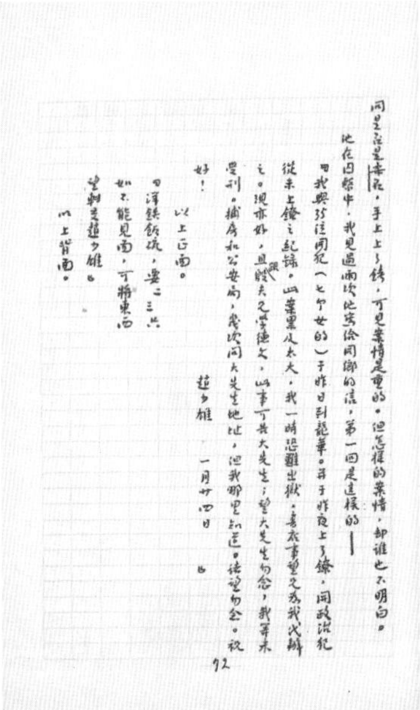

問是否是柔石，手上上了銬，可見案情是重的。但怎樣的案情，卻誰也不明白。

他在囚繫中，我見過兩次他寫給同鄉的信，第一回是這樣的——

「我與35位同犯（七個女的）于昨日到龍華。並于昨夜上了鐐，開政治犯從來未上鐐之紀錄。此案累及太大，我一時恐難出獄，書店事望兄為我代辦之。現亦好，且跟殷夫兄學德文，此事可告大先生；望大先生勿念，我等未受刑。捕房和公安局，幾次問大先生地址，但我那裏知道。諸望勿念。祝好！

趙少雄 一月廿四日。」

以上正面。

「洋鐵飯碗，要二三只如不能見面，可將東西望轉交趙少雄。」

以上背面。

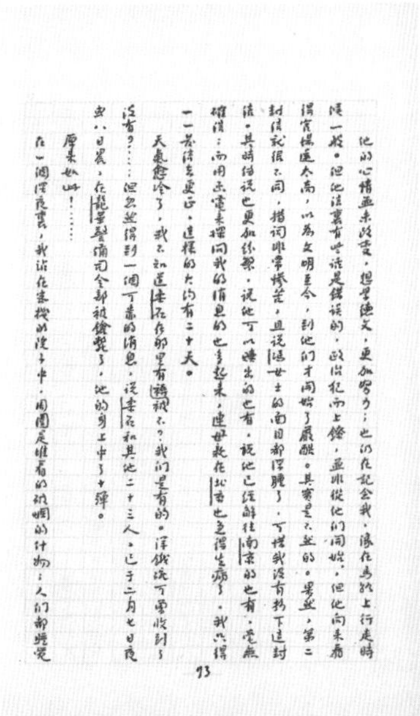

他的心情並未改變，想學德文，更加努力；也仍在記念我，像在馬路上行走時候一般。但他信裏有些話是錯誤的，政治犯而上鐐，並非從他們開始，但他向來看得官場還太高，以為文明至今，到他們才開始了嚴酷。其實是不然的。果然，第二封信就很不同，措詞非常慘苦，且說馮女士的面目都浮腫了，可惜我沒有抄下這封信。其時傳說也更加紛繁，說他可以贖出的也有，說他已經解往南京的也有，毫無確信；而用函電來探問我的消息的也多起來，連母親在北京也急得生病了，我只得一一發信去更正，這樣的大約有二十天。

天氣愈冷了，我不知道柔石在那裏有被褥不？我們是有的。洋鐵碗可曾收到了沒有？……但忽然得到一個可靠的消息，說柔石和其他二十三人，已于二月七日夜或八日晨，在龍華警備司令部被槍斃了，他的身上中了十彈。

原來如此！……

在一個深夜裏，我站在客棧的院子中，周圍是堆著的破爛的什物；人們都睡覺

魯迅《為了忘卻的記念》手稿

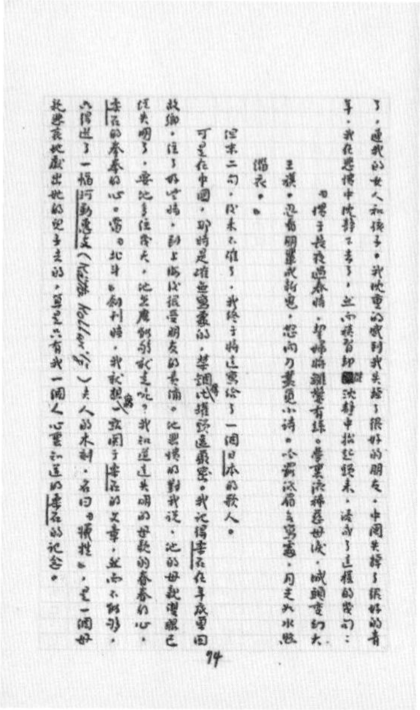

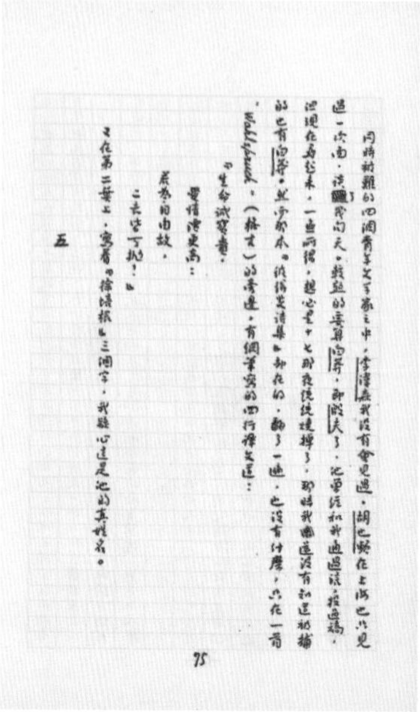

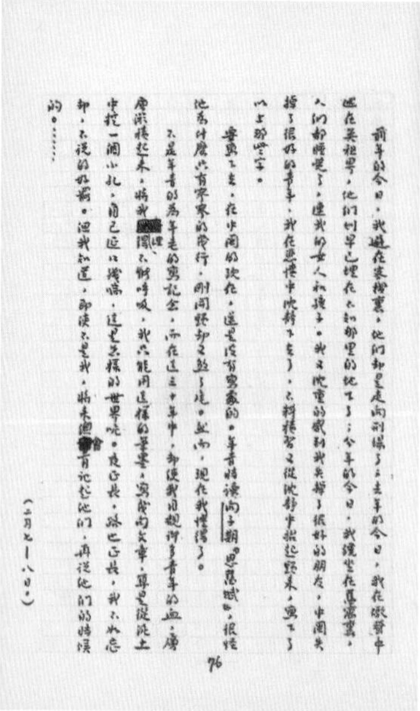

魯迅《為了忘卻的記念》手稿

昔時人已沒，今日水猶寒
——《饒彰風交代》故事

日前檢出一葉文革間《饒彰風交代（摘要）》（一九六八年二月十六日），這雖然不是饒彰風手書原件，祇是同時期的鈔件，但饒的交代原件未見，或者已不存在。透過這一葉薄紙，卻可以覘見東江縱隊之史實，和饒彰風生平事功的梗概。本文特為這葉「交代」箋注，兼闡述其遭際。

饒彰風簡歷

饒彰風（一九一三—一九七〇）原名饒高評，化名嚴蒲特。廣東省大埔縣人，中山大學出身，一九三六年八月入黨（張直心介紹）後，奉派到香港「全國救國會華南區總部」任秘書，實為中共南方臨時工作委員會秘書。廣州淪陷之後，饒在東江特委任常委和宣傳部長，從事抗日宣傳和幹部培訓，兼統戰工作。一九四一年春調粵北省委任統戰部長。一九四三年底任東江縱隊司令部秘書長，是曾生、尹林平的得力助手。抗戰勝利後赴香港，出任東江縱隊香港辦事處主任，香港新華通訊社社長，香港《華商

三十年代在香港中共南方臨時工作委員會期間的饒彰風

報》復刊負責人。在《華商報》的工作重點是協助方方、尹林平、連貫搞統戰。並到南洋做僑務工作，籌建新華社新加坡分社。一九四八年，饒奉周恩來令，親自組織安排在香港的民主黨派領袖和社會賢達：李濟深、沈鈞儒、蔡廷鍇、郭沫若、章伯鈞、柳亞子、馬寅初等近千人，分二十次秘密北上，以配合中共籌建新政協，為新中國開國大業「埋班」。同時，饒彰風還領導「兩航起義」、「靈甫」號、「重慶」號軍艦起義、招商局起義等一系列重大事件，加速華南解放進程，貢獻殊深。解放後在廣東省掌統戰部，工作務實、成績顯著。六十年代調省科委、文教辦，兼掌廣州外語學院。饒的老領導曾生譽他「襟懷坦白，光明磊落」，饒的另一位老領導尹林平評論他「饒彰風以他那種立場堅定、作風靈活、平易近人、能說會寫的長處，爭取朋友，團結同志，開創地下工作，作出了顯著的成

1949年10年1日饒彰風在香港《華商報》社主持升起第一面五星紅旗

饒彰風

尹林平在香港，1947年

績。」（尹林平《當之無愧的好黨員好幹部》）但如此一位好黨員好幹部，文革伊始就被抓捕審查折磨了。這一葉泛黃鈔本，就是饒氏被審查時交代材料的摘錄。

一

「交代」文字不長，錄如下：

「一九四四年美國十四航空隊第一次派人來，是在秋天，第一次是來二個，叫歐洛爾，他來時帶一個電台一個報務員，那報務員後來給我們扣留，是個國民黨特務，後東縱讓一個報務員代他。歐洛爾來時先到惠陽坪山，最初是由曾生接見他，曾生負責管，當時重慶有知道來，每天有與中央聯繫的。當時英國也在國民黨那裏建一個電台，給我們繳獲，後英國與重慶交涉的。

在東縱期間，四四年冬我到部隊傳達問題，有三個美國人去測大亞灣與我們聯繫，我們派人去測水深，是日本人活動的海面。這三個美國人也與我們一齊去的。

當時的聯絡站是要歐洛爾拿錢出來，經費由他負責的，但要多少錢，我們不清楚。交了多少情報給美國也不知道。

日本零式飛機

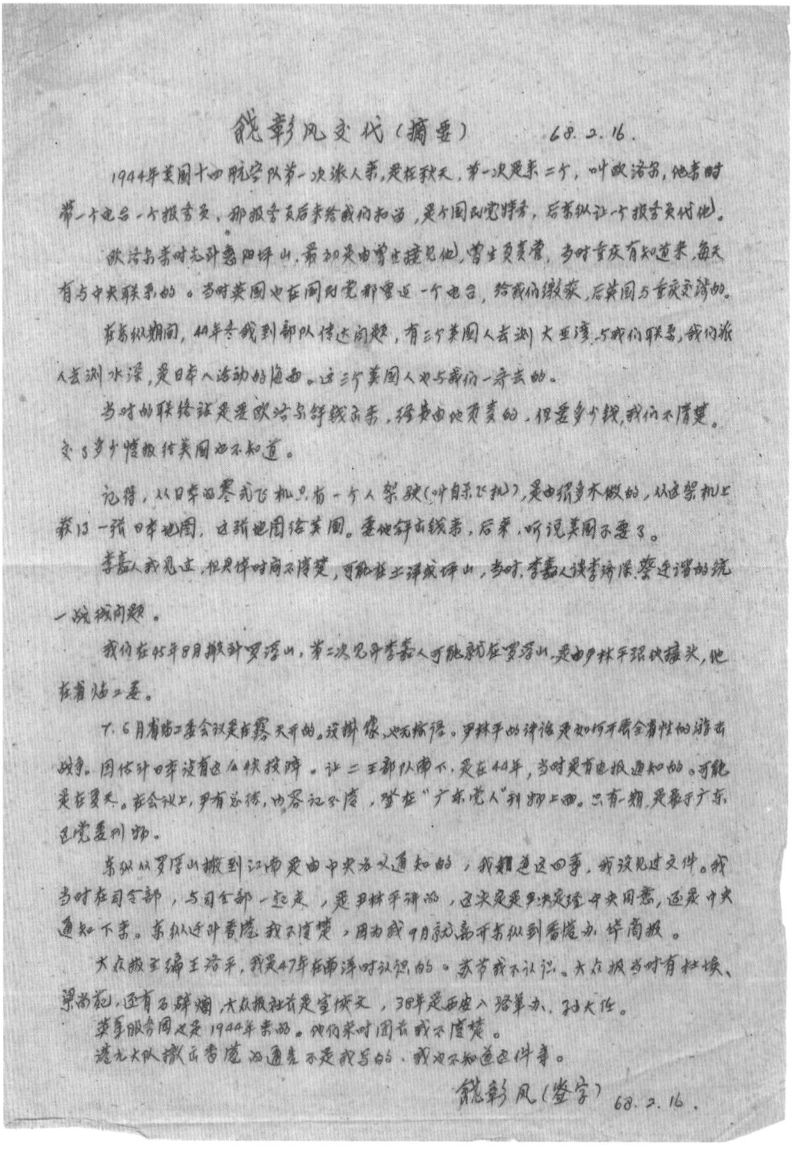

饒彰风交代（摘要）　68.2.16.

1944年美国十四航空队第一次派人来，是在秋天，第一次是来二个，叫欧治尔，他当时带一个电台一个报务员，那报务员后来给我们知道，是个国民党特务，后东纵让一个报务员代他。

欧治尔当时先到惠阳坪山，最初是由曾生接见他，曾生负责，当时重庆有知道来，每天有与中央联系的。当时美国也在国民党那里送一个电台，给我们缴获，后美国与重庆交涉的。

在东纵期间，44年冬我到部队传达问题，有三个美国人去测大亚湾，与我们联系，我们派人去测水深，是日本人活动的海面。这三个美国人也与我们一齐去的。

当时的联络站是要欧治尔筹钱出来，经费由他负责的，但要多少钱，我们不清楚。交了多少情报给美国也不知道。

记得，从日本的零式飞机只有一个人驾驶（叫自杀飞机），是由很多木做的，从这架机上获得一张日本地图，这张地图给美国。要他筹出钱来，后来，听说美国不要了。

李嘉人我见过，但具体时间不清楚，可能在土洋或坪山，当时，李嘉人谈李济深、蔡廷锴的统一战线问题。

我们在45年8月搬到罗浮山，第二次见到李嘉人可能就在罗浮山，是由尹林平跟他接头，他在省临工委。

7、6月省临工委会议是在露天开的。没挂像，也无标语。尹林平的讲话是如何开展全省性的游击战争。因估计日本没有这么快投降。让二王部队南下，是在44年，当时是有电报通知的。可能是在夏天。在会议上，尹有总结，由容记录，登在"广东党人"刊物上面。只有一期，是属于广东区党委刊物。

东纵从罗浮山搬到江南是由中央命令通知的，我知道这回事，我没见过文件。我当时在司令部，与司令部一起走，是尹林平讲的，这决定是尹决定经中央同意，还是中央通知下来。东纵迁到香港我不清楚，因为我9月就离开东纵到香港办华商报。

大众报主编王治平，我是47年在南洋时认识的。苏节我不认识。大众报当时有杜埃、梁尚苑，还有石辟澜，大众报社长是宣侠父，38年是西安八路军办、孙大任。

英军服务团也是1944年来的。他们来时间我不清楚。

港九大队撤出香港的通告不是我写的，我也不知道这件事。

饒彰风（签字）68.2.16.

饒彰風交代，1968年

記得，從日本的零式飛機只有一個人駕駛（叫自殺飛機），是由很多木做的，從這架機上獲得一張日本地圖，這張地圖給美國。要他拿出錢來，後來，聽說美國不要了。」

開頭這五段，是交代抗戰期間，東縱與在華美軍情報合作的事。事緣一九四四年二月十一日，美國十四航空隊中美空軍混合團一級中尉唐納德．W．克爾（Donald W. Kerr，一九一四—一九七七），飛赴香港啟德機場執行任務時與日機激戰，他的P-40戰鬥機被側擊，油箱起火，克爾跳傘逃生，降落在機場北面新界觀音山，日軍急搜索圍捕，東縱游擊隊員協助藏匿，數度轉移，令日軍花了過千兵力搜捕，海陸空配合，持續十七天都徒勞無功。游擊隊終於護送克爾穿越封鎖線，到達土洋村東縱司令部，再安返桂林空軍基地。克爾向飛虎隊陳納德將軍報告遇險和游擊隊營救經歷。其結果是在華美軍司令部決定和東縱合作。（詳《懷古凜英風——東縱「五人照」故事》，載《舊日風雲》第三集）

一九四四年十月七日，美國陸上技術資源委員會技術代表歐戴義（Dr. Merrill S. Ady）博士和一個報務員，通過余漢謀關係到惠陽，再經戴笠特務系統找到東縱司令部，歐博士帶著陳納德將軍、和克爾上尉（已晉升上尉）給東縱的謝函，要求和東縱在情報方面合作。

美國十四航空隊中美空軍混合團一級中尉唐納德．W．克爾 Donald W. Kerr

克爾中尉與曾生司令員（左）、林展、饒彰風（右）合攝於土洋村

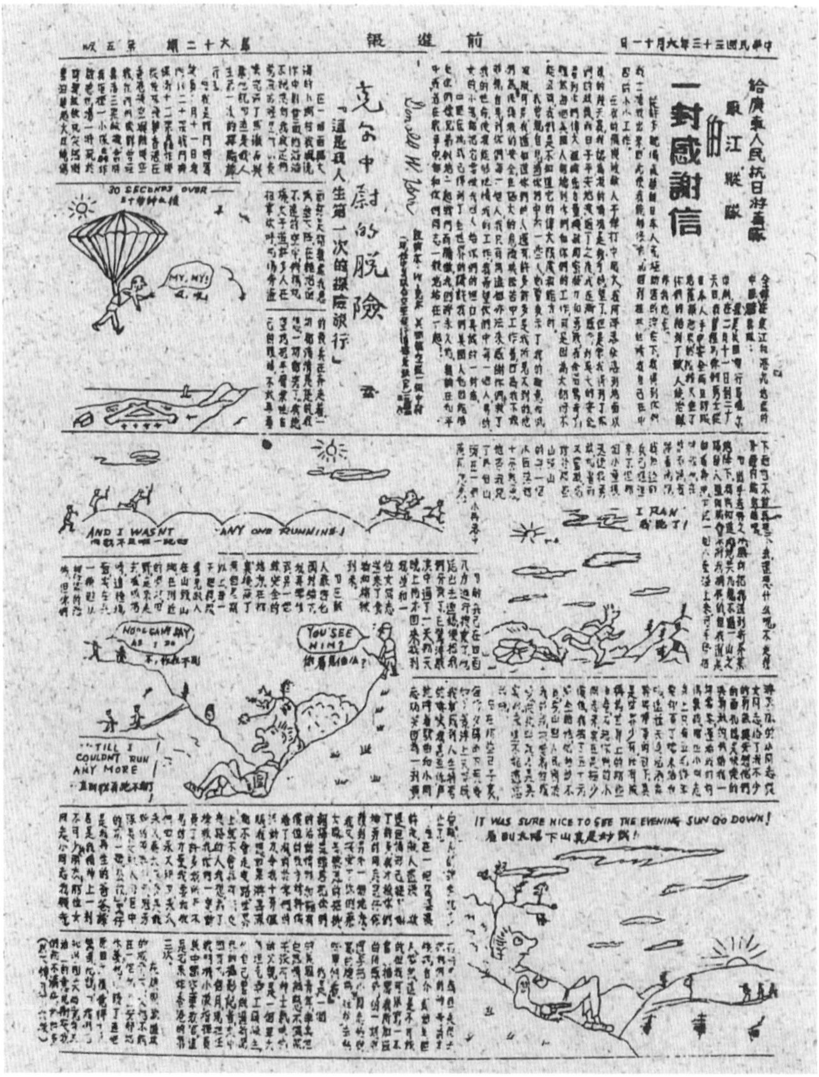
前進報
中華民國三十三年六月十一日
第六十二期 第五版
給廣東人民抗日游擊隊東江縱隊的一封感謝信
克爾中尉的脫險
「這是我人生第一次的探險旅行」

克爾中尉致東江縱隊的感謝信
中譯刊《前進報》，1944年6月11日

東縱政委尹林平於十月九日電延安請示，毛澤東批示：「抄周、弼、劉、彭、朱、葉（請周覆）——毛。」十三日，周恩來代表中共中央覆電：「與歐博士談話，可表示歡迎合作。關於建立電臺、搜集情報、偵察氣象、訓練爆破，可以答應。如有其他要求，可告以須電延安請示，見面情形望電告中央。」

這說明東縱與美軍合作，是經中央批准的。曾生將與盟軍情報合作任務，交袁庚執行。袁庚說：

> 「抗戰後期，我在東江縱隊領導過與盟軍的情報合作。一九四四年夏，中共中央同意盟軍在東江縱隊設立『美國駐華第十四航空隊』聯絡處，東江縱隊也相應地設置一個聯絡處作為特別情報部門，並任命

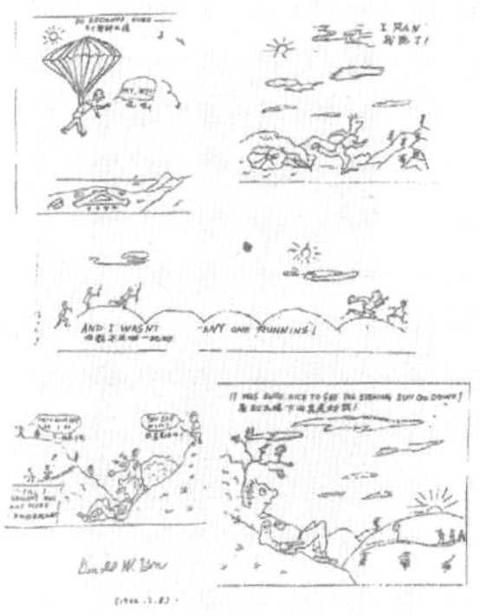

克爾中尉自畫漫畫刊《前進報》，1944年6月11日

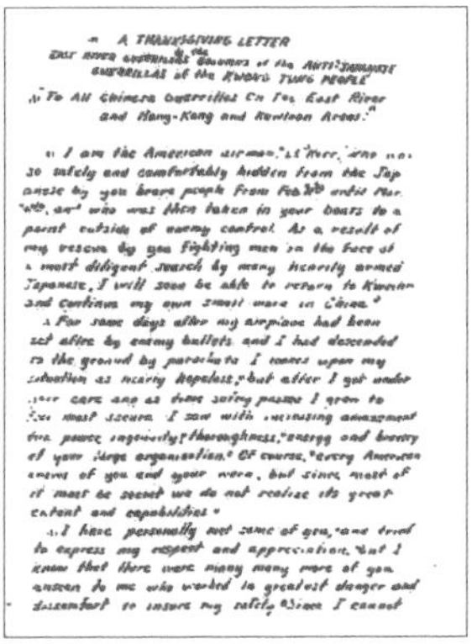

A THANKSGIVING LETTER
to the East River Guerrillas, the Gunners of the Anti-Japanese Guerrillas of the Kwong Tung People
"To All Chinese Guerrillas On the East River and Hong-Kong and Kowloon Areas:"

I am the American airman, Lt. Kerr, who was so safely and comfortably hidden from the Japanese by you brave people from Feb. 11th until Mar. 11th, and who was then taken in your boats to a point outside of enemy control. As a result of my rescue by you fighting men in the face of a most diligent search by many heavily armed Japanese, I will soon be able to return to Kweilin and continue my own small war in China.

For some days after my airplane had been set afire by enemy bullets and I had descended to the ground by parachute I considered my situation as nearly hopeless, but after I got under your care and as time went on I grew to feel most secure. I saw with increasing amazement the power, ingenuity, thoroughness, energy and bravery of your large organization. Of course, every American knows of you and your work, but since most of it must be secret we do not realize its great extent and capabilities.

I have personally met some of you, and tried to express my respect and appreciation, but I know that there were many many more of you unseen to me who worked in greatest danger and discomfort to insure my safety. Since I cannot

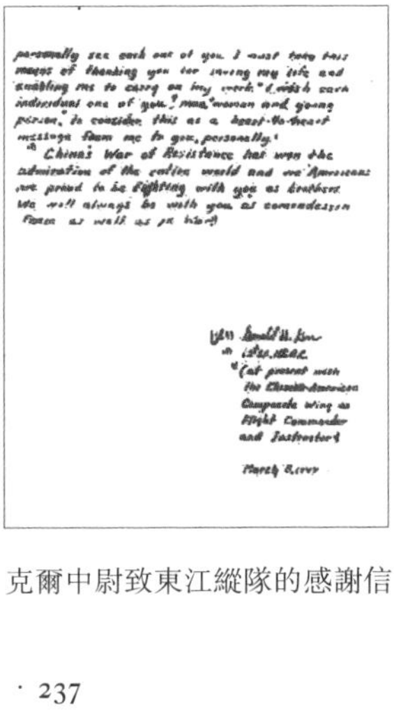

personally see each one of you, I must take this means of thanking you for saving my life and enabling me to carry on my work. I wish each individual one of you, man, woman and young person, to consider this as a heart-to-heart message from me to you, personally.

China's War of Resistance has won the admiration of the entire world and we Americans are proud to be fighting with you as brothers. We will always be with you as comrades in Peace as well as in War.

Donald W. Kerr
1st Lt. U.S.A.C.
(at present with the Chinese-American Composite Wing as Flight Commander and Instructor)

March 8, 1944

克爾中尉致東江縱隊的感謝信

我為處長，黃作梅任聯絡員兼英文翻譯。東縱聯絡處的職責是，主管廣東沿岸及珠江三角洲敵佔區的情報工作，同時負責與以歐戴義少校（LT. B. MERRILLS. ADY.）為首的美軍觀察組聯絡，交換日軍情報。」

「我們設立了電臺，直接與美國第十四航空隊乃至美國太平洋艦隊總司令尼米茲上將直接聯絡。」（袁庚《長空英魂——紀念黃作梅烈士文集・序》）

歐博士是甚麼背景呢，尹林平在一九四四年十月九日致延安電說，歐自稱「前在華二十餘年曾任牧師，能操粵語，常來往於香港、陽江一帶，戰爭爆發被敵俘虜後，因交換俘虜得仍在華工作。」

而「交代」中提到歐博士帶來的報務員，是國民黨特務。這位報務員叫唐小武，廣東四邑人，美國僑生，他偷窺東縱人員筆記，欲竊東縱電台密碼。袁庚向歐交涉，歐開除唐，東縱予以逮捕驅走。歐擬另派美國報務員來，東縱不允，結果改派東縱司令部電台報務員江群好小姐替補。江是菲律賓歸僑，英語流利，方便溝通。當年黃作梅已公開談到此事，唐小武「接二連三的進行破壞解放區活動，被美軍當局開除了。一個游擊隊的報務員代替了他的位置。」（黃作梅《我們與美國的合作——關於廣東人民

袁庚（右）
美國太平洋艦隊總司令
尼米茲上將（左）

抗日游擊隊東江縱隊與盟邦美國在打擊共同敵人戰爭中合作的報告》刊《華商報》一九四六年三月廿八日）

關於東縱與美軍情報合作，黃作梅早在抗戰勝利後不久，撰《東江縱隊的國際地位》公開發表，文中透露出東縱「為了和美國派來的情報組合作，東江縱隊建立了一個特別情報工作部門，這部門逐漸擴展到包括二百多個工作人員，情報站遍布東江敵佔區，南起香港，北到廣州，東自海陸豐，西至珠江東岸，後來粵北、西江淪陷，又更擴展到西、北江去。工作者都是東江縱隊經過挑選的幹部；一切經費也是靠自己支持。由於工作人員的精幹和努力，並曾損失了不少人員，供給許多寶貴的情報給十四航空隊和美軍總部。」（《前進文萃》第三輯，一九四六年六月十日出版）

「交代」說：「當時的聯絡站是要歐洛爾拿錢出來，經費由他負責的，但要多少錢，我們不清楚。交了多少情報給美國也不知道。」這裏說的，與當年黃作梅說的「一切經費也是靠自己支持」不同。饒是司令部秘書長，不管情報，情況不清楚，就老老實實說不知道。黃作梅是聯絡處的人，是經辦者，所以十分清楚。袁庚說：「黃作梅在東縱聯絡處擔任聯絡員兼英文翻譯，職責是負責翻譯我方提供的軍事情報，交由歐戴義發出；負責與歐戴義聯絡，照顧他的工作與生活需要。黃作梅在聯絡處期間，機智、勇敢、沉著、頑强，有高度的革命事業心和責任感，工作成績顯著。

黃作梅

歐戴義十分欣賞。」

由一九四四年十月至翌年八月日本投降為止，東縱情報系統通過歐博士向飛虎隊和駐華美軍司令部，提供了許多高質量的情報，黃作梅早在一九四六年在《我們與美國的合作》一文，列舉出其中二十筆細目。（刊《華商報》一九四六年三月廿八日）東縱提供的情報，準確、及時，所以備受重視。「這個情報站被認為『美軍在東南中國最重要的情報站』，它的情報被認為『在質與量都經常優越』，『對美國戰略部隊在中國的組織的成功有著決定的貢獻』」。（《前進文萃》第三輯，一九四六年六月十日出版）因而多次獲陳納德、在華美軍司令部甚至華府的讚譽、嘉獎。

這個與美國情報合作項目，「交代」中提到的李嘉人也有參與。

李嘉人，1946年

「李嘉人接受黨組織安排參與了這項工作。他與東江遊擊隊一道，搜集到日軍在廣州市的飛機場地圖、廣州郊區日偽軍分布情況以及日偽軍機關所在地和發電廠的位置等情報，帶回梧州交給組織轉送美軍。美航空隊得到這些情報後，即派飛機炸毀日軍飛機庫及其它設施，取得預期戰果。」

但是到了文革，李嘉人也因參與此事惹禍。廣州中山大學革命造反委員會

「310戰團」編有《李嘉人與O.S.S.（美國戰略情報局）關係的綜合報告》。

二

「交代」第二段：

「在東縱期間，四四年冬我到部隊傳達問題，有三個美國人去測大亞灣與我們聯繫，我們派人去測水深，是日本人活動的海面。這三個美國人也與我們一齊去的。」

這一段在黃作梅《我們與美國的合作》一文中第三章「協助甘茲上尉進行測量工作」早已交代清楚：

「一九四五年三月九日，美海軍甘茲上尉及其包括四個中國人兩個美國人的工作組到達東江地區進行測海工作，在離開該地區之前，他們由游擊隊護送並幫助獲得他們工作所需要的重要情報。」

其後（一九四五年三月十一日）甘茲上尉函謝曾生司令。

甘茲上尉工作組到東縱要求協助他們到大亞灣沿海探測水深，是要尋

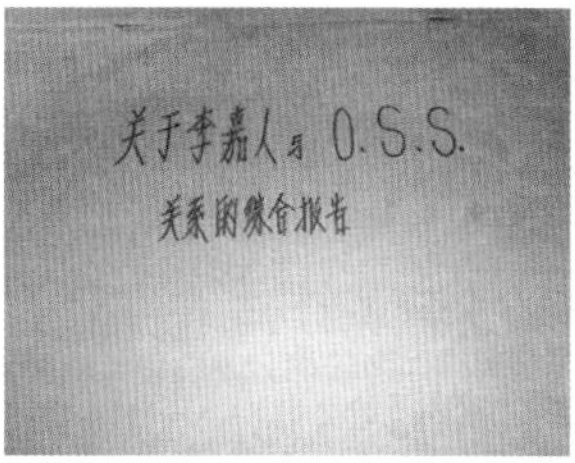

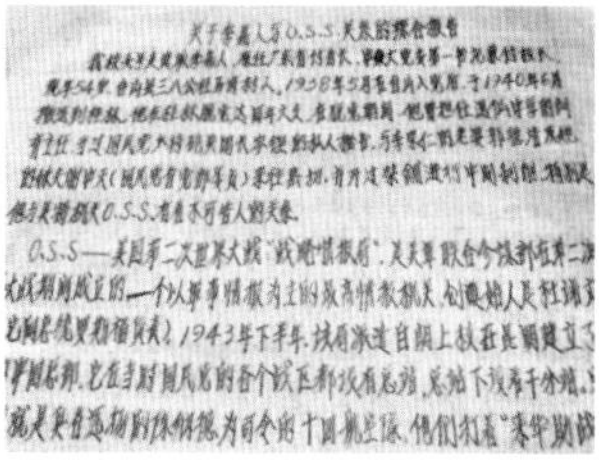
关于李嘉人与O.S.S.关系的综合报告

《關於李嘉人與O.S.S.（美國戰略情報局）關係的綜合報告》中山大學革命造反委員會310戰團

覓「東方的『諾曼第灘頭』」，盟軍準備在華南覓合適的灘頭登陸。但後來因為東縱提供了突然消失的日軍精銳「波雷部隊」的動向，盟軍改變計劃。

原來日軍偵知盟軍準備在中國東南沿海登陸，日軍大本營命波雷兵團秘密趕往華南沿海布防。南下行程關閉電台，晝伏夜行。所以美軍無法偵知此一兵團所在和動向。東縱情報人員為探此情報花了大氣力，也犧牲了人員（如袁庚助手情報組長鄭重），終於偵知此兵團已到惠陽淡水，正修築工事迎戰。

從美軍致東縱的感謝電報，可見這情報的重要。

「我們對你們近來關於敵軍及其活動，駐地和番號的報告特別感到喜悅，這些情報是重要的，實際上他是有生命活力的，因為它揭露了敵人的企圖和活動，幫助了我們的指揮當局取得更好的結論和計劃。」（一九四五年五月二十日來電）

「你們關於一二九師團的報告很優越，總部致以謝意，因時間我們沒法把報告中的大隊指揮官姓名和大隊的番號聯結起來，因為一二九師團是你們發現，我們沒有其他的來源來調查這樣事情的。你們作了極優良的工作。」（一九四五年七月二十六日來電）

盟軍原計劃像諾曼第登陸般在中國華南登陸突襲。但因為東縱提供了這些準確的情報，盟軍改變策略。美軍深知波雷兵團厲害，嘗過波雷的苦頭。如果像諾曼第那樣在華南登陸，會犧牲許多盟軍戰士。為了避免太多傷亡，遂改為直接進攻日本本土。此舉改變了第二次世界大戰亞太地區戰局的結束方式和結束時間，影響極大。（袁庚著《東江縱隊與盟軍的情報合作及港九大隊的撤出》，刊《香港抗戰論文集：東江縱隊港九獨立大隊》）

必須指出，東縱與美軍的情報合作，是有所設防，有所保留的。黃作梅當時發表的文章，沒有提到這點。黃發文是為了東縱北撤談判製造輿論。但我們從後來看到中央給東縱的電文，可知中央對東縱與美軍合作的疑慮，和具體指導如何防範。

中央關於配合盟軍登陸應注意事項的指示

（一九四四年三月十三日）

「林平：

你們現處之環境最複雜，英國對港九絕不放手，……英美在華南一方面有矛盾，一方面也必須求得妥協。……你們對盟軍對下列事項應有看法和布置：

一、盟軍所要登陸情報可以給他，但他們說的登陸地點不要完全信

美國向日本廣島投下原子彈

他，如大亞灣，即可以登陸，其西之澳頭有公路通惠州，再西之大鵬灣可以迂回港九線，而大亞灣以東地形並不甚好，是否有意將我們注意力引向東，以便牽制敵人，望注意偵察。

二、在談情報時，你們可正式與歐戴義談具體配合問題，並提出武裝我們的要求，看他們如何答法。

三、英軍服務團如亦向你們提出此問題可同樣方法處之。

四、你們對配合盟軍登陸的可能準備和布置，望告。

中央

三月十三日」

「記得，從日本的零式飛機只有一個人駕駛（叫自殺飛機），是由很多木做的，從這架機上獲得一張日本地圖，這張地圖給美國。要他拿出錢來，後來，聽說美國不要了。」（一九四五年三月十三日中央致林平電）

「交代」所說日本的零式飛機只是由很多木做的。這段可能抄漏了些東西，也可能是饒本人記漏了。東縱情報人員發現日本用木頭做了些假飛機，停在機場做樣子。真正的飛機則在倉庫中。後來盟軍得此情報，派飛機轟炸機庫。

三

李嘉人（一九一四—一九七九），廣東台山人。一九三一年台山師範學校畢業後任小學教師。一九三四年廣州中國新聞學院畢業。次年赴日留學，一九三六年歸國在台山培英中學任教。一九三八年七月在台山加入中共（鄺啟常介紹）。曾任中共台山縣委書記、中共中央香港分局政治秘書、中共粵港工委群眾工作委員會副書記。解放後，出任中共中央華南分局秘書長，華南農墾局局長，中山大學校長，中共廣東省委黨校副校長、黨委第一書記，廣東省委常委，廣東省副省長等職。

饒彰風交代：「李嘉人我見過，但具體時間不清楚，可能在土洋或坪山，當時，李嘉人談李濟深、蔡廷鍇的統一戰線問題。」

饒第一次見過李是抗戰勝利前。事緣一九四〇年五月，李在台山被國民黨通緝，秘密撤退，調往廣西，先後在桂林、賀縣教書，開展抗日宣傳工作。而一九四四、四五年，李濟深將軍擬倡西南獨立運動，成立華南民主聯軍。周恩來代表中共中央電中共廣東省臨委，由東江縱隊出面聯繫、支持。

一九四五年三月，李濟深到達廣東高州後，欲聯絡張炎將軍不果（張炎於一九四五年一月十四日在廣東吳川率部起義，在廣西博白被捕，三月廿二日，在玉林犧牲。）轉廣東羅定晤蔡廷鍇。下榻羅定城十九路軍舊部

李嘉人（右）
李嘉人（三排右三）與青抗會同志合影，1938年（左）

譚啟秀家。

時廣東省臨委派李嘉人作為東縱代表赴羅定晤李濟深、蔡廷鍇，表達中共對李濟深西南獨立運動和組織華南民主聯軍的支持。所以有「李嘉人談李濟深、蔡廷鍇的統一戰線問題。」

手邊正好有一份李嘉人《關於一些情況的交代》（一九六七年十一月二十日），說及一九四四年到東縱，大概是那個時候認識饒彰風。「我們在四五年八月搬到羅浮山，第二次見到李嘉人可能就在羅浮山，是由尹林平跟他接頭，他在省臨工委。」

李嘉人《關於一些情況的交代》（一九六七年十一月二十日）說：「一九四五年上半年我在羅浮山參加當時區黨委召開的黨代會，傳達中央關於成立臨時省委的指示，並討論形勢問題，參加的人，除東縱的負責人尹林平、曾生、楊康華外，還有連貫、梁廣、饒彰風……等。……因為我當時在東縱，他們也通知我參加了。」這說明了饒彰風說「第二次見到李嘉人可能就在羅浮山」是準確的。而李亦屬省臨工委。

必須指出，東縱北撤，危機四伏，張發奎考慮如何殲滅東縱這幾千「土匪」，擬策劃第二起「皖南事變」。而李嘉人《我和左洪濤的關係》（一九六八年一月十六日）交代了以下情況：一九四五年八月李嘉人由東縱出來，在廣州搞統戰工作，和民主人士與文化人聯繫。……狄超仁介紹

李濟深

李嘉人認識左洪濤。「通過左洪濤了解張發奎動態（當時左洪濤任張發奎副官），當時國共開始談判，但張發奎卻在廣東發動反共軍事，後來談判東縱北撤時，他不承認廣東有中共部隊，說只有土匪，仍然實行軍事圍剿。了解張發奎的動態，在當時是很重要的。所以我認識左洪濤後，定期到他家裏去（住在邊賢路），從他那裏聽取一些軍事政治情報。他也供應過一些情報，特別是四六年進入具體談判東縱北撤時，常從他那裏得到一些張發奎態度的情況，當時他也頗為積極去打聽這方面的情況告訴我。」

果然，當東縱北撤部隊集中到大鵬半島葵涌（六月二十三日）等待登

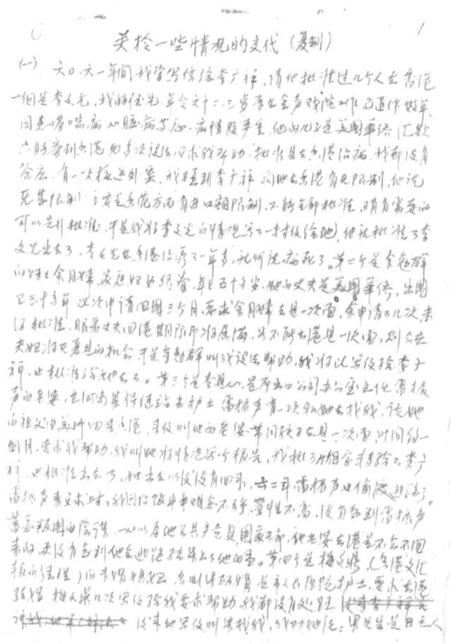

关於一些情况的交代（复制）

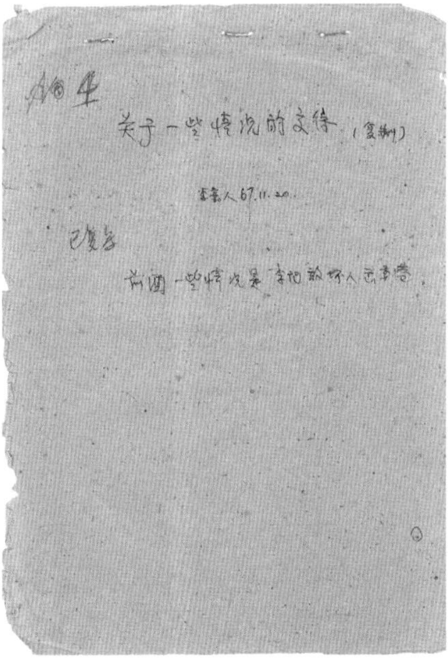

关于一些情况的交待（复制）

李嘉人 67.11.20

李嘉人《關於一些情況的交代》

船之時。廣州行營密令駐淡水、龍崗、寶安的部隊搞「突然襲擊」，擬將東縱北撤骨幹「甕中捉鱉」而「一網打盡」。但此一密令為廣州行營參謀處任作戰參謀的地下黨楊應彬截獲，由左洪濤送交《華商報》總經理薩空了，即午趕回香港交連貫轉呈已在大鵬半島的方方，方方即與曾生、尹林平研究，立即上報周恩來、葉劍英，向「三人小組」和軍調部（軍事調處執行部）揭露此項陰謀。方方向「軍調第八執行小組」抗議，同時由傳媒公開揭露，動員民主黨派頭面人物譴責廣州行營的陰謀，痛斥張發奎。而在大鵬半島的北撤部隊，也積極備戰，佔領駐地制高點，構築工事等，並將國民黨和美國談判代表扣留在東縱司令部。張發奎的計劃落空。六月三十日東縱北撤二千五百八十三人分乘美國三艘登陸艦，七月五日安抵山東煙台，完成北撤任務。

東縱司令部、政治部是在一九四五年五月移駐羅浮山。「交代」鈔本作八月，疑筆誤，或饒記憶有誤。

「7.6月省臨工委會議是在露天開的。沒掛像，也無標語。尹林平的講話是如何開展全省性的游擊戰爭。因估計日本沒有這麼快投降。讓二王部隊南下，是在四四年，當時是有電報通知的。可能是在夏天。在會議上，尹有總結，內容記不清，登在『廣東黨人』刊物上面。只有

張發奎（右）
左洪濤（左）

一期，是屬於廣東區黨委刊物。」

七月六日中共廣東省臨委在博羅縣羅浮山冲虛觀召開幹部擴大會議（簡稱「羅浮山會議」，至廿二日結束）。尹林平總結報告的題目是《目前形勢與鬥爭任務》。與會代表根據中共中央指示，成立中共廣東區黨委，尹林平任書記，組織部梁廣，宣傳部蒲特（即饒彰風）兼新華分

楊應彬

方方

運送東縱北撤部隊的美軍登陸艦（共三艘）

1946年7月6日東縱北撤部隊抵達山東煙台

社長。二王部隊南下，是指一九四五年七月，王震（司令員）王首道（政委）所率，以八路軍一二〇師第三五九旅主力部隊四千人，由鄂南出發南下，擬到湘粵邊宜章、樂旨地區與東縱會合，開創湘粵邊根據地，配合作戰。八月中旬日本投降，情況變化，八月下旬，二王部隊北撤，執行新任務。

「東縱從羅浮山搬到江南是由中央名義通知的，我知道這回事，我沒見過文件。我當時在司令部，與司令部一起走，是尹林平講的，這決定是尹決定經中央同意，還是中央通知下來。東縱遷到香港我不清楚，因為我九月就離開東縱到香港辦《華商報》。」

東縱北撤後，廣東區黨委通知，留下的人員如要聯繫，到《華商報》找饒彰風。（歐初口述，二〇一七年八月廿六日）

四

「《大眾報》主編王洛平，我是四七年在南洋時認識的。蘇節我不認識。《大眾報》當時有杜埃、梁尚苑，還有石辟爛，《大眾報》社長是宣俠父，三八年是西安八路軍辦，孫大任。

1945年7月6日中共廣東省臨委在博羅縣羅浮山沖虛觀召開幹部擴大會議

英軍服務團也是一九四四年來的。他們來時團長我不清楚。港九大隊撤出香港的通告不是我寫的，我也不知道這件事。

饒彰風（簽字）一九六八年二月十六日」

一九四七年春，中共中央香港分局成立，派夏衍和饒彰風先後到馬來亞。饒彰風是在一九四七年三月先去泰國，四月才以《華商報》記者身份到馬來亞，從事華僑統戰工作。年底返香港。翌年二月，饒再奉命赴馬來亞籌建新華社新加坡分社，六月底回港。《大眾報》諸人，是在這期間接觸的。其中提到的杜埃，後來在廣州，梁上苑在香港新華社，文革期間返內地曾被造反派非法綁架囚禁，不知與饒案有否關連。

《東江縱隊港九獨立大隊撤退港九新界宣言》，是年九月二十八日，

梁上苑攝於香港太平山頂，1986年

1949年接管廣州時三戰友(右起)左洪濤、尹林平、饒彰風

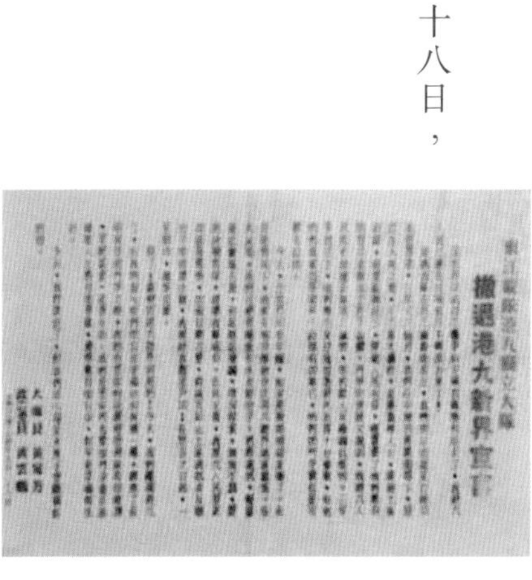

東江縱隊港九獨立大隊
撤退港九新界宣言

宣俠父(右)
《東江縱隊港九獨立大隊撤退港九新界宣言》(左)

署名是：大隊長黃冠芳，政治委員黃雲鵬。

五

解放後，東縱許多幹部的命運坎坷。先是「土改」、繼而「反地方主義」、復有「三反運動」，大批東縱幹部蒙冤。

港九獨立大隊大隊長蔡國樑在「三反」中出事，一九五二年死亡，還禍延家人，到七十年代末才平反。

幫助東縱，在北撤中提供張發奎圖謀剿滅東縱情報的左洪濤，在「三反」中也被弄倒。文革中也被捕審查，被刑訊逼供，有「左洪濤專案組」，設在廣州軍區第一招待所。

而「反地方主義」最為嚴重。有人故意貶損廣東地下黨，說「廣東幹部嚴重不純、社會關係複雜」。這讓大批東縱幹部歷盡坎坷，飽受冤屈，或英年早逝，或含恨「自絕於人民」。（所以一九八三年曾生在紀念東縱大會上呼籲平反等建議，與會的老戰士老幹部熱烈鼓掌。）

到了文革，更是極致，東縱系統的人幾乎無一倖免。

東縱司令曾生，是一九六七年農曆新年前夕在廣州召開市委會議中被秘密逮捕並押解北京，專案組在三年之間審問三百多次，將東縱與英、美合作的往事，用來證明曾生是帝國主義的特務。曾生幸得周恩來幫忙，

廣東省各界代表會議期間饒彰風（左）與曾生合影，1950年10月

一九七四年七月十六日出獄，逃出生天。

曾生被捕之後一年，東縱負責情報的聯絡處長袁庚也逃不過牢獄之災了。一九六八年四月，康生在中調部要求對袁庚「停職接受審查」的報告上批示：「此人問題極為嚴重，立即逮捕與曾生案一並審訊」。袁庚就被關了五年半。迄一九七三年九月三十日才釋放。審查袁庚的部門是：「中國人民解放軍北京市公安局軍事管制委員會第七大隊」。

蔡國樑

左洪濤

開除左洪濤、楊奇黨籍，載《南方日報》1952年4月29日

1983年12月2日東江縱隊成立四十周年紀念會在深圳市舉行。左起：劉田夫、曾生、尹林平、王作堯、楊康華

一九四二年奉命打入敵偽憲兵部掌握敵情的羅汝澄（一九二一—一九七一），曾任港九獨立大隊副大隊長、勝利後任港九地下黨委區委書記，文革間被羅織漢奸、特務、叛徒等罪名，連續迫害六年，鬥爭數百次，迄一九七一年除夕死亡為止（一九七九年才在佛山開平反大會）。

李嘉人《關於一些情況的交代》（一九六七年十一月二十日）說：「文化大革命開始以後，除了七月間由紅旗公社帶我去警備司令部在軍隊一個幹部的主持下和我核對過一些事項外，和他（尹林平）沒有任何直接、間接的接觸。」

李嘉人交代的「他」是東縱政委尹林平。尹林平在一九六七年四月

1966年廣州紅衛兵列隊在鬧市遊行支持無產階級文化大革命

文革時期的廣州街頭

1972年10月曾生被關押在北京秦城監獄時，與探監的夫人阮群英和兒女在獄中偷拍留影。左起：阮群英、曾凱平、曾生、曾世平

二十日被逮捕，一關六年，受盡污辱、折磨、逼供、體罰。尹林平招牌大，「省直大聯合總部」有「尹林平專案組」，重點是「揭開以尹林平為首的地方主義翻案問題」。

當時東縱的尹林平、周伯明、饒彰風等人，集中關在梅花園廣州警司監護室，周與關在一起的黃雲鵬說：「這次成立一個辦公室（可能是卅一號辦）專整東縱老幹部，他們是有陰謀的。他說外面傳說曾生是日本特務，根本沒有這麼一回事，這是政治陷害，是莫須有的罪名。」

六

為甚麼要將抗日領導人弄成「特務」呢，這是黨爭需要。介紹饒彰風入黨的張直心，被造反派揪鬥廿多場，「強迫我證明饒彰風是假黨員。把饒彰風搞成假黨員，再加上『特務』的帽子，不就可以殺了嘛！其險惡用

袁庚，1963年

羅汝澄

被關押在北京秦城監獄的曾生與探監的夫人阮群英和兒女在獄中偷拍留影

心，昭然若揭。」張直心堅持實事求是。但饒還是躲不過厄運，慘遭虐殺。張直心想到的是專案組想殺饒彰風，其實專案組目的不在殺饒彰風，是要搞饒彰風的領導，當年南方局的負責人周恩來。

解放後饒彰風在廣東仍然主管統戰工作。饒彰風的人品、操守、才學、能力、經驗，允稱一流，是中共的忠誠骨幹。但在反右整風和反地方主義運動中被貶斥，到了文革更遭滅頂之災。饒的老部下羅培元說，饒所受到的批判，「據我所知在統戰工作方面，他所受到的批判的主要之點，

最高指示

打倒党内走资本主义道路当权派尹林平

一、解放前，尹林平在几个根本问题上对抗毛泽东思想

尹林平被列為黨內走資本主義道路當權派被批判

華工紅旗六二四縱隊、中山醫一一五師平型關戰團《關於尹林平問題聲明》

彻底清算尹林平的滔天罪行

（第三辑）

尹林平的反革命历史

毛泽东思想工人赤卫队广州地区总部

华南工学院太阳升公社

一九六七年十二月

華南工學院太陽升公社《彻底清算尹林平的滔天罪行》(第三輯)《尹林平的反革命歷史》

尹林平里通外国出卖民族利益

——1944—1948年尹林平里通外国的罪行铁证

《尹林平的反革命歷史》頁16講及東江縱隊特別情報部門與美軍派來的情報組合作被批判為裏通外國出賣民族利益

尹林平（右）
周伯明（左）

恰恰是他做得正確做得好的地方。」（《回憶饒彰風》頁一〇四）這說明饒彰風沒有錯，饒代表正確。

「正確」卻不能保命。人家有心要搞你，總有辦法。為了要從東縱找突破口，專案組成立了「三十一號辦公室」。一九六九年十月，將東縱主要領導十多人押送樂昌七里營勞改場的監獄，分別囚禁，尹林平一號、吳仲禧二號、饒彰風三號，李嘉人四號，吳有恒七號，……，隔離審查。

饒被關後曾秘密托人帶一小紙條與女兒饒海珠，紙條上寫着「審查我的問題總理都了解，每年交易會總理可能會來廣州，你設法找到總理……。」（《回憶饒彰風》頁二二〇）其實專案組審查東縱這批骨幹：曾生、尹林平、饒彰風、袁庚……之前，早已從中央檔案館查閱中央與東縱的往來電文檔案。檔案文本俱在，一切清清楚楚，還審查甚麼？

專案組的幕後黑手，其終極目的是要整周恩來，專案組要將曾生弄成日本特務、要將饒彰風弄成假黨員、叛徒、美軍戰略情報處間諜，……目的明確，是否定廣東黨，將矛頭指向領導南方局的周恩來、葉劍英。

饒被推到風口浪尖，又鐵骨錚錚，拒不順從審案人員要求，專案組審查人員用槍斃、活埋等手段，恐嚇饒，要他證明某人是叛徒。饒不畏強暴，拒不依從，結果，在一九七〇年九月十一日深夜，在三號牢房被虐殺而死。虐殺之夜，隔離房間四號室李嘉人聽得清楚。事後專案組人員命七

羅培元(右)
吳仲禧(中)
吳有恒(左)

號室的吳有恒「勞動」，實為「善後」，執拾饒的遺物和清理現場。

饒彰風被弄死了，好像沒有人需要負責。而「善後」的舉措，也做得難看。「劊子手為了掩蓋其罪行，事後急忙佈置要『絕對保密』，『不准通知家屬』，還編寫了一個『饒彰風九月十二日早上六時五十五分心臟病發搶救無效』的死亡報告，及『全身各處無銳器損傷之痕跡』的解剖報告。」半年之後，才通知饒夫人何秋明，但卻要約法三章：不准外傳、不准告訴子女、不准告訴親友。還要「劃清界線」。

饒的遺體當時沒有火化，後來讓家屬發現問題了。一九七二年底，饒的家屬被批准去樂昌去認墳。四年後，省委批准家屬可以將饒的遺骨遷回廣州火化。「開棺一看，發現右鎖骨被打斷，左胸肋骨斷得凌亂（如果是屍解刀剪，應該是整齊的），最要害的是頭顱骨上有一個半邊帶齒半邊稍圓的小洞。」家屬要求法醫檢驗，但所得結論是「天生的」。（《仁者彰風》，頁二九八）

但是，紙是包不住火的，樂昌監獄還有同時關押倖存者的，關在饒鄰室的李嘉人「還聽到整夜的審訊打罵聲和半夜一聲慘叫就沒聲音了。一位看守對被關押的尹林平伯伯說，早上發現屍體時已經僵硬了。」饒彰風不是「早上發病經搶救無效的」，而是半夜被打死的。（《回憶饒彰風》，頁二二〇—二二二）

饒彰風夫婦與女兒饒海珠

一九七一年林彪折戟沉沙，一九七三年，賀龍平反。饒彰風家屬和饒的戰友要求為饒平反昭雪。一九七四年，饒彰風的結論已從「敵我矛盾」更易為「人民內部矛盾」，省革委才批准將饒的遺骨運回廣州火化，並於十月十三日由廣州外國語學院在廣州殯儀館舉行簡單的告別儀式。本來規定告別儀式的參加人數不超二百。但消息一傳開，許多人都要求來參加。廖承志、曾生、胡愈之、連貫、何賢、費彝民……，發來唁電、花圈。而出席人數過千，大大超過規定。

這次告別儀式，有人記得很具體，抄錄如下：

「饒彰風的生前友好和省直機關、各大專院校負責人紛紛為饒的告別會敬送花圈，以致廣州殯儀館常備的三百多個花圈，很快即被訂用一空。主辦單位（外語學院）還從陸軍總醫院運來三十多個特製的大型花圈，仍不夠應付，只好採取合併的辦法。於是，許多花圈成為十多二十人聯名敬送。主辦單位還從越南駐廣州領事館借來黑紗九百多個，但不到三十分鐘就發光了，後來進場的則無法掛上黑紗。參加告別會的不下一千二百多人，把殯儀館禮堂的裏裏外外擠得水洩不通。據殯儀館工作人員說：參加饒彰風告別會的人數和花圈之多，打破了該館有追悼會以來的歷史紀錄。」（《仁者彰風》，頁二九八）

饒彰風在監獄中的最後遺作《沁園春·憶故鄉大埔》就是夾在這三本書裏

參加悼念者為饒彰風落淚，同時也是為自身的蒙冤受屈而痛哭啊。要知道，一九七四年仍然是「四人幫」橫行時期，告別式搞得像「賓虛」般場面，於是有人說這是「用死人來壓生人」。（東陂《人心自有公道在！》，載一九八二年十月十日香港《文滙報》）

饒彰風等一大批東縱骨幹、廣東地下黨人遭受無情打擊，殘酷摧殘，其主要原因，是要整周恩來。且看袁庚在一九七九年初致宋任窮的信：

為饒彰風送行

在饒彰風追悼會上

劉田夫在饒彰風平反大會上發言

「任窮同志：

我名叫袁庚，一九三八年參加工作，一九三九年入黨。抗戰時在華南游擊隊東江縱隊工作；解放戰爭在三野（後來在四野）工作；解放後在中央調查部工作。一九六八年四月被捕入獄審訊，罪名為特務、漢奸（詳見我致總理的第三封信）。一九七三年九月我出獄，恢復自由。一九七五年十月由調查部調交通部任專職工作，現任港澳工委常委、香港航委書記。對外名義為招商局副董事長，長駐香港，主持國外招商局工作（董事長曾生同志）。

最近，我從中央組織部編的《康生在文化大革命中點名誣陷的人名冊》中得悉：康生在一九六八年三月二十八日在調查部業務領導小組的報告上批示『此人問題極為嚴重，立即逮捕與曾生案審訊』。至此我才恍然大悟，當時誣陷我的報告是中央調查部領導搞的。而我的『罪名』正好是執行了當時總理在重慶主持南方局所領導下的具體任務。調查部領導的這種做法，實無異於向康生提供了攻擊總理的炮彈，我在獄中所受審訊正是要逼我供出『抗戰後期勾結美帝、出賣香港的主使人。』」（《袁庚之謎》，頁一一四至一一五）

關鍵是「我的『罪名』正好是執行了當時總理在重慶主持南方局所領

《袁庚之謎》（右）
中共南方局周恩來（左）

導下的具體任務」。

他們要搞周恩來，周恩來南方局領導的一大批地下黨遭殃了。

且看一九八〇年十二月八日，北京特別法庭第二審判庭上，左洪濤作為廣東省唯一的證人代表，控訴黃永勝一伙對廣東地下黨迫害的證詞，令人震驚。

「黃永勝等人策劃所謂『審理廣東地下黨問題』這一案件，是我省在十年浩劫中一宗最大的冤案。他們為了篡黨奪權，密謀『一定要從地下黨開刀』，誣陷廣東地下黨組織是『特務組織』、『叛徒支部』、『國民黨殘渣餘孽』、『美蔣別動隊』等等，把大批黨員幹部誣蔑為『叛徒』、『特務』、『間諜』、『內奸』、『反革命』，『要成夥去抓、成窩去抓、從根子上去抓』，施行非法關押、審訊，殘酷打擊迫害了七千二百多人，使在抗日戰爭、解放戰爭期間在廣東堅持英勇鬥爭的各級黨領導人和黨員幹部，幾乎無一倖免。」

「現已查明，『審理廣東地下黨』，是黃永勝等人密謀策劃，並在江青的支持下搞的。早在一九六七年五月，黃永勝就提出調查廣東地下黨的問題。同年九月十二日，黃永勝在給江青的信件中，又提出組織一個班子對所謂廣東地下黨問題進行調查。十月十二日，黃永勝又在

黃永勝（右）
黃永勝在最高人民法院特別法庭接受判決，1981年1月25日（左）

一個報告上親筆批示要追查所謂華南地下黨問題。隨後，即在江青支持下，私設『審理廣東地下黨』專案組（代號為廣州軍區一〇九專案組）。他們搞的有關『審理廣東地下黨』的報告、簡報，規定只報江青、黃永勝等人。一九六八年三月三日在軍區『海屋』的會議上，黃永勝又決定由他和另外幾個人組成領導小組，黃永勝親自掛帥，並從軍隊抽一批幹部，設立廣州軍區三十一號辦公室，召開了全省的專門會議，部署成立廣州市及各地、市、縣專門機構，進一步加緊在全省範圍內開展所謂『審理廣東地下黨問題』的陰謀活動。審理『重點』『放在舊省、市負責幹部身上』。他們除直接組織專案審查外，還利用造反派去搞，但在他們內部規定『不準向造反派暴露』他們自己的『意圖』。」

黃永勝等人策劃「審理廣東地下黨」的目的，就是否定領導廣東地下黨的中共中央南方局書記周恩來、葉劍英。而具體執行這些惡行，迫死人或殺死人的人，似乎都無事，都逍遙法外。事後一切都歸罪於林彪集團和「萬惡的『四人幫』」（嚴格來說這些被害者被害時尚未有「四人幫」）。這許多無法無天的史實、傷天害理的國情，雖然已經隔了半個多世紀，仍讓人感到心寒。

江青

朱光、李章達、葉劍英、梁廣

「南國人懷召伯棠」

吳荻舟先生的女兒吳輝女士，以十年之力去整理尊人手澤，其至孝可感。現出版在即，邀為作序。在下喤引遵命。謹以梁任公「南國人懷召伯棠」之成句為題，用誌我對吳荻舟先生的景仰。蓋周朝初期，周公作傅、召公作保，夾輔成王。岐山為界，周公管東，召公管西。其間召公親民，曾於甘棠的樹蔭下理訟，其簡易之風讓後人追慕。《詩經》有「蔽芾甘棠，勿翦勿敗，召伯所憩。」就是叮囑不要毀敗遮蔭的甘棠，因是召伯休憩過的。因而「召伯甘棠」就成為思慕前賢的典故。

我沒見過吳荻舟先生，但聽過長輩間的傳聞。近日又得讀吳輝女士的整理資料，傳聞和整理資料都能互證的，吳荻舟先生在忠於黨和政府的同時，是能發揮理性，更好地守望香港。儘管吳輝女士曾說過：「父親作為龐大機器裏的小齒輪，作為夾在中央核心和香港前線之間的技術官僚」，但政治本身畢竟也是「人事」，在紀律和理性間能有所取捨平衡。

吳輝女士所整理的遺稿，有筆記、有日記、有公牘，以及政治運動中

吳輝，2012年（右）
吳荻舟，1946年（左）

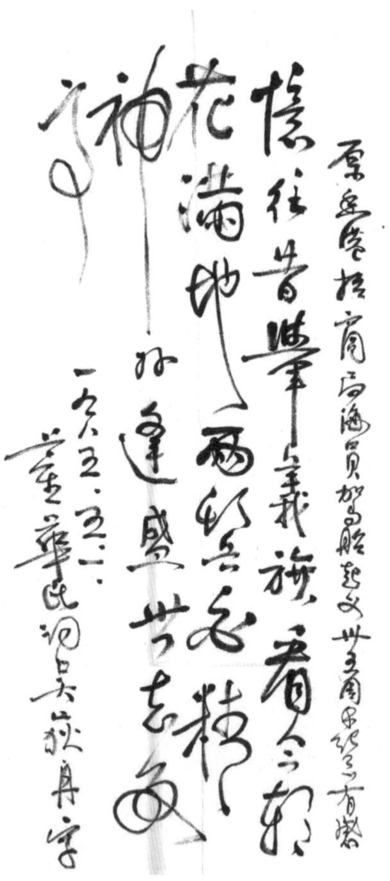

吳荻舟草書董華民詞《招商局起義》

的自我檢查……，是不一而足的。但總而言之，可以感受到一位發自內心的謙卑者，他不居功，不自誇，不怨誹，待人接物，處處相平。所以在香港作為重要的領導者，並沒有讓人感到雷霆奮發，他只是「潤物細無聲」。

數十年的革命積累，該是「桃李不言，下自成蹊」了。但也曾因讓人有過小「誤會」。三國時，程普說「與周公瑾交，如飲醇醪，不覺自醉。」我想吳氏也是這樣「持久」而又「慢熱」的人。在五十年代就發生過一次有趣的小誤會。據《陳君葆日記》一九五八年六月廿七日星期五條下：

「晚，敘餐會在中國銀行舉行，鐵老（鄭鐵如）作東道。來參加的，除新華社長梁威林，前次已見過；還有温康蘭，初認識；吳荻舟則久已未晤談了，記得有一次廖恩德還說過，吳荻舟的毛病是總不出來與眾接觸，因此工作也無從展開了。這點似乎很對，但他也許有實際困難，冒進似又非所宜！」

廖恩德非惡意，倒有點恨鐵不成鋼的意思。而陳君葆回應應從性格上分析，卻用上「冒進」一詞，這令人費解。而近讀李炳煌《追念吳荻舟同志》卻有記：

「吳老雖不苟言笑，但和藹可親；絕不高談闊論，而娓娓道來的卻是循循善誘。吳老言行極之穩重，使人肅然起敬。」

把陳君葆和李炳煌的文字對照參讀，那是能說明性格了。而這誤會倒像《世說新語》中的題材。

招商局起義時吳荻舟在碼頭附近

鄭鐵如

吳荻舟的遺稿要妻女整理十年之久，可見當年草草，並未居心作流傳以宣示自己，因而更能平實地物如其人。相對一些名人日記，喜歡東塗西抹，那未免是存心讓別人看，又或者是忌諱別人看，那不見得就是率意直書了。

吳荻舟先生主理過《華商報》讀者版，在文字上也是斲輪老手，有時以不經意而刻劃入微，記錄下歷史的真實。比如一九六四年東江之水引入香港。這是香港史上的大事情，吳荻舟先生也是當中致力的一員，但他不提自己，恍如東漢那人稱「大樹將軍」的馮異，是「獨立大樹下，不誇己績。」但當說到周總理時，他突出了周總理的「先作口頭批准」，接着又突出地記下周總理指示要象徵性收費，更又叮囑事情不可作政治宣傳，用意是要避免刺激港英……凡此種種，都記錄了周總理的心細如髮和能處處持平。

但從東江水來香港到發生「六七暴動」其間只相隔三年。港英政府由「不要刺激」轉為要「鬥垮」「鬥臭」，其間政策是有「分水嶺」的存在。於是讓世人開始感覺到內地是有「治命」和「亂命」之分了，但有一事顯示吳荻舟先生是從「治命」而不從「亂命」的。

這也是最令港人感恩的，在「六七暴動」期間，有人以華潤公司總經理的名義擬引入「七百打甘蔗刀」以資「攪局」。其時吳氏是國務院「港

任真漢《東江供水工程工地一角》，1964年11月

澳聯合辦公室」「群眾鬥爭組」負責人，但吳氏於事前並未被知會，而得知時，「甘蔗刀」已是赴運途中。吳氏出於對中央一貫政策的理解和盱衡新近情勢，急令「截留在深圳」。這是力挽狂瀾的舉措，但日後的厄運也由此而起。

且插說甚麼是「甘蔗刀」，或「砍竹刀」，那是隨對象而立名。刀，當然是單刃的。但刀背特厚，故砍斲時沉著有力。刀尖是作平截，不能作挑刺動作。但平截卻加重了耳背，讓揮舞時更沉着有力。而且砍伐時不須作深度彎腰，只稍欠身便可發力。

試想：八千多把鋒利的「甘蔗刀」須由八千多人操持，而出現在一個國際城市的通衢大道，該是怎樣的一個情景。而其時，一些「文革」的倖進者、當權者，卻是需要這些場景，為自己製造「考驗」、「鬥爭」的場面，要以「狠」以證明「立場」。

吳荻舟先生力挽狂瀾，制止了「甘蔗刀」的輸港，也勒令「槍支被提上岸」「也要馬上撤下來」等等，令冒險倖進者受到挫折。因此，吳氏自然被視為異己了，於是「叛徒」、「特務」、「別動隊」、「假黨員」、「走資派」的帽子都來了。於是停職，要受審查，並於一九六九年下放寧夏平羅國務院系統幹校，是經歷了整個「文革」時期，還得另加三年等待平反，共長達十三年。

港英防暴隊施放催淚彈鎮壓參與暴動群眾，1967年5月22日

十三年的雷霆火石之後，能倖存幾箱筆記零稿是個「異數」。隨之而來的又是如何「整理」？這難題自然是落到吳荻舟先生的妻女的身上了。

吳荻舟太座張佩華女士（一九一八—二〇一四）也是革命幹部，曾任港澳工委秘書、南方影業公司經理室秘書，隨丈夫北調之後出任中影公司亞非科副科長。張女士深知夫君這批殘稿的重要意義，以其耄耋之年，猶努力整理，後來又由女兒吳輝賡續其志。多年前，吳輝女士曾將乃父筆記賜讀，令拙文《吳荻舟是香港守護神》得以產生（見《舊日風雲》第二集）。但我見到吳氏家屬為整理而費心奔忙，令我聯想一歷史故事：

南宋高宗禪位宋孝宗後，孝宗迅為岳飛案平反。案是平反了，但文獻整理卻困難。因有關岳飛的文獻多被毀佚，岳雷已不在，岳飛舊部多老死，久之，岳霖又病死，責任只落在孫兒岳珂肩上。箇中艱苦，和吳輝女士何其相似！古語有云「中郎有女」，這句是慶幸和讚羨的話，用贈吳輝女士當是貼切的。

謹此為序。

（本文為吳輝編《吳荻舟香港文存》序）

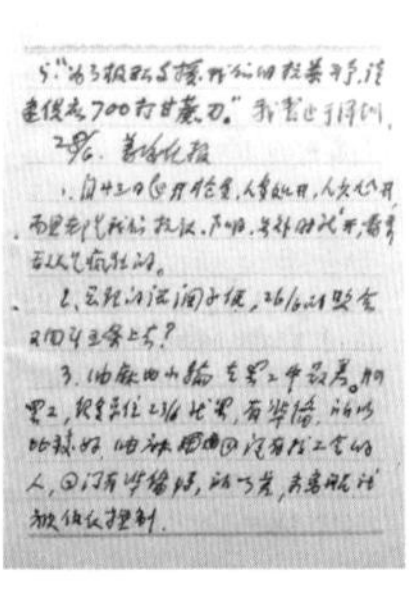

吳荻舟筆記載有六七暴動中香港有人要求內地提供七百打甘蔗刀並已運到深圳被吳荻舟及時攔截（右）張佩華，1949年（左）

彭玉麐與「梅花文學」

撿出彭玉麐水墨綾本《梅花卷》，那舊日裝池，已呈疲態，畢竟是一百五十年前舊物了，展卷覽圖，卻依然一片精嚴，令人神旺。這卷內、外的不同，令人聯想彭氏的寫梅，有人喻稱是「鐵漢柔情」。

彭氏是錚錚鐵漢，他從咸豐四年「墨絰從軍」就一直在打硬仗、都是與敵相纏相爭持的殊死戰。未見有傳檄而定，讓敵人望風而靡的福氣。更有說他嘗臨陣高呼「今日，是我死日也。願與諸君共死。也不令怯懦者獨生！」麾下由是爭相用命。面對生死俄頃，輒以輕鬆幽默來感染同袍。彭氏曾受過炮傷，也落過水被撈起，也曾敗而不餒……，久而久之，百戰功成，幾是湘軍「軍魂」所在。從咸豐三年湘軍在衡陽創辦十營水師，彭玉麐和楊載福、夏鑾等都同為營官，後來楊和彭都出將入相，又同是抗法英雄。近代所謂「禦敵於國門之外」就是彭玉麐所大力揭櫫的。夏鑾則在靖港之戰中，落水身死。這人也值得一說，夏鑾本是個畫家，和廣東的關係也很深。世上僅存的「海山仙館全圖」只有兩幀，其中一件就是夏鑾畫的，該圖現存廣州藝術博物院，而另一圖則為田豫所繪，有沈澤棠跋，是

彭玉麐

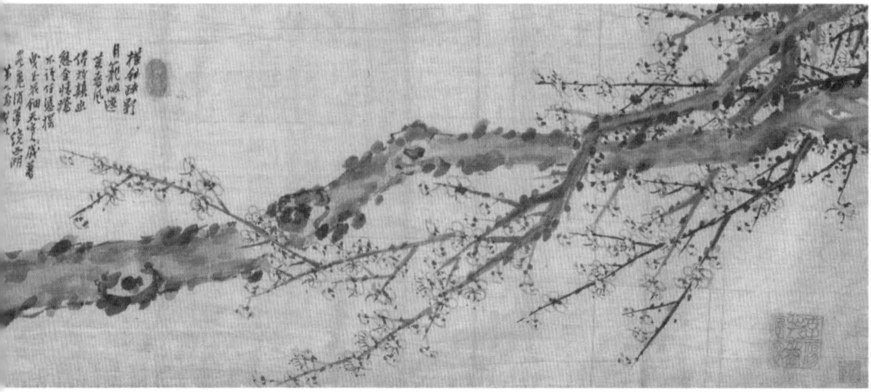

彭玉麐《梅花卷》

彭玉麐

夏鑾

楊載福

汪憬吾舊藏，今歸拙藏。由於夏鑾關乎粵東掌故而知者少，故在此標而出之，用證「死生從古困英雄」（借用楊度輓黃興句）。

曾國藩說彭玉麐是「奇男子」。首捷湘潭，敘知縣。破岳州時升同知，到攻打武漢時，已是知府記名。初攻九江時，就加按察使銜，等到攻克九江時已被加布政使銜，攻安慶，授皖省巡撫，但都推辭了，清廷只好改授為兵部侍郎兼長江水師提督。百戰功高，只肯領份閒差事。所以王湘綺認為這「鐵漢」比其他鐵漢（曾國藩、左宗棠）更具卓識，在其日記中是如此說：

「雪琴辭官還山，朝命優渥。許其一年一巡江防，江、湖二督為供張。雪琴此去，使京中王公知天下有不能以官祿誘動之人。為益於末俗甚大。高曾左一等矣。」（《湘綺日記》同治十一年十一月八日）

現代王湘綺和湘軍系統的人和事都相知甚深，這話關係甚大而涵泳亦甚深，讀史者似不應輕視的。再者，彭玉麐死時，湘綺輓之以聯，那是出於一種交誼和欽仰。相對的是在曾國藩死時，其《哀榮錄》百廿六副輓聯中，卻並無王湘綺的輓聯。但在《湘綺樓記》卻又有記下輓曾文正的聯

曾國藩（右）
左宗棠（左）

語，這事也是咄咄稱奇了。若要解釋，怕要用上引「雪琴辭官還山……」那段話來作關聯性的解釋了。但這不是本文題意重點所在。

本文接着要說「鐵漢風骨」後的「柔情」，也和他的「戰績」同樣的精彩。

陳玉堂《中國近現代人物名號大辭典》彭玉麐條下有謂：

「彭玉麟（一八一六—一八九〇）湖南衡陽人。名亦作玉麐，字雪琴，別號梅花外子、梅仙外子（早歲曾與戚女梅姑有白頭之約，後女之父母將女另嫁，女殉情以報。後畫梅以志不忘，並取前號，刻「一生知己是梅花」印），取室名梅雪山房、吟香館，又號吟香外史、七十二峰樵叟（父）、洞庭七十二峰樵子、南嶽山樵、南嶽七十二峰樵父，亦署七十二峰樵者、古今第一痴人，又室名退省盦（庵）（刊刻《彭剛直行狀》曾署，王闓運撰），自號退省散人、退省庵主人，謚號剛直（有《彭剛直奏議》、《彭剛直公詩集》）。諸生。初參與鎮壓李元發起義。咸豐間佐曾國藩創建湘軍水師，購洋炮，造大船，在漢陽、田家鎮等處，焚毀太平軍水師船隻，後在江西湖口為太平軍所敗。後又悉力擴軍，率湘軍水師封鎖長江、圍攻九江、安慶，參與陷天京（今南京）。累官至水師提督，加太子少保。光緒間官至兵部

《彭剛直公奏議》（右）
《彭剛直公詩稿》八卷（左）

尚書，受命赴粵辦防務。後以病開缺回籍。能詩，下筆立就，工書，然不輕與人，尤善畫梅，一生所作不下萬本。」

作為工具書，能如此詳敘條目者的感情生活是較少見的。這就足徵彭氏的私人感情，已是社會現象和文化現象了。據老死在臺灣的李漁叔所著《魚千里齋隨筆》，則有敘「彭剛直韻事」云：

「彭剛直公玉麟為先曾祖韻園公畫丈二梅花大幅，意態雄傑，結構特精。題詩云：『春風澹澹影悠悠，玉笛橫吹月滿樓，誤逐塵埃三十載，至今飛夢繞羅浮。』公所自作也。百年來紙墨如新，家居時最寶愛之，今不知流落何地矣。聞先輩言，公每畫梅必自撰一詩，無一雷同者。而句意必有所託，據云皆為一女子名雪梅者作。觀公自署『梅仙外子』，及另有畫梅題句之『我是西湖林處士，梅花應喚作卿卿。』等，大抵無慮數十百首，深情繾綣，徹骨淒馨，則是花是人，無二無別矣！」

此段文字中有最可注意的是「公每畫梅必自撰一詩，無一雷同者。而句意必有所託，」這是給彭氏的「畫梅」，作了畫龍點睛的一句。這大抵

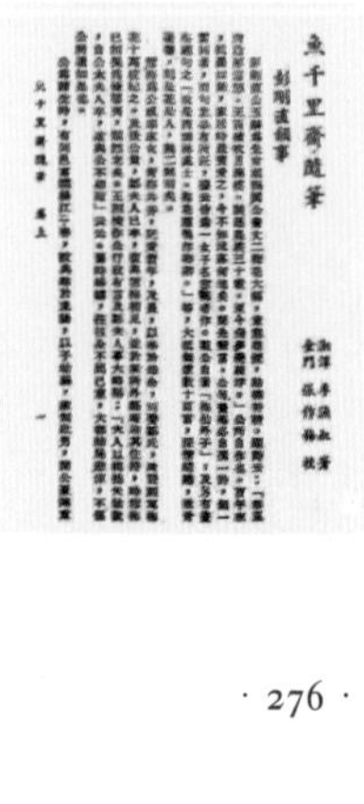
魚千里齋隨筆
彭剛直韻事

李漁叔《魚千里齋隨筆》

就是後來「梅花文學」的存在「基礎」吧？

許多筆記都用過「鐵漢柔情」、「鐵骨柔情」、「俠骨柔情」之類的詞彙，惟王先謙則形容更雅，他用的是「冰心鐵骨」。王先謙集有「寄雪琴侍郎」詩（同治五年，一八六六年），有云：

「早從蠻府聽悲笳，重許深談對戟牙。命蹇無緣陪劍屨，時清且約話桑麻。
相逢遙夜尊前雨，小別寒梅夢裏花。寄與斷紈揮巨筆，惠余三絕永傳家。」

而到辛丑（一九〇一年），則有「題彭剛直畫梅」三首，謂：

「憶昔陪公在曳船，羨公搖筆生雲煙。公言我畫不自惜，它時要與名俱傳。
離離宿草久停哭，驚見蛟虯粲盈幅。當年色動韋侯松，今日神淒與可竹。
冰心鐵骨誰頡頏，固應毫翰餘芬芳。若使東平魂不死，圖中樹亦指咸陽。

王先謙

（時駕幸長安，使公尚在，不知若何悲憤也？）」

「公言我畫不自惜，它時要與名俱傳」。這是彭氏自述畫梅相贈，其實彭氏說過這類話也很多，足證彭氏不是遊戲為之的，而是有意視此為一種文學體裁。彭氏在其他場合也曾說：「三生石上因緣在，結得梅花當蹇修。」又曰：「頹然一醉狂無賴，亂寫梅花十萬枝。」又曰：「一枝留得江南信，頻寄相思秋復春。」又曰：「無補時艱深愧我，一腔心事託梅花。」等等。

同時人中，王闓運（湘綺）說得最透徹：

「（彭）畫梅，必附自己題詩，而每次所題皆不相同」。

這話正和李漁叔所說的相同。而王湘綺更說彭氏所題是「詩畫皆有怨意」。在此，讀者不妨以拙藏彭氏畫梅手卷所題作為佐證。題云：

「橫斜疏影月籠煙，遮莫春風儘放顛。幽態含情嬌不語，任憑搖曳玉花鈿。

天寒歲暮客魂銷，夢繞西湖第六橋。我似梅花梅似我，一般孤寂共無聊。

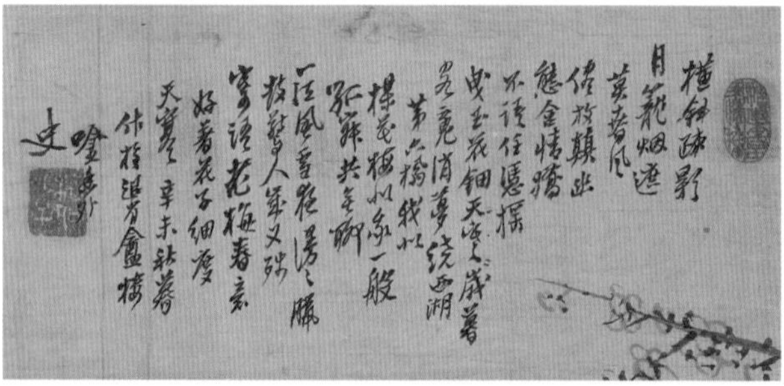
彭玉麐題詩

一江風雪夜漫漫，臘鼓驚人歲又殘，寄語老梅春意好，著花子細度天寒。」

詩中清怨，確是如王湘綺所言。另外，從彭氏署款及所鈐閑章也能得到感受，手卷署款是：「辛未秋暮作於退省盦樓，吟香外史」。鈐白文長方印「梅伯子」，又朱文橢圓印「神仙本是多情種」，再有朱文方印「古之傷心人別有懷抱」。（筆者按：另有鑒藏印「至德周氏曉書樓攷藏書畫」，周伯鼎安徽至德人，周馥曾孫，周今覺長子。）

彭氏的畫梅，在《畫史》及《寒松閣談藝錄》等專書上都有記載。至於本來的梅花故事，自然是不能多談。那麼近世的諸家筆記，就各憑主觀，加插本事，更有加點陸游式的沈園遺恨，頗近乎鴛鴦蝴蝶派的題材了。

《世載堂雜憶》中「彭玉麐畫梅」一則，所敘平實有據，云：

「彭雪琴（彭玉麐，字雪琴；湖南衡陽人。出身湘軍水師，官至安徽

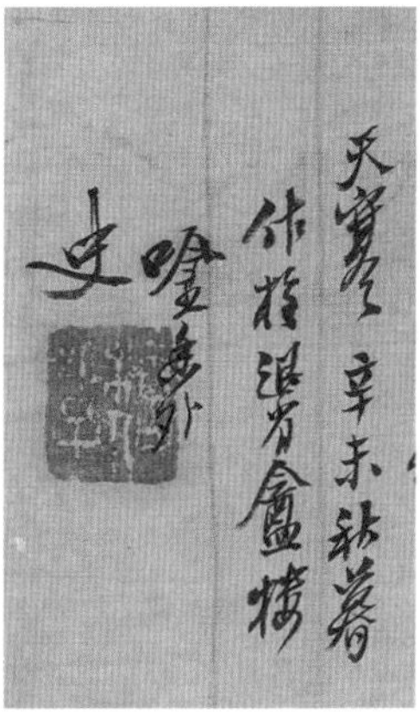

彭玉麐署款

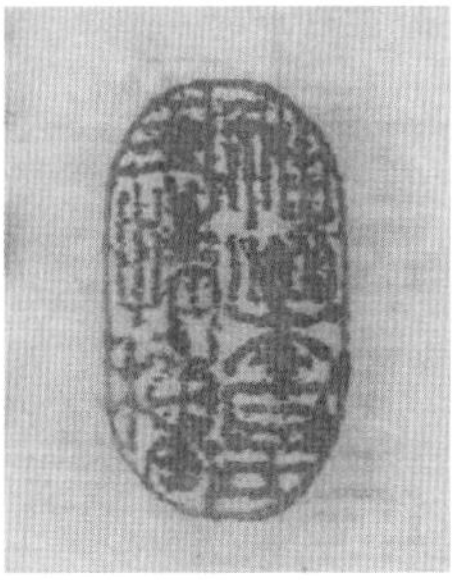

彭玉麐用印「神仙本是多情種」

「至德周氏曉書樓攷藏書畫」（右）
「周伯鼎鑒藏印」（中）
彭玉麟用印
「古之傷心人別有懷抱」（左）

巡撫、兩江總督、兵部尚書，均辭未就；諡剛直。梅香他書多作梅仙，謂係鄰女。）孤貧時，梅香獨識其為非常人，執巾進茗，磨墨拂紙，以不能約昏為恨。及其稍貴，梅已適人有子矣，因往來為太夫人義女。要其夫俱從軍，為保敘副將，梅家日用所需，纖悉為之經營。江南石炭，由衡州運載梅家，必由江南戰船送衡，他可知矣。如是者三十餘年，情好彌至。一日，梅在西湖搜得一函，知其在杭別有所眷，取其書徑歸，雪琴徒步追數里，索以還，自是不甚相見。雪琴死，梅來弔，痛哭哀極，幾欲殉身，知者皆謂梅不負彭也。

王壬秋曰：余為俞廙仙（王闓運字壬秋，晚號湘綺老人；湖南湘潭人。俞廉三，字廙軒（仙）。）中丞題《彭雪琴尚書畫梅歸國謠》云：『姑射貌，舊日酒邊曾索笑，東風吹醒人年少。　花開花落情多少，明蟾照，人間更有西湖好。』跋云：『雪琴畫梅，以童時有所眷，小名梅香也。畫梅必自題一詩，詩皆有寄意，知其事者，不知其後之參商也。俞廙仙名輩稍後，不敢問其畫梅緣起，而求其畫，詩畫皆有怨意。及來撫湘，尚書已逝，廙仙所得畫，想係梅、雪乖離後所作，將歸杭，請余題之，為作此詞。感德懷人，即事寄情，點化人情不少。英雄兒女，一齊放下，況功名富貴之幻乎？』」

王闓運

後來才發覺，《世載堂雜憶》該條幾乎是不易一字的轉錄自《湘綺說詩》卷六。但要特別指出的是，湘綺所謂「畫梅必自題一詩，詩皆有寄意，人知其事者，不知其後之參商也。」「其後參商」是指其「梅得其西湖一函，知其在杭別有所眷」一事，而其所賦之《歸國謠》之結句謂：「人間只有西湖好」那是指彭氏晚年的「退省庵」。據《清稗類鈔》有云：「杭州西湖之湖心亭，微波弱漪，一亭巍然，朝霞夕陽，風穌鳥鳴，亦人境中結廬之佳者。自退省庵成，遊人趨彼而舍此矣。退省庵者，衡山彭剛直公玉麟巡江遊憩之所，視之為家也。」

此處湘綺故作含蓄，所說的「只有西湖好」指的表面是西湖上的「退省庵」，但骨子裏說的當是「岳二官」。岳二官又是何人呢？在《清稗類鈔》有「彭剛直眷岳二官」云：

「彭剛直歲於巡閱長江之便，輒至杭州，居西湖退省庵。暇必謁岳墳，墳左右皆岳王子孫，岳姓中有女名二官者，豔名噪一時。剛直至，二官必出，為之捧茶，致殷勤，剛直亦極力周旋之。嘗賦二絕以贈，其次章收句云：『但願來生再相見，二官未嫁我年輕。』未幾，剛直卒，而二官亦以是年歿。」

到一九三五年十月，商務印書館出版李宗鄴（一八九六—一九九一）所著《彭玉麐梅花文學之研究》，李宗鄴「曩寓皖城，皖為彭氏髫齡嬉遊之地，仕宦駐節之鄉，流風餘韻，騰為口碑。於是親訪耆舊，博采丹青，得彭氏梅花詩，幾近百首。勤加考證，溯源委，初刊《彭玉麐戀愛事蹟考》一書。既而意猶未足，更事搜尋資料，條分縷析，參證原詩，復成《彭玉麐梅花文學之研究》。」（《彭玉麐梅花文學之研究》陶琴女士序言）

差不多與此同時，湖南衡陽有蕭秋廬（企雲）曾著《彭玉麐梅花文學之研究的考證》，該書稿現存湖南省圖書館，並由該館龍玉明撰出提要。錄如下：

「彭玉麐梅花文學之研究的考證不分卷//蕭秋廬撰稿本姚尊批校補註並跋一冊（湖南）//蕭秋廬，字企雲，湖南衡陽人。嗜書畫金石碑刻及前人手蹟。作者因閱讀李宗鄴所著《彭玉麐梅花文學之研究》而對彭氏家世、梅花格調、梅香考證、竹賓哀史、終身之恨幾方面據所見所聞一一考證，並編有彭公事蹟年表。將彭玉麐梅花詩按類分為欣賞、締交、豐韻、性情、僦居、熱戀、受謗、慰藉、遠念、寄懷、點景、誤妬、自剖、生釁、興怨、棄戀十六類，輯詩一百五十首。彭

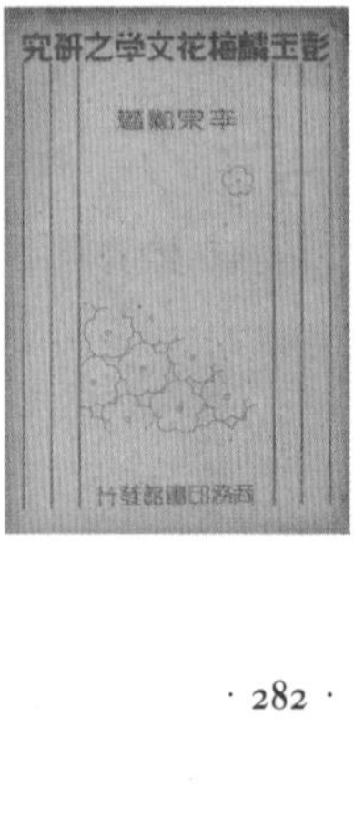

李宗鄴《彭玉麐梅花文學之研究》

氏畫梅題詩，思念梅仙，終身不忘，其詩多有膾炙人口者。……是稿錄有民國二十三年章太炎跋彭剛直手書詩卷及詩卷全文。還錄有彭玉麐之『百美生春』詩，彭氏用百句詩描述了古代一百位名女人。蕭氏好友姚尊（字子仙，號壺翁，湖南衡陽人）民國二十九年夏為書稿題跋，並以朱筆批校補注全書，間附述評。是稿民國二十六年創草於衡陽圖書館，民國二十八年定稿於桂林太平鄉。無刻本傳世。」（《中南、西南地區省市圖書館館藏古籍稿本提要》第一六三三條）

彭玉麐是衡陽人，而書稿的作者蕭秋廬（企雲）也是衡陽人，兼且長期擔任衡陽圖書館館長。以衡陽人而蒐集衡陽人的資料，事必方便、豐富或有奇遇。又何況，彭之死是在一八九〇年，而蕭秋廬的脫稿則在一九三九年，相距也未逾五十年，當中遺文墜緒見存必多。更難得的是李蕭兩人均能把「梅花文學」作為文學形式來研究，這是一獨特的新視角。

關於蕭秋廬（企雲）的生平，其嗣孫蕭功秦在《家史中的百年史》透露：蕭企雲是湖南衡陽人，湖南高等學堂畢業，民初在廣東文昌縣和廣西某地當過縣知事，卸任後回鄉從事慈善公益，一直擔任衡陽圖書館館長。曾集資辦蕭族學堂，讓蕭族子弟免費入學，早歲與共黨徐特立、謝覺哉交善，屬開明士紳。

譚正璧（右）
譚正璧《梅花夢》（中）
顧冷觀（左）

在李宗鄴、蕭秋廬之外，譚正璧撰有《梅花夢》，原係短篇小說，在《小說月報》發表，改編成《梅魂不死》劇本。據顧冷觀的回憶，說：「短篇小說中譚正璧的《梅花夢》為某劇團改編成話劇曾在『卡爾登』公演」。（《小說月報》憶語——顧冷觀遺作，顧曉悅整理）嗣後譚正璧為「供顧曲者之參考」，另撰有《梅花夢主角彭玉麐及其有關人物考》，刊一九四二年第一卷《萬象》。而史家羅爾綱也撰有《彭玉麐畫梅本事考》，則在《學原》一九四九年二卷九期刊登。

按以上諸項資料可見：從彭玉麐的去世，直至羅爾綱撰《彭玉麐畫梅本事考》，其間不到六十年，一種「梅花文學」被發掘出來了。但其後，卻再看不到「梅花文學」有更深入的發展。以本文題意所限，只能到此而止了。

（二〇二一年三月廿五日）

彭玉麐《梅花卷》包首

羅爾綱

楊度涉共之謎

高爾基曾想將馬克思和基督拌和，而虎禪師（楊度）則以辯證法解《心經》，兩事大奇，無獨有偶。楊度處事常出人意表，亦從不自辯，卻令反帝制的蔡鍔遺言，要為這帝制推手諒解。楊曾暗助革命及加盟中共，但「事了拂衣去，深藏身與名」，又像政治俠客。謹摭為談助。

高爾基‧虎禪師

古哲阿基巴說「世事都曾經有過」，但萊布尼茨則說「世無相同樹葉」。這兩說逕庭，但都有道理。問題在：與事者如何去看待，那後果就隨之截然有別。

有一事頗為有趣味，就是關乎布爾什維克遇上宗教。在此有兩案例，分別是蘇俄版和中國版。兩案例事理相同，該屬「世事都曾經有過」。但結局悲歡有異，是「世無相同樹葉」的典型。

前例是沙皇年代的高爾基，其早時已接受了馬克思主義，也曾雪中送炭地為列寧大張旗鼓和籌款。可是高爾基也愛基督，總想以基督教義拌和

高爾基（右）
列寧畫像（左）

馬克思主義，有時更以人道精神向革命措施糾纏、拌嘴。王元化在《思辨錄》中，就述及《列寧在一九一八》電影中那列寧和高爾基的拌嘴情節。王元化是欣賞列寧的妙語機鋒。但拌嘴多了，終令高爾基選擇離國，這就成了老朋友間的遺憾。這算是「布爾什維克遇上宗教」的一例。

現在要說的另一例，是上世紀二十年代，在中國的「布爾什維克遇上宗教」，但結果卻是傳為佳話。這和蘇俄版的高爾基同其事理，結局榮枯各異，也證實了「世無相同樹葉」。

其時，京滬間有位「虎禪師」，從尹石公等接受共產思想，進而加入中共成為秘密黨員，其級別也高，是由周恩來直接領導的。但這「虎禪師」除了服膺馬列主義，卻又同樣喜向人說禪悅及說佛法。嘗見其以對立統一的方法解繹《心經》，其行文論事，悉如水銀瀉地，而用字遣辭，又是絲絲入扣。筆者曾讀一遍，不知是對立統一解繹《心經》，抑是以《心經》解繹對立統一。那確是一篇妙文。

齊白石刻「虎禪師」白文方印

齊白石刻「虎禪師」朱文方印

齊白石為虎禪師刻「南無阿彌陀佛」

尹石公

當年潘漢年指派夏衍與之聯繫，夏衍在回憶文章中，並不諱言對「虎禪師」的種種看不慣。首先是說「虎禪師」喜歡說禪談佛，這和無神論者的使命不相契合。其次是在同志間輒稱先生而不稱「同志」等等。夏的原文是：

「在思想作風等方面，還是有許多矛盾的。例如，他入了黨，還相信佛教，寫過一部篇幅很大的研究佛理的書，有時，還和我談過所謂『禪悅』之類的問題；又如，他在同志間從不互稱同志，不必說像我這樣年輕的聯絡員，談起周恩來同志，他是十分敬佩的，但也還是開口翔宇兄，閉口伍豪先生。習之難改也如此。」

夏衍文章是以輕嗔代替欣賞，同時也是在欣賞周恩來的優容，能令虎禪師在嚴肅政治鬥爭中仍可恣其偃蹇而不必自我修伐。

有心人為楊度名譽作呼籲

「虎禪師」就是楊度，是「籌安六君子」的首席。罵他的人太多了，但大多是隨潮流而作罵。許多史學者都不從楊度那初心不昧，由漸變到質變去作研究。

楊度，1920年

但楊度的生前和死後，竟有兩人獨力排奡，皆為楊度呼籲，前者是蔡鍔，後者是周恩來。兩次呼籲之間，恰隔一個甲子。而兩次呼籲者，都在自身病危之時。

第一次呼籲

蔡鍔遺言云：「少慕東鄰強盛，恒持軍國主義，而非大有為之君，不足以鞭策而前。今日之政體孰善，尚乏絕端證斷。特以袁氏強姦民意，帝制自為，爰申大義於天下，以為國民爭人格。湘人楊度，曩倡君憲救國論，而附袁以行其志，實具苦衷，較之攀附尊榮者，究不可同日語。望政府為國惜才，畀以寬典。」（據錢基博《近百年湖南學風》）

蔡鍔遺言，自有感人處。其時蔡鍔是再造共和、是反帝制領袖。所以其垂危至囑，毋論在公義或友情，都極難得。因為蔡鍔提此要求，是把自己的榮辱都搭上去。蔡氏說世人未理解楊度，故由他來提出。事實上，蔡鍔是太了解楊度了。

蔡鍔十七歲在時務學堂，已與楊度相識。據錢基博謂其「得啟超之心傳者少，而受楊度之薰染者為多。」而在留學日本時，每逢假日必與楊度餐敘。這都見載於錢基博所著《近百年湖南學風》。而這話又實在是了解蔡氏行為的一大關鍵。後來風雲變幻，卻把楊、蔡兩人推上了對立的風浪

蔡鍔（右）
周恩來，1975年（左）

尖。這邊是反帝制領袖，那邊是帝制餘孽。這真令人感嘆。像《李陵答蘇武書》所謂：「子歸受榮，我留受辱，命也如何？」那是楊度在生時蔡鍔為他所作的呼籲。

身後的第二次呼籲

第二次呼籲者是周恩來，周病重，仍以楊度名譽為念。這內心，和蔡鍔正好相同。那是一九七五年十月七日，周囑秘書趙茂峰轉告王冶秋謂：「當年袁世凱稱帝時，『籌安會六君子』的第一名楊度，最後參加了共產黨，是我介紹並直接領導他的。請告訴上海《辭海》編輯部，《辭海》上若有『楊度』辭目時，要把他最後加入共產黨的事寫上。」

《辭海》（試行本），1961年

《辭海》（未定稿），1965年

同年十二月，由文物出版社將周的指示，傳達與中華書局《辭海》編輯所。

至一九七八年王冶秋撰《難忘的記憶》刊在《人民日報》（七月三十日）。繼而有李一氓《關於楊度入黨問題》，由是，楊度秘密入黨事廣為人知。續後，夏衍又兩度撰文，追述自己奉潘漢年之命與楊度單線聯繫。於是關注楊度的人就多起來了。

章士釗為楊度表白

章士釗和楊度是摯交，也是華興會舊侶。但楊度生前也未向他透露。直至一九四九年毛澤東向章說，「楊是自己人」，章聞始恍然。事見徐天《〈辭海〉修訂：為中共黨員楊度正名》。

徐天文章一段是：「當年二月，民主人士章士釗秘密訪問西柏坡，和毛澤東見面。兩人都是湖南人，談起湖南還有甚麼名人的時候，章士釗說，數得上的應是楊度了。『毛澤東說，楊度是我們的人啊。章士釗很驚訝。毛澤東解釋說，楊度是黨員，在上海秘密入黨。他還問，楊度有後人嗎？章士釗說我和楊度的兒子很熟。毛澤東說，你下次來的話，也把他帶來吧。』兩個月後，章士釗特意帶著『電報員』楊公庶去北平，參加了國共兩黨最後一次談判。」

王冶秋（右）
李一氓（中）
章士釗（左）

又：文革期間，楊度二太太徐粲楞被紅衛兵批鬥，女兒楊雲慧即求救於章士釗，章「明確告訴她：『你父親的確是加入了共產黨，而且是在周總理領導下入的黨。這件事，毛主席曾經親口和我講過，不過對黨外一向沒有公開。』」

「後來紅衛兵再次來擾，楊雲慧寫信向章士釗求助。幾天後，章士釗來信，說周恩來已經打電話給上海有關單位，叫他們放心。她家從此平靜下來，再也沒有人來騷擾了。」

萬福華案令楊度高蹈

錢氏《近百年湖南學風》也提及章士釗，章與楊度早年相知，稍後同涉萬福華案。這又是華興會諸人和興中會形跡稍疏的原因，所謂「風起於青蘋之末」，大事往往始於微末之中，以下要一說萬福華案。

楊度早歲參加華興會，據楊度老友薛大可在臺灣曾有專文憶述，錄如下：

「……楊毓麟自東京返滬，企圖實行發動革命，乃有華興會之組識，參加者有楊度、蔡鍔、黃克強、章士釗、蘇鳳初、張繼、徐佛蘇、方叔章及余等數十人，設辦事機關於上海新聞之眉壽里，懸一牌曰：

楊度長子楊公庶（右）
楊度二太太徐粲楞，1920年（左）

『大陸圖書公司』，以資掩飾。內備有鑄造炸彈之鍋爐及化學藥品，凡自日本歸來之同志，均在長崎購有手槍數枝不等，至於革命經費，説來好笑，是假銀洋二萬餘元，此款是泰興縣知縣龍璋所送，因龍璋與楊毓麟為同縣人，楊向其求助經費，龍璋方在泰興縣境查獲假銀元一宗，便以此物贈之。……

適有安徽人萬福華與其鄉人數人，以原任安徽巡撫王之春，巡撫任內，曾將安徽礦產，售與外人，謀殺之以洩公憤，乃假托某紳士之名，約王之春在西菜館晚餐，王之春如約而至，萬福華方摸出手槍之時，適為王之春隨從所見，迅即抱住萬福華而奪取其槍，萬福華被捕下獄，同謀之人，隨即逃走。捕房方在偵查同謀之人，是時住在該會之章士釗，年方二十餘，對於法律上一切常識，可謂全不分曉，又不商諸同人，竟自單獨一人，前往巡捕房，訪問萬福華，表示欽佩壯士之意，捕房問其居址，章亦據實以對，彼全然忘記了寓中之一塌糊塗，真可謂是一個痴孩子。由是捕房將章士釗扣留，立派巡捕包圍該會房屋，入內搜查，則見手槍炸彈、化學藥品、鑄造爐、假銀元等等違禁物品，觸目皆是。即將屋中人，捕入捕房。余與黃克強、張繼等數人，方招待江南統兵官郭人漳，在戲院觀劇，演的是梁山泊結義一劇，大家興奮異常，看完了戲，同到酒樓小飲，方邀同郭人漳緩步歸

楊毓麟（右）
龍璋（左）

寓，商量秘密，余在前行，見門外站立巡捕多人，極為驚訝，不敢遽入，而張繼竟若未睹門外站立之赳赳武夫，逕行入內，巡捕遂將一行九人，全數逮捕。

楊度住在他處，楊毓麟則適外出，未遭捕獲，……後來楊度談及此事，他以為同人熱心有餘，智謀不足，且粗心浮氣，一至如此，適足以供時代之犧牲而已！安足以完成大事。他從此不談革命。」（薛大可《縱橫百變之楊度》）

讀上文，知早期革命是「棘門霸上如兒戲」，是「豎子不足與謀」，但「萬福華案」也影響了日後群體反清的格局，成了章士釗、楊度等人由疏離而產生「高蹈」。日後永樂園楊度拒孫中山的邀請加盟，一直想另闢蹊徑，未嘗不與此有關。

楊度的不肯認「錯」

楊氏對籌安一事，是承擔責任，但不辯解，也不認「錯」。這和蔡鍔指楊度另有初心，並不矛盾。要一說這問題，先讀一下夏衍先生的一段回憶。

萬福華（右）
王之春（中）
張繼（左）

「近代史家談到楊度時，都說他傲慢自大，是個『知過不改』的人，特別是在袁世凱死後，他還對新聞記者說：『寧受審判，不能認錯。』但是，最少在他晚年，他倒很善於自我解剖。他對我說過：我平生做過兩件大錯事，一是辛亥革命前，我拒絕和孫中山先生合作，說黃興可以和你（指孫中山）共事，我可不能和你合作，對這件事，我後來曾向孫中山先生認過錯；二是我一貫排滿，但我不相信中國能實行共和，主張中國要有一個皇帝來統治，這件事直到張勳復辟後，我才認了錯。」

夏氏所說，楊氏自承「一貫排滿」，這事可能有出入。印象中，楊度一直力主的是「開議會」而不主張極端。「驅除韃虜，恢復中華」，原是元末朱元璋的口號，頗狹隘的。後來人們也從善如流，改為「五族共和」了。但楊氏卻因反對「排滿」而被日知會幾個成員從客房中拉出，痛打一頓，傷重住院。這事在《楊度年譜》說得簡略，只說其在武漢遇難，更不加註詳情。而外間能知的只是：毆打者和被毆者後來都為中共作出貢獻，而毆打楊度的李抱良，後來易名李六如，在中共草創時期已經由毛澤東、何叔衡介紹入黨，延安時期是毛澤東辦公室秘書長。

上引夏氏文章，反映出當時社會上有關於楊氏一直不肯認錯的說法。

孫中山（右）
袁世凱（左）

其實，要未審先「認錯」，那就是要「口供」自我檢證。楊氏是懂法理的人，怎能接受？如犯法，有控方提訴。但「認錯」卻是法外之法，是自己審判自己。那就超出了尋常「認錯」的範圍了。

那些史家，不去解釋「初心」問題，卻硬要楊度認錯，接着就說楊度入黨是投機，但楊度對夏衍回答得好：「我是在白色恐怖最嚴重的時候入黨的，說我投機，我投的是殺頭滅族之機。」

能知道楊度入黨而又能向夏衍發話的人，當然不會是普通人。夏衍持重，也不會公開說出來，但卻有如此琢磨旁人的方法。

「功罪且無論」和「晚蓋」

夏衍有《續楊度同志二三事》（一九八六年七月七日《人民日報》）：

「關於楊度同志和中國共產黨有聯繫的事，三十年代初在上海小報上就透露過，我猜想，認識他的人也可能已經察覺到了。楊度同志逝世，馬敘倫先生送了一副輓聯，後來搜集在馬先生的《石屋餘瀋》中，聯云：『功罪且無論，自有文章驚海內；霸王成往跡，我傾河海哭先生』，在當時，應該說是很難得的。

夏衍

一九四七年在香港，宋雲彬同志和我談起這副對聯，問我楊皙子（度）晚年是不是加入過共產黨？談話時潘漢年也在座，我們就作了肯定的回答。」

一九四九年二月二十八日，中共香港分局安排陳叔通、柳亞子、馬寅初、鄭振鐸、曹禺、葉聖陶、宋雲彬等民主人士乘輪船北上，輾轉赴京。船上眾人雀戰耍樂之餘，吹水遣悶。宋雲彬《北遊日記》記錄云：「七時晚會，陳叔老談民初掌故，涉及楊皙子（度），余作補充，並謂楊皙子晚年曾與中共有聯繫，聞者皆驚詫。」（一九四九年三月二日）葉聖陶《北上日記》同一天也記有：「雲彬談民十六以後，楊皙子曾贊助中共，在滬多所救護，為前所未聞。」

一九四七年宋雲彬在香港問夏衍楊度涉共問題之後，寫了篇《楊皙子晚蓋》在《華商報》發表，云：

「楊氏之參加進步政黨，是否經過如一般黨員的入黨手續，他和黨的關係究竟到達何種程度，其事秘，我們局外人是不得而知的。去年冬天，上海某晚報追述這一段故事，說得鑿鑿有據。我曾問過我的朋友S君，因為我知道S君是那一個政黨的老黨員。S君說：『這完全

宋雲彬

是事實，當時就是我負責經常和那位楊老先生聯絡的。他老先生跟幫裏人很熟悉；對於國內外政局很留意，常常作分析或判斷。但我只知道他姓楊，曾在政界混過好多年，不知道他的名和字。一天，楊老先生邀我到他家裏去，我見他家裏掛的字畫都題著「晳子」的上款，大為驚詫。楊老先生便哈哈大笑，說：你現在知道我是甚麼人了，你覺得奇怪嗎？我回答說：是的，我覺得很奇怪。』S君並且允許我，可以把這個故事記下來公開發表。」「人不怕頑固，只怕頑固不化，只要能夠『化』，一旦找到安身立命之所，不但自己心安理得，以往的過錯也就被掩蓋了。故昔人有言曰：『彼將惡始而美終，以晚蓋者也。』」（《宋雲彬雜文集》頁二二八至二二九）

筆者按：宋雲彬是位好人，也有學問，但「晚蓋」云云，那就未免是「鄉愿」了。論事不去探討初心，卻把社會的浮議作為見解，「晚蓋」一詞，比夏衍所說的「近代史家」所說的更不合理，「鄉愿」也更甚了。其說到「以往的過錯也就被掩蓋」，又說「彼將惡始而美終，以晚蓋者也」，那就是可以不作分析，好心好意地「坐實」了楊度前半生所有的浮議。更遑論其初心。

楊度在輓袁世凱聯中隱約其言，云：「是君憲負明公，抑明公負君

中共香港分局安排包達三、柳亞子、陳叔通、馬寅初（中排左起）等名流乘輪船北上。
後排左三起：宋雲彬、張絅伯、鄭振鐸、葉聖陶、王芸生。
（1949年3月）

憲，九泉之下，三復斯言。」這正是關乎楊度初心的話語。也正如蔡鍔所指出的，楊度「倡君憲救國論，而附袁以行其志，實具苦衷。」楊度所說「君憲負明公」，是話中有話。味其言，是指責袁氏有不守承諾，似乎與袁氏之間尚有不為人知事。楊氏老師王湘綺自輓有云：「縱橫計不就，空餘高詠滿湖山。」如今楊氏也「縱橫計不就」，但其並不諉過。正是他留學日本為學生代表之時，那種咬牙擔當的延伸。

王闓運，1910年

怪物楊度

文中S君即指夏衍（沈端先）。宋雲彬說去年冬天（一九四六年）「上海某晚報」追述楊度涉共問題，才向夏衍請教。而「上海某晚報」，該是《聯合日報晚刊》。這是中共領導的報紙，存在時間不長，存世極稀。筆者托上海圖書館友人張君幫忙，有幸覓得一九四六年十二月十一日《聯合日報晚刊》刊登左湘君的文章《怪物楊度》，介紹楊度涉共云：

> 「民國二十六年（許按：應為十六年）以後，楊隱居上海法租界，表面上無所活動，僅以聞人資格，周旋於海上群雄之間，時某大聞人亦曾向楊投過門生帖，稱之為老師，楊度亦樂得每月受其膏火之資。其實此公雄心不死，暗中仍在參與政治活動，而其活動方向，堪稱中國

政治活動史上之一頁秘密珍聞。楊有同鄉子弟王某其人，與中共黃埔生有名之虎將陳賡（亦為湘籍）為戚，王受陳之接觸，對中共有若干皮毛之瞭解，在楊度面前，有意無意說出陳賡關係，楊不僅沒有駭然，居然囑王介紹陳與之一談。陳賡以楊為封建餘孽，躊躇未決，請示其領袖周恩來，蓋清黨以後，周留滬主持活動，陳即為當時之得力幹部，與彭湃楊殷等同一系統；周氏以為楊度熟悉中國政治，不妨與之聯絡，於是陳賡乃為楊度寓中之秘密座上客。

往返日久，楊已覺陳氏之宣傳，對中共主義頗予同情，認為共產主義與釋迦牟尼之『無我』，『救苦』，『救難』之旨相同，蓋此時楊正潛心研究佛學也。事聞於當時中共宣傳部長李立三，大為驚異，李亦湘籍，對楊生平知之甚稔，認為此老年將就木，以復辟之餘勇，而信奉中共主張，不能置信，乃派直屬中共宣傳部系統之文化工作委員會負責人潘漢年，經陳之介紹，與楊面談，潘為武漢時代鄧演達郭沫若主持總政治部時代之宣傳幹部，國共分裂後到上海從事公開文化運動及組織自由大同盟，素以能言善辯，聯絡上層社會著名；與楊見面後，雙方各逞所能，議論風生，居然甚為融洽，時潘與羅綺園，李秋實（即李偉森）從事籌備出版『紅旗日報』，潘以楊擅長書法，請楊代書『紅旗日報』之報頭，楊毫無考慮，一揮而就，潘攜楊之題字向

怪物楊度

左湘君《怪物楊度》

李立三覆命，李乃信服，並將楊之題字，立付羅綺園製版發刊，當年秘密發行之中共喉舌——『紅旗日報』，而無人知悉為楊度所題之報頭也。

楊度後在滬病逝，中共曾派人前往弔喪，並對其遺族有所慰問。但楊之令哲，一反乃父，而為力主反共者，此則非楊度生前所能想像矣。楊度暮年信共產主義，欣為『紅旗日報』題字，如為軼聞家陶菊隱先生所聞，不知將作何感想。一笑！」

左宗棠

關於王紹先

《怪物楊度》說的這位「同鄉王某」，叫王紹先，湘鄉人，與楊度（湘潭）不只同鄉，而且有深交。楊度女兒楊雲慧著《從保皇派到秘密黨員——回憶我的父親楊度》有多處提及王紹先，如說到二十年代初，「那時常來家中的客人，除了齊白石、夏壽田、方表之外，又增加了胡鄂公、王紹先、蕭旭東、章士釗等人。同時，還與汪大燮、熊希齡等人有些應酬性的交往。」楊雲慧接着指出，「胡鄂公、王紹先等進步朋友不時要帶些新思潮的書籍給父親閱讀」。一九二八年北伐成功之後，楊度移居上海，賣文鬻字為生。「這時，方表、王紹先也都到了上海，常來我家。」「王紹先本來是個富家子弟，整天沒甚麼事，時常來我家和父親聊天。因為是同鄉人，父親對他也很關心，如同自己的家人一樣。」

王紹先在楊雲慧筆下，是富家子弟，無所事事的樣子。實際上，他是以畫家身份掩飾的中共地下黨人。他的背景可不簡單。

王紹先的祖父是湘軍元老王鑫（一八二五—一八五七），字璞山，羅澤南弟子，驍勇善戰，有「王老虎」之譽。與太平軍作戰時感染熱疾，病死在樂安行營，年僅三十三歲，謚壯武。著有《練勇芻言》、《陣法新編》、《王壯武公遺集》等。

王紹先的父親王詩正，字蒓農，楚軍將領，官至江蘇候補道。曾隨左宗棠西征收復新疆，戰功卓著，左極倚重，以「國士待之」。一八八五年法軍侵臺灣，攻佔基隆，「全臺震動」，巡撫劉銘傳求援。左宗棠奉命督師，「馳檄數千里召王蒓農觀察山中」，委以援臺重任。王詩正趕抵福州，旋建立恪靖援臺勁旅，奉命東渡，拔赴前敵救亡、捍衛寶島。

關於陳賡

說回楊雲慧提到「王紹先和黃埔軍校的中共黨員陳賡有點親戚關係，常通過陳賡弄到一些進步書刊，帶到我家來，和我父親兩人關起門來閱讀。」

陳賡是黃埔一期，曾救過蔣介石，一九二七年參加南昌暴動，率部南

陳賡在特科時期

下至江西會昌與錢大鈞部激戰時，左腿中彈受傷（膝蓋肌腱、小腿脛骨、腓骨被打斷），與部隊失聯，經香港輾轉潛赴上海，入霖生醫院（愛多亞路，現在延安中路成都路口），由宋慶齡的姨表兄名醫牛惠霖、惠生兄弟治療。陳賡痊癒後仍留上海，協助周恩來主持中共中央特科，任第二科（情報科）科長。

楊度通過老友王紹先與陳接觸。楊雲慧透露：「一九二九年的某天晚飯後，家中寂靜無聲，父親一人正在看書。王紹先忽然帶了一個朋友來訪。我只見父親連忙請他們上二樓，把門關上，密談了很久。二十年以後，我生母才告訴我，那一次由王紹先帶上門來的是陳賡同志。後來，父親告訴她，陳賡是共產黨方面的。父親曾對陳賡同志表示，為了挽救中國，願盡一切力量為共產黨工作，願以當時的社會地位、身份、關係，為黨貢獻情報。這時，正是白色恐怖最嚴重的時候，父親慨然擔負起這種艱巨而又危險的任務，使我生母整天忐忑不安，擔心父親出事。」

扯開話題，一九二六年陳賡曾去蘇聯學習情報工作。陳頭腦靈活，眼光敏銳，不單止吸納「帝制禍首」楊度入黨，還發展了上海聖彼得堂主持牧師董健吾入黨，成為特科的幹將。董就是斯諾《西行漫記》中所說的王牧師。一九三一年四月，特科負責人、三科科長顧順章在武漢被捕，旋叛變，陪同人員董健吾被出賣，身份暴露遭緝捕，董潛回上海向組織報警，

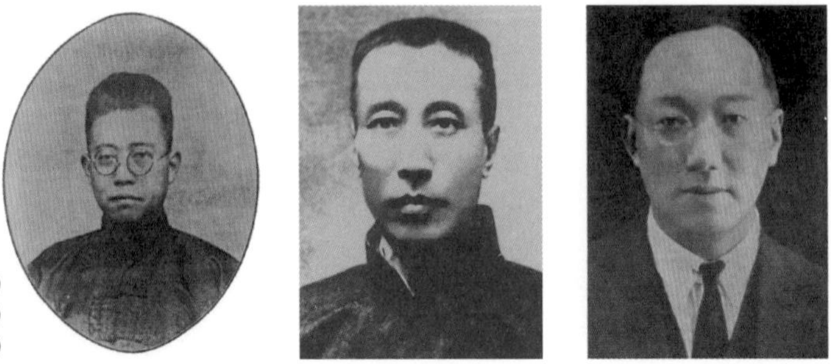

牛惠霖（右）
楊度，1929年（中）
董健吾（左）

周恩來安排董躲去楊度寓所幾十天，風聲過後安全撤離。

杜月笙給楊度居住的小洋房在法租界薛華立路一五五弄十三號（今建國中路瑞金二路附近），環境清幽，兼有租界巡捕負保護之責，誰會想到竟是共諜情報站兼避難所。

李大釗・胡鄂公

其實楊度接觸的共產黨人，更早的是李大釗和胡鄂公。李、胡對楊度的轉向，影響甚大。李大釗原是靠近湯化龍進步黨立憲自由主義者，後來轉化成共產黨人。楊度是一九二二年九月在上海晤孫中山時，認識了專程訪孫的李大釗。胡鄂公是老同盟會員，武昌首義時是鄂軍水陸總指揮，入民國是國會議員，原屬共和黨人，經李大釗介紹，變成共產黨人

楊度居住在法租界薛華立路一五五弄十三號的小洋房

胡鄂公

李大釗

（一九二三年），曾代李氏主持中共北方地區的工作，且是國民黨北京特別支部書記（國共合作時期）。一九二七年四月五日，楊度到太平湖飯店參加熊希齡女兒婚禮，遇外交部汪大燮，從汪口中知道張作霖擬派兵入使館區包圍俄國兵營抓捕李大釗，即通知胡鄂公向李示警。胡到上海後由周恩來領導，參與秘密戰線工作，任中共中央情報部長。一九三〇年與魯迅、宋慶齡等組織自由大同盟，楊度也曾加盟。一九三三年胡曾經被捕而脫黨，嗣後再重新入黨，一九三七年為孔祥熙組織情報班子，刺探日軍情報。一九四三年因與潘漢年有矛盾，在桂林脫黨。

楊度的貢獻

楊度對共黨有甚麼具體貢獻呢？眾所皆知，楊曾奔走營救李大釗，李遇難後，楊繼續營救被捕黨人，並變賣家產多方周濟被難者遺屬，和捐助共黨經費。

楊移居上海，實際上是來找共產黨，通過王紹先與中央特科陳賡接上線。陳賡最清楚楊度在上海這一時段的情況，可惜陳賡沒有留下有關文字記錄（至少未有公開的文字）。幸好穆欣（《光明日報》總編）早在五十年代，曾就此事多次訪問過陳賡，又曾多次訪問與陳賡長期在中央特科共事的李強、陳養山、劉鼎、柯麟等人，還得到有關部門提供許多材料，

周恩來在上海主持中共中央工作（右）
李大釗就義前留影（左）

得以撰成《陳賡同志在上海——在中央特科的鬥爭經歷》一書，其中有一節，談及楊度與陳賡接頭之後的具體細節，看來是比較可信的材料，錄如下：

「他（楊度）又秘密地到上海來找黨，通過中央特科的關係進行試探。開頭對於他的要求，沒有給予重視。周恩來同志曉得這事以後，親自做楊度的工作。通過楊度找到政學系的關係，通過他同國民黨改組派取得聯繫，這樣不但能夠經常知道汪精衛、胡漢民的情況，而且經由這條新的渠道，能夠隨時了解整個南京統治集團的動向。」

「杜月笙附庸風雅，一心想要弄來楊度的墨蹟掛在家裏，以此遮掩他自己的庸俗。楊度跑來問該怎麼辦，黨鼓勵他幹這樁事。這樣，從『無緣』變『有緣』，黨又間接同杜月笙發生了關係，可以更多了解上海流氓幫口的情況，也能得知一些有關國民黨要人的情報。一九三〇年，閻錫山、馮玉祥發動倒蔣戰爭期間，就從杜月笙處知道：馮玉祥曾派一支三百多人的衛隊，通過杜月笙的關係潛入租界，準備待戰爭打到上海的時候，由這批人作內應。還從杜月笙那裏曉得，四大家族的宋子文，大量販運鴉片煙土到上海，在吳淞口外船上製造毒品。一九三〇年，他曾通過這些關係獲知一個緊急情報，使黨避免了一次

穆欣，1961年

大損失。楊度從敵人營壘裏過來，他的大半生是在軍閥、官僚和政客中度過的，因此非常熟悉舊社會官場內幕，知道許多北洋軍閥、國民黨內部的派系矛盾，他在晚年以自己的特殊經歷，在白色恐怖籠罩下的中國，出入龍潭虎穴，把搜集到的敵情消息貢獻給黨，能起別人無法代替的特殊作用。後來由人介紹，楊度提出入黨申請，黨考察後經周恩來同志批准，成為中國共產黨的秘密黨員。」（穆欣《陳賡同志在上海——在中央特科的鬥爭經歷》頁七十四至七十五）「後來由人介紹，楊度提出入黨申請」，這個人就是潘漢年，因為穆欣這書出版於一九八〇年，其時潘尚未平反，按當年規定隱去其名。

杜公館座上賓

楊度在上海時期，還曾勸喻杜月笙遠離蔣介石。這些內幕，是杜的兒子杜維善口述歷史提及的。原文如下：

「在杜家還有一位非常特別的座上賓，楊度，楊皙子。說他特別，是因為他是孫中山與黃興認識的介紹人，袁世凱復辟時『籌安會』理事長，擔任多個北洋軍閥的高級幕僚長，最重要的是他後來秘密加入共產黨，他還積極營救李大釗、邵飄萍、林白水，在上海加入『自由大

潘漢年（右）
杜月笙（中）
杜維善（左）

同盟』和『中國社會科學家聯盟』等左翼社會團體，長期協助共產黨地下黨負責人潘漢年工作。

我父親自幼讀書甚少，向來敬重讀書人，一直資助楊度，保持與楊的密切往來。一九三一年，杜氏祠堂落成的時候，盛情邀請楊度擔任祠堂典禮文書處主任，主管典禮過程中一切繁縟的筆墨文書、禮儀程序等事宜。花甲之年的楊度傾力相助，親自撰寫了《杜氏家祠記》，並請鄭孝胥題寫，作為兩人合作送給我父親的隆重賀禮，儀式後不久，勞累過度的楊度舊病復發，在上海過世。楊度多次當面規勸我父親，不要再為國民黨蔣介石賣命。」（杜維善口述《我的父親杜月笙暨杜府舊事》）

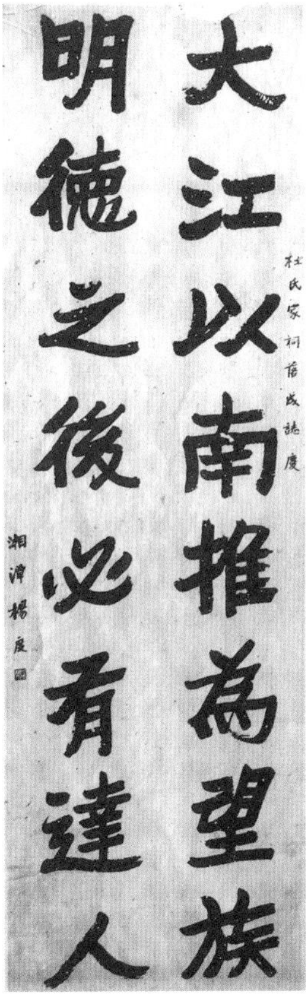

楊度楷書八言聯賀杜氏家祠落成

杜氏家祠落成招待北平藝員攝影，1931年6月，後列左十四為杜月笙

晚歲病卒

陶菊隱《六君子傳》有提及楊度晚歲病卒情況，云：「他本來患有肺病及胃病，到滬後屢發屢癒。一天與王九爺（即王紹先）觀戲回家，口吐紫血如咖啡渣，未幾又告痊復。二十一年（許按：應為二十年，即一九三一年）舊疾復發，臥床不起，胡鄂公來看他，他的蒼白色臉上泛著一絲苦笑說，『我們劫後相逢，真有隔世之感，我的病大概兩三天會好，起牀後請過來，我們浮一大白！』然而此願終不可償，第二天病勢加劇，即此撒手而去，結束了六十年來風雲變化的人生旅程。」

杜氏家祠牌樓

楊度之墓（上海宋慶齡陵園內右側）

陶菊隱《六君子傳》

楊度黨籍　繼續保密

說回楊度入黨的事，為甚麼幾十年來一直秘而不宣呢？前文提到，文革期間，章士釗明確告訴楊度女兒楊雲慧：「你父親的確是加入了共產黨，……不過對黨外一向沒有公開。」楊度生前既為秘密黨員，隱藏唯恐不及，當然不會向外公開。但楊度歿後，其黨籍仍不能公開，這是為甚麼？

先說一九三〇年，楊雲慧在光華大學讀書時，參加了學校排演的小話劇，被推選為主角，並請田漢導演。上海有小報新聞報導謂，「楊度的女公子楊雲慧登臺演左翼話劇，由田漢導演……」云云。楊度聞悉，即令退學歸家，嚴加管束。楊雲慧後來回憶說：「這對父親的工作會有影響（當時父親沒有言明，後由母親談及）。」「同時，父親又和我二哥商量，為我選擇對象，早些把我嫁出去。」楊雲慧嫁給其二哥推薦的朋友郭有守。「那時，郭有守在南京教育部任科長。他是法國留學生、經濟學博士。父親認為很不錯，……可以說是門户相當了。」（楊雲慧《從保皇派到秘密黨員——回憶我的父親楊度》）

舊日對親家，講究門第，有所謂竹門對竹門，木門對木門。楊雲慧說這個「門戶相當了」，可以說是比喻岳父與女婿。郭有守表面是國民黨官員，骨子裏卻是為中共效力，是藍面紅底。楊表面上與青幫往來，實作共諜刺探敵情，是黑面紅底。公開楊度黨籍，會暴露郭有守。所以楊度黨籍一直保密。

楊雲慧（右）
郭有守（左）

筆者手邊有一份楊雲慧檔案，是楊雲慧一九五一年攜兒子郭安東歸國填寫的「回國留學生登記表」和「中國留學生調查表」。楊雲慧在「回國留學生登記表」第二頁「家庭情況」欄，本來填寫了好幾行，不知甚麼原因，另紙簡單的填寫「愛人郭有守現在巴黎經商，家庭經濟尚可。」十七字，再黏貼掩蓋原來填寫了幾行的資訊。此舉有點兒欲蓋彌彰，是怕引起夫君被懷疑。其實當時郭有守在法國巴黎並不是經商，是在聯合國科學教育文化組織任職。國民黨政府官員的妻子在解放後奔回大陸，這位官員總該受質疑吧。所以後來有關部門辦了一紙假離婚證書，郭有守在法國「一天到晚說跟太太已離了婚，因為政見不同云云。」（林藹《張大千在巴黎》），讓郭有守可以撇清涉共關係。拙文《奇人郭有守》（見《舊日風雲》二集）曾詳加探討，此不贅。

有此種種顧慮，楊度黨籍只能繼續保密了。

郭有守，1943年

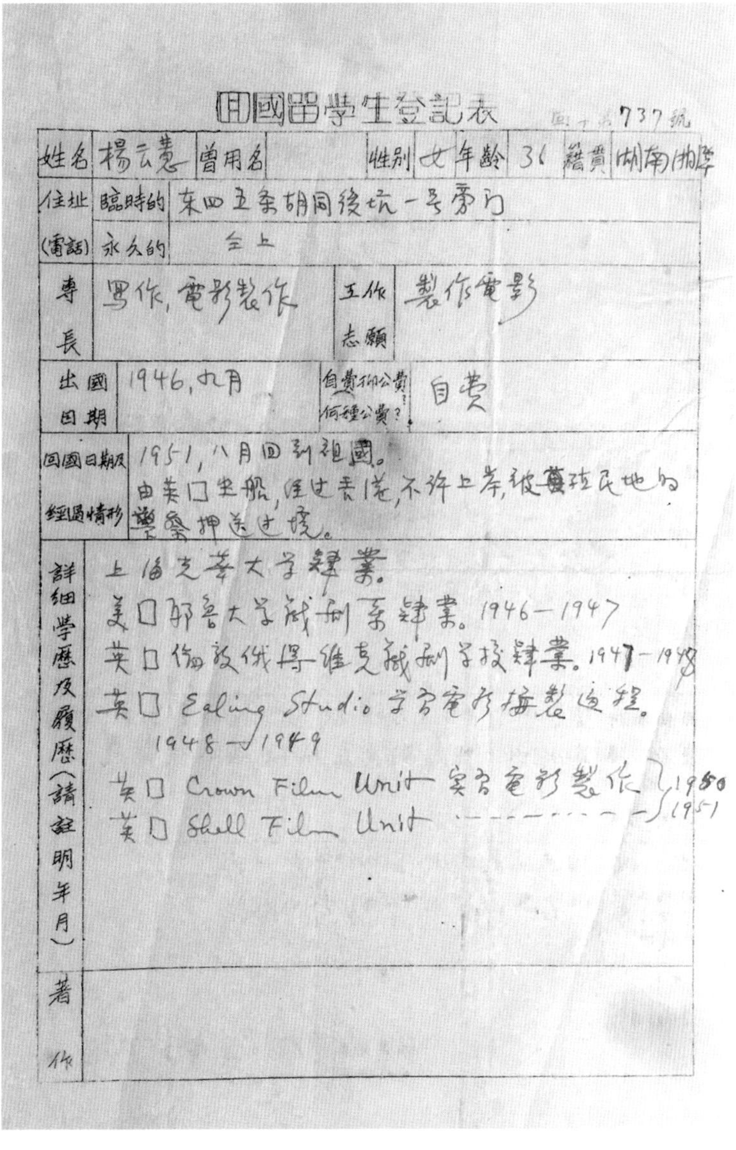
回國留學生登記表　737號

姓名	楊云慧	曾用名		性別	女	年齡 36	籍貫	湖南湘潭

住址（電話）　臨時的：东四五条胡同後坑一号旁门
　　　　　　　永久的：仝上

專長：写作，電影製作
工作志願：製作電影

出國日期：1946，九月
自費抑公費？何種公費？：自費

回國日期及經過情形：1951，八月回到祖國。由美国坐船，經过香港，不許上岸，被英殖民地的警察押送过境。

詳細學歷及履歷（請註明年月）：
上海光華大学肄業。
美国耶魯大学戲劇系肄業。1946—1947
英国倫敦优得维克戲劇学校肄業。1947—1948
英国 Ealing Studio 学习電影攝製過程。1948—1949
英国 Crown Film Unit 实习電影製作 1950
英国 Shell Film Unit －－－－ 1951

著作：

楊雲慧「回國留學生登記表」

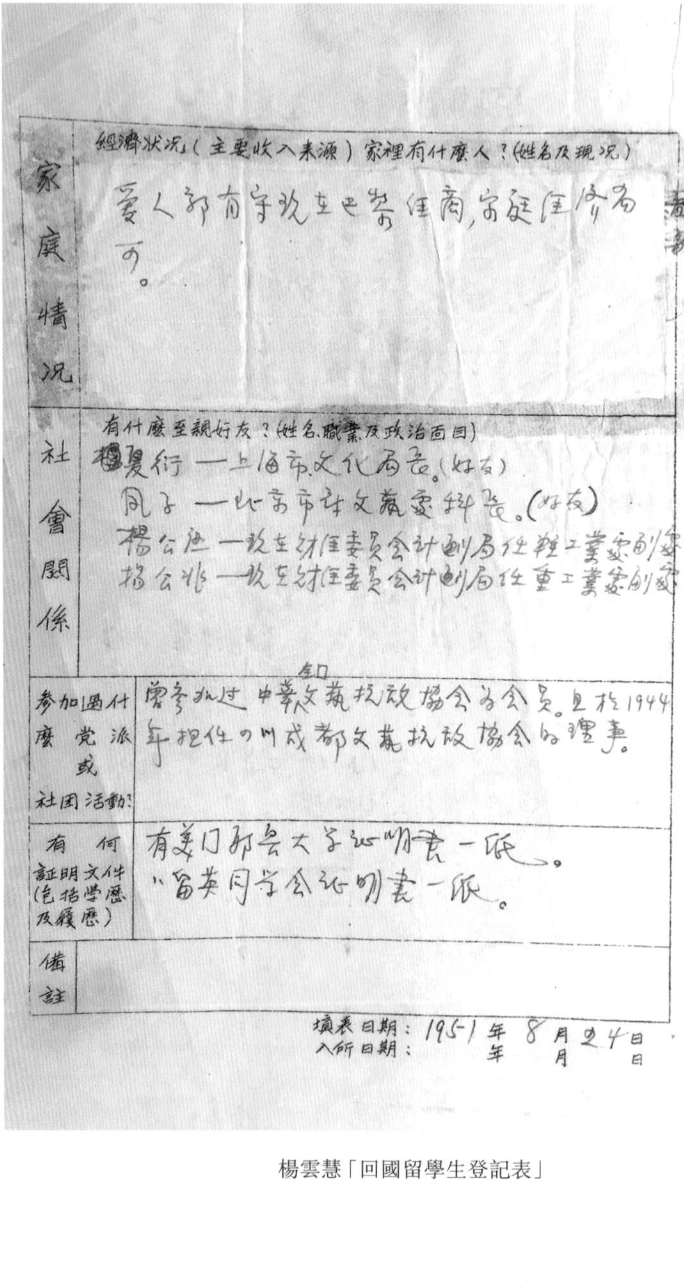

家庭情況	經濟狀況（主要收入來源）家裡有什麼人？（姓名及現況） 家人郭有守現在巴黎經商，家庭經濟尚可。
社會關係	有什麼至親好友？（姓名、職業及政治面目） 夏衍 — 上海市文化局長。（好友） 鳳子 — 北京市文藝處科長。（好友） 楊公庶 — 政務院財經委員會計劃局化學工業處副處長。（長兄） 楊公兆 — 政務院財經委員會計劃局重工業處副處長。（二兄）
參加過什麼黨派或社團活動？	曾參加過中華全國文藝抗敵協會為會員。且於1944年擔任四川成都文藝抗敵協會的理事。
有何證明文件（包括學歷及經歷）	有英國牛津大學證明書一紙。 留英同學會證明書一紙。
備註	

填表日期：1951年8月24日
入所日期：年月日

楊雲慧「回國留學生登記表」

楊度的書畫

關於楊度的書畫

楊度能畫，畫風異乎流俗。楊度能書，亦同是異乎流俗。惟楊氏喜高昂其價，故問津者少。距今百年，已罕傳世。楊雲慧女士有《回憶我的父親楊度》一書，曾說「父親對於繪畫藝術並不精。他從來沒有畫過花卉。畫過幾張山水，都是禿頭禿腦的，他自己看了也不滿意。所以，他沒有甚麼畫遺留下來，也從未為任何人作過畫。」

這話該未為的論。

所謂「中郎有女」，能為先人紹述，當然是好事，但兒時回憶，多憑直覺而未臻於理解的，這就難能如實了。比如說她父親「從來沒有畫過花卉」，這話說得絕對，曾為楊度開畫展的錢化佛，就曾盛譽楊度以胭脂畫梅花的「古豔」。至於女士所言「都是禿頭禿腦的，他自己看了也不滿意」，這話沒弄清，到底是小女兒的直覺？抑是做父親的順着女兒而作的自嘲？可見家人回憶，也未必就是絕對的如實。

《世載堂雜憶》有徵引毛奇齡軼事云：「毛大可夫人曰：汝以毛三為

楊度

有學問乎？皆實獺祭來也。」這大概是毛奇齡慣作排比資料，當書冊盈案時，毛太太就誤會丈夫是在「獺祭」了。但弄不清毛太太說這話時是在毛奇齡的生前還是死後，更又是對誰而言？相信當中該夾雜着誤會和戲謔。

更一則是「家雞野雉」的故事：晉時庾翼，書法和王羲之齊名，但家中人都仿學王羲之書法，所以庾翼心中有不平，其與都下人書云：「小兒輩賤家雞，愛野雉，皆學逸少書，須吾下當比之！」這事見記於《晉書》。

可見家人的理解未必比外人強，此所以伯牙肯為子期碎琴，要是家人也是「知音」，那琴就會留下來了。

家人只是未能理解，而社會中人則有故作不理解的，往往是以多數者的見解為準則，用「吾從眾」的心理向人「掟（扔）石」。如湖南人胡遯園所著《賢不肖列傳》中，談老鄉齊白石時，曾連類而及地談到楊度，說：

「楊度（皙子）炙熱一時，世所指罵的籌安六君子，楊即箇中冠首。楊在同僚間，力為老人揄揚，從而老人的潤格也因之大為提高，據說雷震春的私章，潤資是每字百金。那時的北京城，銀餅百番，是可以糴得上白米近二十石，梅蘭芳出演的票價，還祇六毛一張啦，雖說老人的潤格是多少有點仰仗楊度輩的吹噓提高，可是老人的畫和圖章，也自有其本身的藝術價值。……」

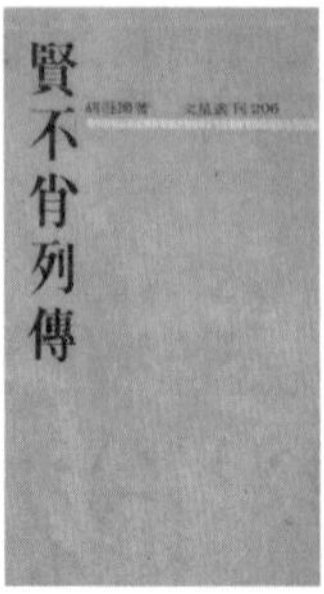

胡遯園（右）
遯園《賢不肖列傳》（中）
齊白石，二十年代（左）

胡遯園所記，是把楊度對齊氏的幫忙，說成老人的潤格是「仰仗楊度輩的吹噓提高」。那「吹噓」兩字就是貶抑，是暗示楊度操縱畫價。其實，力挺齊白石的，自非始於楊度，昔日的郭人漳、王壬秋，樊樊山、陳師曾等都是早期的力挺者，而最為齊白石高訂潤例的更是樊樊山。齊氏的享譽，是實至名歸，並非純由湖廣老鄉的鄉情之重，而當中絜屑，筆者曾先後著文談過，在此不贅了。

大凡「跟風、掟石」，自然是談不上獨立見解的。但更有甚者，是那些「鑿空而談」、「入人以罪」的，這是作「假證」了。例如陶菊隱就指說楊度抬高畫價，而且是窮極形容，把楊度在畫價問題上說得很卑劣，連楊氏的人格也一起受攻擊了。陶氏說過：「北伐成功後，楊到上海來賣畫，筆潤起碼八十元，多至三五百元不等。」

接着便對楊度作貶損：「他的畫非驢非馬，類虎類犬，既不成其為『畫』，而潤筆定得如此之高，更不成『話』！但抱着『太公釣魚，願者上鈎』的態度，不管賣得出賣不出，少一個銅板不成。他有兩位老友跑來打趣他，一個說，『哲子，你太膽大了，倘有人找上門，看你怎樣得了！』一個說，『你真老不智，他把價錢定得高，惟恐有人找上門，免得出乖露醜！』」（陶菊隱《六君子傳》頁三七三）

這文字的刻薄類於李伯元、吳趼人，特點是在譸張變幻的敘述中，喜

陶菊隱（右）
陶菊隱《六君子傳》（左）

歡隨便地加入第三者聲音，用以坐實事情，入人以罪。又更以時下銅價去為上古鼎彝論值。那是把歷史意義、罕見程度、文化意味都抽離而論了。

但陶菊隱更沒想到，楊度正是要以書畫掩護地下工作，而並非要求書畫的生意滔滔。楊氏自然是要以高價來嚇退無謂的酬應。

古人說，「貪夫徇財，烈士徇名」（《史記．卷八四．屈原賈生列傳》），把世人的競逐分為兩途。楊度明明是「烈士徇名」那一類人，所以王闓運也屢屢批評楊度是「名心重」。但陶菊隱卻硬要醜化楊度是「少一個銅板不成」「貪夫徇財」的典型。這種事，在他人而言是一種無知，而在陶氏而言，他是對民初歷史有深入了解的人，他只是在迎合一個時期的「口味」，撒出取寵的謊言。

然而，楊度一生做事是大氣淋漓的，他可以拒千百留日學生的無理威逼（參楊天石《晚清史事．反對取締規則與楊度避難》），也可以拒絕孫中山和黃興的入會（同盟會）邀請，也能把熊希齡組閣屬意他為總長一事，以「幫忙不幫閑」的一句話，便把事情擺落。試想，楊度會在這些書畫價目中的「銅板」上去費躊躇嗎？而據後來錢化佛的回憶說他的畫「定個高價」，往往「又隨手贈人」。那據之的解釋，只能是──「『高價』是摒俗，而『送人』是結緣」。

再參說一事，楊度是湖南華昌銻礦業的董事長、總經理和大股東。該

王闓運（右）
熊希齡（左）

公司成立於一九〇九年，規模宏大，從清末到民國都擁有政府的專利權。據《楊度生平年表》顯示，在一九一二年十二月二十二日由開灤、漢冶萍、臨城、井陘、中興、華昌六處礦務公司發起在天津開「中華礦務聯合會」的籌備會議，其時楊度作為華昌代表出席會議。而一九一四年八月廿三日楊度曾與王闓運、熊希齡等聯名上書湘督請飭令湖南銀行放數百萬，以維持湖南礦業，並禁現銀出口，以維持幣價，俾湖南銀行得以安心放款。說這些，只想讓讀者明白，楊度不是死守一字一畫的「銅板」，靠吃書畫作硬要的人。這在《楊度生平年表》中也有記下楊氏人生最後四年的最大支出可證：

「一九二七年四月中下旬，楊度將自己在京的『悅廬』作價四千五百銀元，賣給張漢舉，將錢交給胡鄂公，充作營救李大釗的費用。」「一九二七年四月廿八日，為周濟被難者的遺族，楊度八方張羅，所蓄為之一空。」「一九二七年秋，蔡和森策動北方暴動，楊度曾資助若干費用。」「一九二九年十二月，加入『中國革命互濟會』（簡稱『中國互濟會』），並捐助了一筆『可觀的經費』。」

李大釗（右）
蔡和森（左）

看了以上的捐助，讀者該會明白楊度在花錢上是如何的大氣淋漓，絕不是如陶菊隱窮形極相所描劃的小人物。在此筆者不是針對陶氏，但陶氏卻代表那年代的一些文人，喜歡筆下隨意抑揚，把一個「曠代逸才」，曲筆描為「貪夫徇財」的小人物。這都到了罔顧事實的程度。

錢化佛與藝乘社

楊度一九二八年秋移居上海，對外稱以賣字畫為生，直至一九三一年謝世。楊氏在上海生涯不到三年，期間資料極少。當時上海有個「藝乘書畫社」，其主持人錢化佛和楊度頗多往還。那麼錢氏和楊度的來往和有關的評論，就是難得的史料了。在此先介紹錢化佛其人，順便說到錢化佛舊

錢化佛坐禪像

錢化佛

闢一新紀元的中國革命互濟會全國代表大會

《紅旗》報道中國革命互濟會第一屆全國代表大會在上海秘密舉行（1930年1月4日）

藏楊度書畫在早幾年拍賣中的一些片斷。

錢化佛（一八八四—一九六四）江蘇常州人，早歲留日，入同盟會。歸國後辦教育。辛亥革命時加入上海商團義勇隊，參與攻打江南製造局諸役。二次革命後急流勇退，組劇社，創辦影片公司，倡社會教育。錢氏多才多藝，倡新劇，通音律，擅歌曲，既是海派京劇丑角，又是話劇、電影演員，兼能畫，長於人物畫而更以畫佛著稱。解放後入上海文史館。錢氏生平廣交遊，集藏時賢墨寶甚夥。楊度與錢化佛同好禮佛，似有夙緣，故錢氏頗能多得楊氏書畫。

鄭逸梅撰有《三十年來之上海》記錄錢化佛口述，云：「楊皙子自洪憲帝制失敗，意興頹唐，常藉書畫遣愁消慮，他寫的一手很好的行書，又能畫幾筆紅梅，虬枝疏蕊，雅韻欲流，敝笥中至今猶留有他的手蹟多幀哩。」（頁四十九）

同書也有談及「藝乘書畫社」云：「初時設在勞合路莫悟奇的松石山房樓上」，於是「登樓入座，可以品茗閒談，隨意觀賞書畫。」「後來三馬路雲南路口，有一幢房屋空著，鄙人（錢化佛）就把它租賃下來，將藝乘書畫社移到那兒去，前半間陳列書畫古玩，後半間附設米家船裝池，樓上借給一位名律師（袁希濂）做事務所，於是把家有的瓶盎鼎敦以及許多高尚玩意兒，公開供客觀賞，並在那兒開過六次書畫展覽會，沒有客來，鄙人即就案頭揮

鄭逸梅

毫畫佛，朋友前來，便請他們題識。」（頁四十八）。鄭氏在《畫佛數十年的錢化佛》中更有談及：「一般書畫家常在這兒（藝乘書畫社）歇足，如楊了公、駱高公，楊皙子來得更勤。」又說：「原來皙子自洪憲帝制失敗，無聊得很，便在這兒寫寫字，畫畫梅花，隨意送人。」（《珍聞與雅玩》）

藝乘社存在時間不長，只辦過六次書畫展覽會，有一次是專為楊度而開的。錢化佛說「他（楊度）工八法，真草隸篆，無不擅長，又能畫幾筆梅花，著以胭脂，靡覺古豔，訂了潤例，廣結墨緣。鄙人在雲南路辦藝乘社，他時常來飲酒談天，酒後揮毫，恣肆超逸，尤多精品，即在藝乘社舉行一次『楊度書畫展覽會』，參觀的人很多，幾至户限為穿。」（錢化佛口述，鄭逸梅撰《三十年來之上海續集》，頁三十四）

這是楊度僅有的個展，據紀錄是一九三〇年十一月十五日，錢化佛說到「參觀的人很多」，該是實況。可是卻沒言及銷售情況，怕是旺丁不旺財，不過，楊度似不在乎銷售。展出的當天，上海《申報》刊出一篇署名「適存」的「藝壇珍聞錄」有報道此事，云：

「十丈紅塵，俗不可耐。星期日得一日清閑，欲求一洗耳滌目之地，不可得。不意得之於繁華中心之南京路中，誠出於意料之外。其地維何，即藝乘書畫會是。會為錢化佛君所主辦，彌來正開楊度書畫展覽

錢化佛畫佛展覽會（右）
楊度紅梅成扇，1930年（左）

會，不佞與余君壽椿偕往，由雲南路拾級登樓。其時正萬少石居士講經之期，一座二十餘人，肅然靜聽。講題為禪密密宗要義。惜予不解禪理，乃仰觀楊君之書畫，大半為條幅，鐵畫銀鉤，高古無倫。而其畫尤別具風格，在清湘八大之外，非有天資本能，難乎造此妙境。又錢化佛所畫惜陰圖、剎那千虯四字，尤令人意遠，嘆觀止矣。」

讀上文，可知展覽會的同時，更有講經活動，這該是「藝」和「乘」兩字的由來。翌年，藝乘社又舉辦「海上名人合作書畫摺扇」展覽（一九三一年六月七日《申報》刊有該次展覽的廣告），楊度也有作品參展，這種展覽是多姿多采的。

據鄭逸梅所記，錢化佛「又集藏扇子，共六百餘柄。每柄都備著古錦

海上名人合作書畫摺扇

王一亭　商笙伯　錢化佛　沈伯塵　楊度
榮壽芝　賀天健　黃賓虹　李芳圃　駱亮公
江一南　姚禹琴等三十餘人合作花鳥魚蟲
山水人物走獸行楷篆隸　每頁定
價一元至十元歡迎參觀不用門券（地點）三馬
路雲南路口（日期）
國曆六月六日起

藝乘書畫會啟

藝乘社舉辦「海上名人合作書畫摺扇」展覽廣告（1931年6月7日《申報》）

藝壇珍聞錄

《申報》報道楊度書畫展覽會（1930年11月15日）

扇袋，往往玩出花樣，有生肖扇十二柄，有梅花扇十柄，十二金釵扇，有革命扇，有叛徒扇，一面『藝術叛徒』劉海粟畫，一面『文學叛徒』胡適之書。有五倫扇，父子的，王一亭書，王季眉畫。兄弟的，謝介子書，謝公展畫。夫婦的，何樂廬書，顧青瑤畫。朋友的，二十餘人簽名題識。只有君臣扇難以配合，不得已請楊皙子書，袁寒雲畫，寒雲為『皇二子』，總算搭著些御氣宸風。」（《珍聞與雅玩》）

在此筆者也插話，袁寒雲和楊度是老相識，楊氏為人處事很令袁寒雲有好感。比如在日本不受偏激學生的無理的暴力脅逼，敢為梁啟超的赦免進言，敢為『驅除韃虜』這排滿意識作非議，能拒孫文和黃興的敦請，通緝中能保存朋友的詩稿（《八指頭陀詩集》），一俟通緝解除，即為朋友刊行。這些事都令世人有所感受。袁世凱死後，楊度還去彰德拜祭。這令袁寒雲為之感動，袁寒雲為此曾贈之以詩，詩云：「朱三不是縱橫才，死傍燕台事可哀。獨有楊家老招討，清明猶為上墳來。」朱三指朱啟鈐，楊招討指楊度。

錢化佛要袁、楊合寫君臣扇，那袁寒雲自該是樂意不過了。

楊度作品的拍賣

錢化佛和楊度是晚年好友，結交是在佛學和書畫上。所以楊度手澤，錢氏能保存多幀。在錢氏身後五十年，二〇一三年十二月，北京匡時曾

八指頭陀詩集卷一
釋敬安寄禪

袁寒雲，1929年（右）
八指頭陀（中）
《八指頭陀詩集》（左）

主辦「錢化佛作品暨萬佛樓藏畫拍賣專場」。當年筆者也曾關注楊度寫贈錢化佛的兩件墨蹟，一為小幅山水（一八八五號），另一為巨幅楹聯（一九三三號），拍賣預展前，曾到匡時公司調出實物觀賞。

先說那隸書四言巨聯，未裝裱，只能鋪在地上爬高俯視。聯文「當為汝說，如是我聞」八個大字氣勢迫人。巨聯估價人民幣十八至二十萬元，筆者阮囊羞澀，自知無力扛下，遂薦與專門收藏楹聯的K先生競投。到拍賣預展時，巨聯因沒裝裱，也就沒有展出，筆者以為K先生應該可以輕易取得。但拍到這件作品時，竟然爭奪者眾，應價劇烈，當競標到三百萬大元時，K先生問我意見，我不敢置可否，K先生也不輕言放棄，繼續血

爬高俯視鋪在地上的楊度隸書四言楹聯丈二巨幛

北京匡時主辦「錢化佛作品暨萬佛樓藏畫拍賣專場」(2013年12月)

袁世凱（左）與朱啟鈐（右），1903年

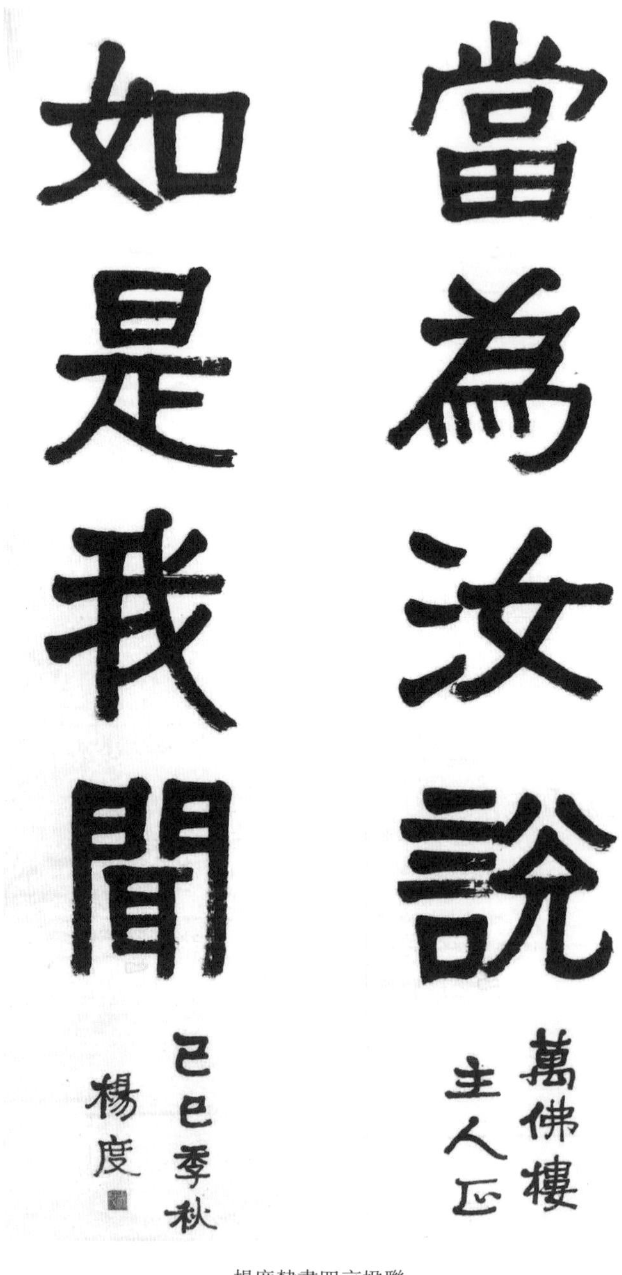
當為汝說
如是我聞
萬佛樓主人正
己巳季秋
楊度

楊度隸書四言楹聯

拼，但終為對家寶龍集團許小姐奪得，成交價達六百多萬元。哲子地下有知，真未知作何想？要是胡遯園及陶菊隱有知，又不知當作何想？但筆者認為：楊度遠在國共分裂之初，能為中共機關報《紅旗》題耑（一九二八年），那和後來毛澤東也為《紅旗》題耑（一九五八年），都是一件有意義而先後輝映的事。那又豈是金錢所可比況！

北京匡時主辦錢化佛藏畫拍賣中，最難得的是楊度小幅山水《閑臨秋岸》。此畫乍看笨頭笨腦，細觀則枯筆渴墨，氣度雅潔可人。這小幅山水估值不高，筆者參與競投，雖然亦爭得肉刺，尚幸終能拱回寒齋，使之與筆者原藏之楊氏行書《逍遙游辭》橫披合為雙璧。

代表作《逍遙游辭》

筆者所藏楊氏行書《逍遙游辭》橫披，是上世紀九十年代初得自香港的拍賣場，當時拍賣標示作者是「哲子」，無人知曉是誰，因而也無需「血拼」，遂以「哲」字的「一筆之省」，令筆者「省卻一筆」，這算是最新版的「拍案驚奇」！

楊度的《逍遙游辭》，過去徐一士在《國民周報》上發表過，後來成書時，編入《凌霄一士隨筆》第一五八則，記云：「楊度《逍遙游辭》，楊謂王氏『能以逍遙通世法』，《逍遙游辭》是故作達語。」所謂「達

楊度為中共中央機關報《紅旗日報》題耑（右）
楊度為中共中央機關刊物《紅旗》題耑（中）
毛澤東為《紅旗》題耑（左）

楊度山水《閒臨秋岸》

語」，即故作曠達。徐一士在其《隨筆》是把整篇全錄，大抵當時楊度仍是國人所熟識的人物，故為此不嫌詞費。

該卷全文和一士所載基本相同，錄如下：

「逍遙游兮！世何途而不坦，身何往而不宜！放予懷於宇宙，等萬物而一之。本無心於去住，但隨地以嬉游。偶出門以孤往，實無擇乎東西。或杖策於山巔，或泛舟於水湄。臨清流以濯足，凌高岡而振衣。聽春泉之逸響，挹夏木之清暉。枕溪邊之白石，仰樹杪之蒼崖。柳因風而暫舞，猿遇雨而長啼。翫水深之魚樂，望天空之鳥飛。隨白雲以朝出，乘明月而夕歸。藉蒼苔以憩臥，采松實以療饑。隨所取而已足，何物競之可疑。伴漁樵以共往，見童叟而依依。肆談笑以適意，信人我之無違。喜山川之寂寞，契遊子之孤懷。境渺渺以愈遠，情悠悠而自知。常蕭然於物外，與一世而長辭。惟賞心之自得，嘆同樂之人稀。偶倦遊而思返，即興盡而掩扉。披詩書以自讀，引杯酒而酌之。任出處之自便，何外物之能羈？仰天地之閑暇，覺人事之無為。欲長歌以寄意，遂援筆而忘詞。」

按：此橫披有完整的上下款和印章，在楊度和尹石公之間的揖讓人

徐一士

逍遙游辭

逍遙游兮世何遽兩不坦身何往兩不宜敖予

懷於宇宙兮萬物而一之幸無心於去住但適

地以糖游偶出門以孤往窮霅兮擇乎東西或枝

策於山巔兮泛舟於水濱臨清流以濯足凌高

岡兩振衣聽春泉之逸響挹夏木之清暉楓

溪邊之白石仰樹杪之嶄崔柳因風兩暫舞

糠遇雨兩長嘯翫水保之魚樂坐天宅之鳥

飛遊白雲以相出乘朗月而夕帚藉雯嶺若巾

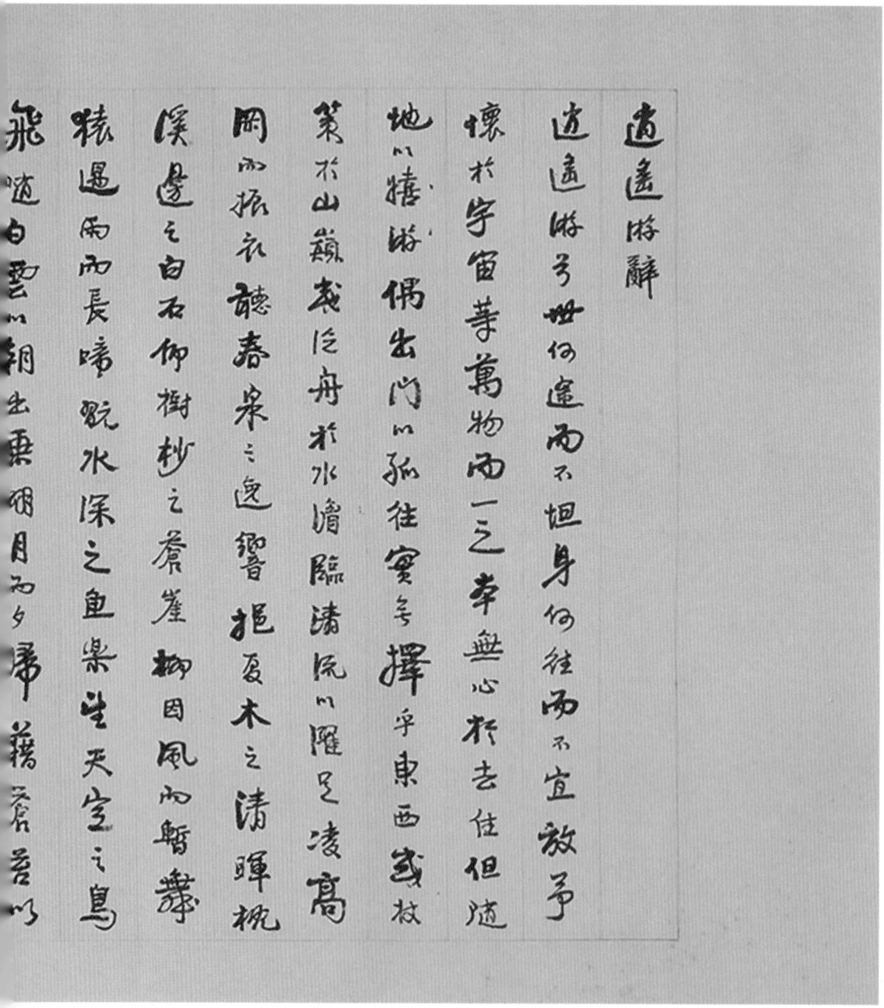

楊度行書《逍遙游辭》

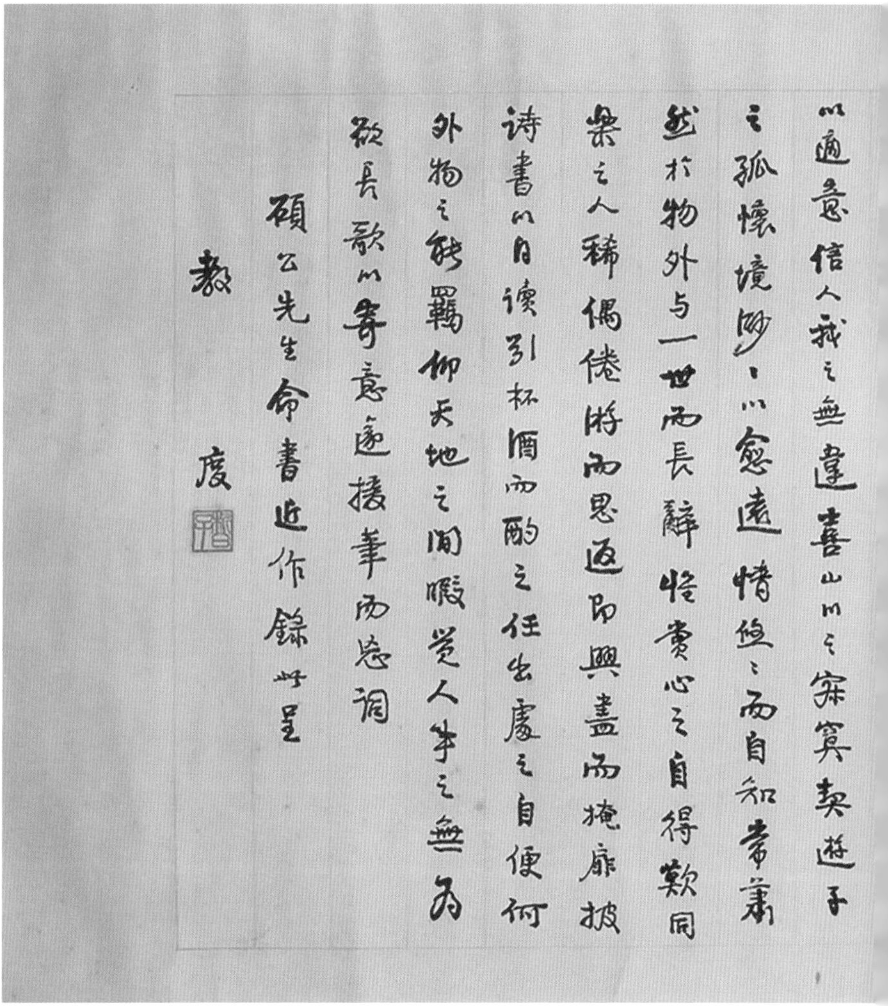

以適意信人我之無違喜山川之寂寞契遊子之孤懷境妙妙以愈遠情悠悠而自知常兼忘於物外與一世而長辭恬賞心之自得歎同樂之人稀偶倦游而思返即興盡而掩扉披詩書以自讀引杯酒而酌之任出處之自便何外物之能羈仰天地之閒暇覺人事之無為歌長歌以寄意遂援筆而忘詞

碩公先生命書近作錄此呈

教

度

事，正可為他日談史者所摭采。錄記如下：

「碩公先生命書近作錄此呈教。度。」接鈐朱文方印「晳子」。

所稱「碩公先生」，即是尹石公（一八八八—一九七一），是最早助楊度接觸共產主義理論的人。尹石公名炎武，號石公、碩公，江蘇丹徒人。中國公學出身，曾任教於北京大學、輔仁大學等校。歷任江蘇省通志館編纂、國史館編修、上海市文管會委員。石公諳清史，擅駢文。薛大可曾說這位尹先生，搜羅時髦的唯物史觀等左傾書籍，讓楊氏研究（《薛子奇先生旅台遺稿．縱橫百變之楊度》），可謂是楊氏思想上的領路人了。楊氏酬以愜意之作《逍遙游辭》（曾輯入楊度自編印刷贈人的《虎禪師論佛雜文》篇首）。此辭作於一九二一年七八月間，其時恰恰為中共建黨之時，這事情本身就極具歷史意味。

（二〇一〇年一月十四日）

楊度《虎禪師論佛雜文》(右)
楊度《虎禪師論佛雜文》首篇為《逍遙游辭》(左)

丁酉恩科楊伯峻

六、七十年代傅熹年遇楊伯峻，楊老戲稱傅公為「同年」，傅愕然，楊再補充道，我們都是丁酉恩科同榜。港人大概聽得一頭霧水吧，丁酉即一九五七年，有「反右」一役，即是説，兩位都是一九五七年同劃右派同登一榜的。恩科是子、午、卯、酉每三年一科的編制以外，而「右派」也是正常刑典所無，純出「最高」的眷顧，所以楊老謔稱「恩科」。

一九二六年六、七月間，楊老在北京經表姐彭漣清（即女作家彭慧）之介加入共黨，但一九二九、一九三〇年北平地下黨組織幾乎全被破壞，楊與黨斷了線，一九四九年一月在長沙重新入黨，介紹人劉晴波、周汝聰。楊老黨齡比一九五七年調入北大的黨委書記陸平校長要早（陸一九三三年二月在吉林入團翌月轉黨），或因本性太正直，大放厥詞（反對漢字拉丁化等），自以為黨內説話，應該無罪。結果招至丁酉「錯劃」，刺配蘭州，任教蘭州大學中文系。隔兩年，大躍進躍出浮誇風，天災加人禍，饑荒嚴重。「人有多大膽，地有多大產」這一著名口號就是甘肅提出來的，甘肅是重災區，中央發覺，即撤換省委書記，急從新疆調

傅熹年（右）
楊伯峻（左）

糧救命，惟已死人無算。這大環境下，楊老復病瀕於危，處境堪虞，幸為周恩來獲悉，上調其至北京醫理及參加中華書局二十四史點校工作（負責《晉書》），才得以活命。

楊老一九五六年寫就、一九五七年三月增改，一九五八年六月由中華書局出版的《論語譯注》，尚署本名，到一九六〇年出版《孟子譯注》時，署名權已被剝奪，化私為公，作者變成蘭州大學中文系了。直到十一屆三中全會之後，此書再版時才恢復署楊名。《論語譯注》六十年代臺灣藝文印書館印有直排本，署名楊德崇，楊老說竟讓他們考出來了，那是他的原名。那個年代楊仍活在大陸，統稱「附匪」學人，藝文印其書署其通行名字「楊伯峻」的話，老闆嚴一萍就會被請到臺北市愛國西路博愛路的警備總司令部「約談」，涉嫌「為匪張目」也。

楊伯峻表姐彭漣清（彭慧）

楊伯峻《論語譯注》

六十年代臺灣藝文印書館印直排本《論語譯注》署楊伯峻原名楊德崇

1980年北京中華書局再版《孟子譯注》恢復署名楊伯峻

一九八〇年筆者赴成都參加中國古文字學會第三屆年會，得以拜識楊老。他老人家個子不高，皮膚白嫩，大概不足月出生，顯得十分柔弱，深度近視，看名片像拿名片抹眼鏡般近，說話要靠到耳邊。會議之後遊峨眉山，楊老要人揹著才能登山。翌年古文字學年會在山西太原舉行，與楊老又再相遇，會議結束後還一起乘火車上京。途中偶問楊老，聽說令先叔樹達先生是毛主席老師，楊老說，湖南驅張（敬堯）運動時，楊樹達和毛主席一起上京，楊是老師代表，毛是學生代表。楊老言談頗大膽，並無半點攀附先帝之意，談及漢語拼音化問題與毛的指示，楊直言毛不懂。那個年代，毛在大陸仍具無上權威，楊老乃摘帽右派之「餘孽」，竟敢公開講毛的不是。套一句大陸流行語是「好了瘡疤忘了痛」。

楊伯峻（一九〇九—一九九二），湖南長沙人。三代單傳，又是長房長孫，惟不足月生，身子較弱。自幼不出家門，由祖父楊孝秩（一八五七—一九三八）親授讀《詩經》《論語》《孟子》《左傳》等經典，一九二六年後考入北京大學，讀了兩年預科，和四年本科中文系，得錢玄同、吳承仕、余嘉錫、黃節、陳垣等名師指授，兼拜黃季剛之門，被同學戲稱為「黃門侍郎」。而楊老自言，其治學門徑主要是得力於其叔父楊樹達（一八八五—一九五六）。一九三二年北大畢業後，楊老到泰山，任馮玉祥李德全夫婦私人語文老師，後到南京任馮玉祥研究室成員。

楊伯峻先生伉儷，1980年（右）
楊樹達（左）

一九四〇年脱離馮，返長沙，先後任中學國文教員、廣州中山大學中文系講師。一九四八年，楊老奉黨之命返回長沙，任中共長沙工委書記，協助籌建民盟省委，秘密從事統戰工作，為湖南和平解放作出重要貢獻。長沙解放後曾任民盟湖南省委委員兼宣傳部部長、湖南《民主報》社長、湖南省政協委員兼秘書處處長、湖南省委統戰部辦公室主任等職。一九五三年，楊老辭官，申請回學術崗位，獲調返母校北京大學中文系授課。一九五七年謫蘭州大學、甘肅師大中文系任副教授，一九六〇年返京，任北京中華書局編輯、編審。七十年代末擔任國務院古籍整理出版規劃小組顧問。一九八五年離休。

楊老家學淵源，經學底子厚，其《論語譯注》諸書，顯示出他對古漢語語法、虛詞的精湛研究，註解時著重字音詞義、語法修辭規律，以及名物制度，風俗習慣等，考證周詳，表述清晰，深具學術價值之餘，對古代典籍的推廣和普及有極大建樹。

清人整理《十三經》成就最高，獨《春秋左傳》較弱，楊老自謂有「左傳癖」，早歲已傾心《左傳》，曾著力研究劉文淇三代人整理的《春秋左氏傳舊注疏證》，旁及章炳麟的《左傳讀》等。楊老以一人之力，費二十餘年心血，集諸家之大成，為《左傳》作一總結性的注釋，終於編著出百餘萬字的《春秋左傳注》這個較為完善的本子。繼又鼓其餘勇，與夫

標點廿四史清史稿同人合影（前排右端為楊伯峻）

人徐提合編七十多萬字的《春秋左傳詞典》，八十年代中出版，與《春秋左傳注》相輔相成，嘉惠學林。八十年代末楊老托友人遠道送來香港贈我《春秋左傳詞典》，衷心感激。

楊老墨蹟流傳甚鮮，筆者僅得一葉，是一九八一年九月在山西太原所書：「教然後知困，學然後知不足。仰不愧於天，俯不愧於人。」內容融會經典，前句鍼勉之言，令筆者感激；後句復有夫子自道之意。在下仰之彌高。

（二〇一二年九月廿七日初稿，二〇二一年四月廿五日修訂）

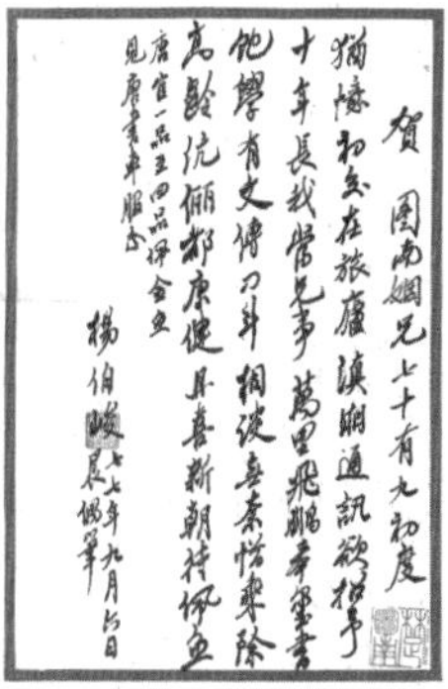

楊伯峻詩稿

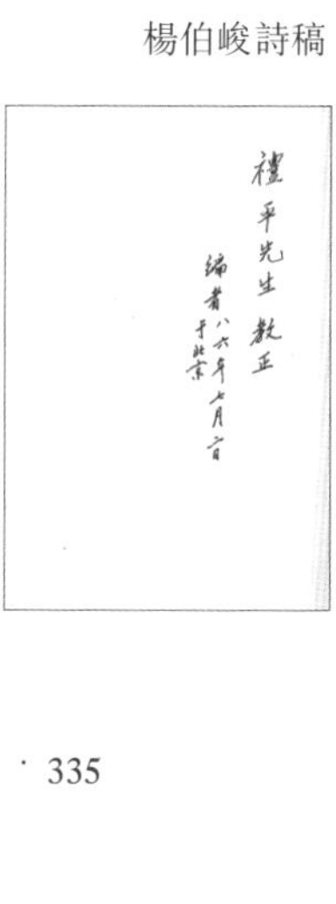

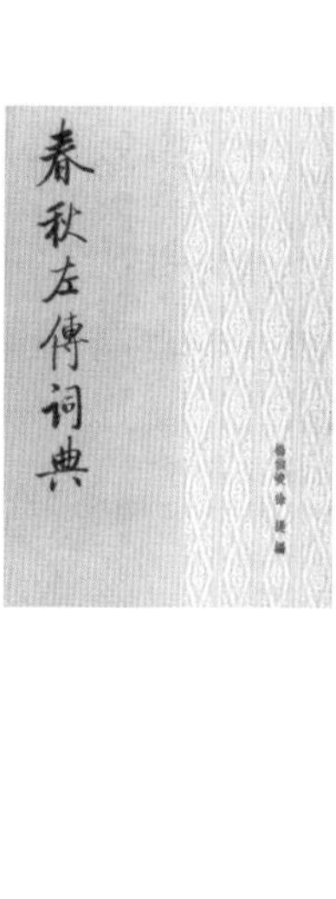

楊伯峻題贈筆者《春秋左傳詞典》

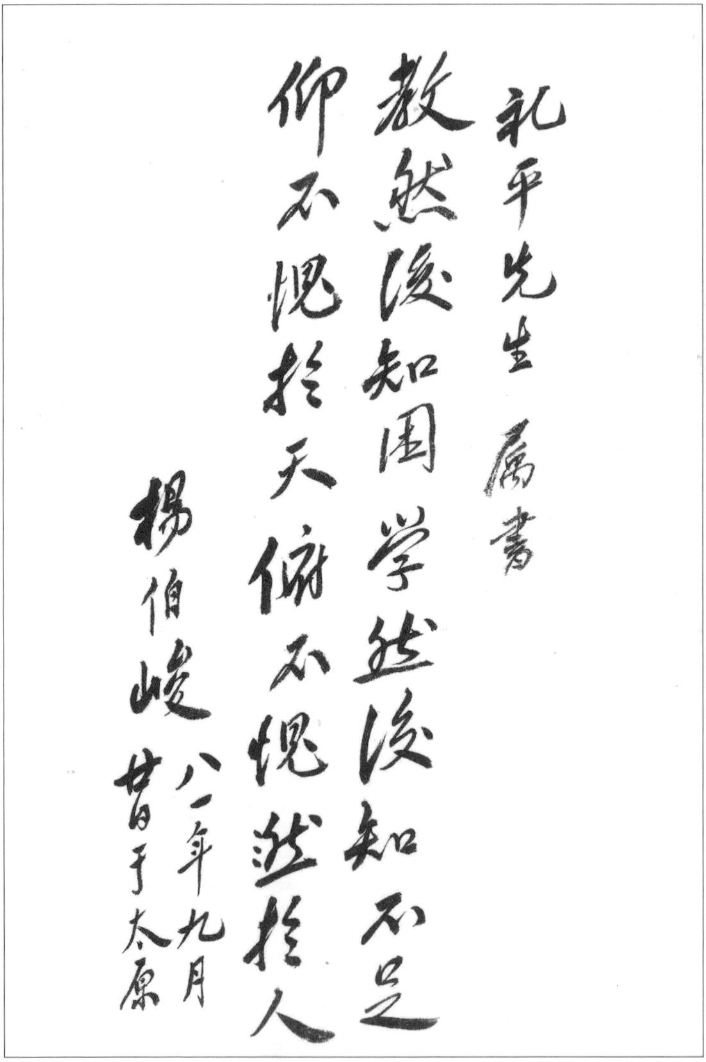
禮平先生屬書
教然後知困
學然後知不足
仰不愧於天
俯不愧於人
楊伯峻
八一年九月
書于太原

楊伯峻行書，1981年9月

張伯駒的後半生

——讀《張伯駒牛棚雜記》

民國四公子有不同的說法，張伯駒《續洪憲紀事詩補注》：「人謂近代四公子，一為寒雲（袁克文），二為余，三為張學良，四、一說為盧永祥之子小嘉，一說為張謇之子孝若。又有謂：一為紅豆館主溥侗，二為寒雲，三為余，四為張學良。」但無論哪四位，總有張伯駒在內。

八十年代初筆者赴京，由馮統一先生引領去後海張伯駒住處，那本來是大宅院，文革間由多戶人家鳩佔，變成大雜院了。時張伯駒剛往生不久，客廳尚懸遺照，筆者為肅立鞠躬致意。並與張氏遺孀潘素，女婿樓宇棟略作寒喧。剛相識，沒有深談。只記得樓先生創辦《考古》雜誌，後來調西安工作。

今年是張氏誕生雙甲子，集古齋舉辦張氏文獻資料展覽。前幾天登門觀賞，並出席由榮宏君主持有關研究張氏的公開講演，聆聽其高論。

張伯駒，三十年代（右）
榮宏君在集古齋講張伯駒（左）

過去講張氏生平的文章或專著，側重於民國時期的經歷，而疏於解放之後，尤其關於張氏在文革這幾年，大都是語焉不詳或一筆帶過。所以筆者特別關注躺在展櫃中一冊「甩皮甩骨」的筆記本，這是張氏文革落難期間的「交代」材料，是約六十四開小冊，外殼不存，表皮署「張伯駒」。筆者不好意思，也不敢請集古齋老友打開展覽櫃拿出來翻閱。幸好中華書局剛出版了《張伯駒牛棚雜記》，得以觀其大略。

《張伯駒牛棚雜記》收錄張氏整本交代筆記，由榮宏君整理，釋文之外，對相關人物、著述、事件，詳加注釋。而且將筆記文本全部原大原色影印。這是了解張氏生平，特別是文革歲月的第一手資料。

張伯駒，1965年

甩皮甩骨的《牛棚雜記》原物（右）
榮宏君編注《張伯駒牛棚雜記》
封面（左）

張老寫這些文字的時候，絕不會想到將來會出版的。這是當時寫給造反派、專政人員看的。乍看雜記中的文字，有強烈的時代烙印。張氏以自我批判、自我矮化的自貶文字，詳細交代生平史實細節，但其中，不知是有意抑或無意，在不知不覺間有些曲筆宣揚自己、保護自己之嫌。行文的時間該是一九六八年張老被抓捕後的八個月，時中共八屆十二中全會已召開，明確給劉少奇定性為「叛徒、內奸、工賊」，為配合形勢，所以張氏文字中這組詞彙頻繁出現，也時常空泛的批劉頌毛。但字裏行間，又不忘點出毛與他交往的細節。例如：

「毛主席七十大慶不做壽，……我編寫了祝毛主席七十大慶曲藝劇詞寄給花蓮寶交卷。」（頁十三）

「五三年我將所藏唐李白『上陽臺』真蹟呈獻給毛主席，因為李白書法渾厚雄壯，正合乎毛主席的氣概。」（頁九六）

「五三年，我愛人潘素與北京老國畫家合畫冊頁，祝毛主席五九大慶，蒙毛主席春節賞賜禮物，一個普通婦女承當代馬克思列寧偉大世界、革命人民偉大領袖這樣的恩遇，是一生也夢想不到的，至今所賞賜盛餅乾的筒還珍重保存。」

中共中央文件「關於叛徒、內奸、工賊劉少奇罪行的審查報告」(1968年)(右)
工廠職工批劉，高懸：「打倒叛徒、內奸、工賊劉少奇」標語(1969年)(左)

說到這裏，張不忘舊事重提：

「五三年呈獻給毛主席唐李白《上陽臺帖》，蒙主席命辦公廳賜予回信。我列入右派後，毛主席的秘書在文物商店寶古齋說：張伯駒還是有功於國家的。」

「我夫婦是舊社會資產階級知識分子，何敢當毛主席這樣的眷注。」「應當如何感激涕零」。（頁一〇六）

張氏這麼寫，表示他崇敬毛，主要點出他得到毛的眷注。毛認為張氏有功於國家。潛台詞是請專政人員能善待他。

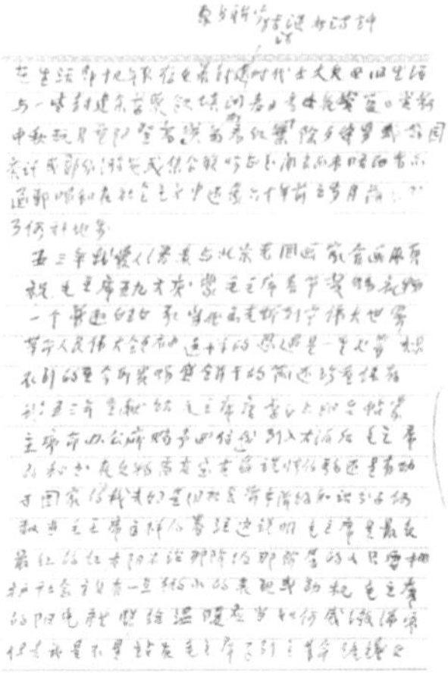

張伯駒自我矮化的交代也不乏拉大旗作虎皮

張氏行事純然是書生之氣，只因他不是重點人物，當然沒置之必死。但悔罪而實為表功，頻頻「揚舊事」，其實是易招凶險的笨著。

更要提及的是一九五三年毛主席花甲大壽，張伯駒通過中央統戰部徐冰奉獻李太白《上陽臺帖》與毛（毛只觀賞幾天即轉故宮，囑中辦回感謝信並附寄人民幣萬元），一九五六年更又捐獻了《平復帖》《遊春圖》等八件劇蹟與國家。當時羅隆基就認為張的舉措是呆子。羅是中國民主同盟創辦人，張氏同為民盟（一九四七年張伯駒由張東蓀介紹加入），但張與羅不對嘴型。張說：「羅隆基常買假字畫，有時打電話約我到他家鑒定字畫，我亦認識到羅隆基是政客且有外國習氣，我避免到他家去。」（頁八十二）這裏明確對羅有看法。接著說：「五六年我將所藏晉、唐、宋、元書法捐獻給國家，這一年到他家，他說我是書呆子，說我：「你」認為所藏這些古代法書珍貴的了不得，共產黨看了不在乎。毛主席每天接信豈止一萬封，還記着你的信！你如果想「要」一個位置，由我們推薦就行了，無需多此一舉。」

羅氏認為張的捐獻唐宋名蹟，是另有所圖。這有點兒以小人之心度君子之腹了，這當然令張氏不悅，謂：「我對羅隆基的話一言未答，以後我也不再到「他」家去。」（頁八二）羅隆基在文革前夕過世，張氏這樣下筆，是考慮到羅已經不在了，直說無妨。但這事也不能說羅隆基全錯，而

羅隆基

張氏也非全對。那時羅隆基是「民盟」的負責人，而張氏是其屬下民盟成員。但張私下向友黨捐獻卻先不知照「民盟」，便自行和統戰部長徐冰接洽，即使於理無虧，但從組織上和人情上而論，也總有點欠妥吧。大概羅隆基為此多説幾句也是情理中事，沒想到卻給兩人之間留下了遺憾。

張與陳毅老友。集古齋「張伯駒文獻展」有張氏兩份回憶陳毅的手稿。一為毛筆，僅一頁，一為硬筆，有十多頁。前者已發表，後者榮氏與筆者言，將收入他撰寫的《張伯駒年譜》，估計十二月出版。

筆記也交代了張與陳的交往，是始於一九五七年夏。一九六一年九月下旬，張氏伉儷準備去吉林工作。

「陳總派車接我到中南海見面」。「陳總問我：到吉林教甚麼課？我説：到藝專教書法史、繪畫史、詩詞等。陳總説：這是你的專長。又問我：右派帽子摘掉了沒有？我説：還沒有摘掉。陳總説：你是舊文人，難免性情孤僻，新事物知道又少，或為人所不諒。你的一生所藏的書法精品都捐給國家了，你還會反黨嗎？我同他們説給你改一改好了。……你到吉林，我對那方面關照一下。」（頁二七、二八）陳説的「改一改」，就是要給張摘帽，對張的處境大不一樣。

陳毅

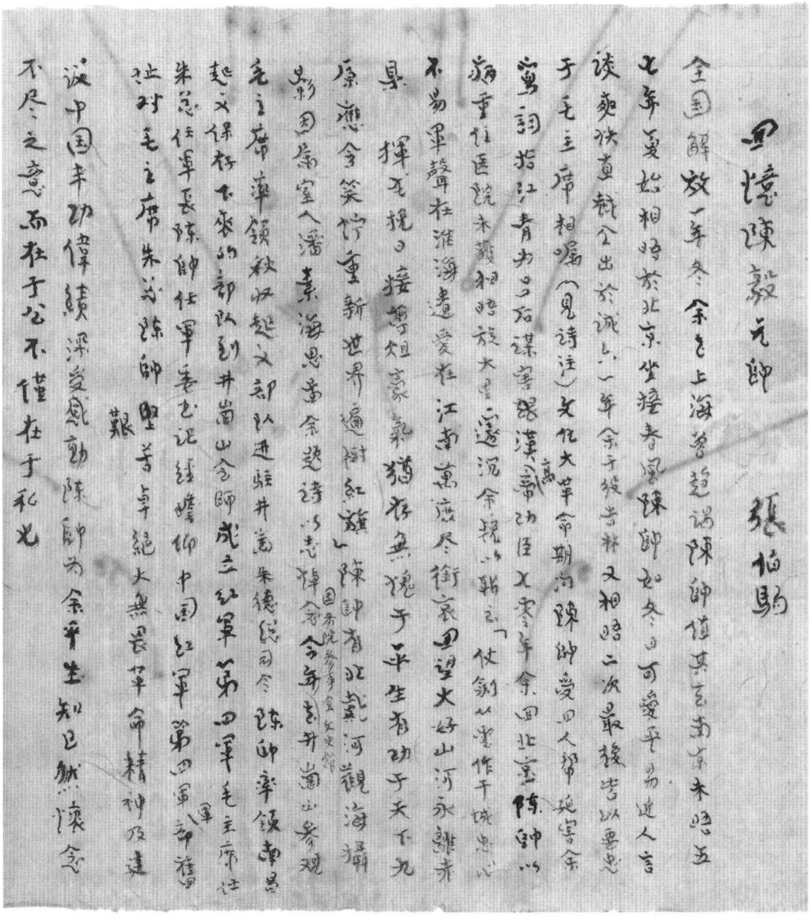
回憶陳毅元帥　張伯駒

全国解放一年冬，余自上海曾趨謁陳帥，值其去南京未晤。五七年夏始相晤於北京，坐擁春風。陳帥如冬日可愛，平易近人，言談爽快，直截公出於誠。六一年余于役吉林，又相晤二次，最後皆以要忠于毛主席相囑（見詩注）。文化大革命期間，陳帥受四人幫迫害，余寫詞指江青為呂后，謀害漢高帝功臣之事。又二零年余回北京，陳帥以病重住醫院，未獲相晤，旋大星已逝。余挽以聯云：「仗劍從雲作干城，忠心不易；軍聲在淮海，遺愛在江南，萬庶盡銜哀，回望大好山河，永離赤縣。揮戈挽日接尊俎，豪氣猶存，無愧于平生，有功于天下，九原應含笑，佇看新世界，遍樹紅旗。」陳帥有北戴河觀海攝影，因屬室人潘素海思圖，余題詩以志悼念。今年（國務院參事室文史館）去井崗山參觀毛主席率領秋收起義部隊進駐井崗，朱德總司令陳帥率領南昌起義保存下來的部隊到井崗山會師，成立紅軍第四軍，毛主席任朱總任軍長，陳帥任軍委書記。經瞻仰中國紅軍第四軍軍部舊址，對毛主席朱總陳帥艱苦卓絕大無畏革命精神及建設中國之功偉績，深受感動。陳帥為余平生知己，然懷念不盡之意，而在于公，不僅在于私也。

張伯駒《回憶陳毅元帥》

陳毅說的「我對那方面關照一下」，是請老部下于毅夫（吉林省書記處書記）、宋振庭關照張氏。于毅夫是文化人。宋振庭也是文雅之士，也能畫畫，時長吉林省宣傳部（文革後長中央黨校教務）。張氏伉儷本來是應吉林藝專美術系副主任史怡公和國畫教員卜孝懷之邀去藝專教學的，但陳毅向吉林打招呼之後，於是張氏便被安排為吉林省博物館副研究員，工資一百四十九元五角，夫人在藝專教學。（頁二十九）張氏與陳毅的交往，從沒有與人說。宋振庭好奇，問張氏怎樣認識陳，張說：「陳總能做詞，我也做詞，這樣認識的。」張長於倚聲，但文革卻像秀才遇著兵的局面，文士遇著紅衛兵，甚麼也說不清了。

1962年張伯駒任吉林省博物館副館長

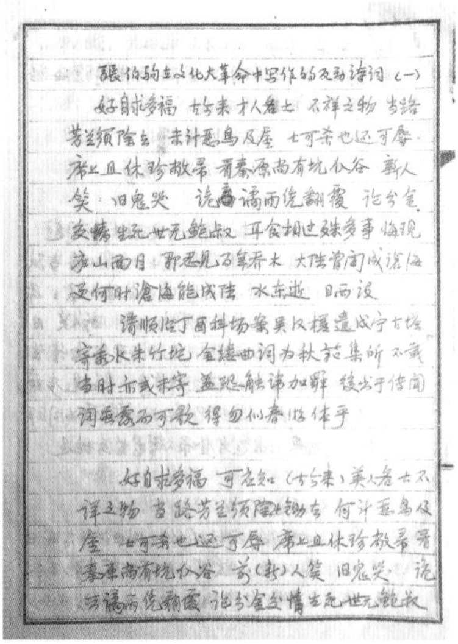

张伯驹在文化大革命中写作的反动诗词（一）

好自求多福 古今来 才人名士 不祥之物 当路
芳兰须除去 未计恶鸟及屋 士可杀也还可辱
席上且休珍敝帚 看秦原尚有坑儒谷 新人
笑 旧鬼哭 诡[illegible]谲雨覆翻覆 论今生
交情生死世无能叙 耳食相过殊多事 伤现
庐山面目 那思见石火乔木 大陆曾闻成沧海
逆何时沧海能成陆 水东逝 日西没

请顺治丁酉科场案吴汉槎遣戍宁古塔
寄秋水朱竹垞 金缕曲词为秋笳集所不载
当时亦或未寄 盖恐触讳加罪 后出于传闻
词无奇而可歌 得勿似春游体乎

好自求多福 可在知（古今来）美人名士不
祥之物 当路芳兰须除去 何计恶鸟及
屋 士可杀也还可辱 席上且休珍敝帚 看
秦原尚有坑儒谷 新（新）人笑 旧鬼哭 诡
云谲雨覆翻覆 论今生交情生死世无能叙

張伯駒被批判材料：張伯駒在文化大革命中寫作的反動詩詞

于毅夫（右）
宋振庭，1980年（左）

文革間張聽到陳毅也被批鬥，憤慨之餘，填了一闋《金縷曲》寄意：

「塵劫何能躲，奈升沉，紛紜此世，其中有我。但使淤泥蓮不染，微笑點頭也可。舉目盡，煩煩瑣瑣。覆雨翻雲成與敗，在旁觀只是鄉人儺。論功罪，互因果。

池魚殃及城門見。更娥姁、牝雞鐘室，居心叵測。富貴豈堪安樂共，未許客星犯座。寧披髮，佯狂衽左。換骨脫胎非易事，草螟蛉、終竟難成蜾。且爭看，一剎那。」

張氏斗膽，竟敢借古諷今，直把江青比作呂后謀害漢高祖功臣。這闋詞被造反派抄家時發現，於是判定張氏是攻擊江青，也即是攻擊無產階級司令部，自然是現行反革命了。張被抓捕，關押達八閱月。最後省革委會的結論是，「敵我矛盾按人民內部矛盾處理」。直到十年後，江青等四人幫被捕半年之後才正式平反。（《張伯駒日記》一九七八年三月十九日：「吉林省博物館鄭國、宋玉蘭來京，告知省委宣傳部已批示為我『攻擊江青』一事平反。」）

這個牛棚日記，大概就是這八個月中寫下的交代材料。

吟詠會惹禍，但有時又能種福。張氏曾靠一副聯語改變命運，這又和

張伯駒因寫一闋《金縷曲》為陳毅被批鬥鳴不平而獲罪，被遣吉林省舒蘭縣朝陽人民公社改造

陳毅有關。

一九七二年一月陳毅逝世。遺囑將一副玉質圍棋贈張伯駒。

其時張氏伉儷雖已潛居北京，但反革命之身，是不容參加追悼會的，只有敬撰輓聯一副呈交陳毅夫人張茜。張茜將此輓聯懸於靈堂，云：

「仗劍從雲做干城，忠心不易。軍聲在淮海，遺愛在江南，萬庶盡銜哀。回望大好河山，永離赤縣；揮戈挽日接尊俎，豪氣猶存。無愧於平生，有功於天下，九原應含笑，佇看重新世界，遍樹紅旗。」

那次毛澤東臨時參加弔唁，看到此聯，吟誦俄頃，並問及張伯駒，張茜略陳張氏困厄，毛開金口，要周總理過問一下，盡快解決。周即奉旨落實善後，從而改變張的命運。但那「反革命帽子」，直待到江青被捕之後，還要再等兩年，也即是一九七八年才得以正式平反。

張氏貴為民國四公子之一，自然往來無白丁，交遊盡老蒼了。筆記還透露張與袁世凱的關係，「我遠房姑母是袁世凱遠房哥哥的老婆」，從而糾正惲寶惠在全國政協文史資料中，「誤寫我為袁世凱外甥」。袁世凱長子袁克定，晚歲是張氏接到「承澤園」居住的。承澤園清代皇家小園林，

毛澤東臨時參加陳毅追悼會

原是慶親王奕劻舊居，抗戰勝利後為張氏所購，張得《遊春圖》之後將此園更名為「展春園」，一九五三年售予北京大學。

袁世凱原為李鴻章的人，李歿後投靠慶親王奕劻。奕劻沒想到其舊府第承澤園是袁世凱表侄承接，而洪憲「太子」袁克定也同居於此。寫文章的惲寶惠乃父是惲毓鼎，光緒丁未間獲慶親王袁世凱一系授意，連上二摺參倒政敵瞿鴻禨和岑春煊。

張伯駒是大藏家，後來又出任吉林省博物館副館長，代館方收購古書畫、文物，筆記涉及有關古書畫買賣事，讓筆者特別留意。如筆記透露：

「一、浪費國家資財。六一年十一月底，王承禮命我同鄭國去北京收購書畫，款項三萬元，要在十二月內將款用完，否則即須上交，因館內時人畫過多，注重收購古代文物書畫，寶古齋的書畫佳品又不售予外地博物館，即須向私人收藏者收購，因款多，時間短，所收未能全是精品，且出價亦較寶古齋為高，按理款在年終未經用完即應上交，為免上交款項，對收購文物不事精選，甚為非是，以後陸續收購，除寶古齋外多半是向私人收購，例如買周懷民的石濤墨竹，價三千，周懷民原買價為八百元，又所買徐邦達元人萱蝶圖乃係偽品。這樣工作

慶親王奕劻（右）
袁克定（左）

不惟浪費國家資財，而且為資產階級收藏者造了機會。
二、本位主義。廣州、天津、遼寧瀋陽故宮博物館爭到北京收購書畫，更加以鄧拓之流搶收壟斷。據寶古齋說：五八年後書畫價格逐步高漲，以書畫藏量品格來論，故宮博物院第一，上海博物館第二，遼寧博物館第三，南京博物館第四，其次為天津、廣州、瀋陽故宮博物館。在書畫收藏方面，想超過天津、廣州博物館，我任副館長，于省吾恭維我說：廟小神大。宋振庭對我說：要把元四家買齊。王承禮希望能買到一卷唐畫。但都不易收到。在書畫收藏方面，我想超過天津、廣州博物館。例如，戴進《松岩垂釣圖》、張見陽《楝亭夜話圖》，都是故宮博物院想要的，被我收購歸省館，又《群玉堂法帖》以五千元買到，雖是孤本，但在省館不成系，故宮博物院、上海博物館藏碑帖為多，應歸彼處為宜，屬於歷史及藝術性的書畫，應當集中。在保管方面、系統方面、備戰方面均為有益的，我這樣做法是從個人主義出發，成了本位主義、分教主義。
三、我的收購工作不惟與工農兵服務無關，與本省歷史也無關，完全走上了「叛徒、工賊、內奸」劉少奇的封建階級的黑線。（頁四一至四二）

鄧拓

除了筆記文本的材料，榮君也補充了許多獨家材料。如頁五十八至六十四，詳細列出榮君所藏一九六一年張伯駒、鄭國一同進京所收購古書畫文物清單明細表。讓我們了解到六十年代初的行情。如八大山人梅鵲圖軸、毛奇齡行書軸等六件書畫，總共才八百一十四元。八百多元是甚麼概念，是毛主席個半月薪酬，是容庚教授兩個半月薪水，是普通工人兩年人工。

「單慶麟以考古專家、鑒賞書畫專家自命，其實是半瓶子醋，往往是抄襲別人的文字改換一下，希望能登在考古刊物上。于省吾曾說他考古方面的造詣還不如研究生，收藏書畫是有貿易性質的。他說：長春收藏書畫的人家宋振庭沒有不去過的。也就是他都去過。

六二年約九月，黑龍江博物館有人來我館，這時我從北京寶古齋帶來一些書畫，審查選收，我館不收的書畫，黑龍江館擬選收幾件。這時單慶麟知道此事，他送來他的王石谷山水卷，想賣給黑龍江館，但我不能同黑龍江館說這卷畫或真或假，只有擺在寶古齋的畫〔裏〕一起由黑龍〔江〕館自選，結果黑龍江館也沒有要。

又，我有一卷文徵明雙鈎蘭花卷，是寶古齋當偽品賣給我的，價三百幾十元，其實是真蹟。天津博物館韓盛〔慎〕先到我家曾見到，要買，給價一千二百元，我未賣，帶來長春。單慶麟看見，托于省吾以

于省吾

一千元買去此卷。事隔至六五年，又託于省吾來說，要換我的王穀祥花鳥卷，這一卷雖沒有文徵明的名氣大，但外表是故宮佚失品，上有乾隆五璽和題詩，賣價則伸縮性很大，我對于省吾說：王卷存在博物館，如館不要，才能換給他。

六二年春節前，我去北京診病，寫信給單慶麟說：文徵明蘭花卷，我鑒定是真蹟，你自認為在長春鑒定書畫是一把手，也認為是真蹟，不必多疑！王卷存在博物館，不宜取出相換，如要退畫退錢，可以考慮商量。此事始行結束。」（頁一一六至一一七）

張氏到吉林之後，組織春遊會。筆記頁一〇五：

「六二年九月，我移居東一宿舍，吉大于省吾、羅繼祖、單慶麟、裘伯弓，應用化學研究所阮鴻儀，於每星期常到我那裏看字畫、閑談，我因提議每人本所知，無論金石、書畫、版本、詞曲、考證、軼聞、故事、風俗、遊覽，隨寫一則可以成一資料、筆記類的書，第一集於六二年十月寫完，除于省吾等外因所寫稿不夠，還邀約北京封建老頭子寫稿，於十月寫完第一集。」

「六三年至六五年，我約一些封建老頭子和封建學術于省吾等十餘

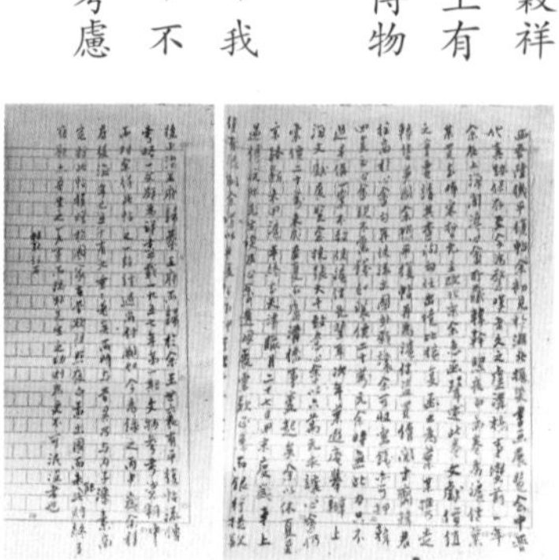

張伯駒《陸士衡平復帖》手稿（刊《春遊瑣談》）

張伯駒編著《春遊瑣談》，1984年中州古籍出版社初版，封面題字于省吾

人，略印了五集《春遊瑣談》，每集有一百本之多，內容都是四舊的東西。凡是看到這種書的都受到了毒害，在文化大革命前夕的一株封建學術毒草。」

筆記中多次提到于省吾，宋振庭。

「擁護毛主席不徹底，以封建主義《資治通鑒》出發，在西安聽説毛主席還看《資治通鑒》心裏很高興，不似工農兵擁護毛主席，從熱血、熱情出發，比爹比娘還親，這是世界觀根本問題。」（頁四）

「我幾十年來腦子裏歷史存在一部《資治通鑒》；文學存在漢魏六朝文、唐詩五代宋詞；藝術存在晉唐宋元明清書畫；明清傳奇、崑曲、京劇，全是毒素。」（頁六）

「抗日時期，從北京到西安居住，國民黨特務對外地去的人很注〔意〕。聽説有去延安參觀的，我想去而無方法門路，又聽説毛主席看《資治通鑒》，我很高興，因為我腦子裏有一部《資治通鑒》封建的歷史，這就是我很高興的出發點。」（頁九六）

大陸五十年代末有所謂三年大災，糧食嚴重缺乏，死人無數，老一輩

毛澤東讀過的《資治通鑒》（右）
毛澤東喜讀《資治通鑒》（左）

記得當時人人都勒緊肚皮。張伯駒怎樣過的呢？張可不受影響，因為賣了一卷畫，得鉅款二萬，生活過得美呢。《牛棚雜記》中有交代：

「五八年自然災害時期，故宮博物院要買我所藏的宋徽宗《雪江歸棹》圖卷，這時我的圖卷在榮寶齋複製，故宮博物院急於要，由我給榮寶齋寫信，故宮博物院直接拿去，給價兩萬元。因為故宮博物院先買去惠孝同藏的宋王銑《漁村小雪》，價兩萬元，宋徽宗這一卷比王銑卷重要，後有宋蔡京及明王世貞、王世懋、董其昌跋。我有這兩萬元製衣服、買手錶及飲食方面，幾年間根本不知道有自然災害，這不僅是生活奢侈問題，要與勞動〔人民〕來對比是一個罪惡。」

因為剛得了鉅資，去吉林出任省博物館副研究員，薪資多少，張本不在乎，但館領導可傷神。張是一九六一年十月下旬到吉林，但十二月與鄭國去北京收購書畫。與潘素在北京過春節。「這時我在博物館雖已工作，但名義工資還沒有定，曾接王承禮（博物館黨支書記副館長）一封信說：由於我的特殊情況，名義工資還未定，現在要定名義工資，即將發表。」

張回長春後，「北京市民盟摘掉右派帽子，吉林省文化局發表我任博

張伯駒伉儷，1978年

物館副研究員，工資一百四十九元五角，自六一年十月起發。」而「王承禮曾問我工資是否定少了，我說不少，才將工資都發給我。」（頁三十）

牛棚雜記也反映了共產黨幹部與名士交往，是要擔風險的。

「六二年十一月，宋振庭在北京開會，打電報要我去北京收購書畫，在北京見面，一天晚上飯後步行，宋振庭同我說有人向省委反映，他與于省吾（吉大歷史系教授）和我來往，他已向吳德書記匯報說，于省吾和我都是舊社會知識分子代表人物，和我們（交往）知道不少事情，別無其他。」末了，宋補一句「而且我是陳總有話交下來的」，即是陳毅要求特別關照的。（頁三十一）

（二〇一八年十月廿八日初稿，二〇二〇年八月十八日修訂）

最高指示

張伯駒被批判材料：徹底砸爛《春游社》批倒批臭宋振庭

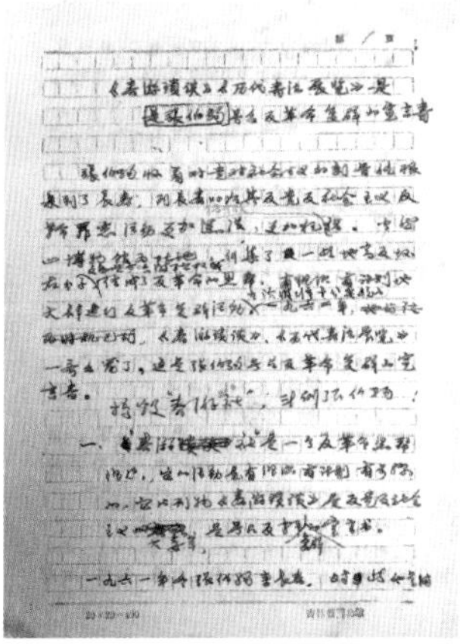

張伯駒被批判材料：《春遊瑣談》是張伯駒號召反革命復辟的宣言書

寫寒梅花數點　紅妝逢又勾潺夏夏東風吹過人間去

地北天南一例同　乙卯冬日寫懷　中州張伯駒時年七十又八

浩珠先覽倪儷　程萬

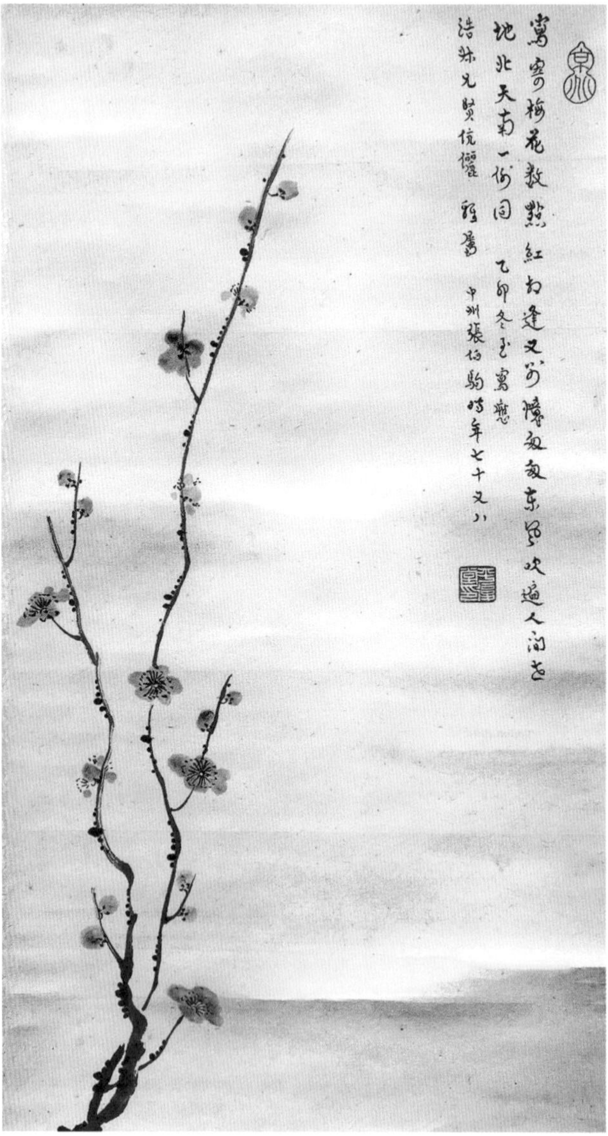

張伯駒紅梅贈費浩叔

黃永玉的《勞軍圖》及其他

黃永玉極具天賦，藝術固然，文學也出色當行。任何枯窘題材，在他口中和筆下均變成妙想雋語。有論者認為，黃老文章之妙，不亞於他的繪畫。其實，畫與文章，都同受惠於他本人的深刻思維。

黃老曾說：「畫畫的人應喜歡文學，不喜歡也應逐漸喜歡。越快越好。畫中的意境，是一種深而細的、變化萬端的感覺。文學能幫助提高這種感覺的品味。」（《詩意本事》，一九九五年）

此處點出文學與繪畫的相通之處，也自曝了自家恒有的「變化萬端」思想。他以靈動的思想，卻從事木刻。木刻即是「刻版」，字面上和「靈動」恰成相反之義，但他卻將「刻版」變得活潑和成功。黃老曾語筆者，他搞木刻全靠自己摸索，刻完沒有把握，便問人家：「係唔係咁樣㗎？」可謂無師自通。當年搞木刻的政治理念上多向左，黃也不例外。這現象不僅見於當年，乃至上世紀六七十年代，東南亞書刊入口檢查官仍持此見，把刊有木刻畫作的雜誌，均視為左翼的專門標誌，概予查禁。

黃永玉在翰墨軒，1988年

刻反飢餓反內戰傳單

黃永玉早歲傾向共黨，回憶說：

「我們以前年輕時在上海刻反飢餓、反內戰的傳單，上面有指示下來，木刻板要自己買，共產黨在哪兒我們都不知道，只是接到上面的指示就拼命地做。」（黃永玉《我畫〈水滸〉——在現代文學館的演講》）

該時期的木刻作品有《你這個壞東西》、《消滅打手》（又名《打殺特務》）和《學生衝馬隊》等。

黃永玉《消滅打手》

黃永玉在刻版，1954年

黃永玉《你這個壞東西》

黃永玉《學生衝馬隊》

但上海局面日益嚴峻，「日子一天天不好過起來。左派報紙查封得緊，稿費來源日漸萎縮，眼看再勤奮也熬不了日子。王孝和被槍斃，親朋遠颺，走過四川路橋經常被『抄靶子』（廣東話即『搜身』），半夜三更『有吏夜捉人』，這時候正巧畫家張正宇要找兩個助手到臺灣去幫他編一部《今日臺灣》的照片畫冊，選中了我和陸志庠。」（黃永玉《古今多少事，漁唱起三更——臺灣雜憶》）

黃永玉在臺灣

由此，黃永玉在臺北走遍大街小巷，也刻了不少木刻，這都陸續交付葉靈鳳在《星島日報》發表。而葉氏生平喜蒐集美術資料，於是這些作品

上海電力公司員工王孝和被押去刑場槍斃

黃永玉刻《陸志庠像》，1948年

張正宇

幸得完好保存。葉氏在七十年代逝世，後再十年，此批作品歸筆者珍護。其中有描繪臺灣高山族生活的《杵音》、高山族童話《猴》和《牛車》等等。

黃永玉在臺灣時間不長，沒幾個月，國民黨認定他是共產黨，馬上要抓捕。黃老回憶道：「一天晚上來了一個朋友：『孩子！走吧！這是一張從基隆到香港的船票，明天早上六點門口有部卡車，車上有熟人也別打招呼，行李上車馬上開車。』第二天清晨，卡車上有麥非和他的全家。大家平安地上了船，平安地到了香港。」（黃永玉《蜜淚》）

黃永玉木刻《猴》(高山族童話)

葉靈鳳，四十年代在香港

黃永玉石刻《杵音》(臺灣高山族生活之一)

黃永玉木刻《牛車》

黃永玉是共產黨嗎

黃永玉以共嫌而渡臺，但臺灣國民黨又以共嫌準備抓他，更迭的天涯亡命。那麼，黃永玉真是共產黨嗎？且聽夫子自道：

「那時有個信念，信念就是說有一個叫共產黨的，咱們得聽他的，把國民黨打掉，我們就有好日子過了，就是這樣。我以為自己也是共產黨，不知道要入黨才叫共產黨。我動不動就說我們黨怎麼怎麼樣，認為自己也是共產黨。」（黃永玉《關於我們行當——藝術與文學的關係》）

像黃永玉這種簡單錯覺，當時是所在多有，如郁風跟着夏衍、潘漢年、廖承志等共產黨人來往，也曾自以為是共產黨呢。

黃永玉明確的說：「我始終沒有入黨，到了『文革』以後，有些領導同志要我入黨，像胡喬木。『你為甚麼不入黨呢？』『我現在入黨，這麼多壞人，我怎麼跟他們一樣呢？』那是後來。那個時候我看到有很多壞人也鑽進去，鑽到黨內，我很看不起。」（黃永玉《關於我們行當——藝術與文學的關係》）

前排左起：茅盾、夏衍、廖承志，
後排左起：潘漢年、汪馥泉、郁風、
陳工程師、司徒慧敏，1938年攝於廣州

棲息香港狗爬徑

黃永玉與香港緣分匪淺。從臺灣逃抵香港，在香港戰鬥了好幾年，才上京擔任中央美院教席。直至八十年代重返香港，晚歲再又北上，在京華終焉。

黃永玉「到了香港，先是漫畫家廖冰兄的收容招待，然後在九龍荔枝角九華徑找了間小小的住房。正因為適夷先生也在那裏，那個小小的村莊便成了極富於文藝氣氛的地方了。招來了作家巴波夫婦、蔣天佐和詩人陳敬容，接著是楊晦老先生全家，再就是張天翼、王任叔諸位作家，不久臧克家先生夫婦也駕到，那種盛況已經到了滿座的程度。只好找到一小幢門口就是板橋的石屋作為詩人的雅座。跟著又是唐人全家、耿庸夫婦、雷石

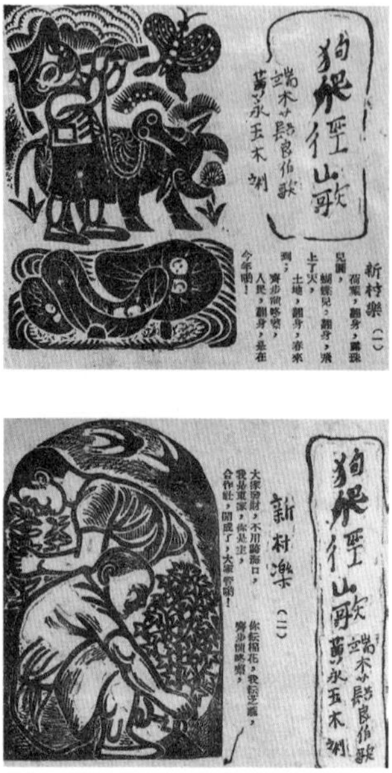

1949年5月《大公報》連載黃永玉木刻端木蕻良作歌《狗爬徑山歌》

黃永玉攝於香港大學，1948年

榆詩人。後來端木蕻良、林景煌、畫家方成也進駐了最後一間小屋，跟著畫家朱鳴岡、陸志庠又從臺灣趕了來。畫家陽太陽攜兒帶女也從廣東駕到，已經針插不進了。」（黃永玉《蜜淚》）

黃永玉住的九華徑原叫「狗爬徑」（一如「老虎岩」易名「樂富」，「鹹田」改名「藍田」，「吊頸嶺」改名「調景嶺」），雖說是小村子，但風水似乎甚好，住這村的人都發達。黃老記述其中一位住客余心清老人，回北京後出任國務院典禮局長。黃老失記的一位則是本港繳付個人入息稅最高的打工皇帝，就是九華徑出來的。一九四九年五月，由黃永玉木刻，端木蕻良作歌的《狗爬徑山歌》，在報紙上連載多日。

人生第一個展覽

黃永玉人生第一個個人展覽，就是在香港舉行。半個世紀之後，黃老道出箇中緣由：

「一九四八年，我二十四歲，在香港舉辦一生第一個畫展。是蕭乾先生幫助和鼓勵的。我說不行，他說行；我說我有點怕，他說沒甚麼好怕的，誰沒有第一次？還有鄭可、陳士文先生敲邊鼓助威。畫展先在香港大學圖書館開，陳君葆、馬鑑、侯寶璋諸位先生都來幫忙，甚至

香港大學馮平山圖書館

裝框子、掛畫、搬畫的瑣碎事也做，令我既感動也很震動。蕭乾、臧克家、樓適夷、葉靈鳳先生都寫了文章，好熱鬧的場面，簡直是大大助長我年青的虛榮心。

香港大學學生會的大學生們為我第一次畫展用盡心思和力氣，他們的真情令我難忘。……

畫展幾天後移到山下的思豪酒店，香港每家報紙都發了特刊專欄……」（《黃永玉八十藝展·前言》香港藝術館，二〇〇四年十二月）

多年後，黃老語筆者，說在該展覽期間，「港督葛量洪也來看，我不

港督葛量洪

黃永玉在香港大學馮平山圖書館畫展會場，1948年

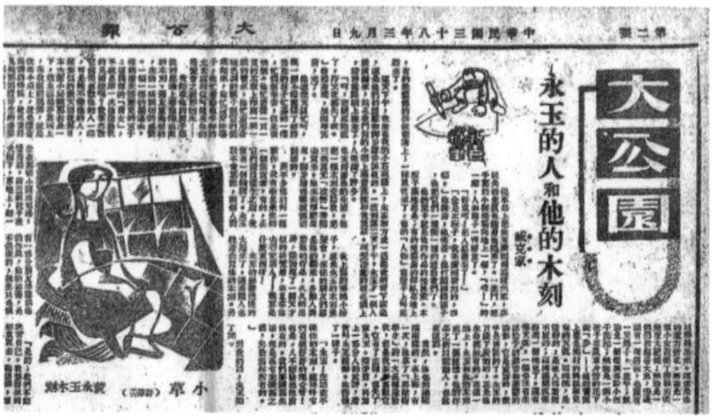

大公園

永玉的人和他的木刻

臧克家

臧克家
《永玉的人和他的木刻》

理他，他是英帝國主義嘛」。可見年輕時的黃永玉可愛率性的一面。

香港的勞軍運動

一九四九年的形勢是，國民黨兵敗山倒。十月一號，中華人民共和國成立。同月十四號解放廣州，十七號廈門解放，復又進兵西南，復又渡海

港九勞軍運動

大軍解放華南以後，又毫不停留的追奔逐北，進軍黔桂。並且就要一鼓解放西南了。這些爲革命奮鬥到底，而發揮了石破天驚的威力的解放軍員兵們，正在爲我們創造奇蹟，正在使世界人不斷的以驚奇眼光遙見，因爲有了他們，而整個中國正在翻身，正在以歷史未有過的自發的軍風紀博得全世界的讚歎。因了他們的奮鬥，不但掃除了舊的惡的，而且同時更帶了新的好的。他們同時在解放，同時便在建設；因爲他們到那裏，新的紀律新的作風便帶到那裏。所以他們解放了人民，同時便給人民帶來了溫暖，信心，和如何重新作人的示範。這正是歷史未曾有過的戰士，在創造歷史未曾有過的紀錄！

這是我們人民自己的隊伍，他屬於人民，爲了人民，也領導着人民。沒有他們便沒有一切；有了他們也便爲我們帶來了一切。我們眞是應當如何的感謝他們啊！

由於這種抑止不住的感謝的心情，每一個地方解放，便廣泛而熱烈的興起了勞軍的運動。在每一處勞軍運動中，也都有動人的紀錄創造出來。這沒有別的，只不過是人民太興奮，太感動了，只有借這一個機會，痛快的表示一下他們的感情。

港九勞軍運動，已迅速的遍於各界了。短短幾天功夫，已經創建了驚人的紀錄：有的是捐獻的數額可觀，有的是捐獻的方式令人感動，有的是充分的表現了人類高貴的同情心。可是這不過是方纔起頭。我們知道後來居上，一定還有更動人的表現！

勞軍！這是多麼興奮的事！因爲我們竟有機會來向我們的人民戰士們，直接表達我們的感情啊！尤其是在港九安居的人，在這方面必然更爲感動，就在這個機會，更將有以表達他們這種對解放戰士感謝的心情！

《大公報》社評《港九勞軍運動》（1949年10月25日）

勞軍美術義展會廣告

攻海南島。其時軍情甚急，軍餉亦甚乏。於是香港各界發起「勞軍」，實為眾籌助餉。

勞軍美術義展大會

美術界在勞軍運動上也不甘落後。先說美術界為慶祝新中國成立及廣州解放，於十月廿六日下午，假六國飯店禮堂舉行聯歡茶會，出席的美術家約二百人。李鐵夫在會上致辭說：「等了五千年，到今天才看見光明。我們美術工作者等於清道夫，要在新中國建設的進路上掃除一切污物」。簡琴齋建議擬電稿賀新中國成立和慶祝華南解放。張光宇、鄭可、陳福善、葉靈鳳、吳光耀、關山月、廖冰兄等先後發言。李鐵夫等十四人臨時動議：各人捐出作品，舉行勞軍美術義展，售出之款作慰勞解放軍之用，獲一致通過。（《大公報》一九四九年十月二十七日）

勞軍美術義展會於十一月廿五日，一連五天，在華商總會禮堂舉行。展品三百多件，參加者百多人。

星光熠熠耀勞軍

勞軍義展會還請來電影明星陶金、姜明（江漢之父）、李麗華、王人美、王丹鳳、劉瓊等當招待員。務求吸引更廣泛的民眾前來參觀義購。一

美術界勞軍義展
定二十五日開始
參加展出作品盼快些送去

【本報訊】港九美術界爲響應慰勞人民解放軍，曾於上月二十七日成立籌募委員會，決定本月二十五日至二十九日假華商總會大禮堂舉行盛大義賣展覽會，所籌得之款，全數撥爲慰勞解放軍之用。聞會一切費用，則由全體委員捐出，不動公款分毫。現該會已函知各美術家，懇求捐出作品，凡未收到此函者，亦請本愛國之旨，踴躍參加。作品務於本月二十日以前，送交永樂街一四九號永發印務公司轉交徐上炎君，領回收據，未經售出之件，將來憑收據領回。至於作品之價值，由出品人自定，再由該會加以斟酌，務求公允。該會通訊處暫設皇后大道中三十八號三樓中國近代藝術[illegible]。

李鐵夫（右）
美術界勞軍義展
（《大公報》1949年
11月11日）（左）

李麗華、王丹鳳、陳琦等明星在義展會場，各人手拿著毛主席明信片

勞軍美術義展會大合照，1949年

李麗華

姜明

廖冰兄

李鐵夫

陳琦

王丹鳳

顧而已

萬籟鳴

陶金

溫少曼

雷雨

劉瓊

黃蒙田

梁道平

梁永泰

黃永玉

高貞白

眾書畫家與明星曾有合照留影，高貞白先生是參加義展者，保存此合照。高氏歿後，由其千金季子小姐惠賜筆者珍藏。但照片中人大都作古，許多面孔相當陌生，不知是誰，多年前曾請黃永玉、黑蠻父子幫忙「認人」，高、黃之外，認出：陳公哲、廖冰兄、吳家讓、姜明、李麗華、王丹鳳、陳琦、李鐵夫、許上遠、陶金、萬籟鳴、顧而已、劉瓊、雷雨、溫少曼、梁永泰、梁道平、黃茅等。

李流丹

大木刻《勞軍圖》

在勞軍美術義展會展品之中，最特別的有兩件，一為毛主席浮雕巨像，直徑五英尺，重約二百斤，是雕塑家鄭可、蔡里安、尹積昌、湯維枝、高永堅、彭天暖、潘思偉、張宗俊等集體塑造；一則為黃永玉和李流丹合作的大木刻《勞軍圖》。《大公報》在開幕當天的報導中，對《勞軍圖》作了如下描述：

「那是一幅長十英尺，高二英尺，厚一英寸二分，重八十斤的大木刻，從購買木板，自己鋸鏟，木板涼晒，內容安排，人物佈置，到構圖，拓畫，雕花邊，刻木，其創作過程整整十五天。畫面上除豬羊雞牛等動物外，人物有五十個，人民軍隊受著人民兄弟熱烈歡迎，在這

黃永玉李流丹《勞軍圖》(局部)

黃永玉李流丹合作木刻鉅製《勞軍圖》，1949年

觀眾在勞軍義展會欣賞黃永玉《勞軍圖》，1949年11月

黃永玉刻
李流丹木
1949.11.

龐大的畫面上交織著動人的場面。

半個月來，他們二人日夜趕工，常常割破手指，鮮血淋漓。並不斷請朋友和當地農民（他們住在鄉村）指出『毛病』，因之人物的造型是相當完美的。」（《大公報》，一九四九年十一月二十五日）

幾十年之後，黃永玉回憶此圖製作經過和最初的名稱時說：

「到了解放前夕，那時我在香港，窮得不得了，因為興奮，興趣又大，買了一塊造船的大船板，一米左右寬，自己運回郊區住的地方，自己刨，打稿子。沒見過解放軍，就開了封介紹信到深圳去見解放

黃永玉速寫《解放軍的年青戰士》

黃永玉速寫《起義的護路隊大隊長麥漢輝及小兵》

軍，那個解放軍還不是正式的，是個土八路，我就畫了一些速寫回來，刻了一幅《華南人民歡迎解放軍》，是很大很大的一幅畫，因為大所以不能發表，又沒有照相機去拍它，製版也有困難。」（黃永玉《我畫〈水滸〉——在現代文學館的演講》）

黃永玉說：「畫了一些速寫回來」，《大公報》（一九四九年十月二十一日）曾刊登了兩張。一、起義的護路隊大隊長麥漢輝及小兵，二、解放軍的年青戰士。

黃老稱這張大木刻畫名為《華南人民歡迎解放軍》。那個時候，香港畫家喜歡創作這類題材的作品，《大公報》同一時期發表的稼禾《普天同

稼禾《普天同慶圖》

稼禾《歡迎解放軍》

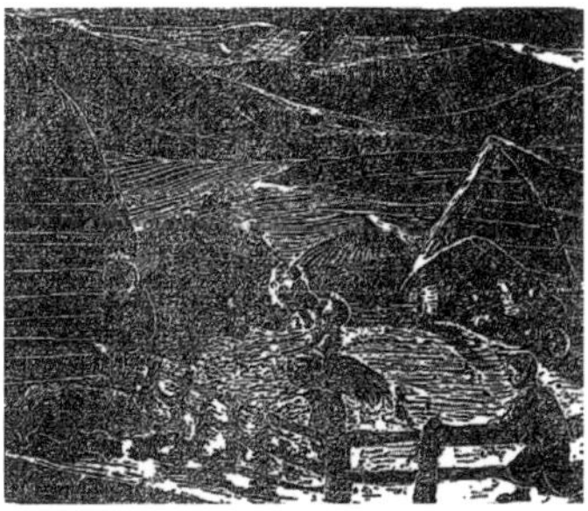

楊治明《迎接過境的解放軍》

慶圖》（年畫，一九四九年十月二十日）、稼禾《歡迎解放軍》（剪紙，一九四九年十一月十一日）、楊治明《迎接過境的解放軍》（紙刻，標明「稿費勞軍」，一九四九年十一月二十九日），可資參證。

這幅巨製木刻，畫面上沒有題目，左上角刻有「黃永玉李流丹木刻1949.11」。根據黃老這段憶述，該作品原本題為《華南人民歡迎解放軍》，後因發起勞軍運動，才將畫命名為《勞軍圖》，更加簡單明瞭，配合時局。

黃永玉的速寫和剪影

當年香港大學馮平山圖書館館長陳君葆，在日記中載有：「一九四九年十一月廿五日，港九美術界作品義展今日開幕，本來要去參觀一回，但

黃永玉剪影李俠文像

黃永玉在勞軍義展會場為陳君葆寫像

終於去不成功。」隔兩天，陳君葆參觀勞軍美展，黃永玉即場為他速寫畫像。日前承陳氏快婿謝榮滾醫生傳來此作清晰圖像，可一睹黃永玉的速寫本事，和陳君葆當年的風采。

至於黃永玉的剪影，傳世不多了。李俠老保存一件，是勞軍美展半年後之作。幾十年後觀之，竟仍是俠老的樣子，真是形神俱備加五十年不變。足證黃永玉有真本領，其成功絕非偶然。一九八三年黃老重臨香港，在此剪影上再加長題，妙語連珠，令人莞爾。（俠老此剪影和其他藏品，生前捐贈予香港中文大學文物館。）

爭買《勞軍圖》

「港九美術界勞軍畫展昨為展出的第三天，華商總會大禮堂擠擁的情形是港九有畫展以來最熱鬧的一次，電梯職員忙過不了，要輪班值勤，有些等待不及的觀眾只好徒步登樓參觀，觀眾中很多參觀完勞軍賣物會後再趕去看畫的，買完了物又買畫，充分表現出愛國的熱情。該會的人像速寫和題字室內觀眾最多，新增的節目剪影家萬籟鳴的剪影三分鐘內起件，八十歲老畫家李鐵夫的書法購買的人特別多。黃永玉、李流丹的大木刻《勞軍圖》已由周泉松先生以三百元搶先定下，並徵求競購，價高者得。尹積昌的雕刻《鑄工》定價十元，競購者

爭買勞軍圖

周泉松對黃木刻競購
並以三百元搶先定下

【本報訊】港九美術界勞軍畫展昨為展出的第三天，華商總會大禮堂擠擁的情形是港九有畫展以來最熱鬧的一次，電梯職員忙個不了，要輪班值勤，有些等待不及的觀眾只好徒步登樓參觀，觀眾中很多參觀完勞軍賣物會後再趕去看畫的，買完了物又買畫，充分表現出愛國的熱情。該會的人像速寫和題字室內觀眾最多，新增的節目剪影家萬籟鳴的剪影三分鐘內起件，八十歲老畫家李鐵夫的書法購買的人特別多。黃永玉、李流丹的大木刻「勞軍圖」已由周泉松先生以三百元搶先定下，並徵求競購，價高者得。尹積昌的彫刻「鑄工」定價十元，競購者已達三人，價格高至原價三倍。又昨天並增加四十多年前的舞曲石畫一幅，柳亞子書法四幅，十歲小女孩 [illegible] 水彩二幅。五元以下的美術品銷路甚廣。這個畫展會最大的特色就是普及化和大衆化，比之那些定價幾千幾萬故作高貴的展覽會是大異其趣的。

黃永玉（右二）在勞軍義展會中為觀眾速寫畫像（右）
爭買《勞軍圖》（《大公報》1949年11月28日）（左）

已達三人，價格高至原價三倍。又昨天並增加四十多年前的齊白石畫一幅，柳亞子書法四幅，十歲小女孩遲湄園水彩二幅。五元以下的美術品銷路甚廣。這個畫展會最大的特色就是普及化和大眾化，比之那些定價幾千幾萬故作高貴的展覽會是大異其趣的。」（《大公報》，一九四九年十一月二十八日）

高卓雄沒有參觀

勞軍美展最後一天，《大公報》的報導有一突兀處，就是點名某君尚未去參觀：「港九美術界在華商總會舉行的勞軍美展，今天是最後一天。連日來前往參觀的人非常擁擠，競買勞軍美術品的人也很多。……勞軍美展已在華商總會舉行了四天，但該會理事長高卓雄卻還沒有前往參觀。據說：他決定今天約好朋友一同到場義購。」（《大公報》一九四九年十一月二十九日）

結果是，《大公報》的期待落空了。第二天的報導：「雖然華商總會這樣熱鬧，但美中不足的是華商總會理事長高卓雄始終沒有上樓參觀，也沒有買一張作品。展覽會曾有信和請柬請他發動商界人士參觀，而華商總

勞軍美展今天結束
連日競買十分熱烈

【本報訊】港九美術界在華商總會舉行的勞軍美展，今天是最後一天。連日來前往參觀的人非常擁擠，競買勞軍美術品的人也很多。

何香凝的「九魚圖」由潘[illegible]和阮[illegible]競買，潘出價一百五十元，阮出價一百七十元，看情形，潘[illegible]由今天到會場競爭，就買不到那幅畫了。

張[illegible]的一幅水彩畫，給一位丁先生以八十元定下，[illegible]的一幅水彩畫，給一位[illegible]先生買了。

勞軍美展雖在華商總會舉行了四天，但該會理事長高卓雄卻還沒有前往參觀。據說：他決定今天約好朋友一同到場義購。

《大公報》點名高卓雄還未參觀勞軍美展（《大公報》1949年11月29日）（右）
高卓雄（左）

會來的理事徐綽生、莫應溎和潘範庵三人也勸過他，可是他仍然『貴人事忙』！」（《大公報》，一九四九年十二月一日）

隔了七十幾年，再看《大公報》這一點名舉措，深感不安。忽然想起最高指示：「政策和策略是黨的生命，各級領導同志，務必充分注意，萬萬不可粗心大意。」六七暴動時，作為中華總商會會長的高氏，逃離是非竇，避走瑞士。其遠因是否源於當年的被點名？值得探討。

《勞軍圖》被批判

再說回黃老這「勞軍」大木刻在艱辛十年遭遇的憶述：

「這樣的一幅畫到了『文革』時，竟掛起來被當做黑畫展覽。黑的原因是歪曲了解放軍的形象。讓我站在凳子上接受批判，我心想：你們這幫小王八蛋，以我當時的氣派，兩三天吃一頓飯，吃幾個燒餅，喝自來水，共產黨是誰都不知道就這麼在工作著，你們現在有吃有喝，學校還拿十二塊津貼，甚麼材料也不用買，國家供應，有甚麼資格來批判我？但是那時不敢，只好接受批判。」（黃永玉《我畫〈水滸〉——在現代文學館的演講》）

黃永玉《貓頭鷹》，1945年

黃老為宋文治畫的貓頭鷹，在一九七四年批黑畫事件中，成為主角，哄動一時。而「勞軍」大木刻在「牛鬼蛇神展覽會」中亮相，文獻厥如。若非黃老夫子自道，我們也無從知曉。

後記

今年（二〇二三年）六月，筆者上京參加嘉德拍賣公司三十周年慶活動，在京時本擬發微信予黑蠻（黃老長子），問他是否在京，安排探望黃老討教《勞軍圖》等問題。後來又怕打擾老人家，刪去擬發的微信。十一日返港，兩日後即收到黑蠻傳來噩耗，令人傷感。

回念黃老在世間幾乎百年，雖經大風大浪，卻能活得多姿多彩。而且勤奮一輩子，創造出大批藝術作品、文學作品，遺愛人間，可謂不枉此生。要說美猶有憾的話，筆者想起黃老舊友關朝翔醫生的期盼：

「最初，永玉以木刻聞名於世。那是四十餘年前的舊事了。許多年來不曾見到永玉有新的木刻作品。近聞他已打好了腹稿，製作一套歷史性木刻，是記錄十年浩劫動亂的。親身經歷過那個史無前例的噩夢時代的永玉，勢將把他親身忍受過精神與肉體的血淚苦難，用他更加尖鋭的寶刀刻骨銘心地記錄下來。」（關朝翔《永玉，其人、其畫》，

黃永玉，2018年（右）
關朝翔醫生（左）

一九八六）

關醫生期盼的這套記錄苦難的木刻，筆者無緣拜觀，不知黃老是否改變主意，製作其他藝術作品來記錄這段痛史。多年前，黃老曾向我介紹，他製作反映荒誕年代事物的銅雕塑，印象最深是《師表》，塑造一個脖子上掛著大牌的教師，低頭彎腰，彷彿聽到學生們申斥：「低下你的狗頭！」看了能不唏噓？

解放前黃永玉兩次來香港，都得到黃新波照應，也參加了黃新波搞的人間畫會。人間畫會是中共幕後領導的藝術家社團，國統區來香港的畫人幾乎都加入，畫會取名自南唐李後主詞《浪淘沙令》：「流水落花春去也，天上人間。」黃永玉歷經人間苦難，尤其十年荒誕折騰之後，竟又存活多半個世紀。

十多年前（二〇一一年杪），筆者在沙田的香港文化博物館參觀「深刻人間—黃新波的藝術歷程」展覽，展品有一幅「人間畫會題名」，是一九七九年十一月六日，人間畫會成員藉第四屆文代會開會之機，在北京重聚。劫後倖存之畫友，紛紛題名留念。黃永玉在他的老友廖冰兄、余所亞、黃苗子之下，鄭可、黃新波之旁，簽上大名。「人間畫會題名」右端，有黃羲之（黃苗子化名，黃戲之也）篆題：「尚在人間」四個大字，接着是苗體行楷書題記八行。在第七行頂端有硬筆補書：「古人云：死生

四十年代黃新波在香港

亦大矣，豈不痛哉！」

黃永玉是「尚在人間」題名的三十多位畫友中，最後一位離開人間。他忙了一輩子，終於可以安息。暇時到「天上人間」，雅集吹水，無拘無束，豈不快哉！

（二〇二三年七月五日初稿，二〇二三年八月五日修訂）

黃永玉出席「黃新波的藝術歷程」展覽開幕儀式（2011年11月）

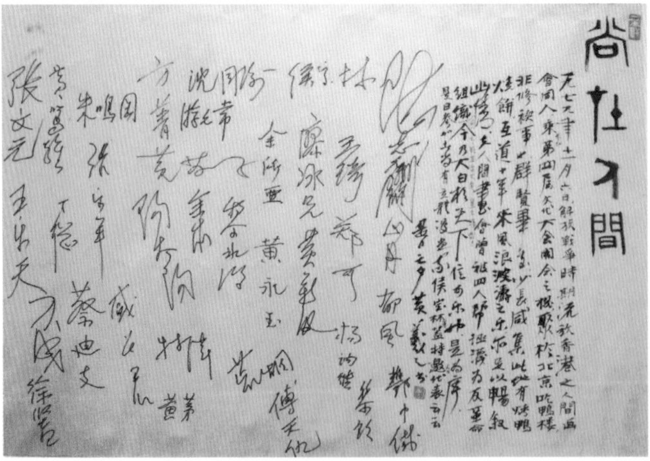

黃苗子化名「黃羲之」戲題「尚在人間」

黃永玉香港故事

解放前，黃永玉曾兩度來港，這是香港的光榮。就如傳統方志，是會把謫宦都記上，讓榮光可以包容著當年的淒苦艱辛。

他第一次來港，是飢寒所驅。第二次來港是名在捕籍，要「倉皇北顧」。但艱難和兇險，卻無礙於才華迸發。到一九五三年，應中央美院之邀，離港北上了。

今年四月十三日，黃永玉病逝於北京，本月廿四日又恰值為百年冥壽。謹此以短文用紀典範。

黃新波安排

黃永玉首次來港，是持中山大學劉侖的介紹信，找《華商報》外勤記者黃新波（版畫家）。時一九四六年。戰後百業凋殘，說照顧是難，說謀事也是難，但都被黃新波扛上了。用黃永玉的話說：

「新波把我安排在灣仔的一間稱作『南國藝術學院』的房間裏的六張課桌上，白天在英國文化委員會的圖書館和美國新聞處圖書館裏找

黃新波

書看，晚上再回到那六張課桌拼成的牀上睡覺。記得好像是在五樓上吧！……那時候年輕，對一切困苦都不在乎，工作肯定無望，只有新波有時從《華商報》下班時來看看我，給我點零用錢。……後來我就離開香港到別處去了。」

廖冰兄收容

黃永玉第二次來香港，是一九四八年，從臺灣撿命而回。這回「望門投止」，依然是黃新波幫忙。新波拉他去一個聚會，近尾聲時向大家介紹，說：「他剛來，連住處也沒有，誰家裏可以供他吃飯和鋪張床的？」漫畫家廖冰兄迅即應允收容招待。黃永玉後來很感慨的說：

「只是第一次見面，他把人世間壯麗的慷慨處理得那麼輕率而瀟灑。」

「第二天下午，我帶了箱子、鋪蓋以及一大堆畫框、畫架，『進駐』了廖家。」廖住在灣仔謝斐道「三十平方米見方的一層狹窄的樓房裏。」黃當時沒有工作，當然沒有收入。基本上在廖家寄食。難得的是廖氏夫婦從無怨言，殷勤招呼。（見黃永玉《米修士，你在哪裏呀！——懷廖冰兄》）

廖冰兄

棲息狗爬徑

寄居廖家總有許多不便，後來樓適夷拉黃永玉遷去九華徑，租住廿三號，月租五十元，算很便宜了。九華徑原叫「狗爬徑」，是個小農村，卻聚集了許多文化人。「那裏住了作家王任叔、張天翼，後來又到了翻譯家蔣天佐和女詩人陳敬容，又來了評論家楊晦，來了作家巴波和夫人李琦樹，然後是詩人臧克家夫婦和小兒子，作家端木蕻良、單復，漫畫家方成，畫家朱鳴岡、陽太陽一家，作家唐人全家，作家考蒂克、李岳南、耿庸，政治家余心清。」黃永玉說：「房子全是我找的，大家美稱我為『保長』。」（見黃永玉《不用眼淚哭》）

黃永玉在香港，四十年代末

人生第一次個展

黃永玉在九華徑，如魚得水，興奮地從事木刻創作及文學創作。更為神奇的是，沒有多久，竟然在香港大學馮平山圖書館舉辦人生第一次個人畫展。時年纔二十四歲。這個展覽是蕭乾引介和鼓勵，還有鄭可、陳士文敲邊鼓助威，港大陳君葆、馬鑑、侯寶璋諸教授支持，港大學生會許多熱心同學幫忙，搞得有聲有色。蕭乾、臧克家、樓適夷、葉靈鳳等作家寫文章吹噓。港督葛量洪也來參觀。但年青氣盛的黃永玉，認為葛量洪是英帝國主義的代表，竟然不理他。

畫展幾天之後，移師中環思豪酒店續展，幾乎每家報紙都有特刊評論。黃永玉在香港「嶄然見頭角焉」。

《勞軍圖》鉅製

四十年代末，解放戰爭如火如荼。十月一日新中國成立。十月十四日廣州解放，於是香港各界發起「勞軍」，亦即眾籌助餉。香港美術界也不甘後人，舉辦勞軍美術義展，由十一月廿五日起，一連五天，在華商總會禮堂舉行。其時展品三百多件，參加者百餘人。售款悉數作勞軍之用。

這次義展，黃永玉與李流丹合作木刻鉅製《勞軍圖》。其時黃永玉雖然窮得不得了，但竟花錢買大木板（長十呎，寬二呎，厚吋二，重八十

陳君葆與馬鑑（左），1948年

侯寶璋

斤），自己運回九華徑，自刨，自打稿。因為畫太大，沒有照相機拍攝，所以當時沒有發表。但這是勞軍義展會中最突出的作品，後由一位周先生以港幣三百元認購。筆者曾撰《黃永玉的〈勞軍圖〉及其他》，於此不贅。

無私奉獻

勞軍義展之前，《大公報》先有勞軍義賣。黃永玉送去木刻九幅，每幅十元，均售出。當時《大公報》副刊「大公園」作者號召「稿費勞軍」，黃永玉在「大公園」連載的政治漫畫「猴國之命運」稿費，亦捐獻

華商總會

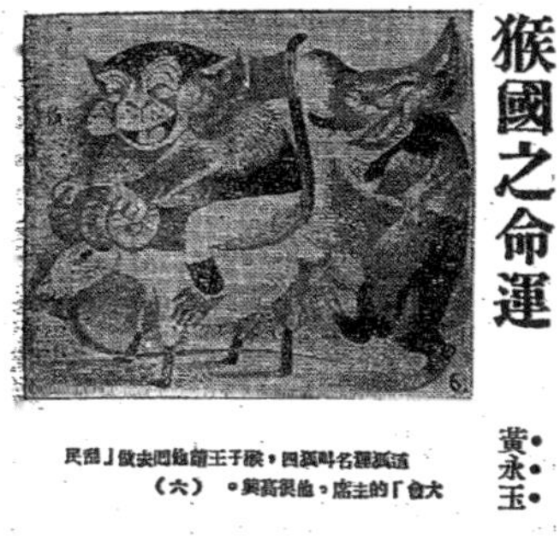

黃永玉《猴國之命運》刊《大公報》1949年11月

黃永玉伉儷在勞軍義展會《勞軍圖》前留影，1949年11月

勞軍。

勞軍義展期間，黃永玉更積極參與為觀眾速寫畫像、剪影。前者十元一件，後者五元。其實，黃永玉其時生活艱難，據《葉靈鳳日記》一九五一年五月廿八日載：「晚間，黃永玉以畫一幅欲發表，並立即預支稿費拾元。」

另外，黃永玉與友人在灣仔美利堅餐廳吃飯，吃完才發覺大家無帶錢（或是根本無錢），急喚救兵葉靈鳳來找數，等候之間，黃以豉油畫了張神仙魚為報。這事鄭明仁兄有專文詳述。可見，黃氏與一眾老友的窘境。

人間畫會

黃永玉在香港參加了黃新波搞的人間畫會。黃永玉說「所有前來香港的國統區的進步畫家們，都團結在這個組織中」。舊說畫會名字取自高爾基《在人間》，但據命名者陳實指出，真正的出處是南唐李後主的詞《浪淘沙》末句「天上人間」。（陳實《人間書屋、人間畫會和我》）

人間畫會在改朝易鼎之際，眾畫家合作畫了一張巨幅的「中國人民站起來了」的毛主席站立揮手像，由香港運上廣州，懸掛在愛群大廈十一樓至二樓的外牆上。這巨像黃永玉也有參加繪製。他回憶道，「當時，我所

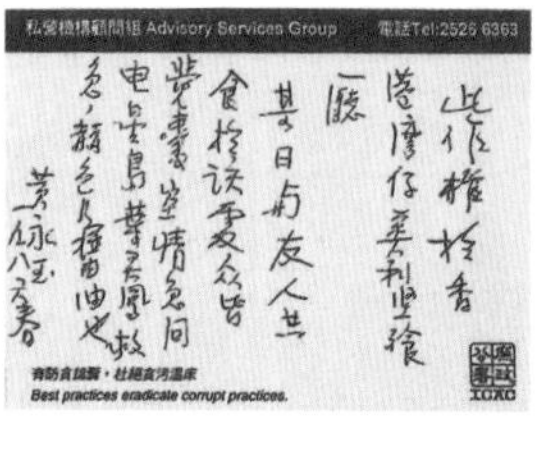

黃永玉以豉油畫《神仙魚》(右)
黃永玉豉油畫題字草稿（左）

擔任的非常神聖的工作是繪製主席衣服上的第三顆扣子的二分之一（其餘半個由另兩位同志擔任），足足用了我兩個整天時間，畫完之後興奮得睡不著覺。」

大公、長城謀食

而黃永玉卻仍留在香港戰鬥。但老實說，畫畫這一行在香港是難以謀生的，人稱畫家是「餓死老婆瘟臭屋」。黃永玉經嚴慶樹、羅孚之介，在《大公報》《新晚報》任副刊美術編輯臨時工。前幾天，《大公報》老輩常婷婷大姐告訴我：「想當年，他（黃永玉）在報館工作時，我常站在旁

人間畫會三十餘人合力繪製毛澤東巨像迎接廣州解放，圖為部分作者留影，左邊坐枱者黃永玉，1949年

毛澤東巨像上加題「中國人民站起來了」，1949年

人間畫會集體繪製毛主席巨幅畫像懸掛在廣州愛群酒店

邊看他畫漫畫。」

黃永玉多才多藝，他還曾為長城電影公司編寫劇本和編輯《長城畫報》，在該畫報上以「張觀保」等筆名，發表文章和畫作。

《兒女經》

這期間，黃永玉創作了《兒女經》（筆名黃笛）和《海上故事》劇本。名導演費穆（費明儀父親、費彝民之兄）看重黃永玉的才華，用心讀黃的《海上故事》劇本，尋思修改分鏡頭腳本時，倒在劇本上，吐血身

黃永玉在香港個展留影，1951年

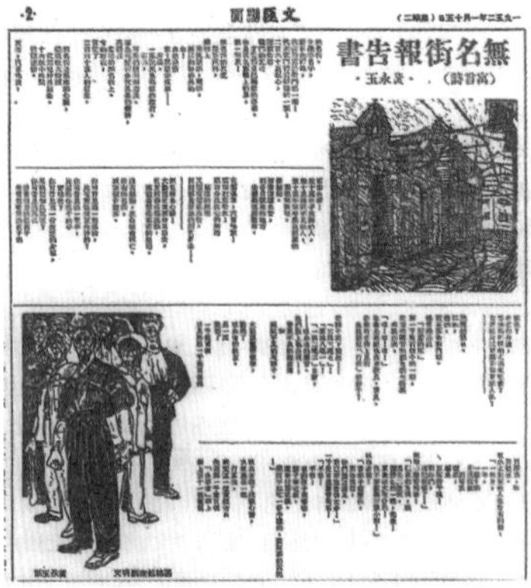

黃永玉《無名街報告書》

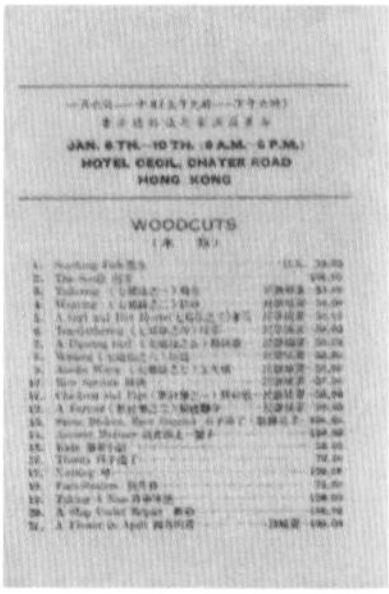

黃永玉在香港思豪酒店畫廊畫展請柬，1951年（右）
黃永玉畫展木刻作品價目表，1951年（左）

亡。《海上故事》也就夭折了。

《兒女經》命運不錯。《兒女經》是以嚴慶澍（筆名唐人、阮朗等）一家有七個孩子的家庭生活為素材而創作的一部喜劇。黃永玉曾與嚴同住九華徑，又同在《大公報》工作，所以對其家庭十分熟悉。這部電影編製時，又發掘出六歲大的黎小田當演員。《長城畫報》第十七期（一九五二年六月）是《兒女經》專號。這電影由袁仰安製片，陶秦導演，蘇秦、龔秋霞、石慧、黎小田等主演。一九五三年在香港公映，旋在東南亞各地上映，極為賣座。

香港公映時，黃永玉已經北上，開展他人生新的一頁。

為社運發聲

共和國成立之初，中英之間在香港有不少磨擦。如電車工人大罷工，引發警民衝突的羅素街事件。黃永玉寫《無名街報告書》在《文匯報》發表，聲援罷工電車工人。旋又有東頭村木屋區大火，引發後來的「三一事件」。港英藉機遞解司馬文森和劉瓊、舒適、馬國亮等多人出境。黃永玉寫《一定再見》在《文匯報》發表。算為被逐老友一壯行色。

黃永玉其時又畫了《東頭村》。此畫後來在第三次思豪酒店舉辦個人畫展中展出（一九五二年五月），為陳君葆購得。陳亦是「三一事件」港

黃永玉以黃笛筆名創作喜劇劇本《兒女經》，開拍前留影，黃永玉在攝影機前（右）
《兒女經》電影海報（左）

英查封《大公報》《文匯報》時，被傳召出庭作證者之一。惟證詞有利於被告，為當道不滿，嗣後不足六十歲就被退休。

命好運好

黃永玉北上，任中央美院版畫系教授，作育英才。惟其時運動頻仍，黃也飽受折騰。十年荒誕之初，北京有「首都紅衛兵革命造反展覽會」，黃永玉木刻《勞軍圖》作為黑畫懸掛於第三館「橫掃社會上牛鬼蛇神」示眾。幾年後，黃為宋文治畫的貓頭鷹，更在黑畫事件中榮列榜首，舉世矚目。

這些厄境，黃永玉都能化險為夷，除了有貴人相助，也不能不說他命好運好。四人幫倒台之後，英國某經濟學家（諾貝爾獎得主）訪京，其夫人專門造訪蟄居陋室的黃永玉，還合影一照。葉靈鳳千金中敏小姐，當時也曾探訪黃老，說所見居所狹小而黑暗，牆壁上的「窗」是黃自己畫的。

重臨香港

八十年代，黃永玉重返香港。當時側聞他以百張畫作，易得旭龢道赫頓大廈一單位作居所。關於此傳聞一直沒向黃老求證。賴少其夫婦曾登此

黃永玉在北京刻版
五十年代初

豪宅造訪，一進門口，曾菲大姐略一審視，即脫口而出：「副總理級待遇！」

黃老在赫頓大廈居住十多年，時常喚榮寶齋駐港辦雷振方、港大藝術系的萬青力，到其府第吹水，一解思京之情。筆者偶爾也去拜訪請益。有一次見其書房書架頂端，有蜥蜴攀爬。黃老說是他飼養的，任牠自由活動，牠肚餓時身體透明。筆者有點怕這隻小恐龍。嗣後很少登黃府。再後來黃老北返，建萬荷塘，邀筆者去玩，還畫了簡單地圖，說明所在位置。

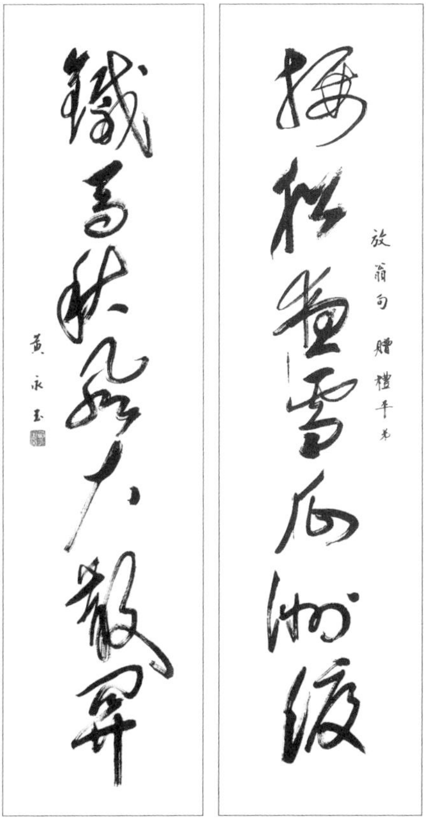

黃永玉草書七言聯贈筆者，1990年

但筆者慵懶，也怕打擾老人家，一拖二十年，到二〇一六年夏，在黑蠻兄安排下，才再登京華黃府拜謁。黃老客氣，贈書贈畫。書是《無愁河的浪蕩漢子》，題字：「禮平仁弟多年不見時在想念中。」畫是《採菊東籬下》，題句幽默，末再補兩行則是：「禮平仁弟二十餘年不見，持舊稿以贈。」足覘老人的念舊和練達。

（二〇二三年七月十四日）

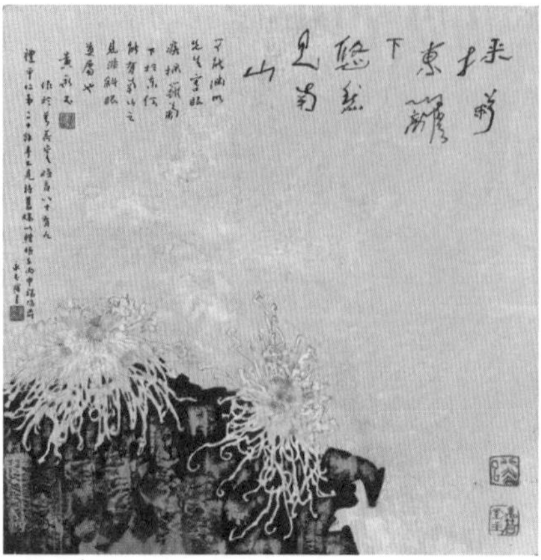

黃永玉《採菊東籬下》贈筆者，2016年

黃永玉在萬荷堂與筆者傾偈，2018年

人瑞國瑞——楊奇

楊奇先生逝世，享上壽百歲，中國習俗有謂「笑喪」。他百年人生，親歷社會從憂患到小康的全過程，那是榮光，無所遺憾。那楊奇先生自然是人瑞和國瑞的象徵。

我慕名在早，但識面奉手卻在他離休新華社秘書長之後。其時先生將屆古稀，但腰板直挺，耳不聾，眼不花。說舊事如數家珍，那記憶力依然強勁。

當年我對楊奇先生的仰慕，是因得知一九四一年香港發生的《文藝青年》事件。其後更知楊老是香港淪陷時期和解放前夕組織「大營救」和「大北上」的主角人物。

王仿子《一九三七——一九四九年的香港出版業》有談及《文藝青年》事件。錄如下：

「由全國文藝界抗敵協會香港分會的幾名文藝青年——陳漢華、楊奇、麥烽、彭耀芬等於一九四〇年九月創辦的《文藝青年》（半月刊），在一九四一年新年特大號上發表《一個鬥爭年頭的前奏》，號

楊奇（右）
《文藝青年》（半月刊）（左）

召『擴大與鞏固我們的文化統一戰線，同日寇、漢奸、托派，以及準備投降、分裂、倒退的反動文化作堅決的鬥爭』。接著在第十、十一期合刊上又針對國民黨對於『皖南事變』的歪曲宣傳，編寫發表《新四軍解散事件討論大綱》，由此激怒了國民黨在港特務。他們通過港英政府的政治部到承印《文藝青年》的大成印刷公司搜查，四月二日兩名便衣警察找到楊奇的辦公處，企圖帶楊奇到政治部「問話」。幸而楊奇當天早上已離開香港，正在前往東江游擊區途中，遂使港英當局的企圖落空……然而追查大成印刷公司承印《文藝青年》和《皖南事變真相》一事並沒有結束，大成的經理常書林被驅逐出境。」

以上所引，見載於《王仿子出版文集續編》（頁三二九至三三〇）。至於「大營救」和「大北上」行動則知者眾多，在此不再詳説了。總之，這位我想像中的英雄，我們相見時，卻是一位彬彬有禮，衣服講究的老人。

我們的交往，主要在他自新華社秘書長離休之後，又被李俠老拉去《大公報》出任社長那幾年。其時筆者剛創辦問學社、翰墨軒未久，經常穿梭於海峽兩岸。楊老每逢歲晚，輒賜贈盆花，並倩人扛到小軒，物重情亦重。又屢邀約參加新華社的國慶及新年酒會。但我們真正的見面請益，則是在他邀約的飯局，客人往往有名畫家，如黎雄才等。

王仿子（右）
大成印刷公司經理常書林（左）

我曾面詢他當年的「大營救」和「大北上」，但他沒誇耀自己，謙靜得頗像東漢大樹將軍馮異。後來先後送我《香港淪陷大營救》和《風雨同舟》兩書，前者是搶救滯港的文化精英和軍政名流秘密撤離淪陷區。後者就如其書名副題所說，是：「接送民主群英秘密離港北上參加政協始末記」，兩書的作者，正是楊老。

楊老雅好書畫，與許多書畫家有交往。記得楊老給我說過，林風眠在港時，楊曾動員林老返大陸。但林老表示，有生之年絕不過羅湖橋。所謂不過橋，就是不入境的意思。

這令我奇怪：楊老在香港的「搶救」和「動員」，又何止千百之數？而事過了數十年，楊老卻下意識地提起了這位倔強的林風眠？但楊老的提出，其意中是有此一事，但絕無對或者錯的意思，也許，只是出於對林風眠的一種關懷吧？我想，這正是一個高尚革命者的靈魂。

楊奇《風雨同舟》，2004年

楊奇《香港淪陷大營救》，2014年

林風眠

楊老返穗之後，就疏於音問了。但他老人家仍然時常來港，許是治病、探親，偶爾還會遇到。奇怪的是，每次見到他老人家時，總是精神奕奕，面色紅潤，完全看不出有甚麼病痛。

楊老在廣州住先烈路，與曾敏之上下樓，曾老過世前（二〇一四年杪），曾來電話囑寄拙著《舊日風雲》給他及楊老，我當即遵辦。然曾老溘然歸道山，而楊老則於二〇一五年一月三日函謝，並感概云：「書中人物，不少亦是我之故友，惟所寫生活情節，則往昔多未知悉。」更表示讀得很有興味，更在誇獎鼓勵。

去年（二〇二〇年）五月，我撰《犧牲在朝鮮戰場的香港人陸朝華》一文，托楊老女婿偉明兄轉請求教如下：

「近日研究陸朝華，陸通過一位『端納』幫忙，於一九四九年五月十四日乘湖北輪北上天津北京，參加南下工作團。一九四九年十月參軍（三十八軍政治部），一九五一年二月七日在朝鮮犧牲。想請問楊先生認識端納嗎？一九四八、四九年，陸朝華通過端納和喬冠華接觸，推想端納與《華商報》有關。所以想到請教楊先生。」

一個月後，偉明兄傳來楊老答覆：

曾敏之

> 「認識端納，他英文很好，四八四九年期間他在喬冠華領導下工作，主理一份英文周刊，但端納不在《華商報》工作。楊先生不認識陸朝華，沒有這人的印象。」

據楊老線索，查得端納本名，並附上照片，再請楊老確認。又是托偉明兄轉楊老：「端納是否原名張彥，辦的英文周刊是《中國文摘》嗎？」

幾天後（二〇二〇年六月三〇日）得到答案：「端納的確是張彥，所辦之英文周刊名稱《中國文摘》，直屬喬冠華先生領導。八九十年代之相片有印象。」得到楊老這些明確資訊，才敢據之增訂拙文。

去年疫情時，來往港穗不方便。趁偉明兄仍在廣州陪伴楊老之便，再請轉呈問題：

> 「偉明兄：如方便，還有一事請教令岳丈。約一九四〇年香港中環擺花街有一大成印刷公司，常書林是經理，幕後是陳彬龢。承印《文藝青年》等書。一九四一年皖南事件發生，大成印刷了宋慶齡柳亞子等具名的告海外同胞書，兩日內印幾萬份，被港英當局控告，初判罰四百元，後判常書林驅逐出境十一年。聽説《華商報》曾報道此事。不知楊公有沒有印象。陳彬龢與常書林是連襟，常的女兒叫常婷婷，

張彥（端納），1949年（右）
大成印刷公司幕後老闆
陳彬龢（左）

後來是易錫和介紹去《新晚報》做校對，五七年嫁曹驥雲。」

「還有一項，《天文台》三日刊的陳孝威，政治面貌如何？令岳怎樣評價他。」

三天後（二〇二〇年七月四日）得到回覆：

「禮平仁兄：早晨，今朝陪岳丈，將你上述舊時往事之資訊給他閱讀，不戴眼鏡，不必放大，字字讀出，真令吾折服。他憶述如下：

一、對常書林及陳彬龢有印象，他倆均不是廣東人，陳比我年長十多歲；

二、常婷婷不認識，但曹驥雲與我在四九年於《華商報》共事，曹是外省人；

三、《文藝青年》是我主辦，時為四〇年到四一年三月，之後我就進入內地東江遊擊區；

四、陳孝威是我在《天文台》三日刊的老闆，他是一位國民黨早期的將軍，但抗戰開始後已淡出軍政界，辦刊物了。我是該刊的校對，時年十八歲。

以上憶述，僅供參考。」

楊奇，2021年

楊老百歲人瑞，仍在誨人不倦。

廣東西漢黃腸木刻的出土和聚散

「黃腸題湊」這話始見於《漢書‧霍光傳》，「黃腸」是指柏木，因柏木心微黃。「題」，頭也，「湊」，聚也。「題湊」就是以大量的柏木枋作橫排和直排，作直角式的兩頭相接。作用有如護土牆。講究的，木枋端更以榫接合。

最古的「黃腸題湊」當推春秋時期的「秦公一號大墓」，最宏大的當推大葆台一號西漢墓，它由一萬六千根大柏木纍疊而成。但到了東漢磚墓的流行，這種以「黃腸木」作「題湊」的墓葬纔漸漸消失了。

一九一六年，在廣州東山的龜岡，也發現「黃腸題湊」式的西漢古墓，所用黃腸木枋要編號定位，於是枋木便留有編號文字。

一旦出土，「黃腸木刻」輾轉於各藏家之手，百年聚散，亦有滄桑。但有一項事實：這十四件「鄉邦文獻」，始終留存在粵籍藏家的手上。可見，這百年來粵人自覺和不自覺的，在「合力」和「接力」地維護「鄉邦文獻」。當中有「維桑與梓」，「緝熙敬止」的敬意在。

先說十四章黃腸木刻的聚散。

大葆台一號西漢墓的「黃腸題湊」

黃腸題湊

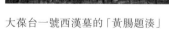

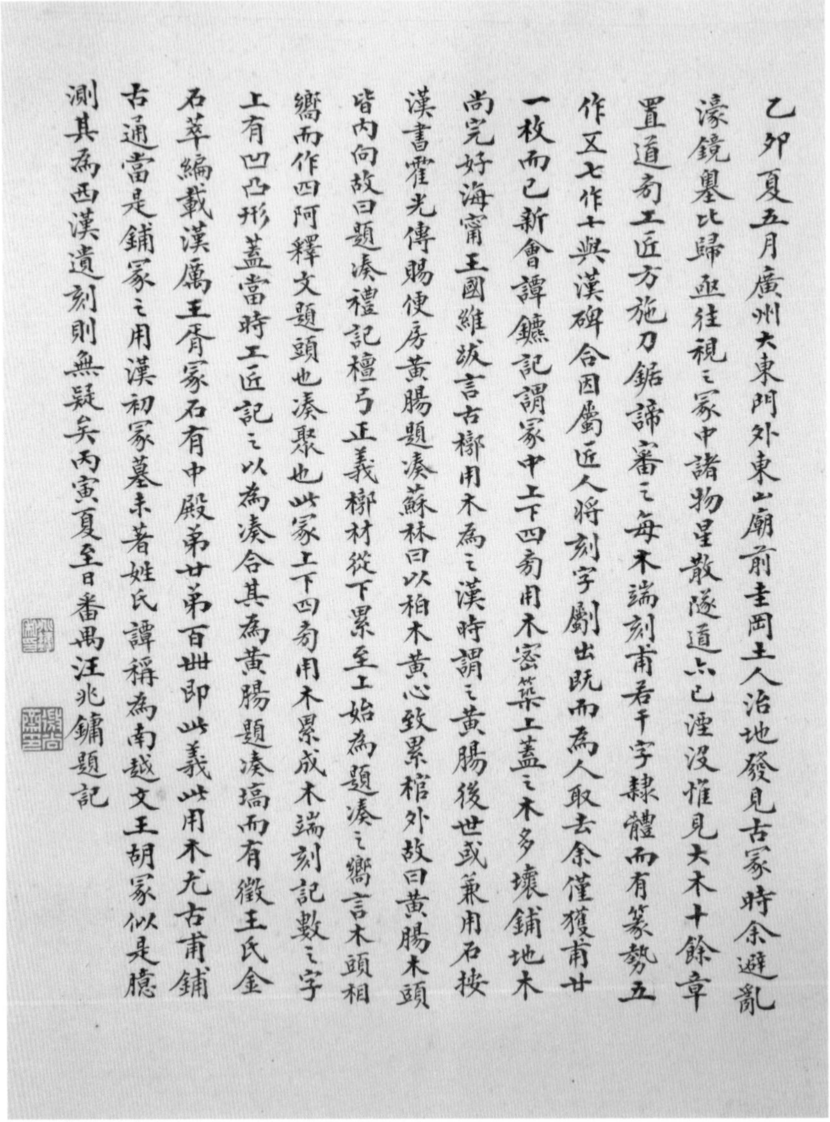
乙卯夏五月廣州大東門外東山廟前圭岡工人治地發見古冢時余避亂濠鏡墺比歸亟往視之冢中諸物星散隧道亦已湮沒惟見大木十餘章置道旁工匠方施刀鋸諦審之每木端刻甫若干字隸體而有篆勢五作乂七作十與漢碑合因屬匠人將刻字劇出既而爲人取去余僅獲甫廿一枚而已新會譚鑣記謂冢中上下四旁用木密築上蓋之木多壞鋪地木尚完好海甯王國維跋言古槨用木爲之漢時謂之黃腸後世或兼用石按漢書霍光傳賜便房黃腸題湊蘇林曰以柏木黃心致累棺外故曰黃腸木頭皆內向故曰題湊禮記檀弓正義槨材從下累至上始爲題湊之鄉言木頭相鄉而作四阿釋文題頭也湊聚也此冢上下四旁用木累成木端刻記數之字上有凹凸形蓋當時工匠記之以爲湊合其爲黃腸題湊塙而有徵王氏金石萃編載漢廣陵王胥冢石有中殿弟廿弟百卌即此義此用木尤古甫鋪古通當是鋪冢之用漢初冢墓未著姓氏譚稱爲南越文王胡冢似是臆測其爲西漢遺刻則無疑矣丙寅夏至日番禺汪兆鏞題記

汪兆鏞題識

當「黃腸木刻」出土時，汪兆鏞即趕赴現場，事後汪氏有小識自記：

「乙卯夏五月，廣州大東門外東山廟前圭岡，土人治地發見古冢，時余避亂濠鏡嶴，比歸，亟往視之。冢中諸物星散，隧道亦已湮沒，惟見大木十餘章，置道旁。工匠方施刀鋸，諦審之，每木端刻甫若干，字隸體而有篆勢。五作五，七作十，與漢碑合。因屬匠人將刻字劚出，既而為人取去。余僅獲『甫廿』一枚而已。」

（此據汪兆鏞題識手蹟。汪氏另有專文詳述其事，見《椶窗雜記》卷二頁十六至十七。）

汪兆鏞《椶窗雜記》

汪氏是親臨現場，但題識的具體記述頗簡略，因是事隔十年的補記，老人是將民國五年誤作一九一五年的乙卯了。後來，其哲嗣汪宗衍補述其

汪兆鏞《椶窗雜記》卷二記廣東西漢黃腸木刻出土情況

汪兆鏞，二十年代

事，內容較之更為詳盡。當然，這是平素得自乃父的。有云：

「民國五年丙辰五月十一日，台山黃葵石治地於廣州城東之龜岡，發見南越古冢，冢中有一堂三房，高約數尺，三房合廣一丈六尺，堂在房北。深約一丈四尺，廣一丈二尺。上下四旁，有大木數十章。相湊密築。木長丈餘，廣尺餘，端有隸書刻字。其可辨者：計有甫五、甫六、甫七、甫八、甫九、甫十、甫十一、甫十二、甫十三、甫十四、甫十五、甫十六、甫十八、甫廿，共十四章。餘皆殘破朽壞，其數不能詳。」

這當中，有詳列所知的「黃腸木刻」的內容及數量。

後來，汪兆鏞更向羅原覺透露「黃腸木刻字是弟初發見告之譚仲鸞同年」的。而譚仲鸞（譚鑣，字康齋，號「仲鸞」）時任廣州文廟奉祀官兼廣東通志局員，得知消息，「以此事關地方重要，親往調查，悉心考察」，並寫成報告，呈朱慶瀾省長，冀能保存此等文物。而譚之表弟梁啟超，也致函朱慶瀾云：「表兄譚仲鸞，吾鄉篤學之士，弘識博聞，罕與倫比。頃具呈請保存南越文王胡冢黃腸木刻，事關保存古代文字，希賜留意。」

汪宗衍（孝博）（右）
汪兆鏞致羅原覺手札（左）

此而後，文人的奔走呼號，雅士的傳抄椎搨，令「黃腸木刻」在「南天金石貧」的環境中，忽地聲名大噪。且看以下事實：

四川宦游的趙藩就有廣州雜詩十首，其第三首有云：「南越文王塚，東山啟隧年。黃腸書刻木，翠墨拓成編。蜀殿楹非故，閩溪樹已顛。留茲償眼福，心折蔡侯賢。」

其詩後自注云：「新出南越文王塚黃腸木刻字，蔡哲夫匯印成冊，持以見餉」。（由雲龍《定庵詩話續編》）

這就是好奇嗜古的蔡守那揚風扢雅之功勞。在此，趙藩把「匯拓」說成是「匯印」，這話易生誤會。至於真正的「匯印成冊」，是鄒安輯印的「廣倉學宭藝術臨時增刊」纔夠得上。

《廣倉學宭藝術臨時增刊》

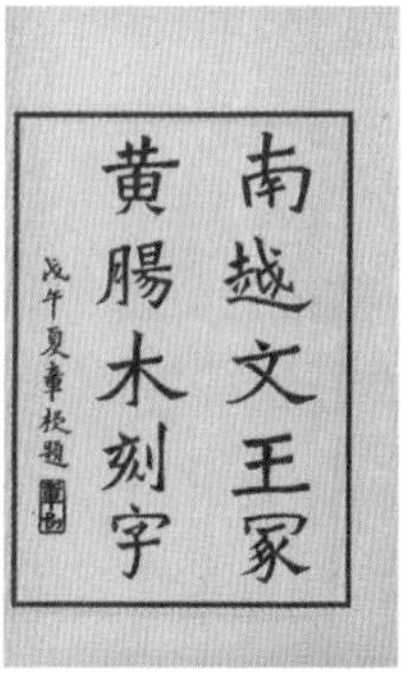

《廣倉學宭藝術臨時增刊》南越文王冢黃腸木刻字

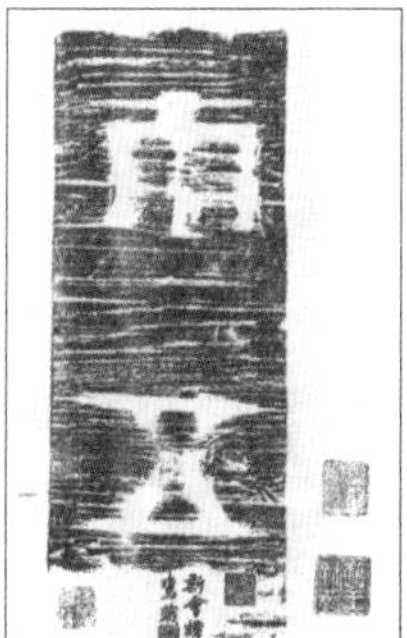
《廣倉學宭藝術臨時增刊》黃腸木刻「甫五」

蔡守還同時寄贈全份拓本與羅振玉，羅氏有題跋云：

「古木刻之最壽者，宋洪文惠公《隸釋》載：漢益州太守高聯脩周公禮殿記刻楹柱上，由初平至南宋逾千年不朽。福州樹刻鐫於閩王氏有國時，今尚存人間。嘗以為宇內奇蹟，不能有二也。比年避地海東，聞粵中東山得南越王冢，中有木十餘章。上有刻字。苦不能見墨本。丁巳夏，蔡君哲夫郵寄墨拓十三紙，果為漢西京妙刻，古健不異穹碑，其可珍不殊蜀中之周公禮殿，閩中樹刻，不足言矣！蔡君書又言，近以摹拓者多已損漫，篋中有初拓本，屬書其耑。爰為篆首，並識語於後。願此本與此木，同不朽於天壤也。永豐鄉人羅振玉書於東山僦舍。」

羅振玉在此處說的「墨拓十三紙」，不知是一時筆誤，抑或原寫作「十三」，手民誤植為「十三」，以致和汪宗衍說的「共十四章」有出入。

筆者藏有一軸「西漢黃腸木刻字拓本」，是由「甫五」至「甫廿」，自上至下分三段五行排列，完整顯示出存世的十四片拓本。拓本上端有章炳麟篆書題詩塘：「南越冢木題字。為寒瓊書。章炳麟」（鈐朱文印「太

蔡守（哲夫）

西漢黃腸木刻拓本十四章，章炳麟為蔡守題詩塘

西漢黃腸木刻拓本，廣東省博物館藏

炎」、「章炳麟」）。知此軸原為蔡哲夫所藏。拓本中鈐有：「新會譚鑣所發見南越冢古物」、「蔡守拓西漢木刻文字」等七方諸家藏印。

另筆者十多年前在廣州的一次廣東歷代書法展覽會中，也見到同樣排列組合的一軸「西漢黃腸木刻字拓本」（廣東省博物館藏），拓本下端有汪兆鏞小楷題識，和汪氏致羅原覺手札。

汪氏小識云：「漢初冢墓未著姓氏，譚稱為南越文王胡冢，似是臆測。其為西漢遺刻，則無疑矣。丙寅夏至日，番禺汪兆鏞題記。」這是否定了譚鑣呈文所定南越文王胡冢。

汪兆鏞札上云：「原覺先生足下：前由寶珍樓陳盛兄交到手書並西漢黃腸木刻字拓本一軸，大稿三件及承贈肅國公殘刻一紙，均拜收。謝謝！黃腸木刻字是弟初發見告之譚仲鸞同年，故不能不題明。間有譚王兩君所未及者，略識之。惟匆匆未署尊款，但亦無妨耳。……」

據此，知道的事實是：

一、「黃腸木刻」是由汪兆鏞通知譚仲鸞（譚鑣）的。

二、汪兆鏞並不同意譚鑣和王國維將古冢定為南越文王胡冢的判斷。於是汪的識語有：「譚稱為南越文王胡冢，似是臆測。其為西漢遺刻，則無疑矣。」

譚鑣

後來譚鑣（仲鸞）對政府所寫的呈文，其對於「黃腸木刻」的留存歷史有較完整的說法：

> 古物甚夥，除黃葵石、李文樞所自收回四十八件外，工人分佔散沽，已無可追詰。」
>
> 「惟其冢屋大木，尚多存在。」
>
> 「於冢堂鋪地各木端，搜索得西漢隸書木刻文字。」

而搜得的這十四片黃腸木刻字，即為有關之經手者瓜分。這在當時並不違法。呈文雖然沒有說明十四片分別歸屬誰，這要從後來鄒安輯印的「廣倉學宭藝術臨時增刊」所印木刻拓本上看到藏者姓名。到一九三二年《考古學雜誌》第一期刊蔡哲夫的《廣東古代木刻文字錄存》，再一次逐一標明藏者姓名。

茲轉錄於下：譚鑣得「甫五」「甫六」「甫十四」「甫十六」四片，譚氏的表弟梁啟超得「甫七」。黃葵石得「甫八」「甫十一」「甫十三」三片，李文樞得「甫十二」「甫十五」「甫十八」。林澤豐得「甫十」，汪兆鏞得「甫廿」一片。最後加上蔡哲夫的「甫九」，那時，十四件黃腸木刻的分存是很清楚的。

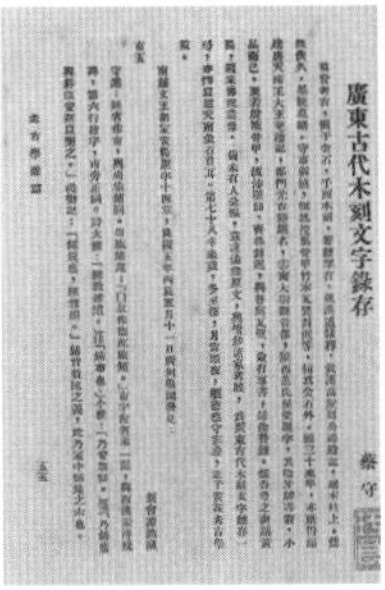
廣東古代木刻文字錄存
蔡守

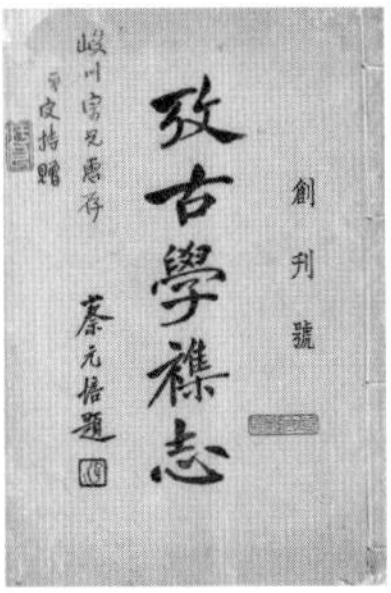

《考古學雜誌》創刊號，1932年刊蔡守《廣東古代木刻文字錄存》

上列藏者之中，有黃葵石、李文樞罕為人知，茲略介紹如下：

黃葵石是台山人，是美國歸來的華僑，一九一五年以「大業堂」名義，向政府徵得廣州城外東山龜岡一萬二千平方米之荒地，擬開發修路，蓋樓出售。本來是地產項目，卻開發出古冢。黃氏得木刻三片。

李文樞，名玉田，香山人，號東山李苑主人。也是華僑，一九二五年曾入股石岐「香山銀行」（孫文西路，現石岐旅店），後改名「華美銀行」。經營兩年結束。譚鑣呈文說：「聞有台山黃葵石、香山李文樞，於廣州東郊三里許，東山廟前，購得官產龜岡一地，建築樓房，掘土丈餘，發見一南越王者遺冢。」而「廣倉學宭藝術臨時增刊」羅詩氏序言謂：「曩歲柔兆執徐，香山李君文樞，發粵中東山土築墓，掘得大木十餘章。」

據此，可知李氏與黃葵石同為業主。李氏更熱衷發掘古冢事。翌年秋愛儷園廣倉學宭開會，李氏曾「攜其同時所得南越王塚中明器數十事來會」。

十四件木刻既已分散，又如何能合在一起拓出成一個整體呢。這在譚鑣的後面，有蔡哲夫張傾城伉儷的努力，據蔡哲夫在《考古學雜誌》第一期中述及：「此冢發見時，適余挈眷避亂香港，至海草已黃，肇動歸計，譚子仲鸞過我東水關橋邊寒瓊水榭，以此事相告，余輙定其為西漢遺物。

蔡哲夫得譚鑣贈「甫九」

譚子卽舉『甫九』一木為贈，並與商定此呈文。」

蔡哲夫得了譚贈的一片「甫九」，「忻喜罔極」，「以為海內木刻無有古於此者」，「即自榜其室曰『西京片木堂』」。

到此，我們對黃腸刻木的分存和聚拓這兩重「迷霧」得到澄清。

蔡氏並曾透露：「時教育部有咨文到粵，徵集地方碑碣石刻拓本。因囑內子張傾城，精拓全分送部，及分寄京師圖書館展掛，使國人得於金石外見西京文物，並知吾粵有此奇珍。」

但蔡氏沒說拓了幾套。後來蔡氏致鄒安信函，曾有言及。

「景叔先生足下：濱虹書來，謂先生屬購南越冢木題字搨本，計於月之五日，已將全分寄濱虹轉致。是木於去年出土時，走適舉家避亂赤柱山中，及冬適故盧，而木散逷各處。走僅得『甫九』一片，忻喜罔極。即自榜其室曰『西京片木堂』，以為海內木刻無有古於此者。計僅存十四木。而出土未久，今已層層剝脫。故藏家均不願再搨。墨本全分殊不易得。日來四方求代購者實繁苦無以應之。佗城中有懸一字一金，欲圖全挩而不可獲者。日前寄似冢木全拓，望以齊侯罍拓本為報。茲又付上長方素楮一張，希題跋俾同石印，不勝厚幸。帥企不惕，衹叩道安。翹佇德音之至。丁巳四月九日。弟蔡守頓首上。」

鄒安

而鄒安又言：「南越冢木題字十四紙，介黃君樸存向順德蔡君寒瓊易導，蔡君並惠自臧各器，及南越冢專張氏買地券等，報以鄙藏舊拓並三絕句。蔡君原唱及女史張琅姑集句，均錄於前。丁巳六月，適廬。」

蔡氏和鄒氏交換文物之外，又有唱和題詠。錄如下：

「木刻千春驚不朽，厲王墓石足堪倫。佗城竟見西京字，莫嘆南天金石貧。蔡守寒瓊。

非金非石非誄謚，西京氣體誰比鄰。翠墨未乾仙字蝕（冢木出土未久已多剝脫），臨風遞與縞衣人。營山女史張光蕙琅姑集羽琌山民句。

遺經高窟人爭寶，墜簡流沙木未枯。又見鴻文出南越，保存還仗蔡君謨。建元一與建元三，買地雲山券待參。等是佗城傳古蹟，擘窠書法重梗枏。又題寒瓊甫九整拓軸。

聞從南海迴舟日，自署西京片木堂。希古高懷何所擬，風琅琅與水蒼蒼。鄒安。」

到了一九一七年秋，七月，鄒安既得蔡氏寄黃腸木全拓，李文樞亦攜其所得「甫十八」一片，和冢中明器數十事，在上海哈同的愛儷園廣倉學宭古物陳列會展示，令「陳列駢羅几案，古色盎然。與會中所張金石法書名畫交相輝映，洵壯觀也。」（同年八月二日至十六日，上海南車站路普益習藝所美術博覽會再展出李文樞藏的這批文物。）

鄒安並將黃腸木刻字、殘甓拓本和陳列品集印成編，作「廣倉學窘藝術臨時增刊」出版。書前有羅振玉、王國維考證題跋等文章。由是海內好古之士咸知黃腸木刻文字。

再者，在「廣倉學窘藝術臨時增刊」出版幾年之後，鄒安復據羅振玉寄所藏黃腸木刻字初拓本、流沙墜簡漆書等，輯集為《艸隸存》一書刊行。

二千多年前的十四片黃腸木刻字，出土之後分歸七人所藏，但世事浮雲，期間不免有所易主。

譚鑣一九二四年卒、梁啟超一九二九年卒，藏品流出，關寸草遂得「甫五」「甫七」「甫十四」。據關氏《廣州市展覽會南海關氏南越木刻

《艸隸存》

南越王冢漢初木刻字
中華二千零三十餘年入土刻字之文木其色
白肌里理叩之成金石音驗之現金星點斑如
錦之捷與如蘭之馨
民國五年六月十一日在廣州東山龜岡出土
廣東省長朱　咨復
內務部飭各藏家保存除梁啟超譚鑣江兆鏞
林澤豐黃慶石諸公分藏外文樞藏有甫十二
甫十五甫十八九字特拓之
東山李苑主人文樞藏

《艸隸存》李文樞題識

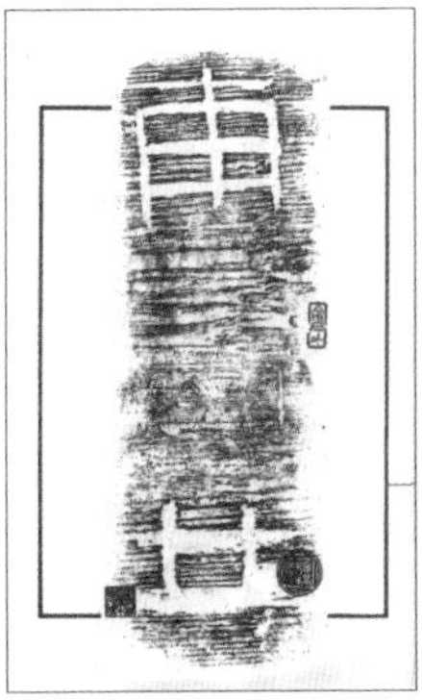

《艸隸存》黃腸木刻「甫五」

齋出品目》頁十五透露：「此三章為新會譚氏所得，今夏（一九三三）四月，鄒丈少毅復得于估人之手，以予好之篤，概舉以歸予。」

也是說，譚、關之間的遞藏，中間是有一個鄒少毅。

鄒少毅名永譽，南海人，廣州時敏學堂出身，一九〇二年與蕭友梅、金曾澄等同學赴日留學，歸國後在廣東大學法科學院教民法。富收藏。鄒得此三片轉贈關氏，關得此寶物因而命名為「南越木刻齋」，並徵集時人繪《南越木刻齋圖》以壯聲勢。《南越木刻齋圖冊》現存廣東省博物館。

但關氏在生時，此三片亦已經轉歸葉恭綽了。在香港淪陷前，葉恭綽簡又文等廣東文士，曾在香港大學馮平山圖書館舉辦廣東文物展，此三片也在該展覽會中陳列，並收入展覽圖冊《廣東文物》中。

抗戰勝利之後，一九四八年，此三片再度易主，「甫十四」歸廣東文獻館，「甫五」「甫七」歸簡又文。一九五九年，簡將「甫五」讓與香港

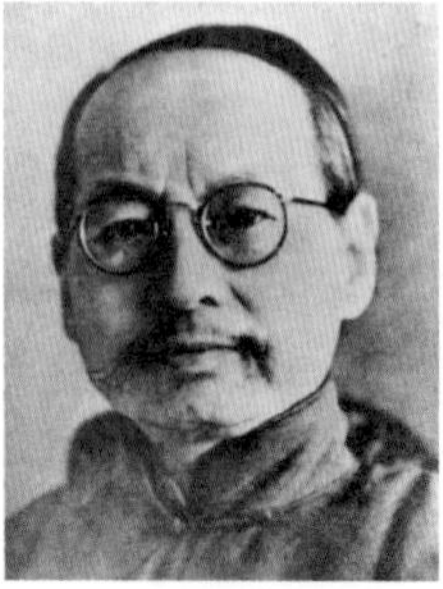

葉恭綽

關寸草《廣州市展覽會南海關氏南越木刻齋出品目》

《廣東文物》

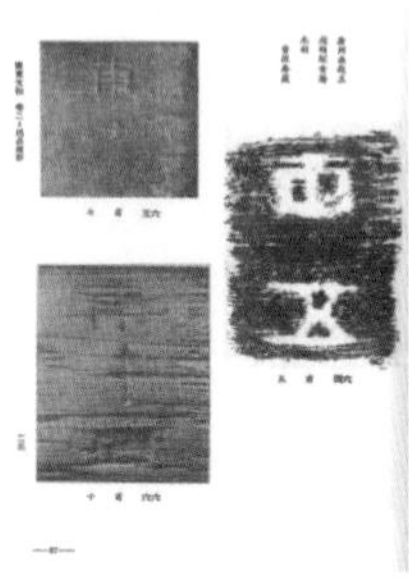

《廣東文物》刊葉恭綽藏西漢黃腸木刻三片

大學博物館（二〇二一年六月三日筆者訪該館承吳秀華博士賜觀「甫五」實物，謹申謝忱）。

一九七五年十月，「甫七」讓與楊永德，楊轉贈其母校香港嶺南書院。（參簡又文《西漢黃腸木刻考略》）近聞嶺南書院搬遷間曾遭水患，波及一批文物，「甫七」或在其中，旋已丟棄云云。

徐堅《作為南越國考古學起點的龜崗和貓兒崗：發現與方法》透露：「蔡守所藏『甫九』木板則在其身後由家屬捐贈給廣州市博物館。」《藝林叢錄》第三編有成齋《西漢黃腸木刻》一文透露，「聞陳大年藏有一完整者，長丈餘，視為異寶，其文字為甫十一，日寇侵粵，其藏品多散失，不知此木今尚存否？」（頁二十四至二十五）

又聞楊銓捐贈文物與香港藝術館，中有西漢黃腸木刻，亦不知是甫幾？

而汪兆鏞所藏「甫廿」，後歸何曼庵，一九五九年曾在香港中環中華總商會舉辦的「廣東名家書畫展覽會」中展示，亦收在展覽圖錄中。何氏歿後轉歸寒齋庋藏。

（本文是二〇一八年十月廿日在西安陝西師範大學「海峽兩岸漢字與中華文化研討會暨澳門漢字學會第五屆年會」講演的講稿）

何曼庵（右）
《廣東名家書畫選集》（左）

西漢黃腸木刻「甫五」

簡又文

西漢黃腸木刻「甫廿」

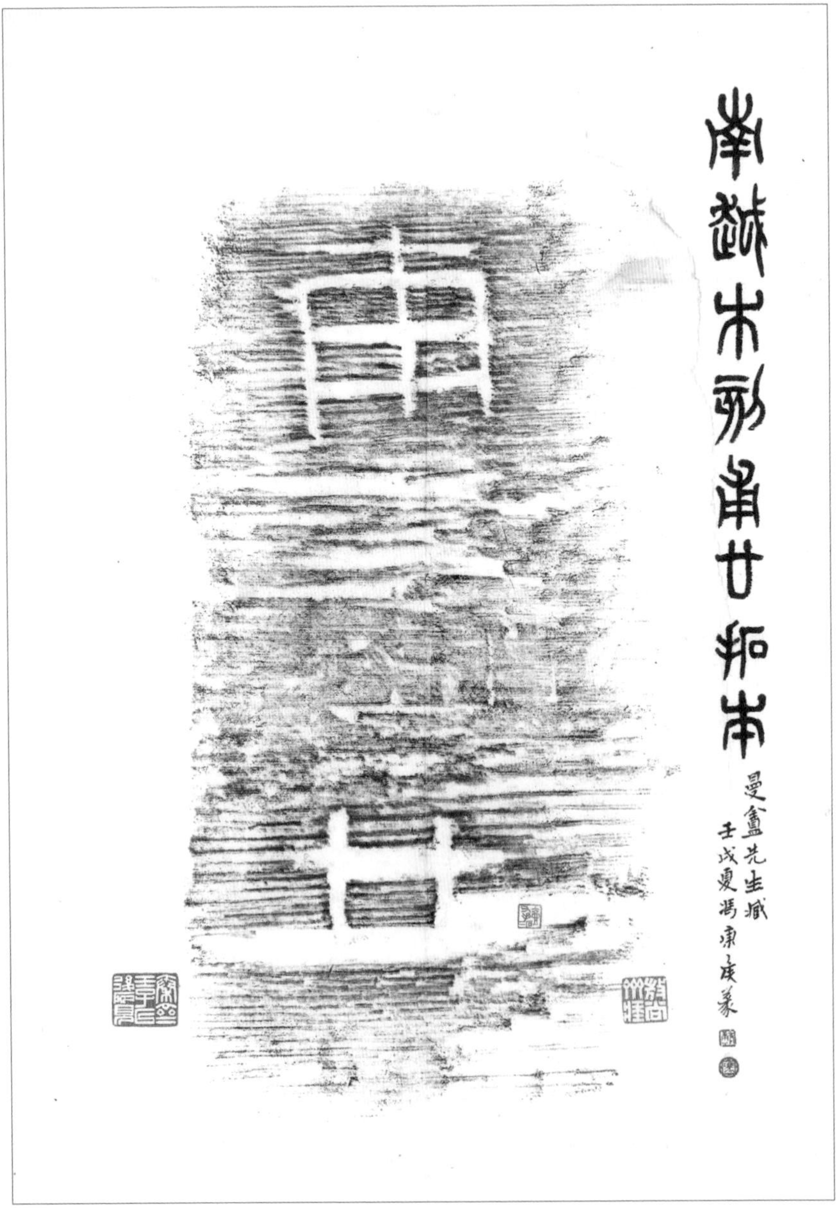

馮康侯題西漢黃腸木刻「甫廿」搨本

ISBN 978-988-245-457-6

9 789882 454576

舊日風雲四集